艺 术 鉴 赏

主 编　丁淑平　杨　欣

副主编　易　珊　宫　颖

西安电子科技大学出版社

内 容 简 介

本书共五章，通过大量的作品赏析和图片，通俗易懂地介绍了各主要艺术门类的基本知识，包括文学艺术鉴赏、音乐鉴赏、舞蹈鉴赏和美术鉴赏等。

本书重视掌握艺术基础知识与提高审美鉴赏能力的结合，以培养正确的审美观念和高尚的艺术情操为目的，注意深入浅出，因此在编写体例和方法上，鉴赏部分所占比例较大，突出了教材的实用性。

本书既可作为各高职高专院校艺术审美教育的教材，亦可作为非艺术专业的大学生及艺术爱好者提高鉴赏水平的自学读物。

图书在版编目(CIP)数据

艺术鉴赏/丁淑平，杨欣主编. —西安：西安电子科技大学出版社，2015.12（2022.1 重印）

ISBN 978-7-5606-3923-9

Ⅰ. ① 艺… Ⅱ. ① 丁… ② 杨… Ⅲ. ① 艺术—鉴赏 Ⅳ. ① J05

中国版本图书馆 CIP 数据核字(2015)第 278952 号

策　　划	杨丕勇
责任编辑	雷鸿俊
出版发行	西安电子科技大学出版社(西安市太白南路 2 号)
电　　话	(029)88242885　88201467　　　邮　　编　710071
网　　址	www.xduph.com　　　　电子邮箱　xdupfxb001@163.com
经　　销	新华书店
印刷单位	广东虎彩云印刷有限公司
版　　次	2015 年 12 月第 1 版　　2022 年 1 月第 3 次印刷
开　　本	787 毫米×1092 毫米　1/16　印张 16.5　彩页 16
字　　数	392 千字
定　　价	38.00 元

ISBN 978 - 7 - 5606 - 3923 - 9/J

XDUP 4215001-3

如有印装问题可调换

本社图书封面为激光防伪覆膜，谨防盗版。

前　言

　　《教育部关于加强高职高专教育人才培养工作的意见》(以下简称《意见》)明确指出：高职高专教育是我国高等教育的重要组成部分，它培养的是适应生产、建设、管理、服务第一线需要的德、智、体、美等方面全面发展的高等技术应用型人才。《意见》同时指出：全面实施素质教育，把促进人的全面发展和适应社会需要作为衡量人才培养水平的根本标准。因此，全面培养和提高高职学生综合素质是适应社会多元化发展的需要，是提高高职毕业生就业择业能力的需要，是加速高职学生全面成长成才的需要。

　　目前，我国高职院校尤其是工科类高职院校更偏重专业技术方面的职业素质教育，在一定程度上忽视了艺术审美教育在学生综合素质培养中的重要作用。随着时代的进步和发展，社会对职业人才的需求也在不断提高，职业教育并不完全等同于就业教育的观点为越来越多的高职院校和用人单位所认同。面对当前的新形势、新挑战，全面培养和提高大学生综合素质是各高职院校面临的重要课题。提高艺术审美修养，开设"艺术鉴赏"课程对于培养学生良好的综合素养具有重要的现实意义。

　　为满足这一教学需求，我们根据高职高专学生教育的具体情况编写了本书。本书共五章。第一章为引论，第二章为文学艺术鉴赏，第三章为音乐鉴赏，第四章为舞蹈鉴赏，第五章为美术鉴赏。本书旨在通过对各基础艺术门类的赏析，学习艺术理论，树立正确的审美观念，培养高雅的审美品位，提高人文素养及艺术欣赏水平。

　　本书具体编写分工为：第一章和第五章由丁淑平编写，第二章由杨欣编写，第三章由易珊编写，第四章由宫颖编写。

　　本书在编写过程中参考了大量资料，得到了众多同仁的支持，在此表示衷心的感谢。由于时间仓促，篇幅所限，内容的选择上可能有不尽如人意之处，请广大读者提出宝贵意见，以便再版时修订。

编　者
2015 年 10 月

目　　录

第一章 引 论

第一节 艺术和艺术鉴赏

　　艺术是一片广阔无垠的天地，它带给人类无穷无尽的美的感受、美的体验。随着人类社会的发展，艺术在社会中的地位亦与日俱增，艺术的价值越来越被人们看重。而想要看懂艺术，真正体会到艺术之美，乃至一个社会、一个时代的内涵，则需要我们有足够的鉴赏能力，需要我们学会如何去鉴赏艺术。

一、艺术的概念

　　艺术与社会人生有着极为密切的关系。人们丰富多彩的物质生活和精神生活，一旦缺少艺术的介入，将会单调乏味、黯然失色。生活中的艺术，有高雅的、大众的、传统的、现代的、实用的、纯美的各种艺术类型、各种艺术样态，万紫千红、流光溢彩。对于人生的物质世界，艺术义不容辞地在积极参与装饰、参与美化、参与调适、参与创造；而对于人生的精神世界，艺术则满腔热情地与心灵对话，它用自己特有的方式，关爱人生、抚慰人生、点化人生、激勉人生。

　　那么，究竟什么是艺术呢？

　　如果我们知道"美的本质"一直是美学中一个难解之谜的话，我们就会知道，给艺术下定义也同样是困难的，有人甚至认为对艺术下定义是一件不可能的事。

　　事实上，理论界关于艺术的定义确实不统一。比如英国的科林伍德便把作为巫术的艺术和作为娱乐的艺术排除于作为表现与想象的真正艺术之外，克罗齐更是将直觉视为艺术。而在艺术实践中，在艺术与非艺术的接壤地带，我们也会发现一些令人困惑的问题。比如，现代主义艺术算不算艺术？电视游艺节目算不算艺术？精彩的体育比赛算不算艺术？什么样的历史与哲学可以称为艺术？

　　艺术概念自其起源就有复杂的涵义。

（一）艺术的起源

1. 艺术起源于"模仿"

　　"模仿"说是一种关于艺术起源问题最古老的理论，主要代表人物是古希腊哲学家德谟克利特和亚里士多德。这种学说认为：模仿是人类固有的天性和本能，艺术起源于人类对自然的模仿。在古希腊哲学家看来，所有艺术都是模仿的产物。我国古代认为音乐也是由模仿现实生活中的自然音响而来的。

当前用"模仿"说作为艺术起源的已经不多了，因为事实上有很多现象，如人类的史前洞穴壁画是很难用模仿的冲动去解释的。但"模仿"说仍有其一定的价值，它揭示了人类一种比较原始的心理倾向，这种倾向与艺术是相通的。并且，模仿是大部分原始艺术创作和制作的主要方法。而其他方法，如表现和象征的方法也都是从模仿之中发展演变而来的。

2．艺术起源于"游戏"

"游戏"说的代表人物是十八世纪德国哲学家席勒和十九世纪英国哲学家斯宾塞，故该学说也称为"席勒-斯宾塞理论"。这种学说认为，艺术活动或审美活动起源于人类所具有的游戏本能，它表现在两个方面，一方面是由于人类具有过剩的精力，另一方面是人将这种过剩的精力运用到没有实际效用、没有功利目的的活动中，体现为一种自由的"游戏"。

"游戏"说强调了游戏冲动、审美自由与人性完善间的重要联系，对于我们理解艺术在审美方面的发生具有重要价值。它揭示了艺术发生的生物学和心理学方面的某些必要条件(如剩余精力是艺术活动的重要条件)、艺术的娱乐性和审美性等，揭示了精神上的自由是艺术创造的核心，对我们理解艺术的本质是很有启发的。但它把艺术看成是脱离社会实践的绝对自由的纯娱乐性活动，且偏重从生物学的意义上来看待艺术的起因，过分强调了艺术与功利的对立，有绝对化和片面性的弊病。

3．艺术起源于"表现"

"表现"说认为艺术不是再现和模仿，更不是单纯的游戏，而是起源于人类表现和交流情感的需要，只有表现情感的艺术才是所谓"真正的艺术"。持这一理论的主要有英国诗人雪莱、俄国文学家托尔斯泰等，还有欧美的一些现当代美学家。该学说认为，原始人所有的艺术只有一个最主要的推动力，那就是他们通过各种艺术来表达他们的情感，从而促成了艺术的发生和发展。如托尔斯泰认为："艺术起源于一个人为了要把自己体验过的感情传达给别人，于是在自己心里重新唤起这种感情，并用某种外在的标志表达出来。"这些外在标志就是用动作、线条、色彩、声音以及言词所表达的艺术形象，通过这些艺术形象的传达，使别人也能体验到同样的感情。这样，作者所体验到的感情感染了观众或听众，这就是艺术活动。

如果说人类的科学主要是与理性、认知相联系的话，人类的艺术就更多的是和感性、情感等联系在一起的。表现和交流情感的确是艺术的一个重要特征，因此表现情感也是推动艺术发生和发展的重要心理动力。但人类表达情感的方式是多样的，语言、姿势都能表达情感，而且艺术也不仅仅是表达情感的工具，因此这一学说并不能完全说明艺术起源的全部原因。

4．艺术起源于"巫术"

"巫术"说是西方关于艺术起源的理论中最有影响、有势力的一种观点，代表人物是英国著名人类学家爱德华·泰勒。他认为，原始人的思维方式与现代人有很大的不同，对原始人来说，周围的世界异常陌生和神秘，令人敬畏。原始人思维的最主要特点是万物有灵。山川草木、鸟兽虫鱼，在原始人看来都是有灵的，并且都可以与人交感。人类最早想用巫术去控制神秘的自然界，显然是办不到的，于是，人类又创立了宗教来求得神的恩惠。

・2・
艺术鉴赏

当宗教在现实中也被证明无效时，人类才逐渐创立了各门科学，以此来揭示自然界的奥秘。

"巫术"说对于我们理解原始艺术，特别是原始美术发生的动力，以及这些艺术在当时条件下非审美的性质具有重大意义。在原始社会生产力低下和人类早期认识水平低下的情况下，人们无法把握自身，更无法支配自然界，于是原始人便寄托于巫术，使得巫术与原始社会的日常生活和生产劳动都有了密切的联系。但"巫术"说把精神动机视为原始艺术发生的唯一动机，忽略了隐藏在精神动机后面的动因，即人类的物质生产活动，因而也不能完满地解释原始艺术的真正起源。

5．艺术起源于"劳动"

"劳动"说是在我国文艺界占据主导地位的理论，该理论认为艺术起源于生产劳动。恩格斯指出，"首先是劳动，然后是语言和劳动一起，成为两个最主要的推动力，在它们的影响下，动物的脑髓就逐渐地变成了人的脑髓"。

总之，艺术的产生经历了一个由实用到审美、以巫术为中介、以劳动为前提的漫长历史发展过程，其中也渗透着人类模仿的需要、表现的冲动和游戏的本能。艺术的发生虽然是多元决定的，但是，"巫术"说与"劳动"说更为重要。从根本上讲，艺术的起源最终应归结为人类的实践活动。事实上，巫术在原始社会中同样是人类的一种实践活动。归根结底，艺术的产生和发展来自人类的社会实践活动，艺术的起源应当是原始社会中一个相当漫长的历史过程，而艺术则是人类文化发展历史进程中多元化因素的必然产物。

（二）艺术的定义

艺术迄今还没有公认的定义。通常认为，艺术是人类以情感和想象为特性来把握和反映世界，表示对世界及自身二者关系的看法的一种特殊方式。其通过审美创造活动再现现实和表现情感理想，在想象中实现审美主体及客体的相互对象化。通俗地说，艺术也就是人的知识、情感、理想、意念综合心理活动的有机产物，是人们现实生活和精神世界的形象表现。作为一种社会意识形态，艺术主要是满足人们多方面的审美需要，从而在社会生活尤其是人类精神领域内起着潜移默化的作用。

艺术与其他意识形态一样，有其自身的规律和特征。

1．艺术的主体性特征

艺术的一个基本特征是主体性。艺术要形象地反映社会生活，就要同创作主体和欣赏主体紧密相连，主体性贯穿了艺术活动的整个过程。作为主体的艺术家，是艺术作品的创造者和主宰者，主体性贯穿了艺术的全过程，包括艺术家、艺术作品和作为接受者的观众。

1）艺术创作的主体性

艺术家从生活实践中获得创作动机和创作灵感。许多艺术作品就是艺术家生活实践直接和间接的反映。没有创作主体，艺术作品就无法产生。每一件优秀的艺术作品，总是凝聚着艺术家独特的审美体验和审美情感，带有艺术家个人的主观色彩与艺术追求，体现出艺术家鲜明的创作风格和艺术个性，具有强烈的创造性与创新性。

2）艺术作品的主体性

艺术生产的产品和物质生产的产品二者之间本质的区别之一，是艺术作品具有更加鲜明的主体性与创造性。每一件优秀的艺术作品，都凝聚着艺术家对生活的独到发现和深刻理解，体现出艺术家鲜明的艺术风格和美学追求，都应当是独一无二、不可重复的，具有艺术的独创性。

3) 艺术接受者的主体性

艺术接受者的鉴赏与批评活动具有很强的主体性意义。欣赏主体总是要根据自己的生活经验、兴趣爱好、思想情感与审美理想，对作品中的艺术形象进行加工改造，进行再创造和再评价，从而完成和实现、补充和丰富艺术作品的审美价值。

艺术欣赏的过程，实际上又是一个自我发现的过程。艺术欣赏中的这种个性差异，普遍存在于艺术的史实里，欣赏主体总是按照自己的审美理想和审美感受能力来改造和加工作品中的艺术形象，"有一千个读者，就有一千个哈姆雷特"，读者和观众在艺术形象中找到自己，并与之发生心理对位效应。艺术鉴赏的本质就是一种审美的再创造。

2. 艺术的形象性特征

"形象"指一切能让人看见的事物的外貌或形体姿态，它是客观事物本身原有的外部感性形式。艺术形象是艺术反映社会生活的特殊方式，是通过审美主体与审美客体的相互交融，并由主体创造出来的艺术成果。

1) 艺术形象

艺术形象是艺术家审美创造的产物，它具有审美的属性，是主观和客观两种因素相互作用的结果，是主客观的统一。

艺术形象包含有物象和心象两个层次，它可以为物、为实、为真，也可以为情、为虚、为幻。它不单单是视觉形象，而且也有听觉形象和触觉形象。中国的《梁山伯与祝英台》，西方的《大卫》《哈姆雷特》等，都是艺术家创造出来的，使人通过直觉即能领悟感性存在的艺术形象。

2) 艺术典型

在艺术作品中，艺术典型就是高度真实和高度概括的视觉形象。它一方面以非常鲜明生动的现象和特殊性充分地、集中地表现出社会生活的本质和普遍性，同时，它又凝聚着创作主体突出的个性、真挚的情感和独特的审美创造。

在历史上，典型问题一直与艺术本质问题联系在一起。巴尔扎克认为"典型是类的样本"，达·芬奇也主张"从许多美丽容貌选取最优秀的部分"进行肖像画创作。

艺术作品中的艺术典型是来自社会生活的，典型的普遍性是通过特殊性表现出来的，共性是通过个性表现出来的，本质是通过现象表现出来的。在中外艺术史上，杰出的艺术家大都创造出了具有永久魅力的艺术典型。艺术典型的创造，是优秀艺术作品的标志，也是艺术家杰出艺术才能的表现。任何模仿前人和他人艺术风格的艺术家，都不可能创造出艺术典型，艺术典型是不可重复的。德拉克洛瓦的《自由引导人民》、梵高的自画像、罗丹的《思想者》、齐白石的虾、徐悲鸿的马、郑板桥的竹、杨丽萍的《雀之灵》、鲁迅的《阿Q正传》等，都是艺术典型。艺术家将自己内在的情感与幻象传达给别人，饱含艺术家的感情，使创造的艺术作品给人以精神感染力。

艺术来源于现实生活，但又高于现实生活，是把现实生活中各类事物隐藏着的本质真理形象地揭示出来，使观众通过艺术家创造的艺术典型认识真、理解善、欣赏美。

艺术家概括生活中事物的普遍性，经过艺术传达而创造出来的艺术典型，它的真实性更高，概括性更广，思想性更深刻，是艺术家对于生活真理的独特发现和对于美的独特创造。

3) 艺术的情感特征

情感是从人对事物的态度中产生的体验，是人对事物的价值特性所产生的主观反映。情感与人的社会性需要相联系，具有稳定性、持久性的外部特征。

艺术是人类情感表达的重要方式，它的存在和发展，根源于人的感情的丰富性。因为人在与外界现实的相互作用中，总会凭借自身发展着的天性，不断地产生感性体验，以此为基础，渴求实现精神超越，永无止境地追求新的自由境界。要满足人的这种内在的需要，只能依赖艺术家以真切的感受为基础，经过心灵的创造，生产出特殊的精神产品，以此来感染人、鼓舞人，激发人的想象力，丰富、充实人的心灵世界，进而培养新的审美需要。

艺术作品中的形象是艺术家为了将自己内在的情感幻象传达给别人而创造的，它必须饱含感情，从而给人以精神感染力。音乐作品之所以感人，是旋律、节奏等音乐语言因素的作用，还有隐藏其中的纯真情感。绘画作品之所以感动人，并不单纯在于画面中的色彩、线条，更在于它们组成的关系所透露出来的某种情感。

艺术活动的感情色彩首先表现在，有成就的艺术家必然是感情极为丰富的人。科学家虽然也十分需要情感的推动和富于想象力，但他们最终还得以冷静的头脑去分析、判断各种事物，不能感情用事地得出科学的结论；艺术家虽然也必须有理智，但他们更多的是要用充满情趣的心灵去感受各种事物，进而创造出充满情趣的艺术形象。

正是由于艺术家总有着比一般人更为深切的感情体验，他们才无比珍视自己所创造的作品的精神价值。用自己的心灵创造成果去打动人心，从而获得感情的回报，这正是一切出色的艺术家献身艺术事业的基本动因。

4. 艺术的规律性特征

规律是事物之间的内在的本质联系。这种联系不断重复出现，在一定条件下经常起作用，并且决定着事物必然向着某种趋向发展。规律是客观存在的，是不以人们的意志为转移的，但人们能够通过实践认识它和利用它。规律也叫法则。

人类不仅按照美的规律创造了整个世界，而且按照美的规律，创造了人类自身。我们所说的美的事物，是指那些符合美的规律的事物。美的事物同任何客观存在的事物一样，都是本质和现象、内容和形式、普遍性和个别性的统一。具体地说，艺术作品中的事物，凡是以非常突出、鲜明、生动、确切的现象、形式和个性，充分表现出本质、内容和种类的普遍性，那它就是美的。

（三）艺术的门类

就具体艺术作品而言，每一部作品的内容与形式都有独特性。然而从艺术作品的总体来观察，一些艺术作品的内容与形式具有共性，可以归纳为一类，而与另一些具有共性的艺术作品相区别，因而在整个艺术领域里呈现出多种多样的样式形态，例如工艺美术、建筑、雕塑、绘画、音乐、舞蹈、文学、戏剧、电影等，这就是艺术种类。每一艺术种类内部，还可以再分析、归纳为一些不同的样式，通常称之为体裁。所有不同艺术种类和体裁

的艺术作品的总和，组成为百花争艳的艺术园地，满足人们多种多样的审美需要。

1. 艺术分类的根据和标志

现行的各种艺术形态，是在历史的长河中，不断改造、完善而逐步形成的。对于这些具有规律性特征的艺术形态，人们利用前人从不同角度研究所提出的各种不同分类的成果，综合思考、深入开拓，力图进一步给这些纷繁多样的艺术形态予以科学的分类，以便抓住本质，从理论上准确揭示其艺术的特征。

在近现代艺术理论中，最为主要的艺术分类有如下几种：

第一种，以艺术形态的创造方式为标准，艺术可以分为造型艺术(绘画、雕塑、工艺美术、建筑园林等)、表演艺术(音乐、舞蹈、戏剧等)、语言艺术(文学、书法等)和综合艺术(电影、电视等)。

第二种，以艺术形象的存在方式为依据，艺术可分为时间艺术(音乐、文学等)、空间艺术(雕塑、绘画等)和时空艺术(戏剧、影视等)。

第三种，以对艺术客体的感知方式为标准，将艺术区分为听觉艺术(音乐等)、视觉艺术(绘画、雕塑等)和视听艺术(戏剧、影视等)。

第四种，以艺术作品对客体世界的反映方式为依据，可将艺术分为再现艺术(绘画、雕塑、小说等)、表现艺术(音乐、舞蹈、建筑等)和再现表现艺术(戏剧、影视等)。

第五种，以艺术作品的物化形态为依据，可将艺术分为动态艺术(音乐、舞蹈、戏剧、电影电视剧等)和静态艺术(绘画、雕塑、建筑、工艺等)。

我国现在通常是按照艺术反映生活的物质材料和表现手段的不同，把艺术分为美术、音乐、舞蹈、戏剧、电影电视、文学、曲艺、摄影、杂技等门类，每种艺术门类又分为若干品种、题材和样式。不同的艺术品类，所使用的物质材料以及与此相关联的艺术表现手段区别是很大的，因此形成了各个种类具体而鲜明的特点。

以物质手段作为艺术分类的标志，符合艺术样式发展的历史。一个新的艺术品种的出现，是与发现新的物质手段分不开的。最显著的例子，是电影艺术对摄影技术及其材料的依存。一个种类里面样式的分化也是如此。油画的出现依赖于相应的颜料与工具的发明；中国的水墨画与特殊的纸、笔、墨的运用密切相关。在艺术史上，艺术品种的不断增多，常常与物质手段的增多相一致。因此可以预计，随着生产的发展，新的物质手段将不断被发现和利用，新的艺术样式也将会不断出现，使得艺术的领域日益丰富多彩。

2. 艺术种类的多样性与统一性

就历史发展看，音乐、舞蹈、雕塑、绘画、文学、戏剧、电影等种类，在不同的时代都具有不同的地位和作用。在发展过程中，虽然它们彼此互相影响和制约，却并不因为出现了新的艺术品种，就必定要代替旧的或把旧的取消。电影的出现，并没有取消戏剧和小说；摄影的出现，也没有代替绘画。

即使一种艺术种类内部也有各种艺术样式，它们由于运用的物质手段、反映的生活方面的具体特点，在各艺术门类适应着不同的审美需要，也是不能相互代替的。例如，同属于造型艺术领域的肖像画和情节性绘画，虽然同样以再现具体对象的精神面貌为特点，但由于其取材的着重方面不同，因此它对欣赏者心理活动如体验的规定性也不完全一样；同属于戏剧种类，戏曲与话剧就各有其显著的特点。戏曲运用舞蹈化了的动作和音乐化了的对话和独白，即"唱"与"白"，在舞台上创造出比较灵活、比较广阔的舞台空间，话剧的动作与对话虽也需要某种程度的夸张，但比起戏曲来更接近生活的本来面貌。因为在反映生活上戏曲与话剧具有各自不同的特殊方面，所以有些情节适合于话剧，有些情节则更适合于戏曲。

肯定各艺术门类的相对独立性和艺术种类的多样性，这并不否认各种艺术之间的内在联系和一致性。历史上许多理论家从时间、空间，听觉、视觉，动、静，以及内容、形式等各个方面，对艺术进行的分类研究，实际上就是认识和发现某些艺术的内在的深刻联系及彼此相通的共同规律。例如，中外许多美学家都曾指出，雕塑是静止的舞蹈，舞蹈是活动的雕塑；音乐是流动的建筑，建筑是凝固的音乐；等等。音乐可以引起画面的联觉，诗更具有一定的音乐性，各艺术种类之间的联觉作用，基于人在现实生活与艺术欣赏中逐渐积累起来的审美经验。这些审美意见从内容和形式的共性方面，指出某些艺术部门之间的密切联系。

此外，各艺术种类所使用的物质手段固然是各不相同的，语言、声调、形体、色彩等都有各自独特的性能和规律性，但作为自然的物质材料，它们之间又具有本质上的统一性，遵循着自然界的普遍规律。因此，人们可以从音乐欣赏中对雕塑、建筑的节奏感以至旋律性得到启发，也可以从舞蹈或音乐的欣赏中，对绘画、书法有相通的领悟。

(四) 艺术的社会功能

美产生了艺术，艺术满足了人们审美的基本需要，成为润泽人类心灵的精神养料。艺术在社会生活中发挥着广泛的作用。我们从研究艺术的本质和艺术发展层面上将艺术的功能分为审美功能、认识功能、教育功能和娱乐功能。

1. 审美功能

艺术的审美功能，是指艺术及其具体作品，能促进艺术审美主体在审美活动中获得丰富的美感享受与满足的功效。艺术品的价值首先在于审美，其他的社会功能都只能通过审美功能才能有效地发挥出来。

艺术的审美功能主要表现在：第一，艺术能给予艺术创作者和艺术欣赏者以自我精神生活的享受、满足与愉悦，并陶冶人的性情，提高人的审美判断能力；第二，艺术欣赏有助于欣赏者和创作者高尚人格的塑造。优秀的艺术作品能让欣赏者产生极大的审美心理振荡和情感激动，让人真正体会和认识到"春夏秋冬皆有情，酸甜苦辣都是歌"的艺术魅力所在。

2. 认识功能

认识是指人脑对客观世界的反映，包括感性认识和理性认识。艺术的认识功能一方面是指艺术活动过程中能促进艺术家在艺术创造时，获得对客观世界深入了解和把握创作意图的功效；另一方面是艺术作品能促进欣赏者在艺术欣赏过程中，同样获得对主观世界的了解、把握和启发的功能。

人类进入社会文明已有几千年的历史，历代人类生活的实际面貌已随时光而流逝，但我们凭借前人留下来的丰富的艺术遗产，能生动地认识我们祖先的生产和生活，可以从中感受到他们的喜怒哀乐等种种情感，了解到他们的希望和追求。如我们可从周口店遗存的石器或阿尔塔米拉的洞窟壁画中认识原始社会的狩猎生活，从马王堆汉墓帛画中认识我国封建社会的文化、信仰和统治者奢侈豪华的生活，从敦煌艺术宝库中较全面地认识到抽象难懂的宗教经典教义，从墓室壁画中了解到各个历史时代的社会生活、风土人情以及政治、军事、经济、文化、宗教、民族生活的情况。从作品反映的劳动生活和精神状态，进而可以认识一个国家、一个民族和一个时代。

3. 教育功能

教育功能是指审美主体通过对艺术的审美活动，获得某种有益的教育和启迪，从而使思想境界得到某种程度的升华。好的艺术作品对社会有教化作用，它们无不体现出一定的思想性和艺术性。它们总是表达出作者的人生理想、艺术追求、价值判断和伦理态度。优秀的艺术品往往会让欣赏者做出真与假、善与恶、美与丑的判断，这些判断与欣赏者已有的认识加以比较、认同、批判，从而开阔欣赏者的思想境界，提升道德修养及品质。

艺术的教育功能不是用说教来完成的，而是通过不同的艺术门类、不同的风格手段塑造出感人的形象。欣赏者受典型艺术形象的感染，获得启发和艺术共鸣，是一种主动接受教育的过程。它比其他教育方式更具有以情感人、潜移默化、寓教于乐、易于接受等特点，对培养人的审美理想，提高创造美和能力，促进人的全面发展等方面，有着极其重要的意义。

4. 娱乐功能

娱乐功能是指艺术作品能给予审美主体身心愉悦与休闲的功效。艺术能给人以身心愉悦的满足，《论语·述而》上曾记载："子在齐闻韶，三月不知肉味，曰：不图为乐之至于斯也。"艺术欣赏竟能解忧消愁，开阔胸怀，以至于让孔子把物质享受抛在一边，审美时得到愉悦的心灵便生幸福快乐之意，甚至萌生超逾人生悲剧之境的勇气和力量。因此，娱乐是艺术创作者和欣赏者共有的情感与精神的宣泄，是一种身心的愉悦，这种愉悦并不一定要使我们发笑。艺术中的丑、荒诞和悲剧成分所带给我们的并非笑料，而是一种思想的碰撞和情感的共鸣，是一种高层次的心理升华。

二、艺术鉴赏的概念

(一) 艺术和艺术鉴赏

艺术作为把握世界的一种方式，"艺术创作—艺术作品—艺术接受"三个环节构成了艺术活动的全过程。所谓艺术接受环节，即艺术作品通过艺术传播，到达接受者手中，供艺术接受者消费。艺术接受者对艺术作品的消费方式主要分为艺术鉴赏和艺术批评两种。

艺术鉴赏也称艺术欣赏，是一种以艺术作品为对象、以受众为主体的欣赏活动，是接受者在审美经验基础上对艺术作品的价值、属性的主动选择、吸纳和扬弃。它是一种积极能动的审美再创造活动。艺术批评则是在艺术欣赏基础之上的升华。总之，在艺术的消费活动中，艺术鉴赏是基础性的和最具有代表性的接受方式。大多数人在一般情况下对艺术作品的接受或消费都属于艺术鉴赏，因此，许多艺术批评家笔下的艺术接受或消费也大多专指艺术鉴赏。

艺术鉴赏是艺术创作乃至艺术传播的最终目的。绝大多数艺术作品的产生，其最终目

的都是供人观赏和寻求思想情感的交流。只有通过这种观赏和交流，艺术作品的潜在价值才能够得以兑现为现实价值，完成其社会化进程。

艺术创作是艺术活动的起点，而艺术欣赏既是艺术活动的终点，同时也是艺术活动的起点。它并不完全是消极的、被动的。艺术理论家豪泽尔谈到："艺术家服务的对象不是被动的、缄默的听众或观众，而是对话中的伙伴。""在这个过程中，不能说一个是主动的主体，一个是被动的客体，而应该说传、受双方都是主动的。" 艺术作品的意义是多元的、开放的、变化的，是艺术家与接受者共同创作的成果。艺术家与接受者并无本质的区别，接受者不仅仅是鉴赏者、批评者，而且也是艺术家，艺术欣赏在整个艺术活动中具有根本性的意义。

(二) 艺术鉴赏活动的特点

艺术鉴赏作为特殊的精神消费活动，具有如下特点：

首先，艺术鉴赏活动的进行以对主体的审美能力要求为实施前提。

艺术鉴赏以艺术作品为对象，但是作品之所以能够被欣赏，也是因为鉴赏者具备了相应的主观条件的缘故。具有一定审美价值的艺术作品要求鉴赏者具有与之相适应的审美能力。马克思曾经指出："对于没有音乐感的耳朵来说，最美的音乐毫无意义。"一件遥远时代的精美的青铜祭器，对于历史学家而言，它只是作为研究上古礼制文化的历史文物而存在；对于古董商而言，它只是一件能带来巨大财富的奇货可居的商品；对于科学家来说，它是研究铸造材料和工艺的实验品；只有具有艺术修养的鉴赏者，才会把它视为精妙绝伦的艺术品。众多伟大的艺术家及其作品生前寂寞，在他们死后才得到赞扬和推崇，如荷兰画家梵高、法国文学家司汤达等。这常常是因为艺术家在世的时候，由于种种社会历史的原因，接受者的审美水准还达不到能够理解他们的作品的程度。由于艺术种类多样化的客观原因，对于欣赏活动来说，不同种类的艺术作品要求具有不同的审美感受能力。

其次，艺术鉴赏活动具有主观差异性。

艺术接受的主体由于审美兴趣、思想感情、生活经验乃至世界观的差异，对同一艺术作品作出不同的补充和发现，具有不同的艺术感受，这就是艺术欣赏的主观差异性。鲁迅说，看《红楼梦》这部作品，"单是命意，就因读者的眼光而有种种：经学家看见《易》，道学家看见淫，才子看见缠绵，革命家看见排满，流言家看见宫闱秘事……"。西方谚语也说"一千个读者有一千个哈姆雷特"，充分说明了人们在审美接受过程中，往往会根据自己的经验进行鉴赏，将艺术作品烙上个人特定的印记。

艺术鉴赏活动中的主观差异性并不等于理解作品的随意性、不严肃性。它是人们从自身的生活阅历、人生经验、世界观及艺术修养等出发，对艺术作品作出创造性的感悟和理解，是在艺术创作的创造基础上进行的第二次创造，所以往往也被称为"再创造"、"二度创作"。艺术鉴赏的差异性不是绝对的、唯一的，在主观差异性中还应该包含客观的共同性、一致性，两者是辩证的统一。这种共同性体现在艺术作品基本结构、形象、主题的规定性上。你不能从哈姆雷特身上看出阿喀琉斯或葛朗台来标榜自己的创造性，这样的"二度创作"只是以此为借口的别有用心或哗众取宠。

再次，艺术鉴赏活动具有审美意蕴无穷的特点。

其一是艺术鉴赏者本身整个接受视野处于不断的发展变化当中，因此在面对同一艺术作品时总会产生感悟上的不断变化，"言"（艺术文本）有尽而"意"（审美主体）无穷，因此总有咀嚼不尽的感受。其二是情感和形象是艺术作品的基本规定性。情感是丰富微妙的，艺术作为情感的表现，具有不可言传性；形象作为艺术的基本美学结构方式，本身就具有超越逻辑思维模式的多义性、模糊性。

（三）艺术鉴赏和艺术批评

艺术批评是艺术接受的高级阶段，也是艺术生产的重要活动。它是关于艺术作品的评价，在艺术作品传播中起着不可替代的作用。

1. 艺术欣赏与艺术批评之间的区别与联系

艺术欣赏一般来说是相对具体艺术作品而言的，它偏重于个人的感受、体验和认识。接受者进入与艺术作品的交流，体验艺术作品中的情思，形成一种身临其境的感同身受。艺术批评则是按照一定的观点与标准，对包括艺术家、艺术作品以及具体的艺术思潮乃至艺术文化现象等在内的诸多层面所作的理性分析、研究和评价。从根本上讲，艺术批评是艺术欣赏的深化和升华，这是它们之间既有区别又有联系的关键。

艺术批评的作用体现在：首先，艺术批评不是批评艺术，而是为了帮助人们更好地鉴赏艺术作品，提高鉴赏能力和鉴赏水平；或者说，为欣赏者提供更多的可能、更多元化的角度去感受一个创作者思考的过程。其次，通过对艺术作品的评价，形成对艺术创作的反馈。再次，丰富和发展艺术理论，推动艺术科学的繁荣发展。

对艺术欣赏与艺术批评作出区分，是正确理解与操持艺术批评的基本前提。

首先，艺术欣赏是一种感性直觉，而艺术批评则更体现为一种理性审视。

艺术欣赏作为感性活动，它往往是在不自觉的、潜移默化的状态下进行的。它的目的是获得艺术感受，通过艺术作品的人物、情节、画面、色彩、音乐等诸种艺术手段所构成的审美形式及其意蕴，使观众的心绪产生种种触动，心灵受到震撼。当一部作品使观众得到了某种个人的愉悦与满足时，欣赏的目的也就实现了。

艺术批评则不同，它具有非常鲜明的理性气质，主要着重于对艺术的内外部关系的分析和价值判断，是要把艺术作品中为一般欣赏者所不易理解的深刻意蕴和艺术特色揭示出来，引导观众达到对作品的深入理解，直至形成理性评价。

同时，艺术批评的范围也非常广泛，它并不局限于总结和分析艺术作品的阅读体验与创作经验，探索艺术规律的模式。艺术批评的对象还包括艺术流派、艺术思潮、艺术运动、艺术消费等在内的各种艺术现象。艺术批评自身也是艺术批评的重要对象。艺术批评作为一种审美价值的批判活动，本身也有优劣之分。如何总结以往的批评经验、发现批评的规律、确立批评的原则，是艺术批评的重要内容。

其次，艺术欣赏往往具有强烈的个人主观性色彩，而艺术批评则追求客观性与普遍性。

艺术欣赏所依据的主要是欣赏者个人的艺术感受，带有较强的个人随意性和偏好选择。不同的阶层、职业、年龄，不同的审美习惯、知识修养、认识立场，乃至不同境遇中的不同心情，观众往往会形成不同的甚至是不断变化的欣赏要求和偏爱。如在电影欣赏中，这种个人主观性的极端表现为诸如"明星崇拜"，欣赏者喜欢某一个演员，会对他所主演的作品无原则地大加推崇，表现出一种近乎非理性的欣赏心态。影片投资人为了保证票房降低风险，正是利用欣赏者的这种心态而热衷于投拍以明星为号召力的影片。

艺术批评作为一种有意识的理性分析，其理性气质就来自于其分析依据一定的客观标准，包括艺术的与社会的规范。批评者应该是面向大众的，根据一定标准对艺术作品的艺术价值和思想内容作出评判，他负有阐释作品和引导大众的责任。艺术批评本身不可避免地会带上个人的感情色彩，但这种感情色彩往往与批评者的艺术和社会判断的立场相一致，或者要求批评者对自己的情感倾向作出冷静的反省与剖析。

艺术欣赏是侧重于在个人的情感维度来领会艺术作品；批评则侧重于在艺术与人生的客观社会性维度来认识艺术现象。这两者之间可能一致，也可能不一致。比如，对于某些影片中善恶终有报、有情人终成眷属等团圆结局，作为欣赏，我们会渴望这样的结局带来的愉悦感，否则难免会怅然若失，而作为批评，又常常比较清醒地加以否定，认为它粉饰太平或提供了虚假的乐观，它使我们的情感柔弱化，蒙蔽了现实生活中的悲剧意义，使我们无视或无力承受人生的粗野。

2. 艺术批评的主要形态

1) 伦理批评

伦理批评是以道德为标准对艺术作品进行评价的一种批评形态，其基本范畴是善、恶。它以是否符合道德标准为尺度，衡量艺术作品，重视艺术的教化功能。它是发源最早的一种艺术批评形态，具有悠久的历史和广泛的影响。

由于道德是一个浮动概念——不同时代、不同民族、不同国家有不同的道德观念，因此，即使同一时代、民族和国家的人也会因利益的驱使而确立不同的道德观念。所以，关于一部艺术作品的伦理批评也会产生截然相反的结论。伦理批评总是和特定时代、民族和国家的主流意识形态结合在一起的，往往占据艺术批评的主流。直至今天，伦理批评依然是艺术批评的重要力量，发挥着相当大的作用。

2) 社会历史批评

社会历史批评是以艺术与社会的关系为基准评价艺术的一种批评形态。它认为，艺术是社会生活的再现，其主要功能是认识功用和历史价值。这种批评方法以艺术作品为中心，联系艺术家的生平和作品的时代背景进行分析研究。

社会历史批评也是产生较早的批评形态。孟子的"知人论世"学说是这种观念的最早代表。它既强调艺术作品的内涵，又重视艺术家及艺术作品产生的时代和社会。长期以来占据中国艺术批评的主要批评形态就是社会历史批评。西方的社会历史批评也很发达。

社会历史批评存在缺陷，新批评取而代之。后者只关注作品本身，不考虑与作品相关的各种背景知识，这是基于作品本身的评价。二十世纪语言批评和审美批评的崛起使社会历史批评显得有些陈旧。

3) 心理学批评

心理学批评是指借用现代心理学成果对艺术作品或艺术家的心理进行分析，从而探求艺术作品原型、真实意图与内在架构的一种批评方法。心理学批评有许多流派，如实验心理学批评、格式塔心理学批评、精神分析学等。精神分析学是由弗洛伊德创立的艺术批评学派。他认为艺术是白日梦，可把现实中无法实现的愿望以艺术来完成。他还认为艺术中存在两种情结：弑父情结和恋母情结。弗洛伊德的精神分析学过多地强调性欲对艺术的作

用，带有泛性论色彩，呈现了明显的偏颇。

4) 审美批评

审美批评是以艺术作品审美内蕴和审美价值为中心对艺术进行研究的一种批评方法。它关注艺术作品的美感在观众身上引起的反应，如愉悦、升华、畅神甚至高峰体验等。审美批评最早依附伦理批评和社会历史批评而存在，并不是一种独立的批评形态。

审美批评主要关注艺术作品的情感表现、美学形式以及审美价值，是一种非功利性艺术批评。审美批评扭转了原先批评理论对内容的关注，而转向作品的表现形式，对艺术本体研究得较为深入，是现代艺术批评的一种主要形态。

总之，艺术批评从来就是艺术发展的动力，在人类艺术文化数千年的发展过程当中，睿智而清醒的批评发挥了极其重要的作用。艺术批评促进创作，推动着艺术的传播和接受，更形成了各种以不同的世界观和学科知识为背景的艺术理论批评模式。

第二节　艺术鉴赏的过程——审美心理

作为精神消费的艺术鉴赏活动，是一个极为复杂的心理过程。揭示艺术鉴赏的心理奥秘，对于提高全社会的艺术鉴赏水准，推动艺术事业的发展，发挥艺术的社会价值和社会功能，有着重要的意义。

艺术鉴赏的过程应该从接受者的审美期待开始，途经具体的审美心理过程，最终以接受者发生的精神和艺术视野的变化(又称审美心理效应)为结束，即准备阶段、观照阶段和效应阶段。

一、审美期待

审美期待是艺术鉴赏的起始阶段，指在艺术接受活动中，基于个人和社会的原因，心理上往往会有一个既成的预备阶段，它使接受者具有了欣赏需求，并希冀在欣赏中得到满足。审美期待可分为文体期待、意象期待和意蕴期待。

第一，文体期待。文体期待是指艺术鉴赏者由于艺术作品的类型或形式特征而引发的期待指向，这种指向表明艺术鉴赏者希望看到某类艺术品应该具有的一种艺术韵味和魅力的形式。例如，当艺术鉴赏者面对一部音乐作品且是中国古典式乐曲时，他就会从自己的审美经验出发，期待着出现一种高山流水般的乐音、旋律及如诗如画的意境美；面对一幅西洋油画作品时，鉴赏者则会期待着浓烈的赋色、充满质感的形象及深邃的象征意义；同样，面对一出现实主义戏剧作品，鉴赏者也会产生一种由衷的审美期待，期待从中看到跌宕起伏的人物命运、激烈紧张的戏剧冲突和精彩的人物对白、表演等。

第二，意象期待。意象期待是指鉴赏者由于艺术作品中的某种特定意象而引发的期待指向，这种指向，意味着鉴赏者希望从初次接触的形象或情绪中，看到符合思维及生活习惯的某种典型或情绪、氛围的渲染或营造。例如，当看到《黄河大合唱》这首乐曲的标题时，"黄河"作为一种意象就会引发我们的许多记忆和联想，使我们感觉到乐曲决不会仅仅是在歌颂黄河本身，而一定是在借咏黄河而咏以黄河为生命发源地和文明摇篮的中华民族，并由此产生一种强烈的审美期待。再如，看到话剧《雷雨》开头的关于天气闷热的陈述和人物开了窗又关上等动作，我们就会不由自主地期待着呈现一出充满了沉闷、压抑并酝酿着反抗的戏剧作品。

第三，意蕴期待。意蕴期待即指接受者由于作品呈现的深层的审美意蕴、人生哲理和情感境界而引发的期待指向。这种指向，表明鉴赏者希望从中看到合乎自己的审美趣味和人生观、世界观的内在情感、思想意蕴等。

审美期待视野按照其鉴赏主体的状况，可分为"个人期待视野"和"集体期待视野"两大类型。"个人期待视野"是指一般的个体性欣赏者在欣赏某一具体作品过程中所拥有的期待视野；"集体期待视野"是指由众多欣赏者的"个人期待视野"累积而形成的具有某种共同的社会性期待视野。"集体期待视野"是"个人期待视野"的综合和结晶，较之有更广泛的涵盖性和更深邃的洞察力，因而往往成为某一社会时期普遍的期待视野的标志，并通过一些艺术鉴赏行家和批评家体现出来。它们都会随着社会和个人因素的改变而不断地发展变化。

影响艺术鉴赏者审美期待视野形成和发生变化的因素有很多，不仅包括外在的社会条件、时代风尚、文化习俗、民族性格、艺术发展史等因素，还包括鉴赏者个人的人生观、世界观、政治态度、审美趣味、情感倾向、艺术素养、生理特点、鉴赏动机、鉴赏时的情绪及心境等因素。这些因素凡有一种不同，就会带来审美期待视野的差异或改变。

审美期待视野的存在，使鉴赏者带着一双渴盼的眼睛去与艺术作品相遇，是艺术鉴赏活动的起始期。

二、审美心理过程

审美心理过程是艺术鉴赏的观照阶段，也是审美活动的主体过程。在美学的术语中，观照是指主体对审美对象的凝神专注。按照心理学的术语，这个阶段是审美感知和审美理解的过程。在这个过程中，随着审美感知、审美联想和审美想象，主体体验到直觉美感和形象性美感。观照阶段的一个突出特点是认识过程与审美情感交织在一起，主体在观照审美对象的过程中体验到强烈的美感。

这个阶段由紧密联系的两个亚阶段组成：一是审美感知过程，伴随着审美的感性愉快或直觉美感；二是审美理解过程，即审美联想和审美想象过程，伴随着形象性美感和理性美感。

（一）直觉与感知

艺术直觉是指人们在审美活动中对于审美对象具有一种不假思索而即刻把握与领悟的能力。

感觉和知觉合称为感知。感觉是指客观事物直接作用于人的感觉器官，在人脑中产生的对事物个别属性的反映。感觉是一切认识活动的基础，也是审美感受的心理基础。直觉是感觉深入在艺术欣赏中，二者通常都是交织在一起，共同发挥作用的。知觉具有整体性、选择性、理解性和恒常性等基本特性，它是一种更加积极主动的心理活动。

作为审美的感官，人的感官主要是视觉和听觉。现代心理学研究结果表明，人类感知所得信息总和的 85%以上来自视听感官。鉴赏主体要想提高自己的艺术欣赏水平，首先就应当逐步训练和培养自己敏锐的艺术感知力，通过大量中外优秀的艺术品，反复感知、体验和品味，才能真正提高艺术鉴赏力。

审美感知是指人们在注意审美对象形式特点的同时，已开始关注审美对象的意义。鉴赏活动往往是在直觉与感知的心理基础上开始的，它将使鉴赏者完成对作品形式美的注意和对其意义的直观感受。

艺术鉴赏作为一种精神性活动，其具体运作往往先是从感知艺术作品的外在形式美开始的。也就是说，对美术作品的具体鉴赏活动，一定先从其形、色、线的排列组合、明暗、笔墨结构、布局(构图)等造型因素入手；对音乐作品的具体鉴赏活动，则从其音高、节奏、力度、音色等个别音乐要素以及由这些个别音乐要素构成的音响组合、形式结构、旋律等切入。艺术鉴赏者对艺术作品外在形式美的发现和感受，主要是通过感觉和知觉来进行的。

在艺术鉴赏活动中，不同种类的艺术作品，需要用不同的感官去感知它的外在形式及形象、结构，如造型艺术是通过人们的视觉而直观地获得其表征的，音乐则是通过听觉来把握其音响、旋律状态的，综合性艺术如戏剧、电影等则需动用人们的各种感觉器官来共同对其状貌进行反映。但这种感知并不是对艺术作品表层属性零碎和杂乱无序的反映，尤其是知觉的作用，能够使艺术作品以一个整体的完整映像呈现在鉴赏者的大脑中。也就是说，映入鉴赏者大脑中的书法作品，绝不仅仅是几个笔画或其中的某一两个字，而一定是包含了所有的笔画、走势、文字及状貌的一幅完整的书法作品。只有对艺术作品有了一个完整的映像，欣赏者才有可能进一步品味、认识和理解它，从而进入鉴赏活动具体运作的下一个阶段。

(二) 体验与联想

在鉴赏过程中，主体以自身审美经验为基础，潜入作品规定情境之中进行审美体验，不断推进与作品中情感的交流与融合。同时由于审美想象和联想的展开，鉴赏者可以与作品或艺术家进行对话，洞察其深层意蕴，并使审美愉悦逐渐生成。

感知了艺术作品的外在形式美之后，鉴赏者就会逐渐地进入艺术作品的形象及情感层次，领略到其内在艺术世界的美丽，这就是审美体验。审美体验有两层含义：一是"以身体之"，亲身经历，强调它外部的实践性；一是"设身处地"，着重内心的感受。而对艺术作品的形象及情感的观赏和体验，主要是通过人们的联想和想象来实现的。

联想是由一事物想到另一事物的心理过程，它可以由感知某一事物而想到与此有关的另一事物；也可以在回忆某一事物时又想到与此有关的另一事物。想象是人的大脑在原有的表象的基础上加工改造新的形象的心理过程。想象是一个十分广阔的心理范畴，人不仅可以回忆过去及现在的事物和形象，还可以想象未来的事物和形象。

联想和想象是审美心理的高级形式，与情感、理解密切相关。联想和想象是以感知与表象为材料，在实践中发展起来的。

在艺术鉴赏活动中，鉴赏者在面对某一个具体有艺术形象或某一段真切的情感表达时，会有意无意地联想起有关的其他事物或类似经历，并由此想象出一个崭新的艺术形象，得到更为深刻的情感体验。罗丹在谈到自己欣赏法国凯旋门上吕德的群雕《马赛曲》时，就仿佛听到了飞翔的自由之神响彻云霄的呼唤："武装起来，公民们！""经她一号召，战士们

纷纷前来"，其中"一个有着狮子般髭须的高卢人挥动着他的帽子，好像在向女神致敬。现在你瞧，他的小儿子要求和他同去：'我已经够强壮了，我是一个男人，我要去打仗！'孩子紧握剑柄，好像这样说。'来吧！'父亲说，他用骄傲的、慈爱的目光望着他的儿子"，"而一个号兵向队伍吹出激昂的号音。旗帜在大风中飘扬，枪矛一齐簇列在前面。信号已经发出，战斗已经展开了"。雕塑是静止凝固的，而罗丹却听出了声音和动静，并且幻化出了一段情节，这全是其充分地发挥联想和想象而造成的。

鉴赏者在对艺术作品进行联想和想象时，一方面根据现有艺术形象或情感表达的提示，尽可能地还原艺术家心目中的形象和情感体验；但另一方面，由于鉴赏者的审美期待视野不同，联想的内容和想象的形象势必千差万别，不可能完全还原成艺术家心目中的形象和情感体验，而只能是在部分还原的基础上产生一定程度的异变。这种艺术形象及其他情感体验的异变，都显示了欣赏者在艺术欣赏活动中的再创造性。

(三) 理解与创造

所谓理解，是指审美中的理解能力，它是通过审美知觉直接达到对审美对象本质内容的理性把握的心理活动。理解既包括对于作品的形象、情境、形式、语言的审美认知，也包括对于作品整体价值的追寻。艺术鉴赏的目标是接受者再创造的完成。鉴赏者对于作品中形象、情境、典型和意境的补充、完善与变异，正是再创造的结晶。

审美理解要求主体必须具有起码的知识储备和审美修养。

在对艺术作品进行联想、想象和情感体验的过程中，理性因素逐渐加强，最终使艺术鉴赏的具体运作进入第三个环节——审美理解与创造。所谓审美理解，是指鉴赏者以自己的思考和理性判断能力，对艺术作品和形象所蕴含的意义、思想、境界等，做出较深层次的理解、认识和评价。任何艺术作品，在其形式、形象、情感等的背后，都隐含着丰富的思想、哲理意蕴。对艺术作品的意蕴进行探究和理解，是艺术欣赏的重要内容和阶段。

审美理解不仅包括对艺术作品的显在主题(即艺术家灌注的创作意图及思想)进行阐释，还包括对艺术作品的"潜意识"或"味外之味"、"象外之象"的挖掘，并作出审美判断和创新。只有这样，艺术欣赏者才能充分享受到艺术作品的意蕴美并丰富自身的理性世界。

在对艺术作品进行审美理解的过程中，并不是所有的鉴赏者都能恰当无误地把握艺术作品的意蕴，这就出现了所谓"理解"与"误解"的问题。理解是指鉴赏者对意蕴的阐释与作者的创作意图、作品的意蕴及艺术价值相应；如果相悖，则是误解。在许多情况下，许多鉴赏者都会对艺术作品有一个正确的理解，把作者赋予其中的主观意图尽可能完全地挖掘出来，甚至为此不惜气力去搜寻作者的生平状况及创作背景。但也经常有误解的现象出现，因而产生了对很多艺术形象的不同解读。

并不是所有的误解都是错误的，只要鉴赏者理解的意蕴是艺术作品客观显示的，不是穿凿附会地强加上去的，就会令人信服，就是正确的"误解"。这种正确的误解对于挖掘艺术作品的深层意蕴和永恒价值，是十分有益的。而那些随意比附、无中生有地强加给艺术作品的误解，才是真正有害的错误的误解，这种误解极易导致对艺术的粗暴践踏和损害。在艺术鉴赏活动中，鉴赏者对艺术作品的意蕴应力求理解和正确的误解，并力避错误的误解。

三、审美心理效应

审美心理效应是艺术鉴赏活动具体运作的结果，也是艺术鉴赏的作用和目的。任何优秀的艺术作品，都有十分显著的审美心理效应。

（一）共鸣

共鸣是指在鉴赏过程中，鉴赏者为作品中的思想情感、理想愿望及人物命运所打动，从而形成的一种强烈的心灵感应状态。不同时代、阶级、民族的鉴赏者，在鉴赏同一部艺术作品时可能会产生相同或相近的审美感受，也可以称作共鸣。

鉴赏者忘却了自我、完全融入到作品的艺术世界之中的思想或情绪感染现象并不鲜见。例如，白居易的《琵琶行》，琵琶女的演奏使白居易产生了强烈的共鸣，就因为白居易的宦海沉浮与琵琶女的沦落风尘有相同之处，"同是天涯沦落人"，因而产生了共鸣。艺术鉴赏活动之所以能够产生共鸣效应，一方面说明艺术作品本身具有强烈的艺术感染力；另一方面也显示艺术作品的思想、情感内蕴触及或潜入到了欣赏者的思想、情感体验的深处。由此可见，艺术鉴赏活动中的共鸣，是显示一部作品艺术价值高低的重要尺度，往往其引起鉴赏者共鸣的程度越强烈，人数越多，其艺术价值也就越高。当然，我们也不排除基于社会、时代的原因而出现的"曲高和寡"现象，但这毕竟是少数。

共鸣在艺术鉴赏活动中还有另一重要意义，那就是不同的鉴赏者，包括不同时代、阶级、民族的鉴赏者，在欣赏同一部艺术作品时，会产生大致相同或相近的审美感受及阐释。这无疑是由于人类有某些相通的或永恒的属性所致，而优秀的艺术作品则恰恰能够触及或契合人类这些共有的特性，因此它往往能够超越时间、空间的限制，流传到广大的地域和后世，为更多的人所共鸣，成为全人类的共同财富。

（二）升华

升华是艺术鉴赏活动的第二个审美效应，指接受者通过对于艺术作品的鉴赏和共鸣的产生，使情感得到陶冶、精神得到调节、人格得到提升的状态。

早在亚里士多德的《诗学》中就已经谈到过悲剧引起观众的怜悯和恐惧之情，从而使这种情感得到陶冶和升华。狄德罗在其《论戏剧艺术》中也指出："只有在戏院的池座里，好人和坏人的眼泪交融在一起。在这里，坏人会对自己所犯过的罪行表示愤慨，会对自己给人造成的痛苦感到同情，会对一个正是具有他那样性格的人表示厌恶，当我们有所感的时候，不管我们愿意不愿意，这个感触总是会铭刻在我们心头的；那个坏人走出了包厢，已比较不那么倾向于作恶了，这比被一个严厉而生硬的说教者痛斥一顿要来得有效。"可见，艺术鉴赏活动以其特有的情感沟通方式，确实能够在一定程度上唤醒人们心底的良知，使其在不知不觉之中不由自主地挣脱罪恶的藩篱，步向纯洁、健康、高尚的人格境界。这也正是艺术的审美教育作用。当然，这种效果只是相对的。

（三）领悟

领悟是第三个审美效应，指接受者在鉴赏艺术作品时由此引发的对于世界奥秘的洞悉、人生真谛的彻悟，以及精神境界的升华，这是一种更高层次的审美效应。

艺术作品富含的意蕴美，往往促使人们重新审视生活，思考人生，探寻宇宙奥妙。如贝多芬的《命运交响曲》的音乐意象里，就融入了人与命运殊死搏斗、个人奋斗与群众洪流合争得胜利的哲学思想，当人们在欣赏它时，势必会为之深深触动，从而引发有关对时代、对人生、对个人命运的思索。这种思索的结果便会带来欣赏者更深层次的人生领悟和更高层次的精神追求，提高其精神境界。

艺术鉴赏活动的三个审美心理效应，在具体的接受实践中，其实是无法截然区分的。鉴赏者只有在对艺术作品产生共鸣的基础上，才能净化自己的情感，深化自己的哲思；反之，如果一部艺术作品对鉴赏者的灵魂产生了触动，那一定伴随着共鸣效应，且是几经思考和领悟的结果。因此，艺术鉴赏的审美效应是多重的、复杂的，也是十分有效的，艺术作品的社会功能，多半就是通过这一途径来实现的。

第三节　艺术鉴赏能力的培养和提高

纵观历史，世界上无论各行各业，几乎每位成功者都有自己的艺术偏爱，这种现象并非偶然，它表明艺术思维能力对人类自身修养与创造能力所产生的重要影响。因此，艺术教育对提高当代大学生的素质显得尤其重要。未来人才的最大潜力，在于他们的适应性和开创性，而绝不仅仅是专业知识和技能，这就给我们的高等教育在培养目标上提出了综合化的要求，那就是必须重视大学生全面素质的提高，即必须贯彻德、智、体、美、劳全面发展的教育方针，也就是说要培养二十一世纪的通才，我们的普通高等教育不仅要有高水平的德育、智育、体育，而且还必须有高水平的艺术教育。艺术鉴赏作为综合素质教育的重要组成部分，也是美育的核心，在素质教育中发挥着重要作用。

蔡元培先生说过："人人都有感情，但并非都有伟大而高尚的行为。"艺术鉴赏是为培养现代化建设所需要的高素质人才而设立的课程，对于提高审美素养，培养创新精神和实践能力，创造健全人格有不可替代的作用。

一、艺术鉴赏对大学生综合素质教育的意义

（一）艺术鉴赏可以帮助我们开阔视野，增加知识积累

对任何个人来讲，不管他如何见多识广，也不可能亲身观察和体验到社会生活的所有方面。然而，借助古今中外的许多优秀的艺术作品，可以使我们形象地接触到许多人类生活经历所远远不能涉及的广泛领域。以中国古代和现代的艺术作品为例，上至 5000 年前的原始彩陶，历代的绘画、雕塑、工艺品和建筑艺术，下至当今各种现代化和高科技融合的艺术作品，都可以帮助我们开阔眼界，从中了解到许多从书本上和个人经历所无法得到的生动而丰富的景象。至于外国古代和现代的艺术作品，那就更为人们展示了一个个陌生而又有趣的广阔世界，而设计作品则可以帮助人们认识我们所处的世界。所以，通过对古今中外艺术作品的鉴赏，可以帮助我们增加知识积累。

（二）艺术鉴赏可以陶冶人的思想情操，提高人的精神境界

艺术鉴赏活动的特点，首先表现在它是一种感觉与理解、情感与认知相结合的精神活动。因此，欣赏者通过对艺术作品的欣赏而提高认识、受到教育的过程，表现为一种"潜移默化"的过程，这是陶冶人们思想情操的过程。例如，我国原始社会的彩陶工艺品和商周的青铜器艺术以其他及许多巧夺天工、光彩夺目的陶瓷工艺品，都能使人强烈地感受到我国悠久的历史和灿烂的文化，从而不断地增强爱国之情。这种陶冶情操和提高精神境界的过程，也是使人获得一种美好境界的过程。欣赏优秀的艺术作品，能使大学生增强民族自尊心和自豪感，激发爱国主义情感。

（三）艺术鉴赏是提高艺术素养和审美能力的重要途径

按照美的原则创造出来的艺术品，反过来又会对人们进行美德教育，从而提高人们欣赏艺术的能力。这种欣赏艺术能力的积累，就是人的艺术素养和审美理解力。"审美理解力，是在感受的基础上，把握自然实物的意味或艺术作品意义或内容的能力。"这种能力的培养，主要是通过艺术鉴赏的实践来实现的。一般来说，观赏艺术品越多的人，就越能鉴别和欣赏艺术。我国南北朝时期著名的文艺理论家刘勰所说的"操千曲而后晓声，观千剑而后识器"讲的就是这个道理。多鉴赏一些古今中外有代表性的艺术作品，是提高艺术修养和审美能力的重要途径。朱光潜先生认为，艺术教育能带给人以高尚的影响，通过美的教育和美的影响可以使大学生的道德习惯、信念、理想构成大学生的心理动力，从而转化为道德行为。

（四）艺术鉴赏对于启迪和开发大学生智力发展，激发大学生想象力、培养创新精神有着重要作用

艺术修养并非是艺术工作者拥有的"特权"，它是每一个现代人所必须具备的最基本的素质之一。在由美国国家艺术基金与美国国家教育部提供资金，历时两年完成的《艺术教育合作组织报告》中，肯定了接触戏剧、视觉艺术以及音乐舞蹈的学生在阅读、写作和数学等方面会比那些一心扑在课业上的学生做得更出色，艺术教育不仅不会妨碍专业学习，而且能有所促进。这项研究充分说明，艺术对青少年的智力发育、专业学习具有重要意义。艺术不仅能表达感情，使人的创造性冲动得以最大施展，而且能提高学生的洞察力、理解力、表现力、交流能力和解决实际问题的能力。

创新是一个民族进步的灵魂，是国家兴旺发达不竭的动力。创新离不开丰富的想象力，而艺术恰恰为创新提供了条件。艺术创作一般是以形象思维为主，但若没有逻辑思维的指导，也难以有所成就；反过来，科学家从事发明创造，形象思维无疑给科学家的想象力、洞察力注入了新的生命。艺术需要想象和创造，科学更需要想象和创造。回顾古今中外历史上一些著名的科学家，很多人都酷爱艺术，并且兼具科学和艺术两种素质。艺术鉴赏教育因其形式的丰富性和内容可感性，比直接传授知识和方法的学科教育更丰富、生动，能在潜移默化中开发大脑，激发创造力和动手能力。现代心理学家、教育家普遍认为艺术教育是全面开拓学生智力的重要手段。

(五) 艺术鉴赏教育能提高大学生的道德素质，有利于他们的心理健康

艺术鉴赏的意义，不论是开阔眼界，增长知识，还是陶冶思想情操，提高精神境界以及培养艺术素养和审美能力，都是通过认识美和评价美为其主要特征的教育方式进行的。这就是通常所说的审美教育的主要内容。这种审美教育不仅有助于端正人的审美观念，培养人们的审美能力，而且潜移默化地影响着整个人的道德品质的塑造，调节着人们的情绪情感。因此，艺术鉴赏不仅是审美教育的重要内容，而且对于道德教育和心理健康教育也有不可忽视的作用。

艺术鉴赏具有"辅德性"，可以起到"以美导善的作用"。因为艺术鉴赏通过引导学生发现美、认识美、创造美、激发对美的热爱与追求，进而内化为一种对美的意识和观念，使学生的道德、情操、精神得到升华。从这个意义上说，艺术鉴赏对思想道德教育具有重要的辅助作用，具有启迪人、感染人的巨大力量，有助于使受教育者的心灵变得更加完美和高尚，从而在大学生全面成才的关键时期内形成科学进步的人生观和道德观，为将来发展打下坚实的思想道德修养基础。

大学生的心理健康是其素质的重要组成部分，而艺术鉴赏以其独特的力量，对人的心理健康大有裨益。以音乐艺术为例，我们习惯心情低落时听听音乐，融入其中，一切的烦恼就会消失。音乐的曲调、节奏、旋律不同，对人体可产生不同程度的兴奋、镇静和降压等作用。以情感性为重要特征的艺术活动和艺术教育对人的情感困扰、心里失落具有很好的调节作用。"艺术是心灵的情操"，它可以使不健康的心理在艺术的感染、熏陶下得以矫正，增强大学生心理的自我调控能力，有利于保持积极向上的精神状态，促进人的身心健康。

二、培养和提高艺术鉴赏能力的途径

艺术鉴赏作为一种审美再创造活动，对鉴赏主体提出了相应的条件和要求，需要鉴赏者具有一定的艺术修养和艺术鉴赏力。艺术鉴赏能力不是天生的，需要后天长期实践和培养，其中鉴赏者个体的审美能力更需要在长期的艺术实践中锻炼和提高，它涉及许多方面，尤其表现为以下几点：

(一) 鉴赏大量优秀艺术作品的实践

艺术鉴赏的实践非常重要，尤其是大量地、经常地鉴赏优秀艺术作品，更直接有助于人们艺术修养与鉴赏力的培养与提高。多听音乐就能培养和提高耳朵的乐感，多看绘画就能训练和发展眼睛的形式感，文学作品读得多了、读得熟了，也就有了语感，更有了比较、鉴别和欣赏的能力。

(二) 熟悉和掌握艺术的基本知识和规律

艺术修养包括对一般艺术理论和艺术史的初步了解，也包括对各个艺术门类和体裁的艺术特征、美学特性和艺术语言的熟悉与了解。对绘画、雕塑、建筑、设计等不同的艺术类别，应当根据它们各自不同的特点进行鉴赏。由于各个门类、体裁、样式的艺术具有各

自的审美特征和表现技法，因此观赏者必须掌握这些基本知识，才能真正把握和理解作品，真正领略作品奇妙的艺术魅力。

（三）社会、历史、文化等综合性知识的积累

文化知识水平对艺术鉴赏也有很大影响，广博的文化积累十分重要。如果不了解殷商时期我国早期奴隶制形成和确立的历史过程，就很难欣赏这个时期青铜器上狰狞恐怖的饕餮形象，更无法从中领悟到一种历史必然的狞厉之美；如果不了解欧洲文艺复兴时期积极的人文主义思想，就不能对达·芬奇、米开朗基罗、拉斐尔等著名画家的绘画作品有深刻的认识和理解；如果不了解西方现代主义哲学的基本知识，就很难欣赏超现实主义绘画。个人的艺术修养是其文化修养的一个重要组成部分，同时，艺术修养也受益于广博深厚的个人文化修养。

（四）生活经验与人生阅历的沉淀

艺术创作离不开社会生活，同样，艺术鉴赏也离不开社会生活。"我们是通过观念去了解世界。大部分观念是从我们的文化中形成的，但是对我们来说，它们不仅仅是观念，而是现实世界的真正所有物，是对所存在事物的描述。"鉴赏主体生活经验越丰富、越深刻，越有助于欣赏艺术作品；反之，鉴赏者对于在生活经历中从未直接或间接经历过的内容，往往很难理解相关艺术作品的主题和意义。

美育与艺术教育在培养和提高艺术鉴赏力方面，具有特别重要的地位与作用。美育与艺术教育作为一个独立或专门的领域，就是要通过培养与提高人们敏锐的感知力、丰富的想象力和审美的理解力，从而使人们形成健全的审美心理结构。美育与艺术教育不但重视培养和提高鉴赏者个体的艺术修养与鉴赏能力，而且重视培养和提高全社会群体的艺术鉴赏水平以及广大群众的艺术鉴赏力。

思考练习题

1. 什么是艺术？试从人类早期生活的全面整体的角度来解释艺术的起源。
2. 以艺术形态的创造方式为标准，艺术可以分为哪几类？
3. 艺术分类为什么可以是多种多样的？它对于艺术有什么意义？
4. 艺术主要具有哪几种特征？
5. 试分析艺术鉴赏的心理过程。
6. 如何理解艺术的社会功能？并分别举例说明。
7. 如何培养与提高艺术鉴赏力？
8. 请撰写一篇艺术批评文章(可以针对一部电影、一部电视剧、一部戏剧，或者一幅绘画作品、一幅书法作品，或者一首音乐作品、一个舞蹈作品等)。

第二章 文学艺术鉴赏

第一节 文学艺术概论

一、文学的概念

《现代汉语词典》对文学给出的意义是"以语言文字为工具形象化地反映客观现实的艺术，包括戏剧、诗歌、小说、散文等。"(《现代汉语词典》第 5 版第 1428 页)

二、文学与艺术的关系

由文学的意义得知，文学是艺术的重要组成部分，文学是以语言为工具，形象化地反映客观现实的艺术，包括戏剧、诗歌、小说、散文等，是文化的重要表现形式，以不同的形式(称作体裁)表现内心情感或再现一定时期和一定地域的社会生活。

所谓艺术，是用形象来反映现实但比现实更有典型性的社会意识形态，它包括文学、绘画、雕塑、建筑、音乐、舞蹈、戏剧、电影、曲艺、工艺等。所以，文学可以说是一种语言艺术，而艺术既包括语言艺术，又包括行为艺术，甚至声乐艺术。换句话说，文学从属于艺术，又推进了艺术的发展。

三、文学艺术的分类方法

随着文学的发展，文学的分类也经历了历史性的变化。

在我国，古文论用的是"两分法"，即分为有韵的诗和无韵的文两大类。

近代有人引入欧洲文论的"三分法"，即依据塑造形象的不同方式分为叙事类、抒情类和戏剧类。

五四运动以后，根据形象塑造、表现方式、语言运用和结构体系的特点，分为诗歌、散文、小说、戏剧四大类，这是普遍通行的"四分法"。

二十世纪八十年代以后，随着影视艺术的迅猛发展，大量影视文学诞生，文学界在"四分法"的基础上增添了影视文学。

文学的分类将会随着文学的发展而出现新的方法，本书采用五四运动以后普遍通行的"四分法"。

四、文学的审美功能

文学的最基本功能就是审美作用。文学的教育作用、认识作用都是以审美作用为前提的，它们不可能以独立的方式存在，而只能寓于文学的审美功能之中。这种审美功能主要表现为文学作品的艺术感染力。作品通过对对象的艺术的描写，创造出完美的艺术形象，表现出作者丰富的感情、深邃的思想，从而给人一种赏心悦目的审美快感。中国古代的作家对此是有所认识的。白居易在《与元九书》中说："感人心者，莫先于情，莫始乎言，莫切乎声，莫深乎义。"道出了诗的作用首先在于感动人心并指出了达到这一目的的途径。

第二节　中国文学艺术概论

中国古代文学史是从上古时期一直到 1919 年五四运动以前中华民族文学发展的历史。

中国现代文学是发端于 1917 年《新青年》杂志倡导的文学革命，止于 1949 年第一次全国文代会召开这一历史时期的中国文学。

中国当代文学是指 1949 年 7 月在北平召开的中华全国文学艺术工作者代表大会之后的文学。

一、中国古代文学概述

（一）上古时期

中国文学艺术源远流长，远在文字发明之前，文学艺术早已产生。艺术形式主要是口头创作，有与自然作斗争的神话，如《夸父逐日》、《女娲补天》、《大禹治水》，有和生产密切联系的诗歌，如《弹歌》中的"断竹、续竹、飞土、逐肉"，有表示愿望、趋吉避凶的祷祝词。上古文学是和其他艺术(如音乐、舞蹈)互相结合的，没有单纯的文学作品独立存在，这种集体性的口头创作以及和其他艺术相伴随的现象，是上古文学的特点。

（二）先秦时期

文字产生之后，中国文学脱离了口头传说时期，各种文学形式不断成熟、发展。

1. 甲骨卜辞

甲骨文字的发现，使中国古典散文的源头可以追溯到甲骨卜辞。殷商时期的《尚书》篇章，其结构和表现手法相当成熟，理所当然成为中国古典散文之祖。

2.《诗经》

西周时期出现了我国最早的一部诗歌总集《诗经》，《诗经》据说是由孔子编录而成的。《诗经》收录了从西周初至春秋中叶约五百多年间的诗歌 305 篇。《诗经》内容丰富，对周王朝的发展壮大作了生动的记录，也对当时社会的土地剥削、兵役徭役、奴隶主之间的战争、百姓的渔猎农事、朝野间的婚姻爱情、社会风俗等作了广泛而深刻的记述和描绘，反映了奴隶制社会奴隶大众的反抗情绪、勤劳质朴的品格、渴望光明与自由以及追求美好生活的理想和愿望。

《诗经》的内容分为风、雅、颂三类。风是民间乐歌；雅是周王畿(直接领地)的乐歌，分大雅、小雅两部分；颂是宗庙祭祀的颂歌。《诗经》使用的创作原则与方法是赋、比、兴。宋理学家朱熹说："赋者，敷陈其事而直言之也"；"比者，以彼物比此物也"；"兴者，先言他物以引起所咏之词也"。这个解释很有见地，简单地说，赋是陈述，比是比喻，兴是起兴。《诗经》风格朴素自然，句式以四言为主，又兼有多言，篇章结构上重章叠句，回环复沓，语汇丰富，韵律和谐，具有很高的艺术价值。

3. 《尚书》

我国第一部散文文献是《尚书》，先秦时称为《书》，该书被儒家奉为经典，故又称《书经》，但成书于何时，为何人所纂，迄今众说纷纭。《尚书》原有 100 篇，因被秦列为禁书而遭火焚，汉初搜得 29 篇，后《秦誓》一篇亡佚，故今存 28 篇。《尚书》分为"典、谟、训、诰、誓、命"六体，大多是一些誓词、贵族告诫词、政府文告及记叙性文字，可以说是一部"殷周政治文件汇编"。这些写于殷周到春秋时代的散文，由于是政府文件，因而质朴无华。

到战国时代，文学得到了空前的发展，其主要类型是散文和诗歌。散文可分为以叙事为主的历史散文和以说理为主的诸子散文。诗歌方面，首先是伟大爱国诗人屈原的出现，继而是楚国的宋玉等一批作家涌起，使楚辞成为中国诗歌史上继《诗经》之后的又一高峰。

4. 历史散文

❖ 春秋三传

我国第一部编年体历史著作是《春秋》，它大纲式地记载了从鲁隐公元年(前 722)至哀公十四年(前 480)周王朝和各诸侯国的历史。其记事方式是"以事系日，以日系月，以月系时，以时系年"(杜预《春秋左传集解·序》)，具备明确的时间观念和自觉的记事意识。孔子还按自己的观点对事件作了一些评断，即所谓的"微言大义"的春秋笔法。继《春秋》之后，一些学者按《春秋》的编年体例，把春秋时各国的大事加以或详或略地叙写，其代表著作有《左传》、《公羊传》、《穀梁传》，合称"春秋三传"。其中以《左传》最有影响。《左传》以《春秋》记事为纲，增加了大量的历史事实和传说，叙述了丰富多彩的历史事件，描写了形形色色的历史人物，把《春秋》中的简短记事发展成为完整的记叙文字，被称为先秦散文"叙事之最"，标志着我国叙事散文正在走向成熟。

❖ 《国语》、《战国策》

第二类是国别体历史散文，有《国语》和《战国策》。《国语》是我国最早的一部国别史，有 21 卷，它记载了周、鲁、齐、晋、郑、楚、吴、越八国的历史。《国语》以记言为主，文字朴实平易，也善于描写人物情态，其文学成就比《左传》稍逊一筹，但它表现的民本思想、反抗精神是很可贵的。《战国策》也是一部国别史，主要收录了战国初期策士们游说的言辞，由汉代学者刘向整理、校订，依国别编成体系，合为 33 篇。其文风辩丽横肆，辞令睿智机敏，体现了当时纵横捭阖的时代特征，标志着历史散文语言运用的新水平。《战国策》对汉代散文影响很大，司马迁就得其写情状物酣畅淋漓的长处。

❖ 《晏子春秋》

历史散文的第三类是专记一个人言行的，比较有名的是记述齐相晏婴言行的《晏子春秋》。

5. 诸子散文

春秋末年至战国初期，各国之间不断爆发兼并战争，旧的奴隶制度在崩溃，新的封建制度尚未确立。在这样一个大的变革年代，"士"阶层自觉不自觉地围绕社会问题进行思考，涌现出一大批杰出的哲学家、政治家、法学家、军事家和外交家。他们纷纷著书立说，形成了历史上著名的百家争鸣的局面，这便是"诸子散文"的由来。"诸子散文"可分为三个阶段：春秋末战国初的《论语》、《老子》、《墨子》等，战国中叶的《孟子》、《庄子》等，战国末期的《荀子》、《韩非子》等。从散文发展上看，《论语》创立了语录体，《墨子》将其完善发展，进而形成了《孟子》的对话式辩论文。《庄子》丰富的寓言和奇崛的想象，成为先秦说理散文中的瑰宝。而《荀子》、《韩非子》的鸿篇巨制则标志着我国古代说理文已完全成熟。

《论语》记载孔子及其弟子的言行，其核心思想是"仁"，也是孔子礼乐德治思想最集中的体现。该书是儒家经典著作，而儒家思想已成为中国传统文化的基石。《论语》文约旨博，言简意赅，富有韵味。《老子》一书鉴于社会的混乱和罪恶，提出了"无为而治"的政治理想，直接导致了道家学派的成立，在中国文化史上产生了巨大的影响。《墨子》站在小生产者的立场上，倡导一种简朴、和平、宗教型的生活方式，《墨子》发展了文章的逻辑性。《孟子》和《论语》的情形相似，由孟轲和他的门徒所作，是儒家又一部重要著作，其核心思想是"仁政"。《孟子》以简约含蓄取胜，有了较精细的刻画，议论多用比喻，纵横捭阖，凌厉逼人，语言表述更加从容流畅。《庄子》是庄周和他的门人后学所著，以丰富的寓言和奇丽的想象来说理，行文如行云流水，文风恣肆汪洋，使说理文具有了散文诗般的艺术魅力，对后世文学的影响极为深刻。《荀子》现存 32 篇，作者荀况是我国先秦时期集大成的思想家，为儒家学派的正宗传人。《荀子》对先秦诸子百家学说有所批评，而在批评的同时又汲取其精华，融会贯通，自成一家。《荀子》文风与《孟子》相近，述理更密，善于譬喻，长于铺排。《韩非子》为韩非所著。韩非不仅是战国时期法家的集大成者，也是战国末期集诸子学说之大成的思想家。他师承荀子，继承并发展了荀子的学说，喜刑名法术之学。《韩非子》以论辩的透彻、逻辑的严密，成为先秦说理散文论辩艺术的集大成者。

6. 楚辞

战国后期出现的楚辞，是继《诗经》之后出现的又一诗歌高峰。楚辞，即楚地诗歌，在屈原以前就有大量楚地歌谣在民间流传，而屈原的出现将楚辞的发展推向了高潮，造就了光辉灿烂的楚辞文学。屈原的作品《离骚》、《天问》、《九章》等，在艺术构思上摆脱了创作素材的束缚，想象奇伟瑰丽，塑造出生动的艺术形象，具有荡人心魄的力量。在创作形式上，独创"兮"字放在句中或句尾的"骚体"句式，文笔自由，长短不一；在艺术表达上，开创了以"香草美人"喻理想和美好这一最具中国民族特色的创作手法，做到了思想性与艺术性的高度统一。继屈原以后，又有宋玉、景差等一批楚辞作家，将楚辞这一独特的诗歌形式发扬光大，使之成为中国诗歌史上的一枝奇葩。

总之，战国时期思想文化领域极为活跃，百家争鸣的局面促进了文学的繁荣，也促进

了社会的进步。

秦代实行文化专制政策，焚书坑儒，二世而亡，几乎无文学可言。除留存下来少数歌颂秦皇功德的刻石文字外，李斯《谏逐客书》是这一时期少有的优秀散文篇章。另外，吕不韦及其门客撰著的《吕氏春秋》，取材广泛，体系完整，兼有儒、道、墨、法、农、阴阳等诸家思想学说。书中保存了大量先秦时代的文献和逸闻轶事，以及许多单独成篇的说理文，条理清晰，道理深刻，常常以寓言故事为喻，使文章形象生动。

（三）两汉时期

汉代文学是在先秦文学的基础上，在汉代现实生活土壤里发展起来的。从文体上看，汉代文学主要有散文、汉赋和诗歌。

1. 汉代散文

汉代散文内容丰富，形式多样，主要有政论散文、记事散文、抒情议理散文和史传散文。政论散文在西汉初最为发达，其代表作有西汉初年贾谊的《过秦论》、《陈政事疏》，晁错的《论贵粟疏》等。这些散文能抓住国家、社会的重大问题，议论风发，富于气势，又善用比喻和排偶，富于文采。记事散文有刘向的《说苑》、《新序》和《列女传》。它们具有许多小说的因素，在小说发展史上有重要地位。此类著作尚有《淮南子》等。汉代的抒情议理散文是在先秦策士的言辞与书信的基础上发展而来的，流传的名篇不少，司马迁的《报任安书》是其杰出代表。

《史记》和《汉书》的许多篇章是汉代史传文学的代表。《史记》是古代散文史上的一座丰碑，它既是一部博大的历史著作，也是一部杰出的史传文学作品，是中国传记文学的奠基之作，给后人以无穷的启示和深远的影响，被鲁迅誉为"史家之绝唱，无韵之离骚"。东汉班固的《汉书》在思想、艺术上虽比不上《史记》，但材料翔实，记事详细，不少传记也写得十分成功，在史传文学上也有不可忽视的地位。

2. 汉赋

汉赋是汉代的一种主要的文学形式，它经历了骚体赋、散体大赋、抒情小赋三个发展阶段。

❖ 骚体赋

骚体赋比较短小，主要采用楚辞的形式，内容以抒情为主，主要是哀叹自己的不幸或借别人的不幸来发泄自己的哀痛，代表作有贾谊的《吊屈原赋》、《鸟赋》等。《吊屈原赋》借凭吊屈原，抒写自己遭谗被逐的愤懑心情和有志不能施展的不平。《鸟赋》则是借鸟的不吉祥，写自己被贬长沙后的痛苦。枚乘的《七发》是向大赋发展的一篇赋作，它假托楚太子纵欲而获病，赋中"说其事以启发太子"，说明要治病必须消灭不健康的生活，要消灭不健康的生活又得从消灭不健康的思想入手，发人深省。

❖ 散体大赋

汉武帝初年至东汉中叶，主要流行散体大赋。散体大赋文笔铺排夸张，辞采华丽，以歌功颂德为主。代表作当推司马相如的《子虚赋》、《上林赋》。此二赋比较真实地反映了汉代上层统治者荒淫骄奢的腐化生活，客观上起到了暴露现实的作用，同时也是为了对统治者进行讽谏。西汉后期的辞赋家著名的有扬雄，他极力模仿司马相如，作有《甘泉赋》、《羽猎赋》、《长杨赋》等。东汉早期的辞赋家是班固，代表作是《两都赋》。中后期的张衡模仿司马相如和班固，作《二京赋》，在艺术风格上更加瑰丽典雅。

❖ 抒情小赋

东汉中叶之后，汉帝国已由盛转衰，宦官专权，政治黑暗，社会动荡不安。赋作家开始创作借物咏怀、抒忧写愤的抒情小赋。张衡的《归田赋》借退隐归田，寄情山水，潜心图书翰墨，以抒写胸中的郁愤。此赋一扫汉散体大赋铺排夸张、歌功颂德的恶习，是大赋向抒情小赋转变的标志。东汉末年赵壹的《刺世疾邪赋》也是一篇有名的抒情小赋，是愤世嫉俗之作。

3. 汉代诗歌

汉代诗歌的成就，主要体现在汉乐府和《古诗十九首》上。

❖ 汉乐府

"乐府"原是西汉王朝设立的一个掌管音乐的机构，后来人们便把这个机构所收集和配乐演唱的歌辞称作乐府诗，简称乐府。汉代的乐府诗既有贵族、文人的创作，也包括相当一部分民歌。据记载，仅西汉"乐府"收集的民歌就有 138 首，但由于种种原因，散佚颇多。流传至今的汉乐府民歌，包括东汉作品在内只有 40 多首，大都收在宋人郭茂倩所编的《乐府诗集》(为宋以前乐府诗的总集)中。这些民歌是汉乐府思想、艺术成就的主要代表。

汉乐府民歌继承并发展了《诗经》的优良传统，反映了汉代底层人民的生活，反映了他们对现实的不满、对封建政治和封建礼教的批判，以及对幸福的憧憬、理想的追求，具有广阔的社会内容，值得重视。

汉乐府民歌中的叙事诗较多，诗中人物往往形象鲜明，富于个性，其表现形式，西汉多杂言，而东汉则基本为五言。此外，章句的自由随意，描写的灵活自如，语言的纯朴自然而带有感情，也都是汉乐府的显著特点。汉乐府民歌标志着我国古代诗歌进入了一个新的发展阶段，对后世的影响是深远的。

❖ 《古诗十九首》

《古诗十九首》产生于东汉末年，其作者大多是中下层知识分子，内容多写相思离别、浮生若梦、及时行乐等，并或多或少地对当时的现实表示不满。《古诗十九首》有很高的艺术成就，刘勰说它是五言诗的冠冕，钟嵘称它为"文温以丽，意悲而远，惊心动魄，可谓几乎一字千金"。它的出现标志着我国诗歌已经由四言和骚体进入了一个新的发展阶段。

(四) 魏晋南北朝时期

魏晋南北朝时期是一个文学进入自觉意识、在各方面富于创新精神的时期。在这一时期文学艺术开辟了多种新的道路，提供了多样的发展可能性，诗歌、散文、辞赋、骈文、小说等文学样式都取得了显著的成就。

1. 诗歌

❖ 曹操、曹丕、曹植和建安七子

在魏晋南北朝时期，诗歌的地位仍然是最重要的。汉末魏初，在"世积乱离，风衰俗

怨"的社会背景下，文人诗歌创作进入了"五言腾踊"的大发展时期。这一时期以曹操、曹丕、曹植父子为核心，加上孔融、王粲、刘桢、陈琳等"建安七子"组成的邺下文人集团创造了"建安文学"的辉煌。建安文人的作品，具有"慷慨任气"这种共同的时代风格，其中曹操的诗歌沉雄悲凉，反映了动乱的社会现实，表露了诗人渴望建功立业、统一天下的雄心壮志，如《蒿里行》、《短歌行》、《步出夏门行》等，都是较为成功的篇章。曹植的文学成就最高，人称"建安之杰"。他的诗歌"骨气奇高，词采华茂"，《白马篇》、《赠白马王彪》分别是他前期和后期诗歌的代表作。"建安七子"中最有成就的作家是王粲，他的《七哀诗》等篇章是建安文学中具有现实主义精神的杰作。

❖ 左思

魏晋之交，随着世风的变易，诗歌创作呈现出与建安时代不同的风貌。阮籍、嵇康的作品，或沉郁艰深，或风调峻切，他们继承了建安文学的优秀传统，进一步推动了五言古诗的发展。西晋太康时期诗歌繁荣，诗人有"三张二陆两潘一左"之称，但多数作品流于华彩繁缛，唯左思的诗歌骨力遒劲，承传建安文学的精神。其《咏史》开启了咏史和咏怀结合的新路子。

❖ 陶渊明

东晋在玄学的影响下，"理过其辞，淡乎寡味"的玄言诗泛滥一时，能够超越流俗的大诗人便是陶渊明。陶渊明的时代，"真风告逝，大伪斯兴"，他因贫而出仕，目睹官场黑暗，不愿同流合污，决心辞官归隐，保持自我的人格精神。他的田园诗描绘自然风光的美丽，歌颂田园生活的平和，也表现了亲身参加农业生产劳动的喜悦和辛劳，创造了情、景、理交相融合，平淡和醇美统一的艺术境界。《归园田居》、《饮酒》是他的田园诗的代表作。陶诗的风格以自然平淡为主流，但《读〈山海经〉·精卫衔微木》、《咏荆轲》等也显示了诗人"金刚怒目"的一面。可以看出，诗人内心并不静穆，他没有忘怀世事。陶诗对后世影响很大，尤其是唐代的山水田园诗派直接受其影响。

❖ 山水诗

南北朝时期，许多文人致力于文学创作，而主要运用的文学样式是诗歌和骈文。南朝诗歌中的山水诗在谢灵运手上大放光芒，其后谢朓的山水诗写得清新圆熟，世称"大小谢"。

❖ 鲍照和庾信

诗人鲍照出身寒微，擅长用七言古诗体来抒发愤世嫉俗的情怀，他隔句押韵的七言歌行为七言诗的发展作出了贡献。最有成就的是由南入北的作家庾信。他的诗赋集南北文学之大成，将南方精美圆熟的艺术技巧和北方刚健爽朗的精神融合，成为唐代诗风的先声。

❖ 乐府民歌

南北朝乐府民歌也足以与汉乐府诗前后辉映。南朝的吴歌、西曲明丽柔婉，北朝少数民族歌曲大多刚健亢爽，风格各异，但都情意真切。

2. 小说

就我国古代小说体裁的形成和发展来说，魏晋南北朝是一个重要阶段，出现了志怪小说和轶事小说。其中，晋干宝的《搜神记》和南朝刘宋时刘义庆的《世说新语》最值得重视。《世说新语》记载了自汉至晋不少上层士族人物的轶事言谈，写人气韵生动，记言简约精妙，实开后世笔记小说之先声。

3. 文学评论

由于文学意识的渐趋自觉，这一时期出现了探讨文学观念、分析创作过程、批评作家作品的文学论著，如曹丕的《典论·论文》、陆机的《文赋》、刘勰的《文心雕龙》、钟嵘的《诗品》。后两部在我国文学理论发展史上堪称划时代的巨著。

4. 散文

曹植不仅在诗歌艺术方面有很高的文学成就，他的散文和辞赋也表现出很高的思想性和艺术性，代表作有《洛神赋》。另外，王粲的《登楼赋》也是辞赋中的杰作。陶渊明的文学成就也是多方面的，他的散文、辞赋，数量虽不多，却非常出色，著名的有《桃花源记》、《归去来兮辞》、《感士不遇赋》等。这一时期骈文统治着整个文坛，鲍照的《登大雷岸与妹书》、《芜城赋》，庾信的《哀江南赋》都是非常优秀的作品。北方文苑稍嫌荒寂，但散文方面也不乏名篇，如北魏郦道元的《水经注》、杨衒之的《洛阳伽蓝记》，以及北齐颜之推的《颜氏家训》。

（五）唐时期

1. 诗歌

唐朝是中国诗歌史上的黄金时代，古体、近体争奇斗艳，各种风格流派异彩纷呈，初、盛、中、晚各期皆名家辈出。《全唐诗》收录了 2300 多位作家的近五万首诗，真可谓"洋洋大观"，足见唐代诗歌的空前繁荣。

唐代诗歌一般分为初唐、盛唐、中唐、晚唐四个时期。

1）初唐诗歌

初唐指从唐高祖到唐玄宗时期，这是唐诗的发展与过渡时期。初唐诗坛上出现了一批锐意革新的诗人，他们就是"初唐四杰"(王勃、杨炯、卢照邻、骆宾王)和稍后的陈子昂。这些诗人上承汉魏风骨，力扫齐梁宫体诗的颓风，使诗歌的题材扩大了，思想严肃了。他们在诗歌形式和艺术表现手法上面的大胆探索，为唐诗的发展铺平了道路。这一时期，唐诗的浪漫气质日趋强化。它以另一种风格呈现于刘希夷、张若虚等人的诗篇中。张若虚的《春江花月夜》描绘了春夜月光下美丽的景色，并融合了对宇宙、对美好人生的热情讴歌。全诗构思精妙，辞采清丽，堪称千古绝唱。

2）盛唐诗歌

盛唐指从唐玄宗开元、天宝年间到唐代宗大历元年。这一时期出现了两大诗歌流派，各领风骚：以王维、孟浩然为代表的山水田园诗派以描写山水田园风光或隐逸生活为其特色；以高适、岑参、王昌龄等人为代表的边塞诗派则唱出报国安边、奋发进取的时代强音。王维的山水田园诗以画理、禅法入诗，善于将绘景状物与阐发禅趣相结合，意境幽美，具有一种韵外之致。孟浩然是唐代第一个倾力创作山水诗的作家，他的诗作意境清幽淡远，多自然超妙之趣，创造了山水浑融完整的风格。边塞诗人群体以描写边塞征戍战争、边塞风土人情以及战争带来的各种矛盾为主要题材，诗风悲壮，气势雄浑，尤擅七言。高适的《燕歌行》和岑参的《白雪歌送武判官归京》等七言歌行体诗，都是唐代边塞诗的名篇。之后，李白与杜甫先后崛起于诗坛，被称为我国诗歌史上雄视古今的"双子星座"。李白的诗歌是盛唐气象的典型代表，诗人以其天真的赤子之心讴歌理想的人生。如果说理想色彩是盛唐一代诗风的主要特征，那么李白则以更富于彰显理想的歌唱走在了时代的前沿。李白以其卓然不群的人格、浪漫不羁的情怀、豪放飘逸的诗风、才华横溢的篇章筑就了继屈原之后又一座浪漫主义丰碑，无愧"诗仙"之称。李白的抒情名篇，如《将进酒》、《行路难》，无不显示了诗人独特的情感色调和艺术个性。杜甫的诗歌把整个动荡浩大的时代与个人的遭际合而为一，集中、深刻地反映了唐王朝由盛而衰过程中一系列重大的事件，故有"诗史"之称。他的诗歌蕴含着强烈的忧患意识，无愧"诗圣"之誉。杜甫是一位富有创造性的诗人，是一位集大成和承前启后的诗人。他的诗歌感情内在深沉，风格沉郁顿挫。

3）中唐诗歌

中唐指从代宗大历初年到文宗太和末年。这一时期由于安史之乱唐朝社会生产力遭到了极大的破坏，诗歌呈现出了不同的风貌，现实主义成为诗歌的主潮。唐宪宗元和年间，以白居易、元稹为首，倡导了一场新乐府运动。他们以"文章合为时而著，歌诗合为事而作"为创作纲领，以新题乐府的形式来反映社会问题，针砭政治弊端，主题鲜明，题材集中，有鲜明的形象性和强烈的战斗性。在艺术表现上，他们努力以平易浅近的语言、自然流畅的意韵来增强诗歌的可读性。白居易的《卖炭翁》、《杜陵叟》等篇章，千百年来传诵不绝。另外，白居易的叙事诗《长恨歌》和《琵琶行》，也堪称古代叙事诗的杰作。与元白诗派共同开拓了中唐这块奇特的艺术园林的是韩孟诗派，韩孟诗派的代表人物是韩愈、孟郊。韩孟诗派崇尚奇崛险怪，"以丑为美"，"以文为诗"，在唐诗中别开生面。这一时期，还有一些著名诗人各具艺术个性：刘禹锡的诗豪健雄奇，柳宗元的诗孤峭峻洁，李贺的诗诡异瑰丽。

4）晚唐诗歌

晚唐指从文宗开成元年到唐王朝灭亡。这一时期唐诗走向没落，诗的气魄、格局也随之衰减萎缩，大多染上了浓厚的衰亡感伤色彩。最有成就的诗人是杜牧和李商隐。杜牧最擅长七绝，从数量和质量来看，堪称晚唐第一高手。七绝内容多伤春伤别和咏史怀古，艺术表现上清丽优美，意蕴悠扬，颇有神韵。李商隐各种诗体皆有佳作，但成就最高的是七律，以表现爱情相思题材见长。他的《无题》诗，工于比兴，用典甚多，诗旨深曲，意蕴深永，给人一种朦胧迷离的美感，耐人寻味。

2. 散文

初唐文章开始出现由骈入散的倾向，盛唐至中唐前期，萧颖士、李华、独孤及、梁肃、柳冕等人继起，他们崇儒复古、谋求革新，预示着古文运动高潮即将到来。中唐后期，韩愈、柳宗元倡导古文运动，在理论和创作实践上使古文达到了全盛阶段。在"文以明道"创作思想的指导下，他们要求文章有充实的思想内容，努力去反映社会现实问题，无论是内容还是形式都达到了更成熟、更完美的境地。韩愈、柳宗元不仅是唐代古文运动的领袖，而且不愧为继司马迁之后两位最优秀的散文家。韩愈十分重视散文创作的艺术独创性，他的说理散文如《原毁》、《师说》、《进学解》等行文流畅，说理透彻，逻辑严密。他的杂文如《杂说四·世有伯乐》寓意深刻，构思精巧。他的记叙散文如《张中丞传后叙》，刻画人物仿效司马迁《史记》的笔法，将饱满的爱憎感情倾注于笔端，在取材和细节描写方面显示出了精湛的艺术造诣。他的抒情散文则感情真挚、委婉曲折，如《祭十二郎文》抒发他

对亡侄的悼念，字里行间饱含着恳挚的骨肉之情，催人泪下。柳宗元的散文也有独特的风貌。他的传记文《种树郭橐驼传》、《童区寄传》以进步的政治立场和深厚的同情心，反映和歌颂了这些人物。柳宗元的重要贡献是使山水游记和寓言这两个散文品种获得了独立的生命。他的《永州八记》等山水游记在表现山水之美中渗透了作者的人格之美，成为后世游记文学的典范之作。他的《三戒》等寓言善用各种动物拟人化的艺术形象以寄寓哲理或表达政治见解，立意独特，推陈出新。韩、柳之后直至晚唐，是古文运动的余波。晚唐散文以罗隐、皮日休、陆龟蒙等所写的批判现实的小品文为代表。晚唐还产生了散文化的赋，杜牧的《阿房宫赋》首开文赋风气。此外，魏征、王勃、刘知几、李峤、刘禹锡、白居易等也都有散文名篇传世。

3．小说

唐传奇建立了比较完整的小说结构，情节更为复杂，内容更偏重于反映人情世态，而人物形象的塑造、人物心理的刻画也有了显著的提高。唐传奇宣告中国古典小说开始进入成熟阶段，并为后世小说的发展提供了创作经验。

4．词

词是始于盛唐、成于晚唐五代、盛于宋代的一种新诗体。最早的唐代民间词是在敦煌发现的曲子词，这些民间词反映的社会场景广阔，生活气息浓郁，语言朴素清新，为文人词的创作和发展提供了很好的借鉴。中唐时期，很多诗人如白居易、刘禹锡、张志和等都填过词。晚唐时期，文人写词者渐多，影响最大的是温庭筠，他的词可以说是文人词成熟的一个标志。

五代时，西蜀和南唐成为词的创作中心，中国第一部文人词集《花间集》问世。五代词人中成就最高的是南唐后主李煜，其早期作品多写宫廷享乐生活，国破被俘以后填的词抒写家国身世之恨，极为沉痛。李煜的词，自然率直，直抒胸臆，不事雕琢，语言单纯明净、新颖别致，意境凄婉动人。李煜的词扩大了词的境界，特别是在抒情艺术上达到了前所未有的成就。

（六）宋时期

宋代文学的主要标志是词。据《全宋词》所载，作品有二万余首，词人一千四百余位。

1．宋词

❖ 晏殊

北宋初期，朝廷提倡享乐，晏殊的词风继承了花间一派的婉约绮靡。晏殊的词风雍容闲雅，有富贵气。晏殊之子晏几道，由于其个人遭遇的不幸，词风有异于晏殊，较多低回感伤的色彩。

❖ 范仲淹

范仲淹镇守边塞，生活经历不同，他的词中开始出现了境界开阔、格调苍凉之感，给宋初词坛注入了一股新鲜感。

❖ 柳永

词到柳永手上，有了第一次革新。柳永从都市中下层人民生活中汲取创作素材，以写

男女离别相思和个人流落江湖的羁旅之愁见长。他大量创作篇幅较长、结构复杂、音调更为繁复的慢词。他的词多用铺叙白描之法，层次分明，语言通俗，从内容到形式都富于平民色彩，在当时市民中传唱极盛。《八声甘州》（"对潇潇暮雨洒江天"）、《雨霖铃》（"寒蝉凄切"）等词借景寓情，俗而能雅，是他的精心之作，尤传诵于后世。

❖ 苏轼、秦观、赵令畤、贺铸、黄庭坚

苏轼作为词的革新家，不满于柳永词沉吟于风花雪月之中，肆力打破诗词界限，把艺术的笔触伸向了广阔的现实生活和个人极其丰富的内心世界，扩大了词的题材，提高了词的意境，丰富了词的表现手法，使词成为独立的抒情诗体。这就是所谓的"以诗为词"。苏轼的词达到了"无意不可入，无事不可言"的境界。他用词来写景、抒情、怀古、感旧、记游，甚至说理谈禅，风格多样。《江城子》（"十年生死两茫茫)、《水龙吟·次韵章质夫杨花词》词笔细腻、风情婉转，《念奴娇·赤壁怀古》、《水调歌头》（"明月几时有"）高歌入云、逸怀浩气，都有很高的艺术成就，给宋词带来了新气象，启迪了南宋豪放词派的诞生。

这时的秦观、赵令畤、贺铸、黄庭坚等人也各有自己的成就，他们共同创造了北宋词坛多种风格相互竞争的繁荣局面。

❖ 周邦彦

集北宋婉约词之大成的是周邦彦。周邦彦基本承袭了柳永词的余风，仍表现男女恋情和羁愁行役等传统内容，但由于他妙解音律，有很高的艺术修养，因此在使词艺趋于精美化方面功不可没。读他的词，可以感受到他在章法结构变化方面的多样性、表现技巧的丰富性以及音律语言的谐畅精工。南宋的格律派词人无不在艺术上受到他的熏染。

❖ 李清照

在南北宋之交，还出现了我国古代最优秀的女词人李清照。她的词意境深厚，感情婉曲，造语清新，尤其是南渡以后的作品如《声声慢·寻寻觅觅》等，将国破家亡的悲愤与身世漂泊的伤痛融合一气，缠绵抑郁，感人心魄，其审美价值大大超过了早期主要抒写闺情的篇什。

❖ 辛弃疾和南宋词人

南宋初词人大多亲历靖康之变，故其词作突破了北宋末年的平庸浮靡，表现了鲜明的时代特征。著名的有张元幹、张孝祥、陈与义、向子谨、朱敦儒等，他们上承苏轼一脉，下启辛派词风，是两者之间的重要过渡。南宋最伟大的爱国主义词人当推辛弃疾。辛弃疾生当南宋衰世，有出将入相之才，满怀抗金报国的凌云之志，但受朝廷妥协苟安政策的羁缚，壮志难酬，郁愤深积，只得将一腔爱国情怀寄之于词，使宋词的思想境界和精神面貌达到了光辉的高度。他继承东坡词的豪放风格而加以发展，尤其是他驾驭语言的功力极深，能将经史子集之语熔铸入词而一如己出，前人称其"以文为词"，辛词又深于寄托，融传统的婉约和豪放于一体，人称他的词作是"色笑如花，肝肠如火"，把词的艺术提高到了一个新的境界。他的名篇如《破阵子》（"醉里挑灯看剑)打破了传统的章法结构，《永遇乐·千古江山》壮怀激烈，豪气逼人，而《摸鱼儿》（"更能消几番风雨")缠绵哀怨之中有"裂帛之声"，《清平乐·茅檐低小》清新活泼，都各具特色。同时的陈亮、刘过等风格似辛却有点剑拔弩张。后世属辛派词人的还有刘克庄、刘辰翁。

南宋词人姜夔继承周邦彦，走上了尚风雅、主格律的创作道路。他的词作以记游、咏物、怀人为主要内容，意境清空，格调骚雅，音律严整，在艺术上冠绝一时。史达祖、高观国等人是其一派。在词风偏于疏宕的南宋，吴文英的词却倾向于密丽的风格，人称"七宝楼台"，可谓一枝独秀。由宋入元的重要词家尚有张炎、周密、王沂孙等，随着南宋王朝的覆灭，他们哀怨衰飒的词作成了宋词的尾声余韵。

2. 宋诗

欧阳修作为宋代诗文革新运动的领袖人物，倡导平易流畅、注重气骨、长于思理的诗风，形成了宋诗自身的特点。北宋诗坛上影响最大的两位诗人是苏轼和黄庭坚。苏轼诗说理抒情，自由奔放，更进一步发展了宋诗好议论、散文化的倾向，由于他丰富的生活阅历和深厚的艺术修养，故能避免许多诗人所犯的浅率无味或生硬晦涩的弊病，他的作品代表了北宋诗歌革新运动的最高成就。黄庭坚和他的江西诗派的诗歌最具宋诗的特色。其诗宗尚杜甫，自立门户，大率瘦硬生新。属于江西诗派的诗人有陈师道、陈与义、韩驹等。陆游、杨万里和范成大都出于江西诗派，最终却分别自成一家。陆游是宋代最伟大的爱国诗人，他留下的诗共九千三百余首，他的诗篇最感人的是表现了他老而不衰、死而不渝的抗敌复国的爱国壮志。到宋末，文天祥、汪元量等人的爱国诗篇，浩气磅礴，为当时的诗坛增添了最后一抹光彩。

3. 宋代散文

欧阳修极力提倡平实朴素的文风，反对险怪奇涩之文，并在自己的散文创作实践中身体力行，形成了一种富于情韵、平易畅达的艺术风格。他的散文不论是写景状物，还是叙事怀人，都有较强的艺术感染力，如《醉翁亭记》、《泷冈阡表》等；即使是纯粹说理的政论性散文，如《五代史伶官传序》，也是一唱三叹，情见乎辞，颇有特色。在欧阳修的提携指引下，王安石、曾巩、苏洵、苏轼、苏辙都是一时俊彦。王安石的政论散文观点鲜明，言辞犀利，如著名的《答司马谏议书》充分表现了一个政治改革家坚定的立场和杰出的辩才。"三苏"中的苏轼，其散文多种体裁俱备，自由挥洒，如行云流水，姿态横生，代表了诗文革新运动的最高成就。《文与可画赏雪谷偃竹记》，在卓越的文艺见解的表述中体现出作者幽默洒脱的个性，既是文论名篇，又是散文力作。他的《前赤壁赋》、《后赤壁赋》兼有辞赋的体格和散文的气韵，形象性与哲理性紧密结合，水乳交融，是宋代文赋的代表作。欧、王、曾、三苏加上唐代的韩、柳被后世尊崇为"唐宋八大家"，他们的作品一直是后人学习古代散文的楷模。此外，由于两宋理学盛行，在重道轻文观念的指导下，理学家写了很多谈性说理的简古散文，还有多用民间口语的语录体作品，代表作家有周敦颐、程颢、程颐、朱熹等。

4. 话本小说

宋代在唐代讲唱文学的基础上演化产生了话本，成为后世演义小说和白话小说的滥觞。《碾玉观音》、《错斩崔宁》是宋话本中的名篇。宋代的南戏是产生在永嘉一带的地方戏曲，与北方的杂剧并称为"成熟的中国戏剧"。金代的诸宫调也值得重视，如董解元的《西厢记诸宫调》，在结构安排、叙事手段和人物心理刻画方面达到了较高的艺术水平，成为元代王实甫写作《西厢记》杂剧的基础。此外，金代第一大作家元好问，经历坎坷，蒿目时艰，写作了不少感慨悲歌的诗词。

艺术鉴赏

（七）元时期

元代文学的代表是元曲，一般所说的元曲，是杂剧与散曲的合称。

1．元杂剧

关汉卿、白朴、郑光祖、马致远被称为"元曲四大家"。其中，关汉卿是元杂剧的奠基人和前期剧坛领袖。他的剧作，不论是公案剧、爱情剧还是历史剧，如《窦娥冤》、《救风尘》、《单刀会》等，都善于将现实主义精神和理想主义色彩融成一体，当行本色，雅俗共赏，是元杂剧中的第一流作品。王实甫的《西厢记》是元杂剧中一颗璀璨夺目的艺术明珠。重要的杂剧作家还有康进之、白朴、马致远、郑光祖等。著名的杂剧还有《李逵负荆》、《赵氏孤儿》、《梧桐雨》、《汉宫秋》、《倩女离魂》等。

元末杂剧衰微，南戏又复盛行，出现了像高明的《琵琶记》这样的杰作。

2．散曲

元代前期的散曲作家以关汉卿和马致远为代表，关汉卿的《南吕·一枝花·不伏老》套曲质朴自然，诙谐泼辣；马致远的《天净沙·秋思》情景交融，堪称"秋思之祖"。元代后期散曲的代表作家是张可久和乔吉，他们一改前期散曲的本色，而趋于雅正典丽，与词很难区别。张养浩的《山坡羊·潼关怀古》结句精警，风格也与张、乔散曲迥异，在元曲中不可多得。元代其他重要的散曲作家还有白朴、睢景臣、贯云石、徐再思、刘时中等。

（八）明时期

1．小说

明代的长篇章回小说由宋元讲史话本发展而来，代表作有罗贯中的历史演义小说《三国演义》、施耐庵的英雄传奇小说《水浒传》、吴承恩的神魔小说《西游记》、兰陵笑笑生的反应明代社会生活的小说《金瓶梅》等。这些长篇小说的问世，开创了中国长篇小说的创作热潮。

明代短篇小说的主要形式是拟话本。这是一种文人模仿民间话本而创作的案头文学。著名的拟话本结集有冯梦龙的《喻世明言》、《警世通言》和《醒世恒言》，以及凌濛初的《初刻拍案惊奇》、《二刻拍案惊奇》，分别合称为"三言"、"两拍"。

2．戏曲

在戏曲领域，明代传奇取代了杂剧的主导地位，尤其在明后期，传奇创作出现了新的高潮，产生了杰出的剧作家汤显祖。汤显祖所写的爱情剧《牡丹亭》是我国戏曲史上的浪漫主义杰作。这一时期其他重要的传奇作品有李开先的《宝剑记》、梁辰鱼的《浣纱记》和相传为王世贞作的《鸣凤记》等。由于传奇创作的繁荣，剧作家内部还发生了主音律的吴江派(代表人物沈璟)与主才情的临川派(代表人物汤显祖)之争。明代杂剧也有一些较优秀的作品，如康海的《中山狼》和徐渭的《四声猿》(包括《渔阳弄》、《雌木兰》、《女状元》、《翠乡梦》四个杂剧)。

3．诗文

诗文领域，明初刘基、宋濂、高启的作品较有社会现实内容，而后以杨士奇、杨荣、

杨溥三个辅弼大臣为首的"台阁体"诗派继起，统治文坛几十年之久。针对"台阁体"那种歌功颂德、空廓浮泛的萎靡文风，以李梦阳、何景明为首的"前七子"，以及以李攀龙、王世贞为首的"后七子"，以复古相号召，提出"文必秦汉，诗必盛唐"的主张，但其末流陷于刻意模拟，了无生气。"后七子"中的宗臣，虽然声名并不显赫，他的散文却有较多新意，其作品《报刘一丈书》传诵至今。鉴于"前后七子"狭隘复古倾向的流弊，王慎中、唐顺之、茅坤、归有光等自觉提倡学习唐宋古文，人称他们为"唐宋派"。"唐宋派"中文学成就最高的是归有光。他的散文善写日常生活琐事，即事抒情，淡而有味，浅中有深，《先妣事略》、《寒花葬志》、《项脊轩志》、《沧浪亭记》等名篇都具备这样的特色。真正起来反对拟古主义的，是以三袁(袁宗道、袁宏道、袁中道)兄弟为代表的"公安派"。"公安派"的"独抒性灵，不拘格套"主张，来自李贽的"童心"说，给拟古倾向以猛烈的冲击，他们的散文以抒情小品、游记、尺牍著称。但其末流显得浮浅油滑。继而有以钟惺、谭元春为首的"竟陵派"出来纠弊。他们的主张与"公安派"相仿，但艺术宗尚"幽深孤峭"，别具一格，趣味比较偏狭。经过"公安派"、"竟陵派"两派作者的不同探索，晚明小品文特盛，明末张岱的小品文《陶庵梦忆》、《西湖梦寻》成为明代散文中颇具光彩的一部分。明末民族矛盾和阶级矛盾日益尖锐的时代气氛中，出现了复社、几社，提倡复古的爱国诗文，陈子龙、夏完淳是其杰出代表。纵观自明中叶以后，诗文运动先后出现了不少文学流派，概括起来一直是拟古主义与反拟古主义的力量相互消长，直至明亡。

(九) 清时期

清代是中国古代文学全面复兴但又无法超越前代的时期。这一时期，小说、戏曲继明代之后又取得了巨大的成就，诗、词、散文、骈文领域作家众多，流派林立，成就斐然。

1. 小说

清代文学成就最大的当是小说，曹雪芹的《红楼梦》是中国古代小说艺术的顶峰。另一部长篇巨著吴敬梓的《儒林外史》，是我国文学史上少有的讽刺杰作，对晚清谴责小说有极大影响。清后期有李汝珍的《镜花缘》，反映了作者在妇女问题上的民主性见解，但思想价值和艺术成就都显得逊色一些。就文言短篇小说而言，最优秀的是清初蒲松龄所作的集六朝志怪小说和唐宋传奇小说艺术成果于一体的《聊斋志异》。

2. 戏曲

清代戏曲的杰作当推洪升的《长生殿》和孔尚任的《桃花扇》。清代传奇在出现了"南洪北孔"的创作高潮之后，便日趋衰微了。随后地方戏曲逐渐兴盛起来，成为近代京剧和其他地方剧种产生发展的基础。

3. 诗歌

明末清初的诗坛上，遗民诗人黄宗羲、顾炎武、王夫之等不满清廷的民族压迫和专制统治，所作往往悲壮沉郁，感慨深远。钱谦益、吴伟业也是清初有特色的诗人。王士禛提倡"神韵"，成为当时的诗坛领袖。

4. 词

词至清代又呈"中兴"气象。词家辈出，词作繁富，探讨创作之风特盛。清初词坛，陈维崧效法苏、辛之豪放，开"阳羡词派"；朱彝尊推崇姜、张之清空，开"浙西词派"；纳兰性德善作小令，长于白描，其词逼近南唐李煜，在清初自成一家。

5. 散文

散文方面，清中叶出现了著名的散文流派——"桐城派"，其代表人物有方苞、刘大櫆、姚鼐。清代骈文也呈复兴之势，足以和散文抗衡，较有成就的作家有陈维崧、袁枚、洪亮吉、汪中等。

6. 文学理论

清代曲论就理论贡献而言，当首推李渔的《闲情偶寄》。此书全面而系统地总结了戏曲的结构、词采、音律、宾白、科诨、格局等编剧理论和戏曲表演理论，把中国古典戏曲理论推进到了一个新的水平。

二、现代文学概述

经过晚清文学改良运动以来近 20 年的云雨孕育，中国现代文学终于在文学革命的催生下，以崭新的姿态诞生了。

"中国现代文学史"将现代文学分为三个阶段：第一个十年(1917—1927)、第二个十年(1927—1937 年 6 月)、第三个十年(1937 年 7 月—1949 年 9 月)。

(一) 第一个十年(1917—1927)的现代文学

五四文学革命是中国现代文学的正式发端，而五四文学革命又是以新诗即白话诗的创作为突破口的。白话诗不同于旧诗的突出特点是：在内容上集中表现了对于人的命运和人民命运、民族命运的关注，并在创作主体的个性、自我意识及描写对象社会化的广度和深度上，都得到了从未有过的加强。在形式上以改变诗歌语言为突破口，以白话为诗，有意识地摆脱古典诗词的严整格律，终于实现了"诗体的大解放"，从很接近旧诗的诗变到很自由的新诗。

胡适是新诗最早的开拓者，他从 1915—1916 年就着手白话诗的试验，首倡"诗体的大解放"。胡适的《尝试集》可视为区分新旧诗的界碑。在胡适的倡导下，白话诗很快就流行开了，出现了一个"初期白话诗派"。胡适、刘半农、李大钊、陈独秀、鲁迅、周作人，以及刘大白、冰心、朱自清等都写过白话诗。

1921 年以郭沫若为首的创造社的成立，进一步推进了新诗的创造，他的代表作《女神》奠定了以创造为宗旨的新诗传统的基础。《女神》在新诗发展中的突出贡献是：一方面把"五四"新诗运动的诗体大解放推向极致，另一方面使诗的抒情本质与诗的个性化得到了充分重视。正是在这两个意义上，《女神》成为中国现代诗的奠基之作，而郭沫若也成为中国现代新诗真正意义上的开创者和奠基人。

二十年代初期，诗坛上还出现了"小诗体"的诗歌，冰心的《繁星》和《春水》与宗白华的《流云小诗》是"小诗体"的代表作。小诗是一种即兴式的短诗，一般以三五行为一首，表现作者刹那间的感兴，寄寓一种人生哲理或美的情思。小诗的出现，一方面表现了诗人对于诗歌形式的多方面的探索和努力，另一方面也表现了诗人捕捉自己内心世界微妙感情与感受的努力。"小诗体"诗歌在新诗发展史上也有重要的过渡意义。

在爱情诗的创作上，应修人、潘谟华、冯雪峰、汪静之等成立的湖畔诗社以写作爱情诗闻名，他们的爱情诗与自然景物诗都带有历史青春期的特色。湖畔诗人天真开朗的自我抒情主人公形象对《女神》中叛逆创造的自我抒情主人公形象是一个很好的补充，同样是时代精神与诗人个性的统一。

白话诗在发展的初期也出现了很多不足。在一定程度上克服并纠正了五四以来白话新诗过于松散、随意等不足，使新诗走向规范化的诗人是以闻一多、徐志摩为代表的新月派诗人。新月派诗人提出"理性节制情感"的美学原则，同时还做了"新诗戏剧化、小说化"的努力。和"理性节制情感"相适宜，新月派明确提出以"和谐"与"均齐"为新诗最重要的审美特征。新月派虽有大体相同的追求，但更重视个人的独特艺术个性，重视诗思的造化和意象的刻绘，借助象征手法来抒发情感。其中，徐志摩的《志摩的诗》、《翡冷翠的一夜》、《猛虎集》和《云游》四部诗集对新诗的现代化作出了独特的贡献。

二十年代中后期，在新月诗派致力于新诗规范化的同时，涌现出了另一个重要的新诗流派，即早期象征诗派，代表诗人是李金发，重要诗人有王独清、穆木天、冯乃超、蓬子、胡也频、林松青、石民等。早期象征派受西方现代哲学思想与艺术的熏染，对五四落潮后的中国和自我命运深感迷茫，对启蒙理性失去信心，在他们心中，人不再是强有力的历史创造者、主宰者，不再是理性的崇拜者、言说者，而是迷惘、悲观的失望者，对世界、他人及自我充满怀疑与虚无情绪。所以，他们不再热衷于向大众启蒙，而醉心于自我独语，沉溺于个人感觉世界，进行一种完全个人化、贵族化的创作。

五四时期最早出现的散文作品是以议论文为主的杂感文。1918年4月《新青年》第四卷第四期开始设立"随感录"栏目，先后发表了李大钊、陈独秀、鲁迅、周作人、钱玄同、刘半农等人的杂感文。与此同时，《每周评论》、《新生活》等报刊也相继推出类似栏目，形成了颇有气势的杂感散文的创作浪潮。陈独秀是"杂感录"这一文体的开创者，而鲁迅则是杂感文创作中成就最高、最具有代表性的作家。

鲁迅前期的杂感文收入《坟》、《热风》、《华盖集》、《华盖集续编》与《而已集》这五本杂文集中。广泛的社会批评与文明批评是鲁迅前期杂感文的特色，民主与科学是鲁迅前期杂文创作的指导思想，彻底的反帝反封建精神是贯穿他的杂感文始终的灵魂。除杂感文之外，鲁迅的散文诗集《野草》与回忆性散文集《朝花夕拾》也是中国现代散文中的精品。《野草》写于1924—1926年，表现了鲁迅在五四退潮后于苦闷、彷徨中上下求索的心路历程，作家在深刻地反省自己的空虚、寂寞情绪与解剖自我的阴冷心理的同时，也强烈地表露出一种持续、韧性的战斗精神或永不松懈、永不退却的斗争哲学。《朝花夕拾》写于1926年，它以清新、平易、深情、舒缓的笔调，记述了自己童年、少年、青年时代的生活片断，抒发了对亲朋、师友的诚挚怀念，展现了家乡的风俗与中外的世相，寄予了对现实的思考。

周作人也是《新青年》"随感录"的重要作者，作为中国现代文学史上有影响的散文家，他的成就主要在叙事与抒情相结合的言志小品方面。其前期散文思想意义与社会作用较为积极，作品大多收入散文集《谈龙集》、《谈虎集》中，后期则转向闲适、苦涩，思想情绪较消沉、颓废。

这一时期散文方面取得突出成就的还有朱自清与冰心。朱自清是极少数能用白话写出脍炙人口名篇的散文大家之一，他擅长写漂亮精致、具有诗情画意的抒情散文，1923年写就的《桨声灯影里的秦淮河》被誉为"白话美文的模范"。冰心这一时期最主要的有两组散

文：一是《往事》，这是一组回忆性散文；二是《寄小读者》，这是一组书信体散文。两者表现的都是自然、母爱、童真这三大主题，文字较清丽，风格较哀婉。这一时期散文创作中比较活跃的作家还有林语堂、郁达夫、徐志摩、郭沫若、瞿秋白等人。

现代白话小说的开山之作，是1918年5月鲁迅发表于《新青年》第四卷第四期的《狂人日记》。第二年，他的《孔乙己》、《药》等名著也相继问世。现代小说就此拉开了序幕。

在现代文学的第一个十年，小说得到了迅速发展，风格多样，流派众多。就题材而言，有以冰心、王统照、庐隐为代表的"问题小说"，如《超人》、《沉思》、《海滨故人》等，有以王鲁彦的《柚子》、彭家煌的《怂恿》、许钦文的《鼻涕阿二》、蹇先艾的《水葬》、许杰的《惨雾》和台静农的《烛焰》等为代表的乡土小说，还有以郭沫若的《鼠灾》、《未央》，郁达夫的《沉沦》为代表的自我抒情小说等等。

中国现代话剧始于留日学生组织的春柳社。1907年，春柳社在东京演出了《茶花女》第三幕，接着又公演了根据林纾的翻译小说改编的《黑奴吁天录》。从此以后，一些剧社相继成立。

1919年，胡适发表独幕剧《终身大事》，标志着中国现代话剧创作的开端和社会问题写实剧创作的起始。

1921年，沈雁冰、郑振铎、陈大悲、欧阳予倩等发起组织民众戏剧社，创办了中国第一个戏剧杂志——《戏剧》月刊。他们提倡"写实的社会剧"，提倡"爱美剧"，即"非职业的业余演剧"，与同年成立的上海戏剧社一起将社会问题写实剧演出与创作推向了高潮。其代表作品有陈大悲的《幽兰女士》、欧阳予倩的《泼妇》及洪深的《赵阎王》等。创造社的郭沫若和南国社的田汉的浪漫主义剧作别具一格，郭沫若有《三个叛逆女性》(《卓文君》、《王昭君》、《聂莹》)，田汉此时的代表作有《获虎之夜》和《名优之死》。此外，丁西林的独幕剧也大放异彩，代表作有《压迫》和《一只马蜂》。

（二）第二个十年(1927—1937年6月)的现代文学

三十年代初，随着文学月刊《现代》的创立，诗坛上逐渐形成了一个"现代派"。以戴望舒的诗歌成就最高，他的代表作是《雨巷》。现代派诗歌的出现，贡献在于及时地感应着世界文学思潮的发展和流变，吸取了现代主义的一些表现手法，并表达了现代人生的一些独特的情绪。

在三十年代的现代诗人中，"汉园三诗人"也是引人注目的一个群体，因1936年3月何其芳、卞之琳、李广田出版《汉园集》而得名。他们的诗作都有重视感觉，注重想象，借暗示来表现情绪的特征。而与此同时，由于艾青、臧克家的出现，现实主义诗歌得到了长足的发展。

三十年代散文成就最突出的是议论性散文，尤其是以鲁迅为代表的杂文，其杂文主要收入以下集子：《三闲集》、《二心集》、《南腔北调集》、《伪自由书》、《准风月谈》、《且介亭杂文》等。除鲁迅外，瞿秋白、徐懋庸等人的杂文也取得了一定的成就。三十年代散文的另一重要发展是报告文学的兴盛，其中最优秀的作品是夏衍的《包身工》和宋之的的《一九三六年春在太原》等。

三十年代各种体式的散文都取得了一定的成就，主要有：游记散文，代表作有郁达夫的《屐痕处处》、《达夫游记》，朱自清的《欧游杂记》、《伦敦杂记》等；抒情散文，代表作有何其芳的《画梦录》等；叙事散文，代表作有李广田的《画廊集》、《银狐集》、《雀蓑集》等；哲理散文，代表作有丰子恺的《缘缘堂随笔》，梁遇春的《春醪集——泪与笑》等；传记散文，代表作有郭沫若的《我的幼年》、《反正前后》，庐隐的《庐隐自传》，以及沈从文的《从文自传》、《记胡也频》、《记丁玲》等。

三十年代散文创作中，小品文的创作也非常活跃，代表作家有林语堂、周作人等人，他们提倡"超脱"、"闲适"、"幽默"的文风。

在小说方面，第二个十年的代表作家及作品有：茅盾的《子夜》及其《蚀》三部曲(《幻灭》、《动摇》、《追求》)和短篇小说《春蚕》、《林家铺子》，巴金的《激流三部曲》中的《家》和《爱情三部曲》(《雾》、《雨》、《电》)，老舍的《骆驼祥子》、《月牙儿》，沈从文的《边城》，张恨水的《啼笑因缘》、《金粉世家》、《春明外史》，上海滩刘呐鸥、穆时英、施蛰存的"新感觉派小说"和心理小说。此外，还有左翼作家中柔石的《二月》、《为奴隶的母亲》，胡也频的《光明在我们前面》，蒋光慈的《田野的风》，叶紫的《丰收》，丁玲的《莎菲女士的日记》，张天翼的《包氏父子》，艾芜的《南行记》，"东北作家群"萧军的《八月的乡村》，萧红的《生死场》，也有鲁迅的历史小说集《故事新编》，更有叶圣陶的长篇小说《倪焕之》，吴组缃的《樊家铺》，王统照的《山雨》，李劼人的系列长篇小说《死水微澜》、《暴风雨前》、《大波》。

在话剧方面，这一时期由于曹禺的出现，中国现代话剧走向了全面成熟。曹禺的代表作除《雷雨》、《日出》外，还有《原野》、《北京人》。此外，当时有影响的还有田汉及其《梅雨》、《乱钟》、《回春之曲》，洪深及其《农村三部曲》(《五奎桥》、《香稻米》、《青龙潭》)，夏衍及其《上海屋檐下》、《赛金花》、《秋瑾传》，李健吾及其《这不过是春天》，宋之的及其《武则天》，陈白尘及其《金田村》等。

(三) 第三个十年(1937年7月—1949年9月)的现代文学

这一时期因艾青登上现代文学诗坛，现代诗歌出现了继胡、郭之后的第二个高峰，是新的聚合和新的开创，艾青把胡、郭等人开创的现代自由诗的开放洒脱与新月派诗人特别注重格律的规范化追求融合起来，加以重新整合，开创了自己独特的散文美、散体化为特征的诗歌。

1937年7月7日抗日战争爆发，中华民族处于生死存亡的关头，一切文艺样式此时都必须肩负起宣传抗日、鼓舞民众的责任，诗歌也不例外。"七月诗派"是其中最具特色、影响最为深广的。"七月诗派"诗人的作品几乎都取材于社会现实生活，特别是战争，极少个人情趣的抒写，但又不乏个性。他们中的大多数都能将个人遭际与祖国、民族的命运自发地联系在一起。"七月诗派"的主要诗人有艾青、胡风、田间、阿垅、鲁藜、绿原、彭燕郊、曾卓、罗洛、鲁煤、朱健、牛汉、朱怀谷等。

现代派在四十年代后期又获得了一次发展的大好时机，这一契机是由"九叶派"诗人带来的。穆旦(1918—1977)是其中最杰出的代表。1981年出版的《九叶集》收录了辛笛、陈敬容、杜运燮、杭约赫、郑敏、唐祈、唐湜、袁可嘉、穆旦等九人的作品，他们于四十年代后期在国统区集结，作为流派的活动不过两年，但他们给新诗带来了难以估量的影响。

散文的创作同诗歌一样大多以反应民族矛盾与阶段矛盾为主题，人们迫切地关心着战况与民族的命运，由此导致了报告文学这一文体的再度兴盛，其中写得较好的有丘东平的

《第七连》、《我们在那里打了败仗》、《我认识这样的敌人》，曹白的《这里，生命也在呼吸》，周立波的《晋察冀边区印象记》、《战地日记》，丁玲的《孩子们》，徐迟的《大场之夜》，华山的《窑洞保卫战》、《碉堡线上》、《英雄的十月》，周而复的《晋察冀行》、《东北横断面》、《松花江上》，白朗的《八烈士》、《一面光荣的旗帜》等。

相比之下，小品散文的创作不如报告文学那样势头强劲，但仍产生了一些思想和艺术成就都很高的作品，如茅盾的《白杨礼赞》、《风景谈》，萧红的散文集《萧红散文》、《回忆鲁迅先生》，沈从文的散文集《湘西》等。

这一时期的小说创作也带上了强烈的时代特征。国统区、沦陷区的小说主要有张天翼的《华威先生》，茅盾的《腐蚀》，巴金的《寒夜》，夏衍的《春寒》和《第四病室》，沙汀的《淘金记》，黄谷柳的《虾球传》，钱钟书的《围城》，老舍的《四世同堂》，七月派小说家路翎的《财主的儿女们》。

四十年代上海洋场小说的代表作家张爱玲的小说集《传奇》(其中《金锁记》为代表作)是现代小说的经典之作。

解放区的小说创作有以下代表作品：赵树理的《小二黑结婚》、《李有才板话》，孙犁的《荷花淀》，后来获得斯大林文学奖的丁玲的《太阳照在桑干河上》，周立波的《暴风骤雨》，还有柳青的《种谷记》，欧阳山的《高干大》，孔厥、袁静的《新儿女英雄传》，马烽、西戎的《吕梁英雄传》等。

这一时期的话剧，由于特殊形势的需要，剧作以独幕剧为主，又创造了活报剧、街头剧、茶馆剧、朗诵剧等新形式，被戏剧界称为"好一记鞭子"的三个短剧——《三江好》、《最后一计》和《放下你的鞭子》为这一类剧作的代表。国统区则出现了历史剧创作的热潮，有影响的作家的作品有：郭沫若的《屈原》、《虎符》、《棠棣之花》、《南冠草》、《高渐离》、《孔雀胆》，阳翰笙的《天国春秋》，欧阳予倩的《忠王李秀成》、《桃花扇》，上海孤岛中阿英的《碧血花》、《海国英雄》，于伶的《大明英雄传》等。表现现实生活题材的作品也不在少数，影响较大的有曹禺的《北京人》，于伶的《夜上海》、《长夜行》，陈白尘的《升官图》、《岁寒图》，夏衍的《法西斯细菌》、《芳草天涯》、《心防》，宋之的的《雾重庆》，田汉的《丽人行》，吴祖光的《风雪夜归人》、《捉鬼传》等。而解放区，在秧歌运动的影响下出现了具有民族特色的新歌剧，著名的有贺敬之执笔的《白毛女》，阮章竞的《赤叶河》、《刘胡兰》等。

三、当代文学概述

中国当代文学是指 1949 年 7 月在北平召开的中华全国文学艺术工作者代表大会之后的文学。它以 1976 年为界，分为前后两个阶段。

(一) 第一阶段：1949—1976

从 1949 年至 1966 年，所谓的"十七年"期间，"政治抒情诗"，即"颂歌"及其变体"战歌"大行其道，郭小川和贺敬之是其中的代表诗人。这种情况发展到"文革"(1966—1976)十年，已经登峰造极，文坛一片萧条，"主流"诗坛没有一首可称得上"诗"的东西。

该阶段的散文创作整体成就不高。杨朔、秦牧、吴伯箫等是这一时期的主要作家。

本阶段的小说创作大多以革命斗争历史为题材，包括了二三十年代的革命斗争，三四十年代的抗日战争，四十年代的解放战争，以及伸延到五十年代的抗美援朝。长篇小说方面，反映解放战争的小说有杜鹏程的《保卫延安》，描写西北战场沙家店等战役；吴强的《红日》，描写莱芜、孟良崮战役；曲波的《林海雪原》，描写东北的一支抗敌小分队的传奇性抗匪斗争；罗广斌、杨益言的《红岩》，描写新中国成立前夕重庆渣滓洞、白公馆我党艰苦卓绝的地下斗争；反映敌后斗争的有刘知侠的《铁道游击队》、冯志的《敌后武工队》、冯德英的《苦菜花》、李英儒的《野火春风斗古城》等。反映二三十年代革命斗争的小说，主要有记述三十年代厦门大劫狱事件的高云览的《小城春秋》，探索展现一代知识分子成长道路的杨沫的《青春之歌》，反映二十年代香港罢工、广州起义等历史现实的欧阳山的《三家巷》，被誉为中国农民革命运动史诗的梁斌的《红旗谱》。反映抗美援朝斗争的小说，比较重要的有陆柱国的长篇《上甘岭》，杨朔的长篇《三千里江山》，路翎的描写志愿军情感世界后来受到批判的短篇《洼地上的"战役"》。

反映革命斗争题材的短篇小说方面，王愿坚的《七根火柴》、《党费》等，峻青的《黎明的河边》，茹志鹃的《百合花》，刘真的《长长的流水》等，都是其中的佼佼者。

反映社会主义建设的小说，以农村合作化为题材者居多。长篇方面，有赵树理的《三里湾》、周立波的《山乡巨变》和柳青的《创业史》。

1956年，文艺要"百花齐放，百家争鸣"这一方针的提出，加上苏联"干预生活"文学思潮的影响，中国文坛出现了一股"积极参与生活"的创作潮流。一批年轻作家开始大胆地揭露现实生活中的矛盾和"阴暗面"，试图引起人们的警惕，出现了王蒙的《组织部来了个年轻人》，李国文的《改选》、李准的《灰色的帆篷》、白危的《被围困的农庄主席》等一批短篇小说，这些小说及其作者在随后到来的"反右"斗争中受到了严厉的批判和不公正的处理。

在建国17年里，有两个从四十年代即已萌芽的比较重要的作家群体值得特别关注，即以孙犁为代表的"荷花淀派"河北作家群和以赵树理为代表的"山药蛋派"山西作家群。"荷花淀派"的主要人物有刘绍棠、从维熙等，代表作有刘绍棠的《青枝绿叶》、《大青骡子》，孙犁的《山地回忆》，其创作特点是通过日常琐事透示时代风云，揭示农村生活的自然美和人情美，清新隽永，富于诗情画意。"山药蛋派"的主要作家有马烽、西戎、束为、孙谦、胡正等，代表作有赵树理的《登记》、《锻炼锻炼》、《实干家潘永福》，马烽的《我的第一个上级》、《三年早知道》、《饲养员赵大叔》，束为的《赖大嫂》等，其创作特点是采取传统话本手法，强调通俗易懂，为老百姓所喜闻乐见，靠个性化语言和细节来刻画人物。

这一时期小说创作的一个亮点便是历史题材方面的，如姚雪垠完成的长篇《李自成(第一部)》、陈翔鹤的《陶渊明写挽歌》等。

"文革"十年，文学进入冬眠期，全国除了八个"样板戏"(《红灯记》、《智取威虎山》、《红色娘子军》、《沙家浜》、《奇袭白虎团》、《杜鹃山》、《龙江颂》、《海港》)之外，几乎没有任何严格意义上的文学作品。但1976年，蒋子龙发表《机电局长的一天》，张扬的长篇《第二次握手》以"手抄本"的形式在"地下"流行，开始显露出新的文学转机的萌芽。

这一阶段，戏剧创作方面的作品主要分为两类：一类是反映现实生活的，主要有老舍的《龙须沟》、安波的《春风吹到诺敏河》、杨履方的《布谷鸟又叫了》、胡可的《槐树庄》和沈西蒙的《霓虹灯下的哨兵》等；另一类是写历史的，主要有老舍的《茶馆》、郭沫若的

《蔡文姬》、田汉的《关汉卿》、朱祖怡的《甲午海战》。

（二）第二阶段：1976 年以后

1976 年"文革"结束，诗坛开始回春。伴随着思想解放运动的洪流，以艾青等为代表的一大批压抑已久的诗人纷纷复出。他们唱着"归来的歌"，预告着诗坛春天的到来。1979 年"朦胧诗"的公开亮相，昭示着 40 年代末期由九叶诗人开辟的传统终于在新时期找到了传人。"朦胧诗"的公开亮相，是以 1979 年 3 月号的《诗刊》发表北岛的《回答》为标志的。这首诗以强烈的怀疑主义和叛逆精神，以浓厚的象征主义认知方式和创作手法而引发了"诗坛大地震"，北岛因此而成为"朦胧诗"的代表诗人。此后，顾城、舒婷、杨炼、梁小斌、江河等一批风格各异而内在气质颇为一致的"朦胧诗人"相继登场，同时理论界对"朦胧诗"的认识也越来越趋向于深入和理性，"朦胧诗"终于获得了主流认可。

与此同时，独立于各流派之外，主要生活在学院里的一批诗人，则默默地在进行他们的诗歌试验，这批人以海子为代表。

1985 年春，酝酿了一年的《他们》出版，在诗坛引起巨大反响。《他们》的创刊成为第三代诗人崛起的重要标志。其领军人物于坚、韩东也成为"第三代"的代表性诗人。韩东提出的"诗到语言为止"的著名命题，是对"朦胧诗群"所扮演的"历史真理代言人"的有力否定。他的诗歌作品如《山民》、《有关大雁塔》和《你见过大海》等代表了"第三代"诗歌创作成就的最高水平。

这一阶段的散文创作方面又呈现出百花齐放、异彩纷呈的局面。一批老作家又纷纷拿起了笔，其中以巴金为代表。他在垂暮之年写下的《随想录》表现了一个有良心的中国作家回望过去、勇于自剖的决心。此外，贾平凹、张洁、刘心武、周涛、周国平、张承志、张炜等一直都在进行富有成效的创作。

进入九十年代，散文创作出现了流派化的倾向。一批学者开始创作散文，如季羡林、陈平原等，出现了"学者散文"；余秋雨则以他的《文化苦旅》导引出一股"文化散文"的大潮。此外，对生命的意义进行不懈追问，在冥思默想中抵达生命的边界，则是史铁生以他的《我与地坛》及其一系列相关散文传递给我们的信息。

白话诗发展至今已将近一个世纪的时间了，其间虽几经沉浮但初衷不改，最终以其独特的精神基因和艺术物质成为中国文学诗歌历程中具有相当影响的一脉走向。

当代小说繁荣发展，取得的最大成绩是在 1976 年 10 月粉碎"四人帮"之后，特别是 1978 年十一届三中全会以来的二十九年。

新时期小说比较重要的潮流或现象有伤痕小说、反思小说、改革小说、寻根小说、新潮小说、新写实小说、女性小说、新生代小说等。

1977 年，刘心武发表短篇小说《班主任》，被认为是新时期文学的开山之作。"伤痕小说"的代表作还有张洁的《从森林里来的孩子》，王蒙的《最宝贵的》，冯骥才的《高个子女人和她的矮丈夫》、《铺花的歧路》，王亚平的《神圣的使命》，从维熙描写监狱题材的"大墙文学"《大墙下的红玉兰》，周克芹的长篇《许茂和她的女儿们》，竹林的《生活的河》，何立伟的短篇《白色鸟》等。

随着"实践是检验真理的唯一标准"全民性大讨论的展开，全国出现了一场空前的思想解放运动。有些作家在揭示文革创伤的同时，开始透过生活表象，深入历史、现实、人的灵魂，进行挖掘探寻与省思，在"现实主义回归"的口号之后提出了"现实主义深化"的主张，从而在创作上涌现出"反思小说"的浪潮。反思小说的代表作有茹志鹃《剪辑错了的故事》，王蒙的《蝴蝶》、《布礼》，高晓声的《李顺大造屋》，古华的《芙蓉镇》，鲁彦周的《天云山传奇》，张一弓的《犯人李铜钟的故事》，李国文的《月食》、《冬天里的春天》，谌容的《人到中年》，张贤亮的《绿化树》、《灵与肉》，李存葆的《高山下的花环》等。

在伤痕小说、反思小说对小说表现主题的不断开掘的同时，作家们追求小说表现技巧的多样化，出现了意识流手法、蒙太奇技巧、多元叙述方式的广泛应用。王蒙的《春之声》、《夜的眼》等是其中的代表作。

十一届三中全会之后，随着改革开放的起步与发展，部分作家转向关注"当下"现实，从而创作出了以《乔厂长上任记》为代表的一批"改革小说"，包括张锲的长篇《改革者》，柯云路的《新星》，张洁的《沉重的翅膀》，张贤亮的《男人的风格》，李国文的《花园街五号》，张炜的《古船》，贾平凹的《浮躁》、《鸡窝洼人家》、《腊月·正月》，路遥的《平凡的世界》等。高晓声的"陈奂生系列小说"，特别是《陈奂生上城》，对农民劣根性进行了深刻开掘，从而揭示出：改革的发展将触及农民的整个精神，要求农民在精神上获得真正的解放和新的飞跃。

随着历史反思思潮的不断推进，一些作家受拉美魔幻现实主义影响，开始了对传统文化的反思和对本民族灵魂、精神之根的探寻，在对现实与历史的关注之中注入现代意识，同时运用象征、暗示等现代派技巧，创作出了一大批富有文化意蕴的"寻根小说"。其代表作有：阿城的《棋王》、《遍地风流》，王安忆的《小鲍庄》，韩少功的《爸爸爸》，汪曾祺的《受戒》、《大淖纪事》，陈忠实的《白鹿原》，张承志的《黑骏马》、《北方的河》、《金牧场》等。

邓友梅、陈建功、刘心武、王朔等则更是从生活的北京这块地域出发，运用北京方言，描述北京历史、现实的风物、人情世故，具有鲜明的"京味"特征，被称为"京味小说"，如邓友梅的《那五》、陈建功的《辘轳把胡同9号》、刘心武的《钟鼓楼》等。

反思文学对意识流、蒙太奇手法写作技巧的运用，从八十年代中期起，逐渐发展出另一支脉，即在内容、主题方面强调具备"现代意识"，在小说形式方面注意吸收、应用现代主义的因素，在叙事方面采用多元、复调叙述。这就出现了所谓的先锋小说，或称实验小说、新潮小说。这些小说大多受到西方现代派文学的深刻影响，对意识形态采取回避、消解态度，强调叙述的游戏性、平面化，结构支离破碎，人物趋于符号化。主要作品包括：刘索拉的《你别无选择》，徐星的《无主题变奏》，莫言的《透明的红萝卜》、《红高粱》，马原的《冈底斯的诱惑》、《西海的无帆船》，余华的《十八岁出门远行》、《鲜血梅花》以及苏童、残雪、格非、孙甘露的一些作品。韩少功的长篇《马桥词典》运用辞条方式组织小说结构，形式新颖，开辟了实验小说的新空间。

"反思小说"现实主义写作传统在八十年代中期表现为纪实文学的出现，如张辛欣、桑晔的《北京人》，这一文学支脉在八十年代后期发展成一股较大的潮流，出现了新写实小说，包括刘震云的《一地鸡毛》、《单位》、《官场》，池莉的《烦恼人生》、《太阳出世》、《你是一条河》、《热也好冷也好活着就好》，方方的《落日》、《祖父在父亲心中》、《风景》，刘恒的《苍河白日梦》、《贫嘴张大民的幸福生活》，叶兆言的《关于厕所》、《挽歌》等。王朔的早期作品有《一半是海水，一半是火焰》等，后期作品运用调侃戏谑的手法，消解意义、神圣与崇高，成为通俗文学之一支。贾平凹创作的《废都》，展示了某些知识分子的都市生活状态。

女作家的创作在新时期成就非凡。铁凝、张洁、张抗抗、谌容、残雪、竹林、宗璞、茹志鹃等都对新时期文学作出了重要贡献。九十年代，女性作家开始注重性别意识，建构女性主义话语和私人空间，出现了一批典型的女性文学。铁凝开始突破早期小说《哦，香雪》、《没有纽扣的红衬衫》，追求艺术的纯净、完美风格，开始重视揭示女性自身的生存状态，写出了短篇《孕妇和牛》和长篇《玫瑰门》、《蝴蝶发笑》、《永远有多远》等作品。迟子建、陈染、林白、徐坤、毕淑敏等都注意女性意识的凸显，或关注女性隐秘的个人化体验，如《私人生活》(陈染)、《一个人的战争》(林白)，或对男权中心的传统与社会提出质疑，发起挑战，如《厨房》、《狗日的足球》(徐坤)，或对女性遭遇进行透视，如《女人之约》、《红处方》(毕淑敏)，或以优美的抒情对母亲、土地、人的关系进行省思，如《日落碗窑》(迟子建)等。其中，陈染、林白等人的创作被称为"私人化写作"、"个体体验小说"。

"新官场小说"在1997年前后开始涌现，并受到关注，如李佩甫的《羊的门》、李唯的《腐败分子潘长水》、王跃文的《官场春秋》等。

九十年代中后期，一批"60年代出生的作家"陆续在文坛上崭露头角，这些作家被认为是站在社会边缘处写作，被称为"新生代"，代表人物有毕飞宇、鲁羊、何顿等。七十年代乃至八十年代出生的作家也开始次第登上文坛，并有佳作问世，如丁天的《幼儿园》、郁秀的《花季·雨季》等。

综观新时期二十几年小说界新人辈出，佳作频仍，各种流派、现象潮起浪涌，各领风骚二三年。由此可见，处于改革风云变幻时代中的当代小说，正在酝酿着纪念碑式的伟大作品的诞生。

这一时期的前期，话剧重新走向繁荣，有丁一三的《陈毅出山》、沙叶新的《陈毅市长》、苏叔阳的《丹心谱》等歌颂老一辈革命家的优秀之作，也有如崔德志的《报春花》、宗福先的《于无声处》等反映现实的作品，还有曾经引起争议的社会讽刺剧《假如我是真的》等。八十年代兴起的现代主义探索剧，以刘树纲的《一个死者对于生者的访问》为代表。此外，魏明伦的荒诞川剧《潘金莲》也格外引人注目。

由于影视艺术的广泛普及和现代高科技技术的冲击，话剧创作在二十世纪八十年代后期和九十年代已渐入低谷，很难见到有震撼人心和引起轰动的作品了。

第三节　外国文学艺术概论

一、欧洲文学概述

西方文学从古希腊、罗马到十月社会主义革命已有两千多年的历史，是世界文学中很丰富的一部分。

古希腊、罗马文学是欧洲文学的开端。古希腊文学中的神话和史诗反映了从氏族社会过渡到奴隶社会时的希腊生活和斗争。希腊神话是古希腊人最早的意识形态，是古代希腊人民留给后世的一份珍贵的口头文学遗产。希腊神话包括神的故事和英雄传说，突出征服自然的战斗精神和乐观主义情感。《伊利亚特》（《伊利昂纪》）和《奥德赛》（《奥德修纪》）是欧洲文学史中最早的重要作品，相传是公元前九至八世纪由一个名叫荷马的盲诗人根据在小亚细亚口头流传的史诗短歌综合编成的，因而被称为《荷马史诗》。

《伊利亚特》是关于特洛伊战争的一首诗。《伊利亚特》反映了以战争为中心的"荷马时代"的社会生活，歌颂英雄行为，格调悲壮，具有"阳刚之美"。《奥德赛》描写希腊英雄俄底修斯在特洛亚战争后还乡时的海上经历和家庭生活，突出海上冒险行为，反映了人与大自然的斗争以及奴隶制逐渐形成时期的权力斗争和社会生活。《奥德赛》歌颂勇于进取的精神品质，格调平静，具有"阴柔之美"。《荷马史诗》不仅是欧洲文学史上最早的优秀作品，也是研究希腊早期社会的重要文献。在艺术上，《荷马史诗》达到了古代的历史条件所能达到的惊人成就。

十四世纪之交，随着意大利城市的兴起，佛罗伦萨文化的发达，以及学术派别对意大利文学的影响，产生了代表作家但丁。但丁(1265—1321)生于佛罗伦萨的一个古老的贵族家庭。1290 年他为了纪念心爱的女子贝雅特丽齐，把 31 首抒情诗用散文连缀起来，取名《新生》。该作品没有触及重大的社会问题，并且带有中世纪文学的神秘色彩，但其中对纯洁爱情的歌颂反映了摆脱禁欲主义束缚的愿望，具有自然清新的风格。1321 年，但丁客死于拉文那，留下了他最伟大的作品《神曲》。《神曲》分为"地狱"、"炼狱"和"天堂"三部分。采用中古梦幻的文学形式、中古神学体系的框架，展示了人们从迷惘和错误中解脱出来，达到真理和至善的历程，作者意在揭露、批判黑暗的现实，从政治上、道德上给意大利民族指出复兴之路。同时，《神曲》也是一首政治抒情诗，每部共 33 歌，加上序曲，共 100 歌，总计 14 232 行。《神曲》的伟大价值在于以极其广阔的历史画面，反映出意大利从中世纪向近代过渡的转折时期的现实生活和各个领域发生的社会、政治变革，显示了争取人格独立的人文主义光芒。《神曲》构思宏伟，想象丰富，结构完整，象征、寓意、梦幻的表现手法给后人以启发。

十四至十六世纪的文艺复兴，是一次新兴资产阶级反教会、反封建的文化思想启蒙运动。这个时期，古希腊、罗马文化重新受到重视，因而有"文艺复兴"之名。但"文艺复兴"不是古代文化简单的复兴，而是标志了资产阶级文化的萌芽，反映了新兴资产阶级的要求。文艺复兴运动的中心思想是人文主义，主张以"人"为本，反对以"神"为本，以"人性"反对"神性"，以"人权"反对"神权"，以"人智"反对"神智"。他们借用古代文化的"外衣"，"演出世界历史的新场面"（马克思语）。意大利是人文主义的发源地。意大利人文主义作家是欧洲人文主义作家的先驱。最早的代表作家有弗·彼得拉克(1304—1370)和乔·薄伽丘(1313—1375)。塞万提斯(1547—1616)则以其长篇小说《堂吉诃德》(2卷集)而闻名于世。该小说以中世纪西班牙为背景，模拟骑士文学的笔法，描写了一个迷恋骑士冒险精神的穷乡绅的可笑经历。小说广泛地反映了西班牙封建社会生活。小说的主要人物形象是堂吉诃德，他是一个矛盾复杂的艺术形象，是个可笑、可悲、可爱、可敬的人物。他的人文主义理想和优秀品德(坚持正义、疾恶如仇、向往自由、勇往直前)、他的脱离历史进程的主观唯心主义精神都给读者留下了深刻的印象。堂吉诃德的矛盾反映了塞万提斯世界观的矛盾，反映了人文主义理想与社会现实的矛盾。《堂吉诃德》是一部讽刺骑士制度的长篇小说，标志着欧洲长篇小说发展的新阶段。

代表文艺复兴人文主义文学最高成就的是威廉·莎士比亚(1564—1616)的戏剧创作。莎士比亚出生于英国中部斯特拉特福镇的一个商人家庭，其20余年的创作生涯大体可分为三个时期。第一时期(1590—1600)的创作主要是历史剧、喜剧和诗歌，乐观主义情绪占主导地位。莎士比亚的历史剧探索了英国三百年的历史进程，再现了英国封建史上富有喜剧性的场面，反对封建暴君、封建集团的血腥战争，拥护"开明君主"和国家统一。《理查三世》(1592—1593)、《亨利四世》(上、下)(1596—1597)、《亨利五世》(1598—1599)是历史剧的杰出之作。《威尼斯商人》(1597)写友谊、爱情、仁慈和贪婪、嫉妒、仇恨之间的冲突，反映商业资本与高利贷资本的矛盾。悲剧《罗密欧与朱丽叶》(1569)反映了人文主义爱情理想和封建恶习、封建压迫之间的冲突。《罗密欧与朱丽叶》是一部具有反封建意识的爱情悲剧，叙述一对青年恋人，由于双方家族是世仇，无法结合，最终牺牲，对当时的反封建斗争起到了一定的配合作用。第二时期(1601—1608)创作的主要成就是悲剧。著名的四大悲剧包括《哈姆莱特》、《奥瑟罗》、《李尔王》和《麦克白》。这些悲剧的主要内容反映人文主义理想与丑恶现实之间无法调和的矛盾，描写人文主义者的斗争生活及其失败的悲惨结局。《哈姆莱特》取材于十二世纪丹麦史描写丹麦王子复仇的故事。经莎士比亚的再创造，把一个中世纪的流血复仇的故事，写成了一部深刻反映英国社会现实矛盾的杰作。哈姆莱特和克劳狄斯的斗争反映了资产阶级人文主义者和反动的封建王权之间的斗争。第三时期(1608—1612)的创作主要是传奇剧，代表作有《辛白林》、《冬天的故事》、《暴风雨》，其特点是对现实的认识越深刻，作者的理想与现实的矛盾也越尖锐激烈，便从现实世界转入幻想世界。

法国资产阶级革命爆发后，欧洲民族解放运动蓬勃发展，浪漫主义文学潮流几乎在所有国家应运而生。英国浪漫主义代表作家是"湖畔诗人"华兹华斯(1770—1850)、柯勒律治(1772—1843)、骚塞(1774—1833)，他们远离城市，寄情于山水，故称为"湖畔派"。他们的代表作是《抒情歌谣集》(1798)。第二代浪漫主义作家包括乔治·拜伦(1788—1824)、波西·雪莱(1792—1822)、济慈(1795—1821)，他们在艺术上完成了由"湖畔诗人"开始的诗歌改革，丰富了诗歌的形式与格律。雪莱在这些抒情诗作中体现了无神论的自由主义思想，他的长诗《麦布女王》(1813)因强烈的政治观点而遭到统治阶级的忌恨，诗剧《被解放了的普罗米修斯》(1819)表达了诗人斗争的决心，政治抒情诗《西风颂》(1819)中以"如果冬来了，春天还会远吗？"结尾而被恩格斯称为"天才的预言家"。法国最早的浪漫主义代表是夏多布里昂(1768—1848)和史达尔夫人(1766—1817)。雨果的《欧那尼》(1830)的上演是浪漫主义最后战胜古典主义的标志。雨果浪漫主义的代表作是他在三十年代创作的长篇小说《巴黎圣母院》(1831)。该小说对教会的黑暗、僧侣的虚伪和封建统治者的残暴性给予了无情的揭露，反映了人性的力量和良好愿望。此外，《悲惨世界》(1862)、《海上劳工》(1866)和《笑面人》(1869)都具有世界影响。《悲惨世界》(1862)是雨果杰出的浪漫主义小说。

谢尔盖耶维奇·普希金(1799—1837)是十九世纪俄国积极浪漫主义文学的代表，又是批判现实主义文学的奠基者。他是俄国文学赢得世界声誉的第一位诗人。诗体小说《叶甫盖尼·奥涅金》(1823—1830年)塑造了俄国文学中第一个"多余人"的形象，别林斯基称它是"俄罗斯生活的百科全书和最富于人民性的作品"。作品中通过奥涅金所作所为集中表现了俄国贵族社会的本质。

批判现实主义在西欧(英、法等国)是资本主义胜利、巩固时期的产物，在俄国则是封建制度走向崩溃、资本主义逐渐兴起时期的产物。当时一批以人道主义为思想的进步作家敢于正视现实，鞭挞社会的丑恶，为劳苦大众的苦难而呼喊，因而被后人称为"批判的现实主义"，它是"十九世纪一个最壮阔的，而且也是最有益的文学流派"（高尔基语）。法国第一部重要的批判现实主义作品是司汤达的《红与黑》(1830)。巴尔扎克(1799—1850)是十九世纪前半期最有影响的小说家，他的系列小说集《人间喜剧》(1829—1850)是批判现实主义的丰碑。英国第一部重要的批判现实主义作品是狄更斯的《匹克威克外传》(1836—1837)。德国批判现实主义的代表作家有乔治·维尔特(1822—1855)、亨利希·海涅(1797—1856)等。四十年代，尼古拉·果戈理(1809—1852)追随普希金，确立了俄国文学新的流派——"自然派"，以巨著《死魂灵》(1842)成为俄国 19 世纪批判现实主义的奠基作家。五六十年代，俄国批判现实主义文学走向发展和繁荣，著名作家和作品有：冈察洛夫的《奥勃洛莫夫》(1859)，奥思特洛夫斯基的《大雷雨》(1859)，陀斯妥耶夫斯基的《罪与罚》(1866)和《白痴》(1868)，车尔尼雪夫斯基的《怎么办？》(1863)。凡·谢·屠格涅夫(1818—1883)是一位异常敏感的作家，他的优秀作品往往以当代的重大主题吸引读者。《猎人笔记》(1852)、《前夜》(1860)和《父与子》(1862)的出版标志着作家坚定地走上了现实主义的文学创作道路。他以独特的艺术风格和深刻的反农奴制思想，在俄国文学中第一个表现了俄国农民的聪明才智和精神世界的美。列·尼·托尔斯泰(1828—1910)是十九世纪俄国批判现实主义文学中成就最高的作家。六十至九十年代，他以《战争与和平》、《安娜·卡列尼娜》和《复活》三部巨著把俄国批判现实主义文学推向了高峰。《安娜·卡列尼娜》(1873—1877)取材于六七十年代的俄国现实生活。该小说精确而深刻地反映了这一时期错综复杂的社会矛盾和急剧变化的历史特点。这部小说在托尔斯泰的创作之中起着承前启后的作用。

现代主义文学又称"现代派文学"，最早可追溯到十九世纪五十年代，当时在法国出现了以诗人波特莱尔(1821—1867)为代表的象征主义诗派，在二十世纪初又出现了以意大利为中心的未来主义、以法国为中心的超现实主义、以英国为中心的意识流文学等。意大利的马利涅蒂(1876—1944)、法国的艾吕雅(1895—1952)、英国的詹姆斯·乔尼斯(1882—1941)是他们中间的代表人物。两次世界大战期间，以法国的让-保罗·萨特(1905—1980)为代表的存在主义文学、以奥地利的弗朗兹·卡夫卡(1883—1924)为代表的表现主义文学和以比利时的梅特利克(1862—1949)为代表的后期象征主义文学的兴起，使现代主义的发展达到了高潮。卡夫卡是奥地利著名的现代主义代表作家。卡夫卡文学创作的主要成就是三部未完成的长篇小说和一些中短篇小说。长篇小说《美国》(1912—1914)所侧重的是人物在美国忧郁、孤独的内心感受。长篇小说《城堡》(1922)是一部典型的表现主义小说。《变形记》(1912)是卡夫卡中短篇小说的代表作。《判决》(1921)是卡夫卡最喜爱的作品，表现了父子两代人的冲突。卡夫卡追随过自然主义，也受过巴尔扎克、狄更斯、易卜生、高尔基等作品的影响，并对其十分赞赏。但卡夫卡的卓越成就主要不是因袭前者，再去描绘丑恶的客观生活内容，而是逃避现实世界，追求纯粹的内心世界和精神慰藉，表现客观世界在个人内心心理所引起的反映，那种陌生孤独、忧郁痛苦以及个性消失、人性异化的感受正是当时社会心态的反映。

二、亚非文学概况

现代亚非文学指二十世纪初到二十世纪五十年代这一时期的亚洲和非洲的文学。在二十世纪头三十年的阿拉伯文学中，曾出现过具有代表性的两个文学流派，即"旅美派"文学和"埃及现代派"文学。1920年一些作家和诗人在纽约成立了"笔会"；1933年在巴西圣保罗成立了"安达鲁西亚协会"。这些作家和诗人逐渐创造出新的风格，称为"旅美派"文学。这一派的领袖是黎巴嫩诗人、作家和画家纪伯伦·赫利勒·纪伯伦。

印度的近代文学虽然在十七世纪后半叶已经初现萌芽，但真正的开端是在十九世纪下半叶。印度文学最重要的代表作家是世界闻名的罗宾德拉纳特·泰戈尔。泰戈尔8岁开始写诗，17岁发表叙事诗《诗人的故事》。1886年，他发表《新月集》，成为印度大中小学必选的文学教材。这期间，他还撰写了许多抨击美国殖民统治的政论文章。1901年，泰戈尔在圣地尼克坦创办了一所从事儿童教育实验的学校。这所学校在1912年发展成为亚洲文化交流的国际大学。1912年，泰戈尔以抒情诗集《吉檀迦利》获诺贝尔文学奖。1913年泰戈尔发表了为人们所熟知的《飞鸟集》和《园丁集》。

日本现代文学是以十九世纪二十年代反映现实为主旨的左翼文学和以追求艺术美为主旨的新感觉派双峰并峙的。新感觉派的产生标志着日本现代派的诞生，也标志着西方现代派文学开始在日本生根发芽。其代表作家有横光利一(1899—1947)和川端康成。横光利一的《头与腹》被认为是新感觉派诞生的象征。川端康成(1899—1972)1926年以中篇小说《伊豆的舞女》成名。不久与横光利一共同创办《文艺时代》杂志，成为新感觉派的代表作家。他以《雪国》、《古都》、《千只鹤》等作品而荣获诺贝尔文学奖。川端康成一生的主要创作以小说为主，前期作品有《伊豆的舞女》(1926)、《浅草红团》(1929)、《水晶幻想》(1931)等，中期以《雪国》最为著名，后期作品甚多，《舞姬》(1950)、《千只鹤》(1952)、《山音》(1954)、《古都》(1962)都是其中有影响的小说。在两次世界大战中的二十余年中，在日本形成了强大的潮流并产生了许多优秀作家、作品的是无产阶级文学。日本出现的"工人文学"为无产阶级文学的诞生奠定了基础。

第四节 文学艺术鉴赏的方法

一、诗歌的鉴赏方法

《现代汉语词典》对诗的定义是"文学体裁的一种，通过有节奏、韵律的语言集中地反映生活、抒发情感"。

鉴赏诗歌，首先要了解诗歌的特点。诗歌与其他文学形式相比较，有哪些特点呢？

第一，诗歌的语言精练、准确。各类文学作品的语言都要求简练、准确，而诗歌则高度集中地反映社会生活，受篇幅的限制，必须用最少的语言表现丰富的内容。"十六字令"就只有16个字，"五言绝句"也只有4句，共20字。可见，诗歌在语言上更需要精确、简练。

第二，诗歌要有鲜明、感人的形象。写诗要运用形象思维，诗人要表达的思想内容，不是用抽象的语言直白地说出来，而是通过生动的形象来表现的，这是诗歌艺术最主要的特点。例如，余光中在《乡愁》一诗中表达自己对故乡的思念就不是直接写出想念故乡之

类的句子，而是通过"船票、新娘、母亲、海峡"四个形象来比喻。又如，莱蒙托夫要表达对自由的渴望是用"帆"的形象来象征的。

第三，诗歌的形象表达思想时，要以真诚的感情为纽带。

即使诗中的形象很真实、很贴切，也不是所有的形象都能表达思想的，只有包含了真诚情感的形象才能表达思想。诗歌形象不但要蕴含情感，而且情感必须是真诚的。美国美学家乔治·桑塔耶那说过"诗歌的本质是感情"。所以，诗歌这种文学体裁在抒情性上比其他文学体裁更为突出。

第四，诗歌具有和谐的韵律、鲜明的节奏，这些构成它的音乐美。旧体诗很讲究韵律，尤其是律诗和词，用韵有严格的规定。新诗虽没有固定的押韵格式，但也要大体押韵，读起来上口。诗不仅押韵，而且讲究节奏，讲究音调的高低、轻重、长短、停顿和间歇，这种节律使诗句抑扬顿挫，富有音乐美。和谐的韵律、鲜明的节奏成为诗歌与其他文学体裁相区别的一个显著特征。

精练的语言、鲜明的形象、强烈的感情、和谐的韵律节奏是诗歌的四大特点。这些特点在一首诗中是互相关联、有机统一的。掌握了诗歌的特点，有利于我们阅读和鉴赏。

那么，怎样阅读和鉴赏诗歌呢？

(1) 找出诗歌形象，分析形象代表的思想。

关于诗歌形象的含义，朱自清在《诗与感觉》一文中指出："任何一些颜色、一些声音、一些香气、一些味觉、一些触觉，也都可以有诗。"朱光潜在《具体与抽象》一文中也谈道："所谓'色'，并不专指颜色，凡是感官所接触的，分为声、色、臭、味、触，合为完整形体或境界，都包含在内。'色'可以说就是具体意象或形象。"钟文在《诗美艺术》中归纳为"诗的形象就是诗对生活具体可感的再现"。这种"可感"一是指人的视觉、听觉、嗅觉、味觉、触觉所能感觉到的物质的形态与特征，二是指感官不能直接接触到，但可以通过心理感受而转化成的感官印象，它就是意象。还有一种形象是诗人直接抒发思想感情，不通过外在的"可感"的形象表达思想，这种形象可以称为"抒情主人公自我形象"。因此，诗歌的形象可以分为以下三类：

① 视觉、听觉、嗅觉、味觉、触觉形象。

视觉、听觉、嗅觉、味觉、触觉形象指的是各种感官能看到、听到、嗅到、闻到、触到的一切形象，又统称为感官形象，如各种诗歌描绘的自然景象、人工景象、人物形象、事物形象等。

以白朴《天净沙·秋》一诗为例："孤村落日残霞/轻烟老树寒鸦/一点飞鸿影下/青山绿水/白草红叶黄花。"诗中作者想表达不愿在元朝朝廷中谋职，向往隐居生活的愿望。诗中无一字提到愿望，而是以"孤村"、"落日"、"残霞"、"轻烟"、"老树"、"寒鸦"一组萧瑟、冷清、没有生气的视觉形象来代表在元朝朝廷中谋职的生活，以"飞鸿"这个视觉形象暗喻自己要像一只鸿雁一样展翅高飞，以"青山"、"绿水"、"白草"、"红叶"、"黄花"这组充满生机、情调开朗的视觉形象代表作者将要归隐之地。全诗都是从视觉的角度对景物作直接的形象描写，是典型的以视觉形象表达思想的手法。

在诗歌创作中，视觉形象表达思想是使用得最多的，因为人们对物质的形态与特征的感知，百分之八十以上的信息是通过眼睛获得的，但用其他的感官形象表达思想也占据了诗歌形象一定的比率。例如，孟浩然《春晓》中的"夜来风雨声，花落知多少"就用了听

觉形象"风雨声"表达作者对春天的不舍之情；志南的《绝句》"沾衣欲湿杏花雨，吹面不寒杨柳风"则用了"湿"、"寒"两个触觉形象表达作者在春天来到时的喜悦与兴奋；林和靖的《山园小梅》"瘦影横斜水清浅，暗香浮动月黄昏"用了"梅香"这个嗅觉形象表达作者追求高洁、一尘不染的情怀。

上述形象都以单一的感官形象表达思想，但很多诗歌常常不是用一种感官形象来表达思想的，而是综合了两种或两种以上感官形象来表达思想的。例如，杜牧《江南春》中的诗句"千里莺啼绿映红，水村山郭酒旗风"就用了"莺啼"的听觉形象，同时用了"水村"、"山郭"、"酒旗"一系列视觉形象表现了诗人对江南景物的赞美与神往；晏殊在《蝶恋花》中写道"翠叶藏莺，朱帘隔燕，炉香静逐游丝转。一场愁梦酒醒时，斜阳却照深深院"，综合了视觉形象"翠叶"，听觉形象"莺歌"、"燕子呢喃"，嗅觉形象"炉香"三种感官，形象表达了词人面对时光匆匆逝去的无奈和哀伤；白居易的《宫词》同时用四种感官形象共同塑造了一个失宠后宫人物的形象：

泪湿罗巾梦不成，夜深前殿按歌声。

红颜未老恩先断，斜倚薰笼坐到明。

第一句用罗巾湿透后贴在脸庞的触觉去写；第二句用前殿传来歌声节拍的听觉去写；第三句用镜里红颜未老的视觉去写；第四句用熏笼散发烟香的嗅觉去写。通过被惊醒不眠的感官形象，生动地将一个失宠后宫人物形象夜夜挨到天明的复杂心情具体地传达了出来。总之，诗应当综合运用各种感官形象来反映社会生活，表达思想感情。

② 意象。

诗歌形象中有一种形象不是直接的感官形象，但可以通过人的心理感受转化为感官形象，这就是意象。例如，艾米的代表作《中年》中写道："仿佛是黑冰 / 被无知的溜冰者 / 划满了不可解的漩涡纹 / 这就是我的心被磨钝了的表面。"中年感受本是无法用感官形象直接表达的，中年感受既看不见，也听不见，诗歌用"黑冰"、"漩涡纹"、"磨钝了的表面"等视觉形象传递出只可意会、不能言传的诗人对人到中年茫然无奈的内心感受，而这些视觉形象是通过作者的心理感受转化来的，这种形象是一种意象。又如，余光中的《乡愁》"小时候 / 乡愁是一枚小小的邮票 / 我在这头 / 母亲在那头 / 长大后 / 乡愁是一张窄窄的船票 / 我在这头 / 新娘在那头 / 后来啊 / 乡愁是一方矮矮的坟墓 / 我在外头 / 母亲在里头 / 而现在 / 乡愁是一湾浅浅的海峡 / 我在这头 / 大陆在那头。"这里出现的视觉形象——邮票、船票、坟墓、海峡都不是肉眼能视的实在物象，而是一种靠心理感受才能被想象的视觉形象，乡愁本来是大家所普遍体验却难以用具体感官形象描述的情绪，余光中通过这四个意象寄寓了自己的也是万千海外游子的绵长乡关之思。

意象与感官形象的区别在于：感官形象可以直接被感觉器官所接纳，意象则要通过想象转化为感官形象，感官形象是明晰的，意象不一定是明晰的。比如，写庐山瀑布："日照香炉生紫烟 / 遥看瀑布挂前川 / 飞流直下三千尺 / 疑是银河落九天。"其中一、二句就是视觉形象，三、四句就是意象。

③ 抒情主人公自我形象。

还有一种诗歌，在表达思想时直接宣泄，直接抒情，似乎没有用任何形象表达思想，但处处体现出诗人自己的所思、所想、所感，这类诗的形象叫做抒情主人公自我形象。例如，唐代诗人陈子昂的诗篇《登幽州台歌》："前不见古人 / 后不见来者 / 念天地之悠悠 / 独怆然而涕下。"这是一首吊古伤今的生命悲歌,表达了诗人孤独遗世、独立苍茫的落寞情怀。诗中所用的形象就是抒情主人公——诗人慷慨悲壮的自我形象。这种形象的诗有一小部分是诗人将自己对生活的理解直接告诉人们,如俄罗斯诗人普希金在《假如生活欺骗了你》一诗中表达了"面对挫折要正确、乐观地对待它,要镇静,要坚信未来一定是美好的、光明的"的思想。诗中写道:"假如生活欺骗了你 / 不要悲伤,不要心急/忧郁的日子里需要镇静 / 相信吧,快乐的日子将会来临/心儿永远向往着未来 / 现在却常是忧郁 / 一切都是瞬息,一切都将会过去 / 而那过去了的,就会成为亲切的怀恋。"这种把道理直接告诉人们的写作方法,按常理是诗歌创作要尽力避免的,但这首诗却出人意料地取得了巨大的成功,因为这是诗人自己在被沙皇流放的日子里仍没有丧失希望与斗志,一如既往地热爱生活,执著地追求理想,相信光明必来、正义必胜的写照,是诗人的自我形象的体现,所以诗歌以真诚博大的情怀和坚强乐观的思想情绪给无数遇到生活挫折的人们以鼓舞和希望。当然,这种直接讲道理的写法在诗歌创作中还是比较少见的,因为用得不当,就会流于喊口号和说教了。

感官形象、意象、抒情主人公自我形象在诗歌中经常是不可分割、一起使用的。例如,匈牙利诗人裴多菲的《我愿意是激流》一诗中,就既有诗人自己充满激情地向恋人倾诉衷肠,表达纯洁而坚贞、博大而无私的爱情的诗人自我形象,又用了两组意象群来表达思想。以克服重重险阻的"激流",能与狂风勇敢作战的"荒原",不怕牺牲、不怕毁灭的"废墟",饱受风雨打击的"草屋",广漠天空中的一片"云朵"这组意象指代自己;以浪花中欢快地游来游去的"小鱼"、在温馨的巢穴中快乐鸣叫的"小鸟",不断向上攀援的"青青的常春藤"、在温暖的草屋中愉快闪现的可爱的"火焰"、发射出辉煌光芒的"珊瑚似的夕阳"这组意象来指代爱人。两组意象群形成对照,体现了诗人无私奉献的爱情观。同样,徐志摩的《再别康桥》,既有诗人对康桥的一草一木包含着深情厚谊的抒情主人公自我形象,又用了柔波、金柳、水草、艳影这些视觉形象来表达感情。

(2) 了解作者和时代背景,进一步领会诗歌主题的社会意义。

"诗言志"。诗人对生活有深刻的认识与感受,产生了激情,才会进行创作。因此,诗歌所表现的思想内容常常与作者的经历遭遇以及创作的时代背景有着密切的关系。我们阅读和鉴赏诗歌,就要了解作者,了解创作的时代背景,才能真正进入诗歌的意境,领会它的思想感情及其社会意义。例如,白居易的《琵琶行》,此诗写于唐宪宗元和十一年(816),即白居易被贬为江州司马的第二年。白居易被贬之前在朝中任东宫赞善大夫。元和十年六月,朝中发生宰相武元衡被刺事件,主谋者是藩镇割据势力。白居易激于义愤,上表请求严缉凶手。忌恨他的人乘机攻击他"越职言事",加以造谣中伤,使他被贬为江州司马(刺史的佐官,徒有虚名而无实权),这对他是一个沉重的打击。《琵琶行》这首诗通过对一个沦落江湖的琵琶女不幸身世的描述,抒发了诗人遭受打击后的苦闷心情。只有了解作者这一段经历和时代背景,我们才能领会这首诗的"同是天涯沦落人"的主旨,才能领会诗人所创造的意境。

阅读和鉴赏诗歌,并不要求每一篇都查阅资料,了解其时代背景与作者生平。有些山水诗只是表现诗人一刹那的感受,或是反映诗人某种生活的情趣。例如,孟浩然的《春晓》:"春眠不觉晓,处处闻啼鸟,夜来风雨声,花落知多少。"这首诗所表现的是诗人的生活情趣,即使我们不大了解它的时代背景,但同样可以从中领略其意境美。无论阅读和鉴赏什么样的诗歌,我们都应注意鉴别诗的感情是不是健康的、积极的。

（3）反复朗诵，领略诗歌的音乐美。

诗歌的语言具有音乐性，这是诗歌的特点之一。诗歌语言的音乐美，给朗诵创造了极为有利的条件。反复朗诵不仅有助于深刻理解作品的思想内容，体会诗的意境，而且能够得到美的感受。

韵律的和谐、节奏的鲜明，是使诗歌语言具有音乐美的基本因素。

诗歌中的节奏是指诗歌中语音的高低、轻重和停顿有规律地交替出现，形成诗句的抑扬顿挫，读起来节奏鲜明。

旧体诗尤其是格律诗，对节奏的要求十分严格。

格律诗语音的高低是以平仄的交替出现来表现的。大体上"平声"即现代普通话的"第一声"、"第二声"，"仄声"即现代普通话的"第三声"、"第四声"。平仄的交替出现形成固定的格式，如七律的"仄起式"：

> 风　急　天　高　猿　啸　哀，
> （仄）仄平仄（仄）仄平
>
> 渚　清　沙　白　鸟　飞　回。
> （平）平（仄）仄仄平平
>
> 无　边　落　木　萧　萧　下。
> （平）平（仄）仄（平）平仄
>
> 不　尽　长　江　滚　滚　来。
> （仄）仄平平（仄）仄平
>
> 万　里　悲　秋　常　作　客，
> （仄）仄（平）平（平）仄仄
>
> 百　年　多　病　独　登　台。
> （平）平（仄）仄仄平平
>
> 艰　难　苦　恨　繁　霜　鬓，
> （平）平（仄）仄（平）平仄
>
> 潦　倒　新　停　浊　酒　杯。
> （仄）仄平平（仄）仄平

（注：带括号的表示可平可仄）

语音的轻重、停顿也是表露思想感情的一种手段和构成语言节奏的一个因素。语音的轻重要根据诗歌的内容和感情表达的需要而变化，一般是诗句中对表意起重要作用或含着诗人浓烈感情的某些字和词适当重读，加以强调。例如"万里悲秋常作客"一句，"常作客"表现了诗人一生颠沛流离，是他触景伤情的原因之一，便应该重读。重音的运用，不仅可以突出诗句的含义，而且可以给人以轻重有致、节奏鲜明的美感。律诗的停顿有一定的规律。五言律诗一般是前两字为一音节、一顿。例如，"渡远荆门外"中，"渡远"两字之后略加停顿。七言律诗一般是前四字一顿。例如，"百年多病独登台"中，"百年多病"四字之后略顿。但有时也要根据诗句的内容，前四字中两个字组成一个音节，音节之间要稍顿。例如，"风急天高猿啸哀"中，"风急"与"天高"之间稍顿。但有一点必须特别注意，这就是在停顿中一定要做到声断意不断，语断情不断。

韵律是指诗歌中把韵母相同或相邻的字放在一定的位置上，韵字在句末，所以也叫"韵脚"、"押韵"。律诗逢双数句押韵，一般都押平声韵。例如，《渡荆门送别》中双数句的"游、流、楼、舟"，都是韵母相同或相邻的字。诗歌的押韵，读起来悦耳动听，有声音的回环美。

词的节奏和韵律，是按照"词谱"的固定格式安排的。例如，《念奴娇·赤壁怀古》：

> 大江东去，
> 浪淘尽，千古风流人物。（△）
> 故垒西边，人道是，
> 三国周郎赤壁。（△）
> 乱石穿空，惊涛拍岸，
> 卷起千堆雪。（△）
> 江山如画，一时多少豪杰。（△）
>
> 遥想公瑾当年，
> 小乔初嫁了，
> 雄姿英发，（△）
> 羽扇纶巾，
> 谈笑间，樯橹灰飞烟灭。（△）
> 故国神游，
> 多情应笑我，
> 早生华发。
> 人生如梦，
> 一樽还酹江月。（△）

（平）平（仄）仄，仄平（平），（仄）仄（平）平平仄。（仄）仄（平）平，平仄仄，（仄）仄（平）平平仄。（仄）仄平平，（平）平（仄）仄，仄仄平平仄。（平）平（仄）仄，（平）平平仄平仄。

（平）仄（平）仄平平，（平）平平仄仄，（仄）平平仄。（仄）仄（平）平，平仄仄，（仄）仄（平）平平仄。（仄）仄平平，（平）平（仄）仄仄，仄平平仄。（平）平平仄，（仄）平平仄平仄。

（注：带括号的字可平可仄，带"△"符号的是押韵。）

新诗多属自由体，没有旧体诗那种严格的格律，但也要讲究节奏和韵律，读起来有一种自然的旋律，给人以美的感受。阅读和鉴赏诗歌，应通过反复朗诵，领略它的音乐美。

二、小说的鉴赏方法

（一）把握情节发展的线索和过程

一般来说，故事情节从前到后都有着某种内在联系，这种内在联系也就是贯穿在整个作品中的情节线索。只要找到了这条贯穿整个作品的线索，情节的来龙去脉也就容易把握了。这是我们鉴赏情节的首要任务。例如，刘国芳的小说《风铃》就是以风铃为线索讲述了整个故事。作品以兵回家探亲落笔，先是写已经让母亲逼着嫁给了大狗的小琪，来给兵还他送她的风铃，并告诉他"你还同意的话，我跟大狗离婚……同意的话，把风铃挂在你门口"，但结果是兵没将风铃挂在家门口，而是在回部队后将风铃挂在了营房门口，同时在心里告诉小琪"我把风铃挂在我心口上了"。然后是"两年后兵退役了"，而在得知大狗已

艺术鉴赏

经"把小琪离了后"，兵便终于将那风铃挂在门口了，而且他还专门找小琪，告诉她"我不但把风铃挂在门口了，还挂在心上了……"这一过程中，风铃是串起全部情节的那根主线，或者说是作品中的全部情节，要是离开了风铃这条线，则根本无法构成一个既单纯又丰满的故事。

有些小说的情节线索又有主线、副线和明线、暗线之分。例如，沈宏的获奖小说《走出沙漠》就采用了明暗两条线索，作者要正面肯定、赞美的人物肇教授根本就没有出场。作品实际上写了一明一暗两件事：明线是叙述主人公"我"与迷路的三个考察队员坚决不动用最后一壶水，一直坚持到黄昏才走出沙漠，找到了绿洲；暗线是没有正面叙述的肇教授的事，通过"我"两次的插叙，读者才知道，考察队迷路时，最先倒下的是年纪最大的肇教授，但肇教授临死之前把一滴水都没有的真相告诉了"我"，他要"我"把这壶沙当作水的假相一直坚持到最后才告诉大家。这明线和暗线一经组合连接起来，读者就发现了两件事的因果关系——肇教授临死前把沙当作水的计谋，使整个考察队得救了。

鉴赏小说情节，如能抓住情节的线索，把握其来龙去脉，将有助于我们在分析作品时统观全局，全面地把握作者的意图。

（二）对人物形象进行具体分析

小说的主要描写对象是人。它是通过对人物及其活动的叙述、描写来展开情节、表现主题的。因此，阅读和鉴赏小说，离不开对人物形象的具体分析。

从哪些方面分析小说中的人物形象呢？

1．看人物形象的生动性和可感性

一篇优秀的小说，总是要调动一切艺术手段来塑造出栩栩如生、鲜明动人的人物形象。分析人物形象可以从以下几方面着手：一是抓人物肖像的描写，分析小说中对人物的容貌、神态、服饰等描写是否生动、形象，是否与人物性格和思想活动相吻合；二是抓人物语言的描写，看人物的语言是否个性化，是否符合人物的思想感情及其职业、经历、文化程度和爱好等；三是抓人物行动的描写，看人物动作是否写得生动、准确、具体，是否能显示人物的性格和内心活动；四是抓人物心理描写，看心理活动描写是否能展示人物的精神世界和性格特征；五是抓细节描写，看细节描写是否准确生动，言简意深，是否服从人物形象的塑造和主题思想的表达。以上所说的既是作者刻画人物形象的主要艺术手段，也是我们阅读和鉴赏小说时分析人物形象的重要环节。不同的小说有不同的侧重点，有的侧重在肖像描写，有的侧重在语言描写，无论是哪个方面，都是以塑造生动、感人的人物形象为目的。澳大利亚作家泰格特的短篇小说《窗》写了两个重病病人在病房里的经历，临窗的病人虽身患重病，但他热爱生命，在他的心目中，窗是他们两人共同的财富，窗外的"春天"理应两人共同享有。而不靠窗的那位病人，津津有味地听病友描述，充分享受了这段美好时光，却不满足，还强烈地渴望占有那扇窗户，后来虽堂而皇之地取得了靠窗的床位，然而，生活偏偏不肯饶恕他，他费尽心机得到的只是光秃秃的一堵墙。小说通过两人的语言、心理、动作描写，表现了两种截然不同的性格，揭示了人性的美与丑。

2．看人物形象的典型性

典型性指的是作者塑造人物形象所达到的共性与个性统一的程度。小说中的典型人物

并非简单再现现实生活中具有代表性的真人真事，而是在现实生活的基础上经过集中和虚构而创造出来的具有高度概括性的艺术形象，是个性和共性的统一体。个性就是人物的独特属性，它体现在人物的语言、行动、心理、气质、生活习惯和作风等各个方面；共性就是人物身上体现出的一定阶层、集团的某些本质特征。个性和共性的关系是辩证统一的，共性寓于个性之中，个性中体现着共性。

作家奥莱尔的名篇《在柏林》只是描写了火车车厢一角的场面：一位战时后备役老兵，身旁坐着个身体虚弱的老妇人，她神志不清，反复地数着"一、二、三"。这种奇特的举动引起了车厢里两个小姑娘的嗤笑。于是老兵开口了："这位可怜的夫人就是我的妻子……我们刚刚失去了三个儿子，他们是在战争中死去的。现在轮到我自己上前线了。在我走之前，总得把他们的母亲送往疯人院啊。"顿时，"车厢里一片寂静，静得可怕"。这篇小说描写的是一位战时后备役老兵的个人悲剧，也反应的是侵略战争给人民带来的共同灾难，是个人悲剧与民族悲剧的共同体现。

3. 看人物形象所反映的社会本质和它蕴含的时代精神

小说中的人物不是作者主观设想出来的，而是"一定的社会生活"在作家"头脑中的反映"。因此，我们在阅读和鉴赏小说时，就要注意分析人物形象所反映的社会本质和时代精神。奥莱尔的名篇《在柏林》中的那位战时后备役老兵的悲惨遭遇，正是在德国法西斯发动的第二次世界大战这个特定的社会时期产生的，小说在呼吁和平，反对战争方面具有鲜明的社会现实意义。

(三) 了解环境描写在塑造人物形象中的作用

环境是人物活动的场所，人物的思想性格是在一定的环境中形成的。任何典型形象都生活在一定的典型环境之中，如果离开形成和促使其变化的具有决定因素的典型环境，就失去了他的现实根据，我们也不可能理解他的典型意义。因此，阅读和鉴赏小说，必须了解它的环境描写在塑造人物形象中的作用。

(1) 了解典型的社会环境对人物思想性格形成的作用。

典型的社会环境是指反映了一定时代特点的社会环境。典型的社会环境对人物思想性格的形成具有决定性的作用。例如，鲁迅的小说《药》中的华老栓为什么勤劳、怯懦、愚昧？了解了作品中所反映的典型社会环境，这个问题就不难理解了。封建统治者总是采用两种手段维护他们对劳动人民的统治：一种是用封建地主阶级的伦理道德、宗教迷信麻醉人民、愚弄人民；另一种是以残酷的镇压，迫使人民服服帖帖地做他们的奴隶。小说中对阴森恐怖的刑场的描写，展示了清末统治者对革命加紧镇压的社会现实；茶馆里"议药"的场面描写，更进一步揭示了统治者对人民加紧镇压和愚弄的社会环境；坟地的景物描写，也从另一个侧面揭示了吃人的社会环境。华老栓以开小茶馆维持一家生活，是一个生活在社会下层的市镇贫民，他那勤劳、怯懦、愚昧的思想性格，正是清朝末期封建统治者加紧对人民的镇压和愚弄的典型社会环境所造成的，是由他的阶级地位所决定的。

(2) 了解景物描写对表现人物思想性格的作用。

小说中的景物描写是作品的有机组成部分。它对衬托人物的身份地位、刻画人物的性格、表达人物的心情、渲染气氛等，都有很大的作用。例如，《小站歌声》中昏暗静谧的小站、夜深人静的山村，都衬托了一个催人泪下的关于师生生离死别的故事，渲染了感人肺腑的师生之情。

小说的阅读和鉴赏，必须根据小说的特点，掌握它的情节发展，分析它的人物形象，理解它的环境描写。

三、剧本的鉴赏方法

（一）戏剧和剧本

戏剧和剧本是密切关联而又有区别的两个概念。戏剧是一种运用文学、音乐、舞蹈、美术等多种艺术手段塑造人物形象，反映社会生活的综合性的舞台艺术。剧本是戏剧中的一个基本因素，它是同小说、诗歌、散文并列的一种文学体裁。

作为综合艺术的戏剧，包括的主要因素有：文学因素——剧本；音乐因素——唱腔、歌唱、伴奏、声响等；舞蹈因素——表演、动作、身段、造型等；美术因素——舞台结构、服装、化妆、道具、灯光、布景等。在这些因素中，剧本是最重要的因素，它直接规定了戏剧的主题、人物、情节、语言和结构，是舞台演出的基础和依据。所以说，剧本是一剧之本。剧本质量的优劣对戏剧演出的效果具有决定性的意义。

剧本作为一种文学体裁，具有文学作品的一般特征，由于它是供演出用的，所以又受着戏剧特点的支配和制约。

1．舞台性

俄国著名作家果戈理说："戏剧只活在舞台上，没有舞台，它就像没有灵魂的躯壳。"剧本必须具有舞台性，即要适合舞台表演。剧本中的形象通过舞台上的表演直接与观众见面，同时利用布景、道具、灯光，使典型环境直观地展现在观众面前，让观众受到舞台形象的强烈感染。但是，舞台演出的空间和时间是有限的，这就要求剧本中的人物、情节、时间、场景都要高度集中。在一出戏中，人物不能太多，要集中地刻画几个重要人物，让他们以鲜明丰满的形象出现在舞台上。剧本的篇幅也不能太长，它不能像小说和叙事诗那样，可以从容不迫地多方面展现生活的矛盾斗争，而是要抓住主要矛盾，突出一条主线，把人物置于矛盾斗争的漩涡之中，通过尖锐激烈的冲突显示人物的思想性格。同时，还要把几个月、几年甚至几十年的事件集中在几天几小时之内，构成单纯的情节线索，使整个剧情从矛盾的提出、发展、激化到解决的进程在一个小时或两三个小时之内完成。小说和电影可以为人物和故事提供广阔的场景，而剧本为了适合舞台的演出，必须把天南地北的人物、事件集中到一个或几个场面中来，不能频繁地变换场景。例如，四幕话剧《雷雨》，剧中反映的事件历时三十年，作者作了精心安排，故事从一个夏天的早晨开始，到当天半夜结束，场景也只是在周公馆客厅和鲁家小套间轮换。剧本在集中的时间和场景中，将周鲁两家的新仇旧恨、两代人之间错综复杂的矛盾冲突迅速展开，猛烈地推向高潮，始终紧扣观众的心弦。剧中人物的矛盾纠葛，几十年生活的变迁，都通过剧中人物的对话间接交代，在剧中不作正面直接的表现。这就保证了剧本的高度集中，使之适合舞台演出的要求。

2．冲突性

尽管各种戏剧形式的表现手段各不相同，但都必须有戏剧冲突。在矛盾斗争纷繁复杂的社会生活中，作者根据创作意图的需要，突出某一矛盾，并经过加工创造，使之典型化地展现在舞台上，这就是戏剧冲突，也就是人们常说的剧中的"戏"。它是戏剧反映社会生活的基本手段，是构成剧本的根本因素。

戏剧冲突是戏剧情节发展的基础，没有冲突就没有戏剧。由于要考虑到演出效果，因此戏剧必须使矛盾冲突高度集中，迅速激化，使戏剧达到动人心弦的程度。戏剧冲突主要表现在人与人之间的冲突上。《雷雨》中的人物关系和矛盾冲突是错综复杂的，里面有周朴园与鲁家母子之间的阶级矛盾，有周萍与四凤之间的爱情纠葛，还有周萍与繁漪之间的暧昧关系。这些矛盾冲突又与周家父子、兄妹、母子之间的伦理关系交织在一起，构成了尖锐激烈的戏剧冲突，演出来使观众感到处处有"戏"。

戏剧冲突的典型化，常常体现为偶然的事件反映必然的生活规律，即戏剧冲突的发展既要出人意料，又要合情合理。所谓出人意料，就是安排一些观众事先无法预料的戏剧情节，造成引人入胜、扣人心弦的戏剧悬念，把观众的情绪抓住，使观众随着人物的命运，同悲喜、共呼吸。例如，《威尼斯商人》中的"法庭"一场戏，鲍西娅在夏洛克自以为胜诉在握，在法庭上盛气凌人的时候上场。为使夏洛克谋杀人的目的暴露无遗，开始她采取了欲擒故纵的手法，表面上好像站在夏洛克一边，使他更加得意忘形，一边奉承法官公正，一边磨刀霍霍，杀气腾腾。此刻，戏剧冲突达到白热化的程度，观众的心弦也为之绷紧，为安东尼奥的命运担忧。正在这时，鲍西娅出人意料地宣判在割肉时不许流血，使剧情发展突然逆转，令夏洛克处于绝境并受到了法律的无情惩罚。这种结局大快人心，收到了强烈的喜剧效果。

3. 台词的个性化和动作性

台词(包括对话、独白和唱词)是剧本塑造人物的基本手段。人物的思想性格、矛盾冲突的开展、戏剧情节的变化都是通过人物的对话和动作来实现的。高尔基指出："剧本中的人物仅仅依靠他们自己的语言，即纯粹的口语，而不是叙述的语言。"这就是说，剧本的语言是供演员"演"的，剧本通过台词来表现人物的性格。所以有人说，戏剧是对话的艺术、动作的艺术，它要求语言必须具有个性化和动作性的特点。

剧本语言的个性化是指每个剧中人物在台上说话必须根据他的阶级地位、职业、年龄、经历、生活处境、思想感情、习惯爱好等说出自己非说不可的话。像老舍说的那样，"剧作者需在人物头一次开口，便显出他的性格，闻其声知其人"。戏剧台词最忌一般化，不能谁说都行。在《威尼斯商人》中，人物的语言具有鲜明的个性特征。例如，安东尼奥的语言有着抒情意味，把他的内心世界表现得完美、真切。他的语言流畅、华丽，多用比喻，表现人物鲜明的爱憎和纯洁的心灵。夏洛克的语言有很强的论战性，据理不饶人，咄咄逼人，充分表现了他的愚顽和凶狠。在杂剧《窦娥冤》中，窦娥从一个温顺善良的弱女发展为具有叛逆精神的女性，就是透过她的曲词表现出来的。窦娥在赴刑时，要求不走前街，她唱道："怕则怕前街里被我婆婆见。""枉将他气杀也么哥。"这是善良性格充分的表露。在《滚绣球》一曲里，窦娥直接抨击天地："地也，你不分好歹何为地！天也，你错勘贤愚枉做天！"表面上是斥责天地，实质上是控诉，批判封建统治阶级，表现了窦娥强烈的反抗精神。

富于动作性是戏剧语言的又一个特点，它一方面表达人物自身的心理活动，并引起强

烈的外部形体的动作，另一方面能刺激对方，促使对方产生相应的语言和动作。在《雷雨》第二幕，鲁大海和周朴园之间的一段针锋相对的对话就富有动作性。动作性展示了人物性格之间的激烈冲突，推动了剧情发展。

以上谈的是剧本有别于其他文学体裁的特点，了解剧本的特点，将有助于对它的阅读和鉴赏。

（二）剧本的鉴赏

剧本虽然主要是供舞台演出的，但它毕竟是文学作品，阅读和鉴赏的方法跟阅读和鉴赏其他文学体裁的作品基本相同。读者经过阅读和鉴赏阶段，由语言媒介与作品外部的艺术形式，可逐步获得对形象的具体感受和体验，引起思想感情上的强烈反应，从而认识作品所反映的社会生活，领会作品所蕴藏的思想内容。当然，剧本有其自身的特点，在阅读和鉴赏时，应着重注意下面几点：

（1）熟悉剧本，了解剧情。

阅读剧本的过程中，只有为作品的形象所吸引，沉浸在作品描绘的天地里，心情也随着戏剧情节的发展，起伏激荡，才能受到艺术的感染，获得潜移默化的教育。要达到这个程度，就必须首先熟悉剧本，了解剧情。

了解作品的时代背景和作者是熟悉剧本的第一步。比如，阅读《威尼斯商人》时，必须了解莎士比亚这位欧洲文艺复兴时期英国最伟大的戏剧家所生活的时代正是欧洲封建制度没落、资本主义兴起的新旧交替的时代；他的作品是那个时代英国社会生活的真实写照，是人类文化史上的珍贵遗产，《威尼斯商人》是他的代表作之一。这样才能认识到，剧本中商业资本家安东尼奥与高利贷者夏洛克之间的矛盾冲突，正是代表了新兴资产阶级与没落的封建阶级的矛盾，剧本中尖锐的戏剧冲突正是这种激烈斗争的反映。通过这些就可以领会剧本主题的深刻意义。

戏剧情节的发展表现在剧本的组织结构之中。多幕剧的结构在幕与场的组织安排中表现出来。因此，分析剧本的结构是熟悉剧本、了解剧情的重要方法。在分幕又分场的剧本中，幕是大的单位，一般按照剧情发展的时间、地点变化来划分。往往是故事情节进展到一个完整阶段为一幕。场是包括在幕中的小单位，有的按时间、地点的变化来划分，有的按人物的上场、下场来划分。场面是更小的单位，指一定的人物在一定的时间、地点活动而构成的生活画面。剧情的发展有时前面有序幕，最后有尾声；也有不少剧本一开始就接触主要矛盾冲突，最后是高潮，情节在高潮处戛然而止；还有的剧情开端和发展在一幕，有的高潮、结局和尾声在一幕。不管怎样安排，情节是随着戏剧冲突的开端、发展、高潮、结局而顺理成章地进行的。在《雷雨》中，第一幕就差不多让所有的角色都交了锋，见了面，种种矛盾冲突都聚拢在一起，爆发开来。到第二幕，周朴园与鲁侍萍见面，是戏剧冲突的焦点，随着周朴园和鲁侍萍、鲁大海的矛盾冲突的激化，情节被推向高潮。到最后一幕(第四幕)，剧中的人物以及他们之间阶级的、爱情的、血缘的种种矛盾冲突又汇集起来交织着。在尖锐、激烈的冲突中，以四凤、周冲触电而死，周萍自杀，大海远走，侍萍离去，繁漪疯狂，周家彻底崩溃而告终。又如，《威尼斯商人》中"法庭"这场戏，结构上可以分为前后两个场面。前场主要是夏洛克的戏，后场主要是鲍西娅的戏。在前场当戏剧冲突发展到不可开交时，鲍西娅上场，使剧情转折，并最后使得矛盾冲突得以解决。通过对剧本结构的剖析，可以进一步熟悉剧情，这是鉴赏剧本的前提。

(2) 理清剧情发展线索，把握基本矛盾冲突。

戏剧冲突是通过一系列情节发展表现出来的。在纷繁复杂的矛盾冲突中，必定有一对起决定作用的基本矛盾冲突。理清戏剧情节发展的线索，就能把握住它的基本矛盾冲突。例如，《威尼斯商人》中，就有两条情节线索并行发展：一条是安东尼奥和夏洛克围绕着一磅肉的诉讼所发生的矛盾冲突；另一条是安东尼奥的朋友巴萨尼奥和贵族小姐鲍西娅的爱情故事。另外，还穿插了夏洛克的女儿与罗伦佐私奔的故事等。这些构成了早期资本主义社会复杂的生活矛盾。但它的基本矛盾冲突则是：高利贷者夏洛克图谋报复，要按照借约从负债人安东尼奥身上割下一磅肉。全剧的开端、发展、高潮、结局都是紧紧围绕这一对矛盾冲突而展开的。又如，《雷雨》的情节线索，一条是周朴园后妻繁漪对周朴园的反抗，促使周家的衰亡；另一条是鲁侍萍、鲁大海以及矿山工人对周朴园的反抗，更加速了周家的衰亡。此外，还有繁漪与周萍之间、周萍与四凤之间的纠葛。这些情节线索交织在一起，决定了周朴园的罪恶腐朽家庭必然衰亡的历史命运。周家的衰亡是这个剧本的基本矛盾发展的必然结果。

通过对戏剧情节发展的分析，把握剧本的基本矛盾冲突，就能够认识到作品反映的社会生活，深入领会作品所蕴含的思想内容和社会意义。

(3) 分析剧本的矛盾冲突和语言，理解人物的思想性格。

戏剧是矛盾冲突高度集中的艺术，矛盾冲突表现得越尖锐、深刻，戏剧效果越好。它不仅是表面化的情节紧张，还必须是人物内心尖锐的冲突。正如高尔基所说："戏剧是从性格开始的，它只能从性格开始。在有着鲜明的人物性格的地方，必定存在着戏剧冲突。"鉴赏剧本就应从分析剧本的矛盾冲突中理解人物的思想性格。曹禺曾经说过："作为一个戏剧创作人员，多年来，我倾心于人物。我总觉得写戏主要是写人，用心思就是用在如何刻画人物这个问题上，而刻画人物重要的又在于揭示人物的内心世界——思想和感情。人物的动作、发展、结局都来源于这一点。"在《雷雨》中，作者就把复杂的戏剧矛盾冲突高度集中在几个人物身上。第二幕通过周朴园与鲁侍萍、鲁大海母子之间的矛盾冲突，把周朴园的自私、虚伪、阴险和狡诈，鲁侍萍的刚强、正直、沉稳和自尊，鲁大海的坚定、勇敢、粗犷和无私的性格特征，淋漓尽致地显示了出来。

剧本中人物的思想性格常常表现在人物个性化的语言上。因此，鉴赏剧本还必须善于抓住人物个性化的语言来分析人物的思想性格。怎样才能抓住人物个性化的语言呢？主要是抓住矛盾冲突中关键时刻的人物语言，因为这个时候的语言最能表现人物的思想性格，如果对人物的每句话都分析，就会十分繁琐。在《威尼斯商人》中，围绕着这场是否"照约执行处罚"的激烈论战，戏剧冲突愈演愈烈。夏洛克一张嘴对付好几个人，语言很有论辩性，又讲究严密的推理，有时用反语加强语气，有时又用冷嘲热讽迫使对方无言以对。例如，公爵劝他要有慈悲之心时，他说的"我又不干错事，怕什么刑罚……"从这段话可看出他词锋逼人，心肠狠毒，一旦得手，便欲置人于死地。这些语言正是夏洛克思想性格的最好暴露，鉴赏时应着重分析。

在鉴赏剧本的过程中，还要注意分析剧本中的潜台词。所谓潜台词，就是人物没有直接说出来，但根据台词和剧中特定情境能使观众心领神会的间接语言，也就是人们常说的"话中之话"。它也是剧本深入刻画人物的一个有效手段，通过它能揭示人物的精神状态或隐秘的内心活动。例如，当周朴园认出站在面前的就是被自己始乱终弃的鲁侍萍时，周朴园(忽然严厉地)："你来干什么？"鲁侍萍："不是我要来的。"周朴园："谁指使你来的？"鲁侍萍(悲愤)："命，不公平的命指使我来的！"这段对话言少意多，耐人寻味。周朴园的第一句质问隐含着他的忧虑，唯恐侍萍来报复或索取钱财。第二句质问，更是疑虑重重，惴惴不安，他考虑是有人——很可能是鲁贵指使侍萍来进行"讹诈"的，甚至会破坏他的名誉。这些意思都隐藏在这几个问句的背后，活灵活现地勾画出周朴园自私、褊狭、色厉内荏的性格特点。这简短紧凑的对话完全符合当时特定的情境，反映了周朴园的内心活动，如果把话说直了，反而会冲淡戏剧的紧张气氛。潜台词是深深地蕴含在台词深处的东西，是无形的语言，鉴赏剧本是不能忽略的。

总之，鉴赏剧本，应在把握剧本自身特点和熟悉剧情的基础上进行，兼顾它的可读性和可演性，这样才有别于其他文学体裁的阅读和鉴赏。

四、散文的鉴赏方法

在古代，凡是与韵文、骈文相对的不押韵、不排偶的散体文章，无论是文学作品，还是非文学作品，都叫散文。先秦散文、唐宋散文和明清笔记小品是我国古代散文成就辉煌的三个高潮。

在现代，散文又有广义和狭义之分。现代广义的散文是指和诗歌、小说、戏剧并列的一种文学体裁，包括杂文、小品文、通讯、特写、报告文学、随笔、传记、回忆录、书信、日记、速写、游记等。鲁迅曾高度评价五四以来"散文小品的成功，几乎在小说、戏曲和诗歌之上"。现代狭义散文又叫抒情散文，仅指广义散文中那一部分文学性较浓、篇幅短小的作品。

(一) 散文的特点

(1) 形散而神不散。

"形散"主要是说散文取材十分广泛自由，不受时间和空间的限制，表现手法不拘一格，可以叙述事件的发展，可以描写人物形象，可以托物抒情，可以发表议论，而且作者可以根据内容需要自由调整、随意变化。"神聚"主要是从散文的立意方面说的，即散文所要表达的主题必须明确而集中，无论散文的内容多么广泛，表现手法多么灵活，无不为更好地表达主题服务。

为了做到形散而神不散，在选材上应注意材料与中心思想的内在联系，在结构上借助一定的线索把材料贯穿成一个有机整体。

散文中常见的线索有：① 以含有深刻意义或象征意义的事物为线索；② 以作品中的"我"来作线索，以"我"为线索，由于写的都是"我"的所见所闻所思所感，侃侃而谈，自由畅达，因此会使读者觉得更加真实可信、亲切感人。

(2) 意境深邃，抒情性强。

意境深邃，注重表现作者的生活感受，抒情性强，情感真挚。

作者借助想象与联想，由此及彼、由浅入深、由实而虚地依次写来，可以融情于景、寄情于事、寓情于物、托物言志，表达作者的真情实感，实现物我的统一，展现出更深远

的思想，使读者领会更深刻的道理。

(3) 语言优美凝练，富于文采。

所谓优美，就是指散文的语言清新明丽，生动活泼，富于音乐感，行文如涓涓流水，叮咚有声，如娓娓而谈，情真意切。所谓凝练，是说散文的语言简洁质朴，自然流畅，寥寥数语就可以描绘出生动的形象，勾勒出动人的场景，显示出深远的意境。散文力求写景如在眼前，写情沁人心脾。

散文素有"美文"之称，它除了有精深的见解、优美的意境外，还有清新隽永、质朴无华的文采。经常读一些好的散文，不仅可以丰富知识，开阔眼界，培养高尚的思想情操，还可以从中学习选材立意、谋篇布局和遣词造句的技巧，提高自己的语言表达能力。

(二) 鉴赏散文的方法

(1) 把握散文的线索。

分析散文时，先弄清散文的线索，才可踏上分析的途径，这是散文赏析的突破口、入手处。散文的线索是多种多样的，时间的推移、地点的转换、人物的行踪、感情的变化、事物的性质特点等都可以作为贯串全文的线索。寻找散文线索的工作大致可分为三步：第一步，理清文章层次，即按文章的顺序一部分一部分地概括大意；第二步，把握结构，就是弄清文章主要写了什么，这些内容是怎样组织的；第三步，弄清行文线索，就是找到文章各部分的内部联系。

(2) 体验散文的感情。

抒情散文也叙事、说理、状物、写景，但重心在抒发作者的思想感情。因此，分析这类散文时重心应放在作品感情的分析上。一般应注意：首先研究散文的抒情方式，然后弄清感情的缘起。

(3) 领会散文的意境。

所谓意境，是指文艺作品中描绘的对象和表现的思想感情融合一致而形成的一种艺术境界。它能使读者运用自己的学识经验去联想、去补充，如身临其境，感受和领会原文所创造的意境，得到阅读文学作品的至高艺术享受。王国维论词，以词有无境界分高低。我们研究散文，也可以以有无意境分优劣。文章产生意境必须有两个条件：一是作者对所写对象有真切的感受；二是能把这真切感受真切地表现出来。所谓赏析，就是既要对作品的意境有所感受领会(这里强调的不仅是一般意义上的有所知，更强调有所感，即感受、感染)，还要进一步研究作品是怎样造境的，为什么有这种感染力。

(4) 探究散文的技巧。

每一篇抒情散文，不仅内容和感情上总有自己的特点，而且抒情方式、写作方法也不尽相同。在具体写作方法的赏析上，研究各类各篇散文独具的特点是散文赏析的个性，也就是赏析的具体落实。抒情散文在写法上，或借物(景、事、人)抒情，或托物言志，或触景生情，或用象征手法等。即使是都用象征手法，也用法各异，有的局部用，有的全文用。

(5) 品读散文的语言艺术。

作为文学一大门类的散文，其作者都注重追求作品的语言美。阅读散文的重要目的之一，正是学习作家运用语言的功夫。因此，品味散文的语言，是鉴赏散文的又一个重点。

第五节 文学作品鉴赏

一、诗歌鉴赏

作品一

《诗经》选读

【原文】

采　薇

采薇采薇[1]，薇亦作止[2]。曰归曰归，岁亦莫止[3]。靡室靡家，狁之故[4]。不遑启居[5]，狁之故。

采薇采薇，薇亦柔止[6]。曰归曰归，心亦忧止。忧心烈烈，载饥载渴。我戍未定，靡使归聘[7]。

采薇采薇，薇亦刚止[8]。曰归曰归，岁亦阳止[9]。王事靡盬[10]，不遑启处。忧心孔疚[11]，我行不来。

彼尔维何[12]？维常之华。彼路斯何[13]？君子之车。戎车既驾，四牡业业[14]。岂敢定居？一月三捷[15]。

驾彼四牡，四牡骙骙[16]。君子所依，小人所腓[17]。四牡翼翼[18]，象弭鱼服[19]。岂不日戒？狁孔棘[20]。

昔我往矣，杨柳依依[21]。今我来思，雨雪霏霏[22]。行道迟迟，载渴载饥。我心伤悲，莫知我哀！

【注释】

[1] 薇：一种野菜。

[2] 亦：语气助词，没有实义。作：初生。止：语气助词，没有实义。

[3] 莫：通"暮"。本文指年末。

[4] 狁(xiǎn yǔn)：我国古代北方少数民族。

[5] 遑：空闲。启：坐下。居：住下。

[6] 柔：软嫩。这里指初生的薇菜。

[7] 聘：问候。

[8] 刚：坚硬。这里指薇菜已长大。

[9] 阳：农历十月。

[10] 盬(gǔ)：止息。

[11] 疚：病。

[12] 尔：花开繁盛的样子。

[13] 路：通"辂"，高大的车。

[14] 业业：强壮的样子。

[15] 捷：交战，作战。

[16] 骙骙(kuí)：马强壮的样子。

[17] 腓(féi)：隐蔽，掩护。

[18] 翼翼：排列整齐的样子。

[19] 弭(mǐ)：弓两头的弯曲处。鱼服：鱼皮制的箭袋。

[20] 棘：危急。

[21] 依依：轻柔的样子。

[22] 霏霏：雪很大的样子。

【赏析】

寒冬，雪花纷纷，一位解甲退役的征夫在返乡途中踽踽独行。道路崎岖，又饥又渴；但边关渐远，乡关渐近。此刻，他遥望家乡，抚今追昔，不禁思绪纷繁，百感交集。艰苦的军旅生活，激烈的战斗场面，无数次的登高望归情景，一幕幕在眼前重现。《采薇》就是三千年前这样的一位久戍之卒，在归途中的追忆唱叹之作。其类归《小雅》，却颇似《国风》。

全诗六章。既是归途中的追忆，故用倒叙手法写起。前三章追忆思归之情，叙述难归原因。这三章的前四句，以重章之叠词申意并循序渐进的方式，抒发思家盼归之情；而随着时间的一推再推，这种心情越发急切难忍。首句以采薇起兴，但兴中兼赋。因薇菜可食，戍卒正采薇充饥。所以这随手拈来的起兴之句，是口头语眼前景，反映了戍边士卒的生活苦况。边关士卒的"采薇"，与家乡女子的"采薇"、"采桑"是不可同语的。戍役不仅艰苦，而且漫长。"薇亦作止"、"柔止"、"刚止"，循序渐进，形象地刻画了薇菜从破土发芽，到幼苗柔嫩，再到茎叶老硬的生长过程，它同"岁亦莫止"和"岁亦阳止"一起，喻示了时间的流逝和戍役的漫长。岁初而暮，物换星移，"曰归曰归"，却久戍不归，这对时时有生命之虞的戍卒来说，怎能不"忧心烈烈"。那么，为什么戍役难归呢？后四句作了层层说明：远离家园，是因为狎狁之患；戍地不定，是因为战事频频；无暇休整，是因为王差无穷。其根本原因则是"狎狁之故"。《汉书•匈奴传》说："(周)懿王时，王室遂衰，戎狄交侵，暴虐中国。中国被其苦，诗人始作，疾而歌之。曰：'靡室靡家，狎狁之故岂不日戒，狎狁孔棘'"这可视为《采薇》之作的时代背景。对于狎狁之患，匹夫有戍役之责。这样，一方面是怀乡情结，另一方面是战斗意识。前三章的前后两层，同时交织着恋家思亲的个人情和为国赴难的责任感，这是两种互相矛盾又同样真实的思想感情。其实，这也构成了全诗的情感基调，只是思归的个人情和战斗的责任感，在不同的章节有不同的表现。

四、五章追述行军作战的紧张生活，写出了军容之壮，戒备之严，全篇气势为之一振。其情调也由忧伤的思归之情转而为激昂的战斗之情。这两章同样四句一意，可分四层读。四章前四句，诗人自问自答，以"维常之华"，兴起"君子之车"，流露出军人特有的自豪之情。接着围绕战车描写了两个战场面："戎车既驾，四牡业业。岂敢定居？一月三捷"，概括地描写了威武的军容、高昂的士气和频繁的战斗；"驾彼四牡，四牡骙骙。君子所依，小人所腓"，又进而具体描写了在战车的掩护和将帅的指挥下，士卒们紧随战车冲锋陷阵的场面。最后，由战斗场面又写到将士的装备："四牡翼翼，象弭鱼服。"战马强壮而训练有

艺术鉴赏

素，武器精良而战无不胜。将士们天天严阵以待，只因为狎狁实在猖狂，"岂不日戒？狎狁孔棘"，既反映了当时边关的形势，又再次说明了久戍难归的原因。《毛序》根据这两章对军旅生活的描写，认为《采薇》是"遣戍役"、劝将士之诗。这与诗意不符。从全诗表现的矛盾情感看，这位戍卒既恋家也识大局，似乎不乏国家兴亡匹夫有责的责任感。因此，在漫长的归途上追忆起昔日出生入死的战斗生活，是极自然的。

笼罩全篇的情感主调是悲伤的家园之思。或许是突然大作的霏霏雪花惊醒了戍卒，他从追忆中回到现实，随之陷入更深的悲伤之中。追昔抚今，痛定思痛，怎能不令"我心伤悲"呢？"昔我往矣，杨柳依依。今我来思，雨雪霏霏。"这是写景记事，更是抒情伤怀。个体生命在时间中存在，而在"今"与"昔"、"来"与"往"、"雨雪霏霏"与"杨柳依依"的情境变化中，戍卒深切体验到了生活的虚耗、生命的流逝及战争对生活价值的否定。绝世文情，千古常新。今人读此四句仍不禁怅触于怀，黯然神伤，也主要是体会到了诗境深层的生命流逝感。"行道迟迟，载渴载饥"，加之归路漫漫，道途险阻，行囊匮乏，又饥又渴，这眼前的生活困境又加深了他的忧伤。"行道迟迟"，似乎还包含了戍卒对父母妻孥的担忧。一别经年，"靡使归聘"，生死存亡，两不可知，当此回归之际，必然会生发"近乡情更怯，不敢问来人"(唐李频《渡汉江》)的忧惧心理。然而，上述种种忧伤在这雨雪霏霏的旷野中，无人知道更无人安慰；"我心伤悲，莫知我哀"，全诗在这孤独无助的悲叹中结束。综观全诗，《采薇》主导情致的典型意义，不是抒发遣戍役、劝将士的战斗之情，而是将王朝与蛮族的战争冲突退隐为背景，将从属于国家军事行动的个人从战场上分离出来，通过归途的追述集中表现戍卒们久戍难归、忧心如焚的内心世界，从而表现周人对战争的厌恶和反感。《采薇》，似可称为千古厌战诗之祖。

在艺术上，"昔我往矣，杨柳依依。今我来思，雨雪霏霏"被称为《诗经》中最佳诗句之一。自南朝谢玄以来，对它的评析已绵延成一部一千五百多年的阐释史。王夫之《姜斋诗话》的"以乐景写哀，以哀景写乐，一倍增其哀乐"和刘熙载《艺概》的"雅人深致，正在借景言情"，已成为诗家口头禅。而"昔往"、"今来"对举的句式，则屡为诗人追摹，如曹植的"始出严霜结，今来白露晞"(《情诗》)，颜延之的"昔辞秋未素，今也岁载华"(《秋胡诗》之五)，等等。

【原文】

君 子 于 役

　　君子于役[1]，不知其期。曷至哉[2]？鸡栖于埘[3]。日之夕矣，羊牛下来。君子于役，如之何勿思[4]！

　　君子于役，不日不月。曷其有佸[5]？鸡栖于桀[6]。日之夕矣，羊牛下括[7]。君子于役，苟无饥渴[8]！

【注释】

[1] 君子：本文指丈夫。役(yì)：苦役。

[2] 曷(hé)：通"何"，指何时。至：归家。

[3] 埘(shí)：鸡舍。

[4] 如之何勿思：怎么能不思念。

[5] 佸(huó)：聚会，相会。

[6] 桀(jié)：通"橛"，指鸡栖的木架。

[7] 括：通"佸"，聚集，此指牛羊放牧回来关在一起。

[8] 苟：大概，也许。

【赏析】

这是一首写妻子怀念远出服役的丈夫的诗。所谓"君子于役"的"役"，不知其确指，大多数情况下，应是指去边地戍防。又"君子"在当时统指贵族阶层的人物，但诗中"君子"的家中养着鸡和牛羊之类，地位又不会很高，大概他只是一位武士。说起"贵族"，给现在读者的感觉好像是很了不得的。其实先秦时代生产水平低下，下层贵族的生活，并不比后世普通农民好到哪里去。即使在二十世纪三四十年代，西南少数民族中的小贵族，实际生活情况还不如江南一带的农民。

这是一首很朴素的诗。两章相重，只有很少的变化。每章开头，是女主人公用简单的语言说出的内心独白。稍可注意的是"不知其期"这一句(第二章的"不日不月"也是同样意思，有不少人将它解释为时间漫长，是不确切的)。等待亲人归来，最令人心烦的就是这种归期不定的情形，好像每天都有希望，结果每天都是失望。如果只是外出时间长但归期是确定的，反而不是这样烦人。正是在这样的心理中，女主人公带着叹息问出了"曷至哉"(到底什么时候才能回来呢)？

这下面的一节有一种天然的妙趣。诗中不再正面写妻子思念丈夫的哀愁乃至愤怨，而是淡淡地描绘出一幅乡村晚景的画面：在夕阳余晖下，鸡儿归了窠，牛羊从村落外的山坡上缓缓地走下来。这里的笔触好像完全是不用力的，甚至连一个形容词都没有，然而这画面却很感人，因为它是有情绪的。读者好像能看到那凝视着鸡儿、牛儿、羊儿，凝视着村落外蜿蜒延伸、通向远方的道路的妇人，是她在感动读者。这之后再接上"君子于役，如之何勿思"，读者分明地感受到女主人公的愁思浓重了许多。若把"鸡栖于塒。日之夕矣，羊牛下来"几句去掉，将最后两句直接接继在"曷至哉"之后，感觉会完全不同。这里有抒情表达的节奏问题——节奏太快，没有起伏，抒情效果出不来；同时，这画面本身有其特别的情味。

熟悉农村生活的人经常看到这样的晚景：农作的日子是辛劳的，但黄昏来临之际，一切即归于平和、安谧和恬美。牛羊家禽回到圈栏，炊烟袅袅地升起，灯火温暖地跳动起来，农人和他的妻儿们聊着闲散的话题。黄昏，在大地上出现白天未有的温顺，农人以生命珍爱着的东西向他们身边归聚，这便是古老的农耕社会中最平常也是最富于生活情趣的时刻。可是在这首诗里，那位妻子的丈夫却犹在远方，她的生活的缺损在这一刻也就显得最为强烈了，所以她如此怅惘地期待着。

这首诗的两章几乎完全是重复的，这是歌谣最常用的手法——以重叠的章句来推进抒情的感动。但第二章的末句也是全诗的末句，却完全变化。它把妻子的盼待转变为对丈夫的牵挂和祝愿：不归来也就罢了，但愿他在外不要忍饥受渴吧。这也是最平常的话，但其中包含的感情却又是那样善良和深挚。

这是古老的歌谣，它以不加修饰的语言直接地触动了人心中最易感的地方。它的天然之妙，在后世已是难以重复的了。

作品二

【原文】

湘 夫 人[1]

帝子降兮北渚[2]，目眇眇兮愁予[3]。
袅袅兮秋风[4]，洞庭波兮木叶下。
登白薠兮骋望[5]，与佳期兮夕张[6]。
鸟何萃兮𬞟中[7]，罾何为兮木上[8]？
沅有茝兮醴有兰[9]，思公子兮未敢言[10]。
荒忽兮远望[11]，观流水兮潺湲[12]。
麋何食兮庭中？蛟何为兮水裔[13]？
朝驰余马兮江皋[14]，夕济兮西澨[15]。
闻佳人兮召予，将腾驾兮偕逝[16]。
筑室兮水中，葺之兮荷盖[17]。
荪壁兮紫坛[18]，匊芳椒兮成堂[19]。
桂栋兮兰橑[20]，辛夷楣兮药房[21]。
罔薜荔兮为帷[22]，擗蕙櫋兮既张[23]。
白玉兮为镇[24]，疏石兰兮为芳[25]。
芷葺兮荷屋，缭之兮杜衡[26]。
合百草兮实庭[27]，建芳馨兮庑门[28]。
九嶷缤兮并迎[29]，灵之来兮如云[30]。
捐余袂兮江中[31]，遗余褋兮醴浦[32]。
搴汀洲兮杜若[33]，将以遗兮远者。
时不可兮骤得[34]，聊逍遥兮容与[35]。

【注释】

[1] 选自《楚辞·九歌》。《九歌》是屈原十一篇作品的总称。"九"是泛指，非实数。《九歌》本是古乐章名。王逸《楚辞章句》认为："昔楚国南郢之邑，沅湘之间，其俗信鬼而好祠。其祠必作歌乐鼓舞以乐诸神。屈原放逐，窜伏其域，怀忧苦毒，愁思沸郁，出见俗人祭祀之礼，歌舞之乐，其辞鄙陋，因作《九歌》之曲，上陈事神之敬，下见己之冤结，托之以讽谏。"也有人认为是屈原在民间祭歌的基础上加工而成的。此篇与《九歌》中另一篇《湘君》为姊妹篇。关于湘夫人和湘君为谁，多有争论。二人为湘水配偶神，则无疑。此篇写湘君期待湘夫人而不至，产生的思慕哀怨之情。有人认为湘君、湘夫人与舜及其二妃娥皇、女英的传说有关，湘君即舜，湘夫人即娥皇、女英。

[2] 帝子：指湘夫人。舜妃为帝尧之女，故称帝子。渚：水中的小块陆地。

[3] 眇(miǎo)眇：望眼欲穿的样子。愁予：使我忧愁。

[4] 袅(niǎo)袅：微风吹拂的样子。

[5] 蘋(fán)：草名，多生长在沼泽地。骋望：纵目而望。

[6] 佳：佳人，指湘夫人。期：期约，约会。张：陈设。

[7] 萃：聚集。蘋：水草。

[8] 罾(zēng)：渔网。罾原当在水中，反说在木上，比喻所愿不得而失其应处之所。

[9] 沅：即沅水，在今湖南省。茝：香草名，即白芷。醴：同"澧"(lǐ)，即澧水，在今湖南省，流入洞庭湖。

[10] 公子：指帝子，湘夫人。古代贵族称公族，贵族子女不分性别，都可称"公子"。

[11] 荒忽：即"恍惚"，神志迷乱的样子。

[12] 潺湲：水流缓慢但不间断的样子。

[13] 水裔：水边。

[14] 江皋：江边。

[15] 济：渡水。溆(shì)：水边。

[16] 偕逝：指与使者同往。

[17] 葺(qì)：修补，这里指用茅草盖屋。

[18] 苏：一种香草。紫：紫贝。坛：庭院。

[19] 匊(bō)：古"播"字，作布解。芳椒：芳香的椒树子。

[20] 栋：屋栋，屋脊柱。橑(lǎo)：屋椽。

[21] 辛夷：香木名，初春开花。楣：门上横梁。药：香草名，即白芷。

[22] 罔：通"网"，作编织。薜(bì)荔(lì)：一种香草，缘木而生。帷：帐幔。

[23] 擗(pǐ)：剖。櫋(mián)：檐际木。

[24] 镇：镇压坐席之物。

[25] 疏：散布，分陈。石兰：一种香草。

[26] 缭：缠绕。杜衡：一种香草。

[27] 实：充实。

[28] 馨：散布很远的香气。庑(wǔ)：厢房。

[29] 九嶷(yí)：山名，又名苍梧，传说中舜的葬地，在湘水南。这里指九嶷山神。缤：盛多的样子。

[30] 灵：神。

[31] 袂(mèi)：衣袖。

[32] 遗：舍弃。褋(dié)：罩衣。

[33] 搴(qiān)：采摘。汀(tīng)：水中或水边的平地。

[34] 骤得：数得，屡得。容与：从容自在的样子。

【赏析】

《湘夫人》是祭湘水女神的诗歌，全篇以湘君思念湘夫人的语调来写，描绘出了那种驰神遥望、祈之不来、盼而不见的惆怅心情。

一般认为，湘夫人是湘水女性之神，与湘水男性之神湘君是配偶神。湘水是楚国境内所独有的最大河流。湘君、湘夫人这对神祇反映了原始初民崇拜自然神灵的一种意识形态

艺术鉴赏

和"神人恋爱"的构想。楚国民间文艺,有着浓厚的宗教气氛,祭坛实际上就是"剧坛"或"文坛"。以《湘君》和《湘夫人》为例:人们在祭湘君时,以女性的歌者或祭者扮演角色迎接湘君;在祭湘夫人时,以男性的歌者或祭者扮演角色迎接湘夫人,各致以爱慕之深情。他们借神为对象,寄托人间纯朴真挚的爱情,同时也反映楚国人民与自然界的和谐。因为纵贯南楚的湘水与楚国人民有着血肉相连的关系,她像慈爱的母亲,哺育着楚国世世代代的人民,人们对湘水寄予深切的爱,把湘水视为爱之河、幸福之河,进而把湘水的描写人格化。神的形象也和人一样演出悲欢离合的故事,人民意念中的神,也就具体地罩上了历史传说人物的影子。湘君和湘夫人就是以舜与二妃(娥皇、女英)的传说为原型的。这样一来,神的形象不仅更为丰富生动,也更能与现实生活中的人在情感上靠近,使人感到亲切可近,富有人情味。

该诗诗题虽为《湘夫人》,但诗中的主人公却是湘君。这首诗的主题主要是描写相恋者生死契阔、会合无缘。作品始终以候人不来为线索,在怅惘中向对方表示深长的愿望,但彼此之间的爱情始终不渝则是一致的。

作为《湘君》的姊妹篇,《湘夫人》由男神的扮演者演唱,表达了赴约的湘君来到约会地北渚,却不见湘夫人的惆怅和迷惘。

如果把这两首祭神曲联系起来看,那么这首《湘夫人》所写的情事,正发生在湘夫人久等湘君不至而北出湘浦、转道洞庭之时。因此当晚到的湘君抵达约会地北渚时,自然难以见到他的心上人了。作品即由此落笔,与《湘君》的情节紧密配合。

首句"帝子降兮北渚"较为费解。"帝子"历来解作天帝之女,后又附会作尧之二女,但毫无疑问是指湘水女神。一般都把这句说成是帝子已降临北渚,即由《湘君》中的"夕弭节兮北渚"而来,但这样便与整篇所写湘君盼她前来而不见的内容扞格难合。于是有人把这句解释成湘君的邀请语(见詹安泰《屈原》),这样文意就比较顺畅了。

歌辞的第一段写湘君带着虔诚的期盼,久久徘徊在洞庭湖的岸边,渴望湘夫人的到来。这是一个环境气氛都十分耐人寻味的画面:凉爽的秋风不断吹来,洞庭湖中水波泛起,岸上树叶飘落。望断秋水、不见伊人的湘君搔首踟蹰,一会儿登临送目,一会儿张罗陈设,可是事与愿违,直到黄昏时分仍不见湘夫人前来。这种情形经以"鸟何萃兮苹中,罾何为兮木上"的反常现象作比兴,更突出了充溢于人物内心的失望和困惑,大有所求不得、徒劳无益的意味。而其中"袅袅兮秋风,洞庭波兮木叶下"更是写景的名句,对渲染气氛和心境都极有效果,因而深得后代诗人的赏识。

第二段在此基础上,进一步深化湘君的渴望之情。以水边泽畔的香草兴起对伊人的默默思念,又以流水的缓缓而流暗示远望中时光的流逝,是先秦诗歌典型的艺术手法,其好处在于人物相感、情景合一,具有很强的感染力。以下麋食庭中和蛟滞水边又是两个反常现象,与前文对鸟和网的描写同样属于带有隐喻性的比兴,再次强调爱而不见的事愿相违。接着与湘夫人一样,他在久等不至的焦虑中,也从早到晚骑马去寻找,其结果则与湘夫人稍有不同:他在急切的求觅中,忽然产生了听到佳人召唤并与她一起乘车而去的幻觉,于是作品有了以下最富想象力和浪漫色彩的一笔。

第三段纯粹是湘君幻想中与湘夫人如愿相会的情景。这是一个令人目不暇接、眼花缭乱的神奇世界:建在水中央的庭堂都用奇花异草香木构筑修饰。其色彩之缤纷、香味

之浓烈，堪称无与伦比。作品在这里一口气罗列了荷、荪、椒、桂、兰、辛夷、药、薜荔、蕙、石兰、芷、杜衡等十多种植物，来极力表现相会处的华美艳丽。其目的在于以流光溢彩的外部环境来烘托和反映充溢于人物内心的欢乐和幸福。因此当九嶷山的众神来把湘君的恋人接走时，他才恍然大悟，从这如梦幻般的美境中惊醒，重新陷入相思的痛苦之中。

最后一段与《湘君》结尾不仅句数相同，而且句式也完全一样。湘君在绝望之余，也像湘夫人那样情绪激动，向江中和岸边抛弃了对方的赠礼，但表面的决绝却无法抑制内心的相恋。他最终同样恢复了平静，打算在耐心的等待和期盼中，走完相恋相思这段好事多磨的心路历程。他在汀洲上采来芳香的杜衡，准备把它赠送给远来的湘夫人。

从情感的结构角度看，这首诗是以"召唤方式"呼应"期待视野"。《湘夫人》既然是迎神曲，必然是以召唤的方式祈求神灵降临。全诗以召唤湘夫人到来为出发点，以期待的心理贯穿其中。诗的前半段主要写湘君思念湘夫人时那种望而不见、遇而无缘的期待心情。中间经历了忧伤、懊丧、追悔、恍惚等情感波动。这些都是因期待而落空所产生的情绪波动。诗的后半段是写湘君得知湘夫人应约即将到来的消息后，喜出望外，在有缘相见而又未相见的期待心情中忙碌着新婚前的准备事宜。诗的末尾，湘夫人才出现，召唤的目的达到，使前面一系列的期待性的描写与此呼应。实际上，后半段的描写不过是湘君的幻想境界。出现这种幻想境界，也是由于期待心切的缘故。整首诗对期待过程的描写，有开端，有矛盾，有发展，有高潮，有低潮，有平息，意识线路清晰可见。

这首诗还有着明暗对应的双层结构方式。主人公情感的表现，有明有暗，明暗结合。抒情对象既可实指，又有象征性。在描写实境时，主人公的情感是表层性的，意旨明朗，指事明确，语言明快，情感色泽清晰，高低起伏，强弱大小都呈透明状态。如诗的后半段写筑室建堂、美饰洞房、装饰门面、迎接宾客的场面，就属于表层性的，即明写。从"筑室兮水中"至"疏石兰兮为芳"，是从外到里、由大到小；从"芷葺兮荷屋"至"建芳馨兮庑门"，是又由里到外。线路清楚，事实明白，情感的宣泄是外露的，是直露胸臆的方式，淋漓酣畅，无拘无束，少含蓄，情感的流动与外在形式同步。

从深层结构看，这首诗又有着寓情于景的表情法。景物不是原来的样子，如"鸟何"、"罾何"、"麋何"、"蛟何"等句；或是带上感情色彩的景物，如秋风、秋水、秋叶的描写。情感的流动较蕴藉、含蓄、深沉，如海底暗流，不易发觉。因此需要通过表层意象加以领会。

这种双层结构，明暗对应，相辅相成，构成一种情景交融的境界。这种结构的优点是：可以增大情感的容量，使情感的表现呈立体状。

另外，全诗所描写的对象和运用的语言，都是楚化了的，具有鲜明的楚国地方特色。诸如沅水、湘水、澧水、洞庭湖、白芷、白蘋、薜荔、杜衡、辛夷、桂、蕙、荷、麋、鸟、白玉等自然界的山水、动物、植物和矿物，更有那楚地的民情风俗、神话传说以及特有的浪漫色彩、宗教气氛等，无不具有楚地的鲜明特色。诗中所构想的房屋建筑、陈设布置，极富特色，都是立足于楚地的天然环境、社会风尚和文化心理结构这个土壤上的，否则是不可能作此构想的。语言上也有楚化的特点。楚辞中使用了大量的方言俗语，《湘夫人》也不例外，如"搴"(动词)、"袂"、"褋"(名词)等。最突出的是"兮"字的大量运用——全

· 68 ·
艺术鉴赏

诗每句都有一个"兮"字，这个语气词相当于今天所说的"啊"字，它的作用就在于调整音节，加大语意、语气的转折、跳跃，增强语言的表现力。《湘夫人》以方言为主，兼有五七言，句式变化灵活。这种"骚体"诗，是继《诗经》后新出现的自由诗，在我国古代诗歌发展史上是一次了不起的创新。

综上所述，《湘君》和《湘夫人》是由一次约会在时间上的误差而引出的两个悲剧，但合起来又是一幕两情相悦、忠贞不渝的喜剧。说它们是悲剧，是因为赴约的双方都错过了相会的时间，彼此都因相思不见而难以自拔，心灵和感情遭受了长时间痛苦的煎熬；说它们是喜剧，是由于男女双方的相恋真诚深挚，尽管稍有挫折，但都没有放弃追求和期盼，所以圆满结局的出现只是时间问题。当他们在耐心平静的相互等待之后终于相见时，这场因先来后到而产生的误会和烦恼必然会在顷刻间烟消云散，迎接他们的将是湘君在幻觉中所感受的那种欢乐和幸福。

这两篇作品一写女子的爱慕，一写男子的相思，所取角度不同，所抒情意却同样缠绵悱恻；加之作品对民间情歌直白的抒情方式的吸取和对传统比兴手法的运用，更加强了它们的艺术感染力。因此尽管这种热烈大胆、真诚执着的爱情被包裹在宗教仪式的外壳中，但它本身所具有强大的生命内核，却经久不息地释放出无限的能量，让历代的读者和作者都能从中不断获取不畏艰难、不息地追求理想和爱情的巨大动力。这可以从无数篇后代作品都深受其影响的历史中得到最好的印证。

作品三

【原文】

春江花月夜

[唐] 张若虚

春江潮水连海平，海上明月共潮生。滟滟随波千万里，何处春江无月明[1]！江流宛转绕芳甸，月照花林皆似霰[2]。空里流霜不觉飞，汀上白沙看不见[3]。江天一色无纤尘，皎皎空中孤月轮[4]。江畔何人初见月？江月何年初照人？人生代代无穷已，江月年年望(一作"只")相似[5]。不知江月待何人，但见长江送流水[6]。白云一片去悠悠，青枫浦上不胜愁[7]。谁家今夜扁舟子[8]？何处相思明月楼[9]？可怜楼上月徘徊，应照离人妆镜台[10]。玉户帘中卷不去，捣衣砧上拂还来[11]。此时相望不相闻，愿逐月华流照君[12]。鸿雁长飞光不度，鱼龙潜跃水成文[13]。昨夜闲潭梦落花，可怜春半不还家[14]。江水流春去欲尽，江潭落月复西斜(古音 xi)。斜月沉沉藏海雾，碣石潇湘无限路[15]。不知乘月几人归，落月摇情满江树[16]。

【注释】

[1] 滟(yàn)滟：波光闪动的样子。

[2] 芳甸(diàn)：遍生花草的原野。霰(xiàn)：天空中降落的白色不透明的小冰粒。

[3] 流霜：飞霜，古人以为霜和雪一样，是从空中落下来的，所以叫流霜。在这里比喻月光皎洁，月

色朦胧、流荡。汀(tīng)：水边的平地。

[4] 纤尘：微细的灰尘。月轮：指月亮，因为月圆时像车轮，所以称为月轮。

[5] 穷已：穷尽。

[6] 但见：只见，仅见。

[7] 悠悠：渺茫、深远。青枫浦：又名双枫浦，在今湖南浏阳市浏阳河南岸。这里泛指游子所在的地方。

[8] 扁舟：小船。

[9] 明月楼：月夜下的闺楼。这里指闺中思妇。

[10] 月徘徊：指月光移动。离人：此处指思妇。妆镜台：梳妆台。

[11] 玉户：形容楼阁华丽，以玉石镶嵌。捣衣砧(zhēn)：捣衣石，捶布石。

[12] 相闻：互通音信。逐：追随。月华：月光。

[13] 文：同"纹"。

[14] 闲潭：幽静的水潭。

[15] 碣石：山名。潇湘：潇水和湘水。这里以"碣石"指北，"潇湘"指南。无限路：极言离人相距之远。

[16] 落胸：缭乱不宁的别绪离情，伴随着残月余辉散落在江边的树林里。

【赏析】

被闻一多先生誉为"诗中的诗，顶峰上的顶峰"(《宫体诗的自赎》)的《春江花月夜》，一千多年来使无数读者为之倾倒。一生仅留下两首诗的张若虚，也因这一首诗，被喻为"孤篇横绝全唐"。作者抓住扬州南郊曲江或更南扬子江一带月下夜景中最动人的五种事物，即春、江、花、月、夜，更是透着对生活美好的向往，把扬州的景色以文字表达出来。整篇诗由景、情、理依次展开，第一部分写了春江的美景；第二部分写了面对江月所产生的感慨；第三部分写了人间思妇游子的离愁别绪。诗人入手擒题，一开篇便就题生发，勾勒出一幅春江月夜的壮丽画面：江潮连海，月共潮生。这里的"海"是虚指。江潮浩瀚无垠，仿佛和大海连在一起，气势宏伟。这时一轮明月随潮涌生，景象壮观。一个"生"字，就赋予了明月与潮水以活泼的生命。月光闪耀千万里之遥，哪一处春江不在明月朗照之中！江水曲曲弯弯地绕过花草遍生的春之原野，月色泻在花树上，像撒上了一层洁白的雪。诗人真可谓是丹青妙手，轻轻挥洒一笔，便点染出春江月夜中的奇异之"花"。同时，又巧妙地缴足了"春江花月夜"的题面。诗人对月光的观察极其精微，月光荡涤了世间万物的五光十色，将大千世界浸染成梦幻一样的银辉色。因而"流霜不觉飞"，"白沙看不见"，浑然只有皎洁明亮的月光存在。细腻的笔触，创造了一个神话般美妙的境界，使春江花月夜显得格外幽美恬静。这八句，由大到小，由远及近，笔墨逐渐凝聚在一轮孤月上。清明澄澈的天地宇宙，仿佛使人进入了一个纯净世界，这就自然地引起了诗人的遐思冥想："江畔何人初见月？江月何年初照人？"诗人神思飞跃，但又紧紧联系着人生，探索着人生的哲理与宇宙的奥秘。这种探索，古人也已有之，如曹植《送应氏》中的"天地无终极，人命若朝霜"，阮籍《咏怀》中的"人生若尘露，天道邈悠悠"，等等。但诗的主题多半是感慨宇宙永恒，人生短暂。张若虚在此处却别开生面，他的思想没有陷入前人窠臼，而是翻出了新意："人生代代无穷已，江月年年只相似。"个人的生命是短暂即逝的，而人类的存在则是绵延久长的，因之"代代无穷已"的人生就和"年年只相似"的明月得以共存。这是诗人从大自然的美景中感受到的一种欣慰。诗人虽有对人生短暂的感伤，但并不是颓废与绝望，而是缘于对人生的追求与热爱。全诗的基调是"哀而不伤"，使我们得以聆听到初盛唐时代之音的回响。"不知江月待何人，但见长江送流水"，这是紧承上一句的"只相似"而来的。人生代代相继，江月年年如此。一轮孤月徘徊中天，像是等待着什么人似的，却又永远不能如愿。月光下，只有大江急流，奔腾远去。随着江水的流动，诗篇遂生波澜，将诗情推向更深远的境界。江月有恨，流水无情，诗人自然地把笔触由上半篇的大自然景色转到了人生图像，引出下半篇男女相思的离愁别恨。"白云"四句总写在春江花月夜中思妇与游子的两地思念之情。"白云"、"青枫浦"托物寓情。白云飘忽，象征"扁舟子"的行踪不定。"青枫浦"为地名，但"枫"、"浦"在诗中又常用为感别的景物、处所。"谁家"、"何处"二句互文见义，正因不止一家、一处有离愁别恨，诗人才提出这样的设问，一种相思，牵出两地离愁，一往一复，诗情荡漾，曲折有致。以下"可怜"八句承"何处"句，写思妇对离人的怀念。然而诗人不直说思妇的悲和泪，而是用"月"来烘托她的怀念之情，悲泪自出。诗篇把"月"拟人化，"徘徊"二字极其传神：一是浮云游动，故光影明灭不定；二是月光怀着对思妇的怜悯之情，在楼上徘徊不忍去。它要和思妇做伴，为她解愁，因而把柔和的清辉洒在妆镜台上、玉户帘上、捣衣砧上。岂料思妇触景生情，反而思念尤甚。她想赶走这恼人的月色，可是月色"卷不去"、"拂还来"，真诚地依恋着她。这里"卷"和"拂"两个痴情的动作，生动地表现出思妇内心的惆怅和迷惘。月光引起的情思在深深地搅扰着她，此时此刻，月色不也照着远方的爱人吗?共望月光而无法相知，只好依托明月遥寄相思之情。最后八句写游子，诗人用落花、流水、残月来烘托他的思归之情。"扁舟子"连做梦也念念归家——花落幽潭，春光将老，人还远隔天涯，情何以堪! 江水流春，流去的不仅是自然的春天，也是游子的青春、幸福和憧憬。江潭落月，更衬托出他凄苦的寂寞之情。沉沉的海雾隐遮了落月；碣石、潇湘，天各一方，道路是多么遥远。"沉沉"二字加重了对他的孤寂的渲染；"无限路"也就无限地加深了他的乡思。他思忖，在这美好的春江花月之夜，不知有几人能乘月归回自己的家乡! 他那无着无落的离情，伴着残月之光，洒满在江边的树林之上…… "落月摇情满江树"，这结句的"摇情"——不绝如缕的思念之情，将月光之情、游子之情、诗人之情交织成一片，洒落在江树上，也洒落在读者心上，情韵袅袅，摇曳生姿，令人心醉神迷。

《春江花月夜》在思想与艺术上都超越了以前那些单纯模山范水的景物诗，"羡宇宙之无穷，哀吾生之须臾"的哲理诗，抒儿女别情离绪的爱情诗。诗人将这些屡见不鲜的传统题材，注入了新的含义，融诗情、画意、哲理为一体，凭借对春江花月夜的描绘，尽情赞叹大自然的奇丽景色，讴歌人间纯洁的爱情，把对游子思妇的同情心扩大开来，与对人生哲理的追求、对宇宙奥秘的探索结合起来，从而汇成一种情、景、理水乳交融的幽美而邈远的意境。诗人将深邃美丽的艺术世界特意隐藏在惝恍迷离的艺术氛围之中，整首诗篇仿佛笼罩在一片空灵而迷茫的月色里，吸引着读者去探寻其中美的真谛。全诗紧扣春、江、花、月、夜的背景来写，而又以月为主体。"月"是诗中情景兼融之物，它跳动着诗人的脉搏，在全诗中犹如一条生命纽带，通贯上下，触处生神，诗情随着月轮的生落而起伏曲折。

月在一夜之间经历了升起—高悬—西斜—落下的过程。在月的照耀下，江水、沙滩、天空、原野、枫树、花林、飞霜、白沙、扁舟、高楼、镜台、砧石、长飞的鸿雁、潜跃的鱼龙、不眠的思妇以及漂泊的游子，组成了完整的诗歌形象，展现出一幅充满人生哲理与生活情趣的画卷。这幅画卷在色调上是以淡寓浓，虽用水墨勾勒点染，但"墨分五彩"，从黑白相辅、虚实相生中显出绚烂多彩的艺术效果，宛如一幅淡雅的中国水墨画，体现出春江花月夜清幽的意境美。诗的韵律节奏也饶有特色。诗人灌注在诗中的感情旋律极其悲慨激荡，但那旋律既不是哀丝豪竹，也不是急管繁弦，而是像小提琴奏出的小夜曲或梦幻曲，含蓄、隽永。诗的内在感情是那样热烈、深沉，但看来却是自然的、平和的，犹如脉搏跳动那样有规律，有节奏，而诗的韵律也相应地扬抑回旋。全诗共三十六句，四句一换韵，共换九韵。又平声庚韵起首，中间为仄声霰韵、平声真韵、仄声纸韵、平声尤韵、灰韵、文韵、麻韵，最后以仄声遇韵结束。诗人把阳辙韵与阴辙韵交互杂沓，高低音相间，依次为洪亮级(庚、霰、真)—细微极(纸)—柔和级(尤、灰)—洪亮级(文、麻)—细微级(遇)。全诗随着韵脚的转换变化，平仄的交错运用，一唱三叹，前呼后应，既回环反复，又层出不穷，音乐节奏感强烈而优美。这种语音与韵味的变化，又切合着诗情的起伏，可谓声情与文情丝丝入扣，宛转谐美。

作品四

【原文】

宣州谢脁楼饯别校书叔云[1]

[唐] 李白

弃我去者，昨日之日不可留；乱我心者，今日之日多烦忧。长风万里送秋雁，对此可以酣高楼[2]。蓬莱文章建安骨，中间小谢又清发[3]。俱怀逸兴壮思飞，欲上青天览(一作"揽")明月[7]。抽刀断水水更流，举杯消(一作"销")愁愁更愁。人生在世不称意，明朝散发弄扁舟[5]。

【注释】

[1] 此诗《文苑英华》题作《陪侍御叔华登楼歌》，则所别者一为李云(官秘书省校书郎)，一为李华(文学家)。李白另有五言诗《饯校书叔云》，作于某春季，且无登楼事，与此诗无涉。宣州：今安徽宣城一带。谢脁(tiǎo)楼：又名北楼、谢公楼，在陵阳山上，谢脁任宣城太守时所建，并改名为叠嶂楼。饯别：以酒食送行。校(jiào)书：官名，即秘书省校书郎，掌管朝廷的图书整理工作。叔云：李白的叔叔李云。

[2] 长风：远风，大风。此：指上句的长风秋雁的景色。酣(hān)高楼：畅饮于高楼。

[3] 蓬莱：此指东汉时藏书之东观。《后汉书》卷二三《窦融列传》附窦章传："是时学者称东观为老氏藏室，道家蓬莱山。"李贤注："言东观经籍多也。蓬莱，海中神山，为仙府，幽经秘箓并皆在也。"蓬莱文章：借指李云的文章。建安骨：汉末建安(汉献帝年号，196—220年)间，"三曹"和"七子"等作家所作之诗风骨遒上，后人称之为"建安风骨"。小谢：指谢脁，字玄晖，南朝齐诗人。后人将他和谢灵运并称为大谢、小谢。清发(fā)：指清新秀发的诗风。发：秀发，诗文俊逸。

[4] 俱怀：两人都怀有。逸兴(xìng)：飘逸豪放的兴致，多指山水游兴，超远的意兴。王勃《滕王阁

序》："遥襟甫畅，逸兴遄飞。"李白《送贺宾客归越》："镜湖流水漾清波，狂客归舟逸兴多。"壮思飞：卢思道《卢记室诔》："丽词泉涌，壮思云飞。"壮思：雄心壮志、豪壮的意思。览：通"揽"，摘取。览明月：《唐诗鉴赏辞典》(上海辞书出版社，1983 年版)作"揽明月"。

[5] 称(chèn)意：称心如意。明朝(zhāo)：明天。散发(fà)：不束冠，意谓不做官。这里是形容狂放不羁。古人束发戴冠，散发表示闲适自在。弄扁(piān)舟：乘小舟归隐江湖。扁舟：小舟，小船。春秋末年，范蠡辞别越王勾践，"乘扁舟浮于江湖"(《史记·货殖列传》)。

【赏析】

这首诗先写虚度光阴、报国无门的痛苦，而后赞美主客双方的才华与抱负，最后以挥洒出世的幽愤作结。全诗感情色彩浓烈，情绪如狂涛漫卷，笔势如天马行空。

诗中抒发年华虚度、壮志难酬的苦闷，盛赞汉代文章、建安风骨及谢朓诗歌的豪情逸兴，最后流露出消极处世的情绪。

诗的开头显得很突兀，因为李白当时很苦闷，所以一见到可以倾诉衷肠的族叔李云(李华)，就把满腹牢骚宣泄出来。李白于天宝初供奉翰林，但在政治上不受重视，又受权贵谗毁，时间不长便弃官而去，过着飘荡四方的游荡生活。十年来的人间辛酸，作客他乡的抑郁和感伤，积聚在心头，今天终于可以一吐为快了。

"长风"两句借景抒情，在秋高气爽之日，目接风送秋雁之境，精神为之一振，烦恼为之一扫，感到心与境合得舒畅，酣饮高楼的豪情油然而生。

"蓬莱"两句承高楼饯别分写主客双方。以"建安骨"赞美李云的文章风格刚健。"中间"是指南朝；"小谢"是指谢朓，因为他在谢灵运(大谢)之后，所以称小谢。这里李白是自比小谢，流露出对自己才能的自信。"俱怀逸兴壮思飞，欲上青天览明月"一句抒发了作者远大的抱负，并且"览"字富有表现力，用了夸张的手法，抒发了作者的远大抱负。

"抽刀"一句用来比喻内心的苦闷无法排解，显得奇特而富有创造性。"举杯"一句道出了他不能解脱，只能愁上加愁的不得志的苦闷心情，同时也抒发了离别的悲伤。

最后两句是诗人对现实不满的激愤之词。李白长期处于不称意的苦闷之中，不得不寻求另一种超脱，即"散发弄扁舟"。逃避现实虽不是他的本意，但当时的历史条件和他不愿同流合污的清高放纵的性格，都使他不可能找到更好的出路。这首诗运用了起伏跌宕的笔法，一开始直抒胸中忧愁，表达对现实强烈的不满；既而又转向万里长空，精神一振，谈古论今，以小谢自比，表露出自己"欲上青天览明月"的远大抱负；接着诗人又从美丽的理想境界回到了苦闷的现实当中，只得无奈地选择逃避现实。全诗大起大落，一波三折，通篇在悲愤之中又贯穿着一种慷慨豪迈的激情，显出诗人雄壮豪放的气概。

作品五

【原文】

八 声 甘 州[1]

[宋] 柳永

对潇潇暮雨洒江天，一番洗清秋[2]。渐霜风凄紧，关河冷落，残照当楼。是处红衰翠减，苒苒物华休[3]。惟有长江水，无语东流。

不忍登高临远，望故乡渺邈，归思难收[4]。叹年来踪迹，何事苦淹留[5]？想佳人、妆楼颙望，误几回、天际识归舟[6]？争知我、倚阑干处，正恁凝愁[7]？

【注释】

[1] 八声甘州：一名《甘州》。

[2] 潇潇：雨势急骤的样子。

[3] 是处句：到处花叶凋零。苒苒(rǎn)：义同"荏苒"，形容时光消逝。物华休：美好的景物消残。

[4] 渺邈(miǎo)：同"渺渺"，远貌。归思：归家心情。

[5] 淹留：久留。

[6] 颙(yóng)望：凝望，呆望。误几回、天际识归舟：多少回错把远处驶来的船当作爱人的归舟。

[7] 争：怎。恁(nèn)：如此，这样。凝愁：愁绪凝聚化解不开。

【赏析】

这首传颂千古的名作，融写景、抒情为一体，通过描写羁旅行役之苦，表达了强烈的思归情绪，语浅而情深。是柳永同类作品中艺术成就最高的一首，其中佳句"不减唐人高处"(苏东坡语)。

开头两句写雨后江天，澄澈如洗。一个"对"字，已写出登临纵目、望极天涯的境界。当时，天色已晚，暮雨潇潇，洒遍江天，千里无垠。其中"雨"字、"洒"字和"洗"字，三个上声，循声高诵，定觉素秋清爽，无与伦比。自"渐霜风"句起，以一个"渐"字，领起四言三句十二字。"渐"字承上句而言，当此清秋复经雨涤，于是时光景物，遂又生一番变化。这样词人用一"渐字"，神态毕备。秋已更深，雨洗暮空，乃觉凉风忽至，其气凄然而遒劲，直令衣单之游子，有不可禁当之势。一"紧"字，又用上声，气氛声韵写尽悲秋之气。再下一"冷"字，上声，层层逼紧。而"凄紧"、"冷落"，又皆双声叠响，具有很强的艺术感染力量，紧接一句"残照当楼"，境界全出。这一句精彩处在"当楼"二字，似全宇宙悲秋之气一起袭来。

"是处红衰翠减，苒苒物华休。"词意由苍莽悲壮，而转入细致沉思，由仰观而转至俯察，又见处处皆是一片凋落之景象。"红衰翠减"，乃用玉溪诗人之语，倍觉风流蕴藉。"苒苒"，正与"渐"字相为呼应。一"休"字寓有无穷的感慨愁恨，接下"惟有长江水，无语东流"写的是短暂与永恒、改变与不变之间的这种直令千古词人思索的宇宙人生哲理。"无语"二字乃"无情"之意，此句蕴含百感交集的复杂心理。

"不忍"句点明背景是登高临远，云"不忍"，又多一番曲折，多一番情致。至此，词以写景为主，情寓景中。但下片妙处在于词人善于推己及人，本是自己登高远眺，却偏想故园之闺中人，应也是登楼望远，伫盼游子归来。"误几回"三字更觉灵动。结句篇末点题。"倚阑干"，与"对"，与"当楼"，与"登高临远"，与"望"，与"叹"，与"想"，都相关联、相辉映。词中登高远眺之景，皆为"倚阑"时所见；思归之情又是从"凝愁"中生发；而"争知我"三字化实为虚，使思归之苦，怀人之情表达得更为曲折动人。

这首词章法结构细密，写景抒情融为一体，以铺叙见长。词中思乡怀人之意绪，展衍尽致。而白描手法，再加通俗的语言，将这复杂的意绪表达得明白如话。这样，柳永的《八声甘州》终成为词史上的丰碑，得以传颂千古。

作品六

【原文】

水 龙 吟

次韵章质夫杨花词[1]

[宋] 苏轼

似花还似非花，也无人惜从教坠[2]。抛家傍路，思量却是，无情有思[3]。萦损柔肠，困酣娇眼，欲开还闭[4]。梦随风万里，寻郎去处，又还被、莺呼起[5]。

不恨此花飞尽，恨西园、落红难缀[6]。晓来雨过，遗踪何在？一池萍碎[7]。春色三分，二分尘土，一分流水。细看来、不是杨花，点点是离人泪。

【注释】

[1] 本词是宋哲宗元祐二年(公元 1087 年)，苏轼在汴京任翰林学士时所作，为和韵词。次韵：用原作之韵，并按照原作用韵次序进行创作。章质夫：名楶(jié)，浦城(今福建省浦城县)人，历官吏部郎中、同知枢密院事。

[2] 从教：任凭。从教坠：任(杨花)坠落。

[3] 无情有思(sì)：言杨花看似无情，却自有它的愁思。韩愈《晚春》诗："杨花榆荚无才思，惟解漫天作雪飞。"这里反用其意。有思：有情思。

[4] 萦：萦绕，牵念。柔肠：柳枝细长柔软，故以柔肠为喻。白居易《杨柳枝》："人言柳叶似愁眉，更有愁肠如柳丝。"困酣：困倦之极。娇眼：美人娇媚的眼睛，比喻柳叶。古人诗赋中常称初生的柳叶为柳眼。

[5] "梦随"三句：化用唐代金昌绪《春怨》诗："打起黄莺儿，莫教枝上啼。啼时惊妾梦，不得到辽西。"

[6] 落红难缀：意谓春事衰残。缀：连缀。落红：落花。

[7] 萍碎：作者《再和曾仲锡荔支》诗自注："飞絮(即杨花)落水中，经宿即化为萍。"

【赏析】

这首词是苏轼婉约词中的经典之作。词家一向以咏物为难，张炎《词源》曰："诗难于咏物，词为尤难。体认稍真，则拘而不畅；摹写差远，则晦而不明。要须收纵联密，用事合题。一段意思，全在结句，斯为绝妙。"章质夫的柳花词已经以其摹写物态的精妙成为一时传诵的名作。步韵填词，从形式到内容，必然受到原唱的约束和限制，尤其是在原唱已经达到很高的艺术水平的情况下，和韵要超越原唱实属不易。苏轼却举重若轻，不仅写出了杨花的形、神，而且采用拟人的艺术手法，把咏物与写人巧妙地结合起来；将物性与人情毫无痕迹地融在一起，真正做到了"借物以寓性情"，"即物即人，两不能别"。全词写得声韵谐婉，情调幽怨缠绵。反映了苏词婉约的一面。此词一出，赞誉不绝，名声很快超过章的原作，成为咏物词史上"压倒古今"的名作。

此词约作于公元 1081 年(元丰四年)，苏轼 45 岁，正谪居黄州。当时其好友章质夫曾写《水龙吟》一首，内容是咏杨花的。因为该词写的形神兼备、笔触细腻、轻灵生动，达到了相当高的艺术水平，因而受到当时文人的推崇和赞誉，盛传一时。苏东坡也很喜欢章质夫的《水龙吟》，并和了这首《水龙吟·次韵章质夫杨花词》寄给章质夫，还特意告诉他不要给别人看。章质夫慧眼识珠，赞赏不已，也顾不得苏东坡的特意相告，赶快送给他人欣赏，才使得这首千古绝唱得以传世。

这首词的上阕主要写杨花的飘忽不定的际遇和不即不离的神态。

"似花还似非花，也无人惜从教坠。"开头一韵，非同凡响，道出了杨花的性质和际遇。"似花还似非花"，杨花即柳絮。看着柳絮像花又毕竟不是花。艺术手法上显得很"抽象"，但仔细品味琢磨，这"抽象"超出了具体形象，一语道出了柳絮的性质。这一句与欧阳修的"环滁皆山也"可谓异曲同工。一般来讲，艺术要求用形象反映事物。而苏东坡却"反其道而行之"，匠心独运，以"抽象"获得了非同凡响的艺术效果。因此，在艺术描写上，"抽象"有"抽象"的妙用。"也无人惜从教坠"，则言其际遇之苦，没有人怜惜这像花又毕竟不是花的柳絮，只有任其坠落，随风而去。"无人惜"是诗人言其飘零无着、不被人爱怜的际遇，也正说明了唯独诗人惜之。一个"惜"字，实在是全篇之"眼"，妙不可言。

"抛家傍路，思量却是，无情有思。"这一韵承接上一韵中的"坠"字展开，赋予柳絮以人的性情。"抛家傍路"说杨花的飘忽无着，仔细思量，那柳絮坠离枝头，"抛家"而去，不是很无情吗？可是柳絮"傍路"飘零，却又依依难舍，恋"家"之情跃然纸上。真是"道是无情却有情"！"有思"言其不忍离别的愁思和痛苦。其实，这是诗人的想象，"思量"是"惜"的进一步的深入，使杨花飘忽不定的形态具有了人的情感。

"萦损柔肠，困酣娇眼，欲开还闭。"这一韵承接上一韵的"有思"，采用拟人的手法，以极其细腻独到的笔致，尽写柳絮飘忽迷离的神态，让人柔肠百转，思绪万千，叹为观止。从上阕"无情有思"开始，诗人便展开想象的羽翼，把杨花比喻为一个思亲少妇，将"有思"具体化、形象化，活脱脱地展示出她的完整形象。这里，"有思"成为思亲少妇的"愁思"。因"愁思"而"萦损柔肠"，因"愁"而"柔"，因"柔"而"损"；"愁思"煎熬则"困"，"困"则"娇眼""欲开还闭"。思亲少妇的情态被诗人描写、刻画得极其细腻，从而把柳絮随风而坠、时起时落、飘忽迷离、勾魂摄魄的形态，生动地呈现在读者面前，真乃神来之笔。

"梦随风万里，寻郎去处，又还被莺呼起。"少妇"有思"，"有思"的情态也描摹出来。那么少妇为何而思？上阕的最后一韵作了回答：她在思念远方的夫婿。这一韵化用了"打起黄莺儿，莫叫枝上啼。啼时惊妾梦，不得过辽西"的诗意。"梦随风万里"既写少妇之梦，又关合柳絮飘忽迷离，轻盈若梦。愁中入梦，梦里与远在万里的郎君相逢，却被莺儿的啼声惊醒，怎不让人愁更愁，简直让人恼恨了！

纵观上阕是以人状物，虽然是在咏柳絮，却叫人难分诗人是在写柳絮还是写思妇。柳絮与思妇达到了"你中有我，我中有你"，水乳交融，貌似神合的境界，不禁令人想起了庄子做过的一个梦："昔者庄周梦为蝴蝶，栩栩然蝴蝶也。不知周之梦为蝴蝶，蝴蝶之梦为周与？周与蝴蝶，则必有分矣。此之谓'物化'。"

词的下阕与上阕相呼应主要是写柳絮的归宿，感情色彩更加浓厚。"不恨此花飞尽，恨西园落红难缀。"在上阕"惜"和"愁"的情绪基础上，诗人下阕的头一韵直抒胸臆，"愁"化作"恨"，倾注惜春之情，也是在更深的层次上写柳絮"也无人惜从教坠"的际遇。这一韵应和上阕首韵"似花还似非花，也无人惜从教坠"。表面上看，因为柳絮像花又毕竟不是花，所以不必去"恨"，应该"恨"的是西园遍地落英，"零落成泥碾作尘"，春去无奈，最可怜惜。然而，细细斟酌，"落红难缀"更反衬出柳絮的"无人惜"的遭际，诗人用这种手法进一步写出了对柳絮独"惜"的情愫。

"晓来雨过，遗踪何在？一池萍碎。"拂晓的一场春雨过后，那随风飘舞、"抛家傍路"却"无人惜"的柳絮上哪儿去了呢，为何无踪无影，荡然无存了？"一池萍碎"即是回答。看到满池细碎的浮萍，诗人蓦然清醒——原来那沸沸扬扬、满天的飞絮都化作了水上的浮萍。这里，"遗踪何在"是问题，"一池萍碎"是结果，而"晓来雨过"是柳絮化为浮萍的客观条件。柳絮化为了浮萍，用现在的科学观点来看，是不可能的，但诗人"惜"柳絮又不忍看到它凭空消逝的伤感却得到慰藉。何况柳絮坠落，化为浮萍也是当时的"公认"。"遗踪何在"一句写得极好，把诗人对春雨过后，柳絮消失后的心理情态尽写出来，又起到了"承上启下"的作用，实属难得。

"春色三分，二分尘土，一分流水。"这一韵从柳絮的"遗踪"荡然无存生发，以简洁洗练的句子写出了春光易逝的伤感。虽然花落无情，好景不长，然而春去有"归"：一部分归为尘土，一部分归为流水。即使如此，也是"无可奈何花落去"，柳絮不复存在，大好的春光也随着柳絮的消失一去不复返了。"惜"柳絮，进而"惜"春光，诗人的情感袒露无遗。"春色三分"一句很是别出心裁，但把光景分为若干份并不是苏东坡的创造，诗人写这首词之前，许多骚人墨客写下了不少类似的句子，如"天下三分明夜月，二分无赖是扬州"、"三分春色两分愁，更一分风雨"等都是经典名句。但是读者仔细玩味，推敲比较，却不难看出，上述名句都不如苏东坡的语意蕴藉、含蓄、巧妙。

"细看来、不是杨花，点点是离人泪。"这最后一韵，是具有归结性的震撼全篇的点睛之笔。那沸沸扬扬、飘忽迷离的柳絮在诗人的眼里竟然"点点是离人泪"！这一韵照应了上阕"思妇"、"愁思"的描写，比喻新奇脱俗，想象大胆夸张，感情深挚饱满，笔墨酣畅淋漓，蕴意回味无穷，真是妙笔神功！

前人对苏东坡的这首"和词"与章质夫的"原唱"孰优孰劣，曾有过争执。归纳起来，观点有三。一说"原唱"优于"和词"，"曲尽杨花妙处"；二说"和词"优于"原唱"，"幽怨缠绵，直是言情，非复赋物"；三说"原唱"与"和词"均为绝唱，"不容妄为轩轾"。究竟如何？先不必妄下结论，还是先来看看章质夫的"原唱"：

　　　　燕忙莺懒芳残，正堤上、杨花飘坠。轻飞乱舞，点画青林，全无才思。闲
　　趁游丝，静临深院，日长门闭。傍珠帘散漫，垂垂欲下，依前被、风扶起。
　　　　兰帐玉人睡觉，怪春衣、雪沾琼缀。绣床旋满，香球无数，才圆却碎。时
　　见蜂儿，仰粘轻粉，鱼吞池水。望章台路杳，金鞍游荡，有盈盈泪。

面对一件艺术珍品，每个人都有自己的审美观点，不同的审美观点获得不同的审美享受，这是正常的。但是当两件同类艺术珍品摆在人们面前的时候，就有了一个审美价值比较的问题，"不容妄为轩轾"是不成立的，必然有个孰优孰劣的评价和选择问题，非此即彼。

前面说过，章质夫的这首《水龙吟》形神兼备，笔触细腻，轻灵生动，是一篇难得的佳作。然而，只要与苏东坡的这首"和词"加以比较，章质夫的"原唱"就相形见绌了。

大凡诗词，"言气质，言神韵，不如言境界。有境界，本也。气质、神韵，末也。有境界而二者随之"。因此，只做到形神兼备还不够，必须做到"有境界"。观章质夫的"原唱"，虽然描写细腻生动、气质神韵不凡、"潇洒喜人"，但终归是"织绣功夫"，"喜人"并不感人，因而较之"和词"在"境界"上就大为逊色。苏东坡的"和词""先乎情"，"以性灵语咏物，以沉着之笔达出"，不仅写了杨花的形、神，而且写景"言情"，在杨花里倾注了自己的深挚情感，产生了强烈的艺术感染力，达到了高超的艺术境界，从而获得了永恒的艺术生命。这是章质夫的"原唱"望尘莫及的。

"和词"胜于"原唱"，也突出表现在艺术构思上。"原唱"在总体上没有跳出咏物写景的园囿，而"和词"却别有洞天，采用拟人的艺术手法，把咏物与写人有机地、巧妙地结合起来，栩栩如生地刻画出一个完整的思妇形象，写柳絮的际遇，绾合着思妇的际遇，情景交融，物我一体。这也是"原唱"无法相比的。

在语言艺术特色上，"原唱"虽然精巧灵动，但也不过是"大珠小珠落玉盘"，令人惊奇和感动的好句子不多。诗词无好句如登山无胜景，终归有些缺憾。而"和词"的语言却新颖别致，舒放自如，并且好句比比皆是，如"似花还似非花"、"无情有思"、"萦损柔肠，困酣娇眼，欲开还闭"、"春色三分，二分尘土，一分流水"、"点点是离人泪"等，都是可圈可点、令人称颂的佳句。

王国维在《人间词话》中说："东坡杨花词，和韵而似元唱；章质夫词，元唱而似和韵。"步韵填词，从形式到内容，必然受到原唱的约束和限制，尤其是在"原唱"已经达到了很高的艺术水平的情况下，"和韵"要超越"原唱"实属不易。但苏东坡却举重若轻，以其卓越的艺术才华，写出了这首"和韵而似元唱"的杰作，真可谓旷世奇才。

从《水龙吟·次韵章质夫杨花词》这首经典作品中，读者不仅可以领略豪放派词人的婉约风格的一面，体验到苏东坡感情丰富的内心世界，而且这首词独具的艺术魅力，给予读者不尽的审美享受。

艺术鉴赏

作品七

【原文】

相 信 未 来

食指

当蜘蛛网无情地查封了我的炉台，
当灰烬的余烟叹息着贫困的悲哀，
我依然固执地铺平失望的灰烬，
用美丽的雪花写下：相信未来。

当我的紫葡萄化为深秋的露水，

当我的鲜花依偎在别人的情怀，
我依然固执地用凝霜的枯藤，
在凄凉的大地上写下：相信未来。

我要用手指那涌向天边的排浪，
我要用手撑那托起太阳的大海，
摇曳着曙光那支温暖漂亮的笔杆，
用孩子的笔体写下：相信未来。

我之所以坚定地相信未来，
是我相信未来人们的眼睛——
她有拨开历史风尘的睫毛，
她有看透岁月篇章的瞳孔。

不管人们对于我们腐烂的皮肉，
那些迷途的惆怅，失败的苦痛，
是寄予感动的热泪，深切的同情，
还是给以轻蔑的微笑，辛辣的嘲讽。

我坚信人们对于我们的脊骨，
那无数次地探索、迷途、失败和成功，
一定会给予热情、客观、公正的评定，
是的，我焦急地等待着他们的评定。

朋友，坚定地相信未来吧，
相信不屈不挠的努力，
相信战胜死亡的年轻，
相信未来，热爱生命。

【赏析】

《相信未来》是诗人食指(原名郭路生)于 1968 年在他 20 岁的时候写的，该诗以其深刻的思想、优美的意境、朗朗上口的诗风让人们懂得了在逆境中，怎样好好地生活，怎样自我鼓励，怎样矢志不渝地恪守自己对明天的承诺。该诗曾以手抄本的形式在社会上广为流传，并迅速传颂于一代青年人的口中。

这首诗掷地有声，在铿锵、沧桑和力量中描述和预言了一个时代，甚至也预言了他自己的一生，诗中情绪对比非常强烈，由失望到满怀希望，在反复跌宕起伏中演绎出人生的真理，叫人在凄凉中看到悲壮，在心酸中对生活和生命充满信心，有着非比寻常的向上和感人的力量。

这首诗构思巧妙。前三节写诗人是怎样"相信未来"的，后三节写为什么要"相信未

来"，最后一节呼唤人们带着对未来的信念去努力，去热爱，去生活。该诗用语质朴，而思想深刻；性格鲜明，又令人折服。全诗基本上遵从了四行一节，在轻重音不断变化中求得感人效果的传统方式；以语言的时间艺术，与中国画式的空间艺术相结合，实现了诗人所反复讲述的"我的诗是一面窗户，是窗含西岭千秋雪"的艺术。通读该诗，虽然我们感受更多的不是轻松而是压抑，不是快乐而是痛苦，但从诗人那压抑和痛苦的吟哦中，我们也真切地感受到了诗人那撼人心魄的信念——无时不在渴望和憧憬着光明的未来以及为理想和光明而奋斗挣扎。

作品八

【原文】

致 大 海

[俄] 普希金

再见吧，自由奔放的大海！
这是你最后一次在我的眼前，
翻滚着蔚蓝色的波浪，
和闪耀着娇美的容光。

好像是朋友忧郁的怨诉，
好像是他在临别时的呼唤，
我最后一次在倾听
你悲哀的喧响，你召唤的喧响。

你是我心灵的愿望之所在呀！
我时常沿着你的岸旁，
一个人静悄悄地，茫然地徘徊，
还因为那个隐秘的愿望而苦恼心伤！

我多么热爱你的回音，
热爱你阴沉的声调，你的深渊的音响，
还有那黄昏时分的寂静，
和那反复无常的激情！

渔夫们的温顺的风帆，
靠了你的任性的保护，
在波涛之间勇敢地飞航；
但当你汹涌起来而无法控制时，

大群的船只就会覆亡。

我曾想永远地离开
你这寂寞和静止不动的海岸，
怀着狂欢之情祝贺你，
并任我的诗歌顺着你的波涛奔向远方，
但是我却未能如愿以偿！

你等待着，你召唤着……而我却被束缚住；
我的心灵的挣扎完全归于枉然：
我被一种强烈的热情所魅惑，
使我留在你的岸旁……

有什么好怜惜呢？现在哪儿
才是我要奔向的无忧无虑的路径？
在你的荒漠之中，有一样东西
它曾使我的心灵为之震惊。

那是一处峭岩，一座光荣的坟墓……
在那儿，沉浸在寒冷的睡梦中的，
是一些威严的回忆；
拿破仑就在那儿消亡。

在那儿，他长眠在苦难之中。
而紧跟他之后，正像风暴的喧响一样，
另一个天才，又飞离我们而去，
他是我们思想上的另一个君主。

为自由之神所悲泣着的歌者消失了，
他把自己的桂冠留在世上。
阴恶的天气喧腾起来吧，激荡起来吧：
哦，大海呀，是他曾经将你歌唱。

你的形象反映在他的身上，
他是用你的精神塑造成长：
正像你一样，他威严、深远而深沉，
正像你一样，什么都不能使他屈服投降。

世界空虚了，大海呀，

你现在要把我带到什么地方？
人们的命运到处都是一样：
凡是有着幸福的地方，那儿早就有人在守卫：
或许是开明的贤者，或许是暴虐的君王。

哦，再见吧，大海！
我永远不会忘记你庄严的容光，
我将长久地，长久地
倾听你在黄昏时分的轰响。

我整个心灵充满了你，
我要把你的峭岩，你的海湾，
你的闪光，你的阴影，还有絮语的波浪，
带进森林，带到那静寂的荒漠之乡。

【赏析】

　　普希金的《致大海》是一首反抗暴政，反对独裁，追求光明，讴歌自由的政治抒情诗。诗人以大海为知音，以自由为旨归，以倾诉为形式，多角度、多侧面地描绘了自己追求自由的心路历程，感情凝重深沉而富于变化，格调雄浑奔放而激动人心。《致大海》的诗情变化展现了海之恋，海之思，海之念"三部曲"。

　　诗歌第1～7节为第一层，主要描绘诗人热爱大海，追求自由的心声和因自身的不自由而感到的悲伤痛苦。诗人以大海为知心朋友，以面对面、心交心的方式向大海倾诉心曲，首先是一往情深地话别大海，激情洋溢地讴歌大海。大海自由奔放，雄浑苍茫，具有一种惊天动地、狂放不羁的精神力量。它呈现在作者心目中，有容光焕发的娇美活力，有蔚蓝翻滚的光泽雄姿，有深沉浑厚的深渊音响，有滔滔向前的奔腾气势，更有反复无常的激情变化，时而温柔娴静，如风鼓船帆，顺水推舟；时而惊涛骇浪，似闪电裂空，地动山摇；时而深情缱绻，像朋友告别，召唤等待；时而抑郁幽怨，给朋友分忧，如诉如泣。总之，大海有博大的胸怀，恢弘的气度，奇伟的力量，是自由和力量的象征。诗人纵情歌唱大海的精神气度、性格力量，实际上是表达自己对自由的景仰，对伟力的崇尚。其次，诗人还声情并茂地向大海倾诉了自己的苦恼和伤心。这里有作者想摆脱黑暗、投奔自由而不得的难言之苦，有心灵挣扎、归于枉然的无奈决绝，更有追随大海、奔向远方而未能如愿的遗憾。但是，自由也是两面性的。在大海面前，诗人时而徘徊茫然，时而狂欢高歌，时而深情呼唤，喜怒哀乐，毫不保留地泼向大海。听这样的诗句："我曾想永远地离开／你这寂寞和静止不动的海岸／怀着狂欢之情祝贺你／并任我的诗歌顺着你的波涛奔向远方／但是我却未能如愿以偿！"大海波飞浪涌，滚滚向前，奔向远方，这一画面形象鲜明地传达了作者反抗暴政，追求光明，传播自由的信念：让自由之波奔向远方，让自由之歌唱响世界，让自由之心沸腾激荡。诗人的心同大海一起跳动，诗歌所传达的自由之情激荡着一代又一代为争取自由而奋斗的人们。

诗歌第 8～13 节为第二层，诗人深情缅怀英雄拿破仑和伟大诗人拜伦，抒发自己崇尚自由而壮志难酬，敬慕英雄而前途渺茫的困惑。这部分融理性思考于主观情感之中，体现了普希金作为一个极富政治思想的抒情诗人的犀利和严谨、理性和睿智。对于拿破仑，诗人在前半段肯定他为自由革命而战的精神，但在后半段更多的是批评他丢失自由的专制、侵略。"寒冷的睡梦"，"威严的回忆"，"拿破仑就在那儿消亡"，"他长眠在苦难之中"，这些诗句流露出一种无情解剖、冷峻批评的意味，给人的感觉是：拿破仑野心勃勃，权欲膨胀，侵略扩张，残暴至极，他的兵败滑铁卢流放圣赫勒拿岛，最终病死，似乎是自作自受，罪有应得，谁践踏了自由，谁就只能与"寒冷"和"苦难"做伴。对于拜伦，诗人极尽讴歌之能事，说他是"天才"，是"我们思想上的另一位君王"、"为自由之神所悲泣着的歌者"，用大海精神塑造成长起来，"什么都不能使他屈服"的英雄。他才华横溢，壮志凌云，一生追求自由，他说："要为自由而生，否则就在斗争中死去。"1824 年，他渡海远征，到达希腊，倾其全部财产支持希腊人民的民族解放斗争。他在对土耳其占领军的斗争中表现得十分英勇顽强，曾获勋章。同年 4 月份病死于希腊。他的一生为自由而呐喊，为正义而战，但他的悲惨结局使诗人悲愤至极，发出了让大海"喧腾起来"、"激荡起来"的呼声，诗人鼓动大海以广阔的襟怀，惊人的威力，自由奔放的气势为死者而歌。否定拿破仑，褒扬拜伦，否定之中对于拿破仑为自由而战的思想又给予强烈的肯定，褒扬之中引发诗人对自身命运的悲观联想。"世界空虚了，大海呀／你现在要把我带到什么地方／人们的命运到处都是一样。"拿破仑囚禁汪洋孤岛，自由斗士拜伦客死他乡，这种悲哀惨淡的结局让诗人倍感失望，隐隐作痛的诗句中流露出一种壮志未酬，前途渺茫，英雄无路，知音不再的惆怅伤感。在这几节诗句中，普希金表达的是一种凝重复合的思想感情，既有对自由英雄的激情礼赞，又有对专制暴虐的冷峻批评，还有对穷途末路的惆怅哀歌，感情、形象的复合当中显示出理性思考的犀利和睿智。

最后两节(第 14、15 节)为第三层，收束全诗，照应开篇，抒发了诗人告别大海，怀念大海，铭记大海，传播自由的心声。"哦，再见吧，大海/我永远不会忘记你庄严的容光／我将长久地，长久地／倾听你在黄昏时分的轰响。"深情缠绵的告别，永记在心的承诺，长久长久的倾听，足见诗人对大海的知心，一往情深，特别是大海那"黄昏时分的轰响"犹如黑夜的一炬光明，照亮了诗人的自由天空；好似一阵幽谷长风，涤荡着诗人满怀憧憬的心灵；仿佛暴雨前的炸雷，久久轰响在诗人的心间。大海轰响，自由长鸣，诗人心灵的列车正奔驰在无边的思想原野上。"我整个心灵充满了你／我要把你的峭岩／你的海湾／你的闪光，你的阴影，还有絮语的波浪／带进森林，带到那静寂的荒漠之乡。"雨果说，大地是宽阔的，比大地宽阔的是大海，比大海更宽阔的是天空，比天空更宽阔的是人的心灵。诗人意溢于海，包容万象，要拥抱大海，奔向自由，带走蔚蓝娇美的闪光，带走冷峻孤寂的峭岩，带走温驯可人的海湾，带走惨淡阴暗的黑影，带走絮絮叨叨的波浪，更带走惊天动地的轰响，让自由之声传遍天涯海角，让自由之光照亮夜空，让自由之花开遍森林，让自由之树绿遍荒原，让自由之波滋润万物。自由，在诗人的心目中，如一轮喷薄而出的朝阳，冉冉升起，光芒万丈。

这首诗气势豪放、意境雄浑、思想深沉，是诗人作品中广为传诵的名篇。它以大海作为自由精神的象征，表达了诗人与大海相通的自由精神。诗人借大海自由奔放的壮美形象，生发联想，尽情抒怀，表达了渴求自由的愿望。

二、散文鉴赏

作品九

【原文】

秋 声 赋

[北宋] 欧阳修

欧阳子方夜读书[1]，闻有声自西南来者，悚然而听之[2]，曰："异哉！"初淅沥以萧飒[3]，忽奔腾而砰湃[4]；如波涛夜惊，风雨骤至。其触于物也，鏦鏦铮铮[5]，金铁皆鸣；又如赴敌之兵，衔枚疾走[6]，不闻号令，但闻人马之行声[7]。

余谓童子："此何声也？汝出视之。"童子曰："星月皎洁，明河在天[8]，四无人声，声在树间。"余曰："噫嘻悲哉！此秋声也。胡为乎来哉？盖夫秋之为状也[9]：其色惨淡[10]，烟霏云敛[11]；其容清明，天高日晶[12]；其气栗冽[13]，砭人肌骨[14]；其意萧条，山川寂寥。故其为声也，凄凄切切，呼号愤发。丰草绿缛而争茂[15]，佳木葱茏而可悦。草拂之而色变，木遭之而叶脱。其所以摧败零落者，乃其一气之余烈。夫秋，刑官也，于时为阴；又兵象也，于行为金。是谓天地之义气，常以肃杀而为心。天之于物，春生秋实，故其在乐也，商声主西方之音，夷则为七月之律。商，伤也，物既老而悲伤；夷，戮也，物过盛而当杀。"

"嗟乎，草木无情，有时飘零[16]。人为动物，惟物之灵。百忧感其心，万事劳其形，有动于中，必摇其精。而况思其力之所不及，忧其智之所不能，宜其渥然丹者为槁木[17]，黟然黑者为星星[18]。奈何以非金石之质，欲与草木而争荣？念谁为之戕贼[19]，亦何恨乎秋声[20]！"

童子莫对，垂头而睡。但闻四壁虫声唧唧，如助余之叹息。

【注释】

[1] 欧阳子：作者自称。方：正在。

[2] 悚(sǒng)然：惊惧的样子。

[3] 初淅沥以萧飒：起初是淅淅沥沥的细雨带着萧飒的风声。

[4] 砰湃：同"澎湃"，波涛汹涌的声音。

[5] 鏦鏦(cōng)铮铮：金属相击的声音。

[6] 衔枚：古时行军或袭击敌军时，让士兵衔枚以防出声。枚，形似竹筷，衔于口中，两端有带，系于脖上。

[7] 但：只。

[8] 明河：银河。

[9] 秋之为状：秋天所表现出来的意气容貌。状，情状，指下文所说的"其色"、"其容"、"其气"、"其意"。

[10] 惨淡：黯然无色。

[11] 烟霏：烟气浓重。霏：很盛的样子。云敛：云雾密聚。敛：收，聚。

[12] 日晶：日光明亮。晶，亮。

[13] 栗冽：寒冷。

[14] 砭(biān)：刺。

[15] 绿缛：碧绿繁茂。

[16] 有时：有固定时限。

[17] 渥：红润的脸色。

[18] 黟(yī)：黑。星星：鬓发花白的样子。

[19] 戕(qiāng)贼：残害。

[20] 亦何恨乎秋声：人的衰颓是被忧思折磨的结果，与秋声并无关系。

【赏析】

《秋声赋》作于嘉祐四年(1059 年)，欧阳修时年 53 岁，这是他继《醉翁亭记》后的又一名篇。它骈散结合，铺陈渲染，词采讲究，是宋代文赋的典范。

文章第一段写作者夜读时听到秋声，从而展开了对秋声的描绘。文章开头，作者描绘出了一幅生动的图景：欧阳修晚上正在读书，被一种奇特的声音所搅动。这个开头，实际上并不简单，灯下夜读，是一幅静态的图画，也可以说，作者正处于一种凝神的状态中。声音的出现是以动破静，引起了作者的注意，不禁去倾听它，同时，也就惹动了文思。这样由伏到起，在动静的对比中，文势便蓄成了，有了这种文势，下面的文章便仿佛是泉水涌出，自然流泻。接下来，是作者对秋声一连串的比喻，把难以捉摸的东西变得具体可感。作者通过由"初"到"忽"，再到"触于物"，写出了由远而近、由小到大、凭虚而来的撞击物体的秋声夜至的动态过程，突出了秋声变化的急剧和来势的猛烈。这也就回答了作者闻声惊惧和感叹的原因。

第二段是对秋声的描绘和对秋气的议论。首先，作者概括了平日观察所得，运用骈偶句式和铺张渲染的赋的传统手法，抓住烟云、天日、寒气、山川等景物，分别就秋的色、容、气、意，描绘出了秋状的四幅具有不同特征的鲜明图画。而对秋状的描绘，正是为了烘托秋声的"凄凄切切，呼号愤发"。然后，是对秋气的议论。"丰草"四句，作者把草木在夏天和秋季作对比，通过对比，指出草木之所以摧败零落，是秋气施加强大威力的结果。在此基础上，议论又进一步展开。"夫秋，刑官也"，到这一段结束，作者吸收前人种种说法，又运用骈偶句把秋与官制、阴阳、五行、音律等配属起来，甚至用"伤"解释"商"，用"戮"解释"夷"，极力铺张，突出秋对万物的强大摧残力量，说明万物盛衰的自然之理。这是宇宙生成的哲学思考，写出了秋声中永恒的悲伤，为下文进入本文主题起了铺垫作用。

第三段是全文的题旨所在，作者由感慨自然而叹人生，百感交集，黯然神伤。这一段，作者在极力渲染秋气对自然界植物摧残的基础上，着力指出，对于人来说，人事忧劳的伤害比秋气对植物的摧残更为严重。

第四段是全篇的结束，作者从这些沉思冥想中清醒过来，重新面对静夜，只有秋虫和鸣，衬托着作者悲凉的心境。

【原文】

苦 雨

周作人

伏园兄：

　　北京近日多雨，你在长安道上不知也遇到否，想必能增你旅行的许多佳趣。雨中旅行不一定是很愉快的，我以前在杭沪车上时常遇雨，每感困难，所以我于火车的雨不能感到什么兴味，但卧在乌篷船里，静听打篷的雨声，加上欸乃的橹声，以及"靠塘来，靠下去"的呼声，却是一种梦似的诗境。倘若更大胆一点，仰卧在脚划小船内，冒雨夜行，更显出水乡住民的风趣，虽然较为危险，一不小心，拙劣地转一个身，便要使船底朝天。二十多年前往东浦吊先父的保姆之丧，归途遇暴风雨，一叶扁舟在白鹅似的波浪中间滚过大树港，危险极也愉快极了。我大约还有好些"为鱼"时候——至少也是断发文身时候的脾气，对于水颇感到亲近，不过北京的泥塘似的许多"海"实在不很满意，这样的水没有也并不怎么可惜。你往"陕半天"去似乎要走好两天的准沙漠路，在那些时候倘若遇见风雨，大约是很舒服的，遥想你胡坐骡车中，在大漠之上，大雨之下，喝着四打之内的汽水，悠然进行，可以算是"不亦快哉"之一。但这只是我的空想，如诗人的理想一样地靠不住，或者你在骡车中遇雨，很感困难，正在叫苦连天也未可知，这须等你回京后问你再说了。

　　我住在北京，遇见这几天的雨，却叫我十分难过。北京向来少雨，所以不但雨具不很完全，便是家屋构造，于防雨亦欠周密。除了真正富翁以外，很少用实垛砖墙，大抵只用泥墙抹灰敷衍了事。近来天气转变，南方酷寒而北方淫雨，因此两方面的建筑上都露出缺陷。一星期前的雨把后园的西墙淋坍，第二天就有"梁上君子"来摸索北房的铁丝窗，从次日起赶紧邀了七八位匠人，费两天工夫，从头改筑，已经成功十分八九，总算可以高枕而卧，前夜的雨却又将门口的南墙冲倒二三丈之谱。这回受惊的可不是我，乃是川岛君"俱们"俩，因为"梁上君子"如再见光顾，一定是去躲在"俱们"的窗下窃听的了。为消除"俱们"的不安起见，一等天气晴正，急需大举地修筑，希望日子不至于很久，这几天只好暂时拜托川岛君的老弟费神代为警护罢了。

　　前天十足下了一夜的雨，使我夜里不知醒了几遍。北京除了偶然有人高兴放几个爆仗以外，夜里总还安静，那样哗喇哗喇的雨声在我的耳朵里已经不很听惯，所以时常被它惊醒，就是睡着也仿佛觉得耳边粘着面条似的东西，睡得很不痛快。还有一层，前天晚间据小孩们报告，前面院子里的积水已经离台阶不及一寸，夜里听着雨声，心里糊里糊涂地总是想水已上了台阶，浸入西边的书房里了。好容易到了早上五点钟，赤脚撑伞，跑到西屋一看，果然不出所料，水浸满了全屋，约有一寸深浅，这才叹了一口气，觉得放心了；倘若这样兴高采烈地跑去，一看却是没有水，恐怕那时反觉得失望，没有现在那样的满足也说不定。幸而书籍都没有湿，虽然是没有什么价值的东西，但是湿成一饼一饼的纸糕，也很是不愉快。现今水虽已退，还留下一种涨过大水后的普通的臭味，固然不能留客坐谈，就是自己也不能在那里写字，所以这封信是在里边烷桌上写的。

这回的大雨，只有两种人最喜欢。第一是小孩们。他们喜欢水，却极不容易得到，现在看见院子里成了河，便成群结队地去"趟河"去。赤了足伸到水里去，实在很有点冷，但是他们不怕，下到水里还不肯上来。大人们见小孩玩的有趣，也一个两个地加入，但是成绩却不甚佳，那一天里滑倒了三个人，其中两个都是大人——其一为我的兄弟，其一是川岛君。第二种喜欢下雨的则为虾蟆。从前同小孩们往高亮桥去钓鱼钓不着，只捉了好些虾蟆，有绿的，有花条的，拿回来都放在院子里，平常偶叫几声，在这几天里便整日叫唤，或者是荒年之兆吧，却极有田村的风味。有许多耳朵皮嫩的人，很恶喧嚣，如麻雀虾蟆或蝉的叫声，凡足以妨碍他们的甜睡者，无一不深恶而痛绝之，大有灭此而午睡之意，我觉得大可以不必如此，随便听听都是很有趣味的，不但是这些久成诗料的东西，一切鸣声其实都可以听。虾蟆在水田里群叫，深夜静听，往往变成一种金属音，很是特别，又有时仿佛是狗叫，古人常称蛙蛤为吠，大约是从实验而来。我们院子里的虾蟆现在只见花条的一种，它的叫声更不漂亮，只是格格格这个叫法，可以说是革音，平常自一声至三声，不会更多，唯在下雨的早晨，听它一口气叫上十二三声，可见它是实在喜欢极了。

这一场大雨恐怕在乡下的穷朋友是很大的一个不幸，但是我不曾亲见，单靠想象是不中用的，所以我不去虚伪地代为悲叹了。倘若有人说这所记的只是个人的事情，于人生无益，我也承认，我本来只想说个人的私事，此外别无意思。今天太阳已经出来，傍晚可以出外去游嬉，这封信也就不再写下去了。

我本等着看你的秦游记，现在却由我先写给你看，这也可以算是"意表之外"的事罢。

【赏析】

这是一篇"借物咏怀"的散文，"苦雨"很能代表当时作者的心境，借着回忆、想象以及叙述，各种各样的"雨"被搬到笔下，写得相当自如，而整篇文章始终笼罩在淡淡的哀愁里。另外，值得注意的是作者使用的是"书信体"，借着这一"私人化"文体，叙述更显得娓娓而谈。

本文也很能体现周作人文章的特点，所用材料都是一般情况下不入诗文的，而他都能写出味道来，自有其过人之长。文章写得似有意似无意，似有意思似无意思，所谈的确都是"私事"，又在结尾若有所指若无所指，凡此种种，皆为典型周氏风格。

《苦雨》堪称周作人的代表作——"雨"与"风"一起构成了周作人散文的"基本(单位)意象"，以此为文题或书名的就有《雨天的书》、《雨的感想》、《风雨谈》、《风雨后谈》等，《苦雨》即是第一篇，而且似乎成了周作人的传世之作。周作人自己也以"苦雨"题名书斋，称号"苦雨翁"，"苦雨"遂与周作人其人其文浑然一体而不可分。文题曰"苦雨"，"雨"是客观景象，"苦"是主观感受，不同的主、客体的组合，就构成了不同的意象。文章即由此谈起。于是，就有了："卧在乌篷船里，静听打篷的雨声"的"梦似的诗境"，"一叶扁舟"在"暴风雨"中滚浪行进的"危险极也愉快极"的豪情，以及"胡坐骡车中，在大漠之上，大雨之下，……悠然进行"的快感。

以上三种"意象"，我们或许可以用"喜雨"二字概括，正与文题中的"苦雨"形成对比，而且一开始就把读者带入了或悠然或壮阔的诗的境界。但作者却一语点破："这只是我的空想，如诗人的理想一样的靠不住"，原来竟是一个浪漫主义的乌托邦的想象(幻象)。"或者你在骡车中遇雨，很感困难，正在叫苦连天也未可知"，这才是真实的现实。在前面一连串的"佳趣"、"风趣"、"愉快"、"亲近"、"悠然"、"快哉"的"喜"词之后，第一次点出"苦"字。这才自然地转入据说"叫我十分难过"的"这几天的雨"，"苦"字仍暗含其中。这现实的(非想象中的)"雨"确实已经没有半点浪漫主义的诗情，却给人带来灾难，至少是不便，例如"将门外的南墙冲倒二三丈之谱"，给"梁上君子"以可乘之机之类，也让人心烦，夜里不断被单调的雨声吵醒，"睡得很不痛快"，至于雨后劫余的书籍湿成"一饼一饼的纸糕"之让人"不愉快"，"涨过大水后的普遍的臭味"更是毫无美感可言。周作人平静地叙述着这一切，为人们描摹了一幅幅真实极了，也现实极了的人生图景。他语气中略含几分幽默(如说"梁上君子将去川岛'佢们'的窗下窃听"之类)，或许是对处于日常生活的困境中，有着凡人的苦恼的人自身的一种调侃吧，而那个"苦"字确也更加浓重了。但周作人笔锋一转，却引出有两种人"最是喜欢"的话题来。文章的气氛又由"苦"转向"喜"。哪两种人呢？第一是小孩们，第二种却是"虾蟆"，这样的并列已经够有意思了，而周作人不仅对小孩子们喜欢嬉水有几乎是感同身受的深切体验与理解(更确切地说是欣赏)，而且对于虾蟆吠声之美，以及"听它一口气叫上十二三声，可见它是实在喜欢极了"的心情的揣度，竟至于如此真切，实在令人惊异。但这正是周作人之为周作人的原因，在他的观念中，人(特别是包括儿童在内的自然形态的人)与生物原是沟通合一的，他所追求的正是物我无间的体验。在前述全文最为入神的文字里，他把这种体验外化了。而周作人自己，正是通过这种体验在现实的凡人的苦恼中寻找到了一种贵族式的精神超越的喜悦。

在周作人看来，这不同于本文第一部分所描绘的浪漫主义想象中的、终不免成为虚妄的喜悦，它是真正现实的、真实的、没有任何"代为悲叹"(以及其他一切类型的"代为")的"虚伪"，它只是(仅仅是)个人的私事——这就落实(归结)到周作人的哲学。唯有人的个体生命才是真正现实与真实的；当然，我们也不会忘记：在周作人这里，个体的同时也是人类的。这样，面对着同一个"雨"的客体，周作人的主体感受，经过"喜"的浪漫主义想象到平凡生活的现实之"苦"，最后"苦中作乐"，升华为"物我无间"的个体(人类)生命体的"喜"。周作人最终自称为"苦雨翁"，这是可以理解的，并不出于"意表之外"。

作品十一

【原文】

目　送

[中国台湾]　龙应台

华安上小学第一天，我和他手牵着手，穿过好几条街，到维多利亚小学。九月初，家家户户院子里的苹果和梨树都缀满了拳头大小的果子，枝丫因为负重而沉沉下垂，越出了树篱，钩到过路行人的头发。

很多很多的孩子，在操场上等候上课的第一声铃响。小小的手，圈在爸爸的、妈妈的手心里，怯怯的眼神，打量着周遭。他们是幼儿园的毕业生，但是他们还不知道一个定律：一件事情的毕业，永远是另一件事情的开启。

铃声一响，顿时人影错杂，奔往不同方向，但是在那么多穿梭纷乱的人群里，我无比清楚地看着自己孩子的背影——就好像在一百个婴儿同时哭声大作时，你仍旧能够准确听出自己那一个的位置。华安背着一个五颜六色的书包往前走，但是他不断地回头；好像穿越一条无边无际的时空长河，他的视线和我凝望的眼光隔空交会。

我看着他瘦小的背影消失在门里。

十六岁，他到美国做交换生一年。我送他到机场。告别时，照例拥抱，我的头只能贴到他的胸口，好像抱住了长颈鹿的脚。他很明显地在勉强忍受母亲的深情。

他在长长的行列里，等候护照检验；我就站在外面，用眼睛跟着他的背影一寸一寸往前挪。终于轮到他，在海关窗口停留片刻，然后拿回护照，闪入一扇门，倏忽不见。

我一直在等候，等候他消失前的回头一瞥。但是他没有，一次都没有。

现在他二十一岁，上的大学，正好是我教课的大学。但即使是同路，他也不愿搭我的车。

即使同车，他戴上耳机——只有一个人能听的音乐，是一扇紧闭的门。有时他在对街等候公交车，我从高楼的窗口往下看：一个高高瘦瘦的青年，眼睛望向灰色的海；我只能想象，他的内在世界和我的一样波涛深邃，但是，我进不去。一会儿公交车来了，挡住了他的身影。车子开走，一条空荡荡的街，只立着一只邮筒。

我慢慢地、慢慢地了解到，所谓父女母子一场，只不过意味着，你和他的缘分就是今生今世不断地在目送他的背影渐行渐远。你站立在小路的这一端，看着他逐渐消失在小路转弯的地方，而且，他用背影默默告诉你：不必追。

我慢慢地、慢慢地意识到，我的落寞，仿佛和另一个背影有关。

博士学位读完之后，我回台湾教书。到大学报到第一天，父亲用他那辆运送饲料的廉价小货车长途送我。到了我才发觉，他没开到大学正门口，而是停在侧门的窄巷边。卸下行李之后，他爬回车内，准备回去，明明启动了引擎，却又摇下车窗，头伸出来说："女儿，爸爸觉得很对不起你，这种车子实在不是送大学教授的车子。"

我看着他的小货车小心地倒车，然后"噗噗"驶出巷口，留下一团黑烟。直到车子转弯看不见了，我还站在那里，一口皮箱旁。

每个礼拜到医院去看他，是十几年后的时光了。推着他的轮椅散步，他的头低垂到胸口。

有一次，发现排泄物淋满了他的裤腿，我蹲下来用自己的手帕帮他擦拭，裙子也沾上了粪便，但是我必须就这样赶回台北上班。护士接过他的轮椅，我拎起皮包，看着轮椅的背影，在自动玻璃门前稍停，然后没入门后。

我总是在暮色沉沉中奔向机场。

火葬场的炉门前，棺木是一只巨大而沉重的抽屉，缓缓往前滑行。没有想到可以站得那么近，距离炉门也不过五米。雨丝被风吹斜，飘进长廊内。我掠开雨湿了前额的头发，深深、深深地凝望，希望记得这最后一次的目送。

我慢慢地、慢慢地了解到，所谓父女母子一场，只不过意味着，你和他的缘分就是今生今世不断地在目送他的背影渐行渐远。你站立在小路的这一端，看着他逐渐消失在小路转弯的地方，而且，他用背影默默告诉你：不必追。

【赏析】

《目送》看似写得随意简单，实则构思精巧，用词精确，寓意精深。通读全文，很容易发现，"我慢慢地、慢慢地意识到，我的落寞，仿佛和另一个背影有关"，这句话将文章前后两部分看似零散的内容串联起来，既点明了作者"目送他的背影渐行渐远"时的落寞之情，又说明了这种感情的产生和目送两种背影有关。一是作者作为母亲三次目送儿子离开的情景；一是作者作为女儿三次目送父亲离开的情景。细细品读文章，则发现文中作者人生感悟的句子就是贯穿全文的主线索，解读全文可以从这句话入手。

先看作者三次目送儿子离开的情景描写。作者首先叙写自己送儿子华安去上小学。一开始"手牵着手，穿过好几条街"，"小小的手，圈在爸爸的、妈妈的手心里"，"看着他瘦小的背影消失在门里"，儿子往前走，"不断地回头"，"他的视线和我凝望的眼光隔空交会"，这些文字将儿子对母亲的依恋描述得真切，而待到华安十六岁赴美去做交换生时，他却已是很明显在勉强忍受母亲的深情了。我"用眼睛跟着他的背影一寸一寸往前挪"，而儿子却是"闪入一扇门，倏忽不见"，"我一直在等候，等候他消失前的回头一瞥。但是他没有，一次都没有"，这些描述中，一"挪"一"闪"，对比鲜明，"回头一瞥。但是他没有，一次都没有"则强调了母亲对儿子的一点点要求儿子都不能满足，表明随着儿子长大，开始疏远母亲。再往后，二十一岁的儿子就读她任教的大学，但即使是同路，他也不愿搭乘母亲的车，即使同车也是形如陌路。"我只能想象，他的内在世界和我的一样波涛深邃，但是，我进不去。""车子开走，一条空荡荡的街，只立着一只邮筒。"这些描写将儿子随着逐渐成熟而对母亲精神上日渐疏离的情绪，以及母亲心底那份无从言说的寂寞都表现了出来。三次不同阶段的目送儿子，儿子"渐行渐远"，想越出母亲的"树篱"，走向属于自己的世界。也许这对无数的母亲们来说，都是一个严重的打击。深深的付出，换来的结局居然是离自己越来越远的背影。这前后目送儿子情景的对比，凸显了作者"落寞"的情感。文中叙述"我的落寞，仿佛和另一个背影有关"，"另一个背影"就是父亲的背影。作者通过回忆三次目送父亲来诠释生命中另一种无奈。作者首先回忆的是当年"父亲用他那辆运送饲料的廉价小货车长途送我"的情景：父亲将车"停在侧门的窄巷边"，"明明启动了引擎，却又摇下车窗，头伸出来说：'女儿，爸爸觉得很对不起你，这种车子实在不是送大学教授的车子。'"，直到小货车转弯不见，她还站在原地。父亲对女儿的爱可谓深沉，用心良苦，处处给女儿关爱。多年后，父亲在医院的最后时光，他已经不能自理，"头低垂到胸口"，"排泄物淋满了他的裤腿"，"我"去照顾他，当赶回台北上班的时候，"护士接过他的轮椅，我拎

艺术鉴赏

起皮包，看着轮椅的背影，在自动玻璃门前稍停，然后没入门后"。父亲并没有回头，而默默注视着的，是"我"；默默依恋着的，还是"我"。此时的父亲连个人尊严都不能顾及，又怎能顾及女儿的感受。父亲就这样一步一步从情感上远离女儿。对父亲最后一次深深地凝望，是作者目送父亲的棺木缓缓滑入火葬场的炉门。虽说"距离炉门也不过五米"，但父女已经阴阳相隔、生死相离，父亲就这样"渐行渐远"，最终消失在女儿的视线里。作者淡淡的笔触下渗透着淡淡的哀伤。在目送父亲的背影渐行渐远时，生命的惆怅感油然而生，人生的自然规律就是这样无奈，人与人纵然一生相扶相伴，临到离世之时，再依依不舍，也要经历必然的分离。

两次"目送"，一次是成长，一次是永别，龙应台用冷静、隐忍的笔触，以真挚、朴素的方式，展现自己曲折的心路，分享生命中最不可言喻的感情、最刻骨铭心的伤痛。当然，这篇文章并不完全在表现生命必然的无奈与痛苦，作者在这样的无奈中有了自己深刻的生命感悟："你站立在小路的这一端，看着他逐渐消失在小路转弯的地方，而且，他用背影默默告诉你：不必追。""不必追"就是作者生命感悟的直接表达。人生就是一次次的目送，生命在目送中前行，岁月在目送中流淌，无法停止，也无法追逐，或许这就是生命的真谛。在这世上，有些路终归要一个人走，只是希望我们今世的缘分能够更长一些，我们此生的凝望能再深情一点。面对成长独立而要尊重他、信任他、支持他，放手让他去飞翔，面对衰老死亡而要倍加珍惜现在、心怀感恩、铭记亲情。人生旅途中，我们要学会懂得花满春枝的悲欢，学会珍惜身边至亲的眷念，学会带着爱和释怀与生命和解。

作品十二

【原文】

箱 子 岩

沈从文

十五年以前，我有机会独坐一只小篷船，沿辰河上行，停船在箱子岩脚下。一列青黛崭削的石壁，夹江高矗，被夕阳烘炙成为一个五彩屏障。石壁半腰约百米高的石缝中，有古代巢居者的遗迹，石罅隙间横横的悬撑起无数巨大横梁，暗红色长方形大木柜尚依然好好的搁在木梁上。岩壁断折缺口处，看得见人家茅棚同水码头，上岸喝酒下船过渡人也得从这缺口通过。那一天正是五月十五，河中人过大端阳节(注：农历五月十五为大端阳节)。

箱子岩洞窟中最美丽的三只龙船，早被乡下人拖出浮在水面上。船只狭而长，船舷描绘有朱红线条，全船坐满了青年桨手，头腰各缠红布。鼓声起处，船便如一支没羽箭，在平静无波的长潭中来去如飞。河身大约一里路宽，两岸皆有人看船，大声呐喊助兴。且有好事者，从后山爬到悬岩顶上去，把"铺地锦"百子鞭炮从高岩上抛下，尽鞭炮在半空中爆裂，形成一团团五彩碎纸云尘。彭彭彭彭的鞭炮声与水面船中锣鼓声相应和，引起人对于历史回溯发生一种幻想，一点感慨。

当时我心想：多古怪的一切！两千年前那个楚国逐臣屈原，若本身不被放逐，疯疯癫癫来到这种充满了奇异光彩的地方，目击身经这些惊心动魄的景物，两千年来的读书人，或许就没有福分读《九歌》那类文章，中国文学史也就不会如现在的样子了。在这一段长长岁月中，世界上多少民族皆堕落了，衰老了，灭亡了。即如号称东亚大国的一片土地，也已经有过多少次被来自西北方沙漠中的蛮族，骑了膘壮的马匹，手持强弓硬弩，长枪大戟，到处践踏蹂躏！(辛亥革命前夕，在这苗蛮杂处的一个边镇上，向土民最后一次大规模施行杀戮的统治者，就是一个北方清朝的宗室！辛亥以后，老袁梦想做皇帝时，又有两师北老在这里和滇军作战了大半年。)然而这地方的一切，虽在历史中照样发生不断的杀戮，争夺，以及一到改朝换代时，派人民担负种种不幸命运，死的因此死去，活的被逼迫留发，剪发，在生活上受新朝代种种限制与支配。然而细细一想，这些人根本上又似乎与历史毫无关系。从他们应付生存的方法与排泄感情的娱乐看上来，竟好像今古相同，不分彼此。这时节我所眼见的光景，或许就和两千年前屈原所见的完全一样。

那次我的小船停泊在箱子岩石壁下，附近还有十来只小渔船，大致打鱼人也有玩龙船竞渡的，所以渔船上妇女小孩们，无不十分兴奋，各站在尾梢上或船篷上锐声呼喊。其中有几个小孩子，我只担心他们太快乐兴奋，会把住家的小船跳沉。

日头落尽云影无光时，两岸渐渐消失在温柔暮色里。两岸看船人呼喝声越来越少，河面被一片紫雾笼罩，除了从锣鼓声中尚能辨别那些龙船方向，此外已别无所见。然而岩壁缺口处却人声嘈杂，且闻有小孩子哭声，有妇女们尖锐叫唤声，综合给人一种悠然不尽的感觉。天已经夜了，吃饭是正经事。我原先尚以为再等一会儿，那龙船一定就会傍近岩边来休息，被人拖进石窟里，在快乐呼喊中结束这个节日了。谁知过了许久，那种锣鼓声尚在河面飘扬着，表示一班人还不愿意离开小船，回转家中。待到我把晚饭吃过后，爬出舱外一望，呀，天上好一轮圆月。月光下石壁同河面，一切如镀了银，已完全变换了一种调子。岩壁缺口处水码头边，正有人用废竹缆或油柴燃着火燎，火光下只见许多穿白衣人的影子移动。问问船上水手，方知道那些人正把酒食搬移上船，预备分派给龙船上人。原来这些青年人白日里划了一整天船，看船的已慢慢散尽了，划船的还不尽兴，并且谁也不愿意扫兴示弱，先行上岸，因此三只长船还得在月光下玩个上半夜。

提起这件事，使我重新感到人类文字语言的贫俭。那一派声音，那一种情调，真不是用文字语言可以形容的事情。要一个长年身在城市里住下，以读读《楚辞》就"神王意移"的人，来描绘那月下竞舟的一切，更近于徒然的努力。我可以说的，只是自从我把这次水上所领略的印象保留到心上后，一切书本上的动人记载，全看得平平常常，不至于发生任何惊讶了。这正像我另外一时，看过人类许多不同花样的愚蠢杀戮，对于其余书上叙述到这件事情时，同样不能再给我如何感动。

十五年后我又有了机会乘坐小船沿辰河上行，应当经过箱子岩。我想温习温习那地方给我的印象，就要管船的不问迟早，把小船在箱子岩下停泊。这一天是十二月七号，快要过年的光景。没有太阳的阴沉酿雪天，气候异常寒冷。停船时还只下午三点钟左右，岩壁上藤萝草木叶子多已萎落，显得那一带斑驳岩壁十分瘦削。悬岩高处红木柜，只剩下三四具，其余早不知到哪儿去了。小船最先泊在岩壁下洞窟边，冬天水落得太多，洞口已离水面两三丈以上。我从石壁裂罅爬上洞口，到搁龙船处看了一下，旧船已不知坏了还是早被水冲去了，只见有四只新船搁在石梁上，船头还贴有鸡血同鸡毛，一望就明白是今年方下水的。出得洞口时，见岩下左边泊定五只渔船，有几个老渔婆缩颈敛手在船头寒风中修补渔网。上船后觉得这样子太冷落了，可不是个办法，就又要船上水手为我把小船撑到岩壁断折处有人家地方去，就便上岸，看看乡下人过年以前是什么光景。

四点钟左右，黄昏已逐渐腐蚀了山峦与树石轮廓，占领了屋角隅。我独自坐在一家小饭铺柴火边烤火。我默默地望着那个火光煜煜的枯树根，在我脚边很快乐地燃着，爆炸出轻微的声音。铺子里人来来往往，有些说两句话又走了，有些就来镶在我身边长凳上，坐下吸他的旱烟。有些来烘烘脚，把穿着湿草鞋的脚去热灰里乱搅。看看每一个人的脸子，我都发生一种奇异的乡情。这里是一群会寻快乐的正直善良乡下人，有捕鱼的，打猎的，有船上水手和编制竹缆工人。若我的估计不错，那个坐在我身旁，伸出两只手向火，中指节有个放光顶针的，肯定还是一位乡村里的成衣人。这些人每到大端阳时节，都得下河去玩一整天的龙船。平常日子特别是隆冬严寒天气，却在这个地方，按照一种分定，很简单地把日子过下去。每日看过往船只摇橹扬帆来去，看落日同水鸟。虽然也同样有人事上的得失，到恩怨纠纷成一团时，就陆续发生庆贺或仇杀。然而从整个说来，这些人生活却仿佛同"自然"已相融合，很从容地各在那里尽其性命之理，与其他无生命物质一样，唯在日月升降寒暑交替中放射，分解。而且在这种过程中，人是如何渺小的东西，这些人比起世界上任何哲人，也似乎还更知道的多一些。

听他们谈了许久，我心中有点忧郁起来了。这些不辜负自然的人，与自然妥协，对历史毫无担负，活在这无人知道的地方。另外尚有一批人，与自然毫不妥协，想出种种方法来支配自然，违反自然的习惯，同样也那么尽寒暑交替，看日月升降。然而后者却在慢慢改变历史，创造历史。一份新的日月，行将消灭旧的一切。我们用什么方法，就可以使这些人心中感觉一种对"明天"的"惶恐"，且放弃过去对自然和平的态度，重新来一股劲儿，用划龙船的精神活下去？这些人在娱乐上的狂热，就证明这种狂热能换个方向，就可使他们还配在世界上占据一片土地，活得更愉快更长久一些。不过有什么办法，可以改造这些人的狂热到一件新的竞争方面去，可是个费思索的问题。

一个跛脚青年人，手中提了一个老虎牌新桅灯，灯罩光光的，洒着摇着从外面走进屋子。许多人见了他都同声叫唤起来："什长，你发财回来了！好个灯！"

那跛子年纪虽很轻，脸上却刻画了一种兵油子的油气与骄气，在乡下人中仿佛身份特高一层。把灯搁在木桌上，大洋洋地坐近火边来，拉开两腿摊出两只大手烘火，满不高兴地说："碰鬼，运气坏，什么都完了。"

"船上老八说你发了财，瞒我们。怕我们开借。"

"发了财，哼。用得着瞒你们？本钱去七角，桃源行市只一块零，除了上下开销，二百两货有什么捞头，我问你。"

这个人接着且连骂带唱地说起桃源后江娘儿们种种有趣的情形，使得一般人

活泼兴奋起来。话说得正有兴味时，一个人来找他，说"什长，猪蹄膀炖好了，酒已热好了"，他搓搓手，说声"有偏各位"，提起那个新桅灯就走了。

原来这个青年汉子，是个打鱼人的独生子。三年前被省城里募兵委员看中了招去，训练了三个月，就开到江西边境去同共产党打仗。打了半年仗，一班兄弟中只剩下他一个人好好地活着，奉令调回后防招募新军补充时，他因此升了班长。第二次又训练三个月，再开到前线去打仗。于是碎了一只腿，抬回省中军医院诊治，照规矩这只腿得用锯子锯去。一群同乡都以为从辰州地方出来的家乡人，"辰州符"比截割高明得多了，信他个洋办法像话吗？就把他从医院中抢出，在外边用老办法找人敷水药治疗。说也古怪，不到三个月，那只腿居然不必截割全好了。战争是个什么东西他也明白了。取得了本营证明，领得了些伤兵抚恤费后，于是回到家乡来，用什长名义受同乡恭维，又用伤兵名义做点特别生意。这生意也就正是有人可以赚钱，有人可以犯法，政府也设局收税，也制定法律禁止，又可以杀头又可以发财那种从各方面说来都似乎极有出息的生意。我想弄明白那什长的年龄，从那个当地唯一成衣人口中，方知道这什长今年还只二十一岁。那成衣人还说："这小子看事有眼睛，做事有魄力，蹩了一只腿，还会一月一个来回下常德府，吃喝玩乐发财走好运。若两只腿全弄坏，那就更好了。"

有个水手插口说："这是什么话。"

"什么画，壁上挂。穷人打光棍，一只腿打坏了不顶事。如两只腿全打坏了，他就不会卖烟土走私赚了钱，再到桃源县后江玩花姑娘了！"

成衣人末后一句打趣话，把大家都弄笑了。

回船时，我一个人坐在灌满冷气的小小船舱中，屈指计算那什长年龄，二十一岁减十五，得到个数目是六。我记起十五年前那个夜里一切光景，那落日返照，那狭长而描绘朱红线条的船只，那锣鼓与热情兴奋的呼喊，尤其是临近几只小渔船上欢乐跳掷的小孩子，其中一定就有一个今晚我所见到的跛脚什长。唉，历史，多么古怪的事物。生恶性痈疽的人，照旧式治疗方法，可用一星一点毒药敷上，尽它溃烂，到溃烂净尽时，再用药物使新的肌肉生长，人也就恢复健康了。这跛脚什长，我对他的印象虽异常恶劣，想起他就是一个可以溃烂这乡村居民灵魂的人物，不由人不寄托一种幻想……二十年前澧州镇守使王正雅部队一个平常马夫，姓贺名龙，兵乱时，一菜刀切下了一个散兵的头颅，二十年后就得惊动三省集中十万军队来解决这马夫。谁个人会注意这小小节目，谁个人想象得到人类历史是用什么写成的！

【赏析】

本文是一篇游记。作者记叙了相隔15年两次游览箱子岩的见闻，写出了湘西特有的风俗，在宁静纯朴的叙述中，深蕴着作者敏锐而深邃的思考；在朴淡如水的笔触下，潜伏着作者浓缩而多彩的情感激流，表达了他对乡土的挚爱，对故土故人生活中的痼疾与污秽的痛心，深情地呼唤湘西人民用划龙舟的精神与热力，把生活装点得更加美好。这是本文的中心思想，即本文的重点内容之一。

本文运用多种手法来描写人物，人物形象生动而有个性。其中，有正面描写，也有反面描写。作者用较长的篇幅绘声绘色地描述、刻画了家乡几个麻木乡民的形象。其中跛脚什长是一个最好的例证。作者对这个人物的刻画描写，虽着墨不多，但人物形象却栩栩如生，人物个性跃然纸上，这主要是因为作者既先从正面描写了他的外貌、动作、语言，又插入一段对他的发迹史的记叙，还从侧面写旁人对他的议论，以此进行侧面衬托，这样就把一个 21 岁的兵油子的个性写得非常生动。对这样一个"可以溃烂这乡村居民灵魂的人物"，作者毫不保留地表达了自己的痛恨与失望。在这段看似平淡、冷静的叙述中实则饱含着作者忧心如焚的感情，但从他身上，作者又不得不寄托一种幻想。跛脚什长这个人物形象就是从正面和反面两方面来描写的。

作品十三

【原文】

秋

[法] 马拉美

自从玛丽亚离开我到另外一个星宿中去——哪一个星宿，猎户星，牵牛星，或者是你吗，绿色的太白星？我时常有寂寞之感。我孤独地和我的猫度过了多少漫长的岁月啊！我说"孤独地"，意思是没有物质的存在物；我的猫是一个神秘的伴侣，一个精灵。因此，我可以说，我孤独地和我的猫，和一个拉丁衰亡时代的最后作家，度过了许多漫长的岁月。

自从这个白色的生物没有了以后，很奇怪而特别地，我所喜爱的一切都可以概括在"衰落"这个字里。所以，就一年来说，我喜爱的季节是夏天最后几个憔悴的日子，正当秋季开始以前。就一日来说，我挑选了出门散步的时间是太阳落山之前，当黄铜色的光照在灰色的墙上，紫铜色的光照在玻璃窗上的时候。同样，在文学上，我的精神所从而寻求悲哀的娱乐的，也将是罗马末期的那些苦闷的诗歌，只要是那些还没有透露出野蛮民族已走近来使它返老还童的征兆，也还没有牙牙学语，在开始第一篇基督教散文的幼稚的拉丁文作品。

我一边读着这样的诗歌(它的色泽，对于我是比青年的肌肉更有魅力)，一边把一只手抚摸着这个纯洁的动物的皮毛。这时，在我窗下，低沉而哀怨地响起了一架手风琴。手风琴在白杨树下漫长的人行道上响起，这些白杨树的叶子，自从丧烛伴着玛丽亚最后一次经过之后，即使在夏天，我也觉得它们萎黄了。有些乐器是很悲哀的，不错，钢琴闪烁发光，小提琴给残破的灵魂照明，但是手风琴，却使我在朦胧的回忆中，耽于绝望的梦想。现在，它正在悠扬地奏起一支愉快的俗曲，一支能使乡下人心里快乐起来的陈旧熟腻的调子，它的繁音促节却引得我悠然入梦，并且使我下泪，像一曲浪漫的民谣一样，你这是从哪里来的魔力啊！我慢慢地领受着它，我不敢丢一个铜子到窗外去，唯恐一动之后，就会发现这个乐器不是在为自己歌唱。

【赏析】

斯特芳·马拉美(1842—1898)是法国象征主义诗人和散文家。1896 年，马拉美被选为

"诗人之王"，成为法国诗坛现代主义和象征主义诗歌的领袖人物。重要的作品有诗歌《牧神的午后》、《窗子》、《蔚蓝的天》等，抒情散文集《白色的睡莲》等。

《秋》以忧郁的笔调，表明了自己对亡人玛丽亚的深切怀念。秋天在作者眼里，是悲凉的，是沉静的。在这个"衰落"的季节里，马拉美想起了过世的玛丽亚，玛丽亚的离去让马拉美感到寂寞与绝望，本文通过黄昏中的对诗、余晖中的散步和萧索的秋景表现了这种感情。

三、戏剧鉴赏

作品十四

【原文】

牡丹亭·惊梦

汤显祖

【绕池游】〔旦上〕梦回莺啭，乱煞年光遍。人立小庭深院。〔贴〕炷尽沉烟，抛残绣线，恁今春关情似去年？

【乌夜啼】〔旦〕晓来望断梅关，宿妆残。〔贴〕你侧着宜春髻子，恰凭阑。〔旦〕剪不断，理还乱，闷无端。〔贴〕已分付催花莺燕借春看。〔旦〕春香，可曾叫人扫除花径？〔贴〕分付了。〔旦〕取镜台衣服来。〔贴取镜台衣服上〕"云髻罢梳还对镜，罗衣欲换更添香。"镜台衣服在此。

【步步娇】〔旦〕袅晴丝吹来闲庭院，摇漾春如线。停半晌，整花钿，没揣菱花，偷人半面，迤逗的彩云偏。〔行介〕步香闺怎便把全身现！

〔贴〕今日穿插的好。

【醉扶归】〔旦〕你道翠生生出落的裙衫儿茜，艳晶晶花簪八宝填，可知我常一生儿爱好是天然。恰三春好处无人见。不提防沉鱼落雁鸟惊喧，则怕的羞花闭月花愁颤。〔贴〕早茶时了，请行。

〔行介〕你看：画廊金粉半零星，池馆苍苔一片青。踏草怕泥新绣袜，惜花疼煞小金铃。〔旦〕不到园林，怎知春色如许！

【皂罗袍】原来姹紫嫣红开遍，似这般都付与断井颓垣。良辰美景奈何天，赏心乐事谁家院！恁般景致，我老爷和奶奶，再不提起。〔合〕朝飞暮卷，云霞翠轩；雨丝风片，烟波画船——锦屏人忒看的这韶光贱！

〔贴〕是花都放了，那牡丹还早。

【好姐姐】〔旦〕遍青山啼红了杜鹃，茶蘼外烟丝醉软。春香呵，牡丹虽好，他春归怎占的先！〔贴〕成对儿莺燕呵。〔合〕闲凝眄，生生燕语明如翦，呖呖莺歌溜的圆。

〔旦〕去罢。〔贴〕这园子委是观之不足也。〔旦〕提他怎的！〔行介〕

【隔尾】观之不足由他缱，便赏遍了十二亭台是枉然。倒不如兴尽回家闲过遣。〔作到介〕〔贴〕开我西阁门，展我东阁床。瓶插映山紫，炉添沉水香。小姐，你歇息片时，俺瞧老夫人去也。〔下〕〔旦叹介〕"默地游春转，小试宜春面。"春啊，得和你两留连，春去如何遣？咳，恁般天气，好困人也。春香那里？〔作左右瞧介〕〔又低首沉吟介〕天呵，春色恼人，信有之乎！常观诗词乐府，古之女子，因春感情，遇秋成恨，诚不谬矣。吾今年已二八，未逢折桂之夫；忽慕春情，怎得蟾宫之客？昔日韩夫人得遇于郎，张生偶逢崔氏，曾有《题红记》、《崔徽传》二书。此佳人才子，前以密约偷期，后皆得成秦晋。〔长叹介〕吾生于宦族，长在名门。年已及笄，不得早成佳配，诚为虚度青春，光阴如过隙耳。〔泪介〕可惜妾身颜色如花，岂料命如一叶乎！

【山坡羊】没乱里春情难遣，蓦地里怀人幽怨。则为俺生小婵娟，拣名门一例、一例里神仙眷。甚良缘，把青春抛的远！俺的睡情谁见？则索因循腼腆。想幽梦谁边，和春光暗流传？迁延，这衷怀那处言！淹煎，泼残生，除问天！身子困乏了，且自隐几而眠。〔睡介〕〔梦生介〕〔生持柳枝上〕"莺逢日暖歌声滑，人遇风情笑口开。一径落花随水入，今朝阮肇到天台。"小生顺路儿跟着杜小姐回来，怎生不见？〔回看介〕呀，小姐，小姐！〔旦作惊起介〕〔相见介〕〔生〕小生那一处不寻访小姐来，却在这里！〔旦作斜视不语介〕〔生〕恰好花园内，折取垂柳半枝。姐姐，你既淹通书史，可作诗以赏此柳枝乎？〔旦作惊喜，欲言又止介〕〔背想〕这生素昧平生，何因到此？〔生笑介〕小姐，咱爱杀你哩！

【山桃红】则为你如花美眷，似水流年，是答儿闲寻遍。在幽闺自怜。小姐，和你那答儿讲话去。〔旦作含笑不行〕〔生作牵衣介〕〔旦低问〕那边去？〔生〕转过这芍药栏前，紧靠着湖山石边。〔旦低问〕秀才，去怎的？〔生低答〕和你把领扣松，衣带宽，袖梢儿搵着牙儿苫也，则待你忍耐温存一晌眠。〔旦作羞〕〔生前抱〕〔旦推介〕〔合〕是那处曾相见，相看俨然，早难道这好处相逢无一言？〔生强抱旦下〕〔末扮花神束发冠，红衣插花上〕"催花御史惜花天，检点春工又一年。蘸客伤心红雨下，勾人悬梦采云边。"吾乃掌管南安府后花园花神是也。因杜知府小姐丽娘，与柳梦梅秀才，后日有姻缘之分。杜小姐游春感伤，致使柳秀才入梦。咱花神专掌惜玉怜香，竟来保护他，要他云雨十分欢幸也。

【鲍老催】〔末〕单则是混阳蒸变，看他似虫儿般蠢动把风情扇。一般儿娇凝翠绽魂儿颤。这是景上缘，想内成，因中见。呀，淫邪展污了花台殿。咱待拈片落花儿惊醒他。〔向鬼门丢花介〕他梦酣春透了怎留连？拈花闪碎的红如片。秀才才到的半梦儿；梦毕之时，好送杜小姐仍归香阁。吾神去也。〔下〕

【山桃红】〔生、旦携手上〕〔生〕这一霎天留人便，草借花眠。小姐可好？〔旦低头介〕〔生〕则把云鬟点，红松翠偏。小姐休忘了啊，见了你紧相偎，慢厮连，恨不得肉儿般团成片也，逗的个日下胭脂雨上鲜。〔旦〕秀才，你可去啊？〔合〕是那处曾相见，相看俨然，早难道这好处相逢无一言？〔生〕姐姐，你身子乏了，将息，将息。〔送旦依前作睡介〕〔轻拍旦介〕姐姐，俺去了。〔作回顾介〕姐姐，你可十分将息，我再来瞧你那。"行来春色三分雨，睡去巫山一片云。"〔下〕〔旦作惊醒，低叫介〕秀才，秀才，你去了也？〔又作痴睡介〕〔老旦上〕"夫婿坐黄堂，娇娃立绣窗。怪他裙衩上，花鸟绣双双。"孩儿，孩儿，你为甚瞌睡在此？〔旦

作醒，叫秀才介〕咳也。〔老旦〕孩儿怎的来？〔旦作惊起介〕奶奶到此！〔老旦〕我儿，何不做些针指，或观玩书史，舒展情怀？因何昼寝于此？〔旦〕孩儿适在花园中闲玩，忽值春暄恼人，故此回房。无可消遣，不觉困倦少息。有失迎接，望母亲恕儿之罪。〔老旦〕孩儿，这后花园中冷静，少去闲行。〔旦〕领母亲严命。〔老旦〕孩儿，学堂看书去。〔旦〕先生不在，且自消停。〔老旦叹介〕女孩儿长成，自有许多情态，且自由他。正是："宛转随儿女，辛勤做老娘。"〔下〕〔旦长叹介〕〔看老旦下介〕哎也，天那，今日杜丽娘有些侥幸也。偶到后花园中，百花开遍，睹景伤情。没兴而回，昼眠香阁。忽见一生，年可弱冠，丰姿俊妍。于园中折得柳丝一枝，笑对奴家说："姐姐既淹通书史，何不将柳枝题赏一篇？"那时待要应他一声，心中自忖，素昧平生，不知名姓，何得轻与交言。正如此想间，只见那生向前说了几句伤心话儿，将奴搂抱去牡丹亭畔，芍药阑边，共成云雨之欢。两情和合，真个是千般爱惜，万种温存。欢毕之时，又送我睡眠，几声"将息"。正待自送那生出门，忽值母亲来到，唤醒将来。我一身冷汗，乃是南柯一梦。忙身参礼母亲，又被母亲絮了许多闲话。奴家口虽无言答应，心内思想梦中之事，何曾放怀。行坐不宁，自觉如有所失。娘呵，你教我学堂看书去，知他看那一种书消闷也。〔作掩泪介〕

【绵搭絮】雨香云片，才到梦儿边。无奈高堂，唤醒纱窗睡不便。泼新鲜冷汗粘煎，闪的俺心悠步嚲，意软鬋偏。不争多费尽神情，坐起谁忺？则待去眠。〔贴上〕"晚妆销粉印，春润费香篝。"小姐，薰了被窝睡罢。

【尾声】〔旦〕困春心游赏倦，也不索香薰绣被眠。天呵，有心情那梦儿还去不远。

春望逍遥出画堂，（张说）　间梅遮柳不胜芳。（罗隐）

可知刘阮逢人处？（许浑）　回首东风一断肠。（韦庄）

【赏析】

汤显祖的《牡丹亭》歌颂了男女青年在追求自由幸福的爱情生活上所作的不屈不挠的斗争，表达了挣脱封建牢笼，粉碎宋明理学枷锁，追求个性解放，向往理想生活的朦胧愿望。

《牡丹亭》全剧共五十五出(场)，"游园"是第十出(惊梦)中的前半部分。

《牡丹亭》的爱情故事是十分独特的，因情而梦，因梦而死，死而复生，终成眷属。这是它奇幻情节逐层演进的主脉。"惊梦"就是这一奇幻情节主脉的第一环，在这里，作者的生花妙笔写出了杜丽娘青春觉醒，写出了女主人公在"牡丹亭上三生路"上迈出的具有决定意义的第一步。杜丽娘的爱情起步，何以呈现这种特异的形式？

就是因情而梦，梦中把爱情追求化为了行动。汤显祖在《惊梦》前若干出戏里面，如三、五、七、九出里面，从人物的家庭、教养、环境等方面，为读者提供了可信的答案。杜丽娘生活在理学泛滥、窒息人性的时代，她父亲杜宝是个恪守礼教的正统官僚，他按照封建社会贵族女子的规范，为女儿精心构筑"拘束身心"的精神囚笼，把丽娘禁锢在与社会、与大自然隔绝的"小庭深院"之中，她在官衙住了三年，竟连后花园也未曾到过；刺绣累了，在闺房中小憩片刻，居然也被看作非礼并招致训斥。这样的环境，杜绝了她与青

98
艺术鉴赏

年异性发生爱情的一切机缘，使其任何合理的人生愿望都只能化为徒然的渴求。不过，在这种独特环境中成长起来的身为大家闺秀的杜丽娘，并没有也不可能一下子就走上一条反抗和追求的叛逆之路，这也使她在一定程度上受到了封建传统观念的毒害。恰恰相反，曾经是安于社会和家庭替她铺设的生活道路，"爹娘万福，女孩儿无限欢娱，坐黄堂百岁春光，进美酒一家天？"这是杜丽娘初次出场时的一段唱，这唱词所传达的显然是随顺、柔和的心灵的节律。杜丽娘不但接受了"他日到人家知书达理，父母光辉"的庭训，她表示"从今后茶余饭饱破工夫，玉镜台前插架书"。事实上她早已把男女四书都读过了。"那贤达女都是些古镜模"的观念也深深地积淀在她的脑海里。"名为国香，实守家生，嫩脸娇羞，志诚端重"，贴身丫环春香为杜丽娘所下的这几句评语是相当准确的。但是，阴冷的世界，终究无法冻结青春少女的生命欲望，违背人性的虚伪教育，有时则收到了相反的效果——为诗章讲动情肠。正是《诗经·关雎》这首所谓讲"后妃之德"的诗篇，第一次拨动少女爱情的心弦。为了排遣愁闷，她在春香的鼓动下，不顾家训塾规走出深闺，来到春光明媚的后花园，于是生出了游园惊梦这一幕。

从结构上看，《惊梦》这出戏可分为"游园"和"惊梦"两部分；就内容而言，主要写女主人公杜丽娘的青春觉醒，梦里钟情，这是她反抗和追求的叛逆之路的开始，这出戏文采飞扬，历来为人们所传诵。

四、小说鉴赏

作品十五

【原文】

小 站 歌 声

修祥明

子夜时分，山村的小站昏暗静谧。苗兰老师提着行李来到站台，像触电般浑身颤抖起来。

她本想在夜深人静时悄悄离开山村，没想到全班四十多个孩子全站在这里为她送行。站牌下，放着一篓子山核桃，篓把上贴着个红双喜字。这是山里人祝贺新婚的礼节。

三天前，她去了趟县城。回到山村，她对孩子们说，要去和千里之外的男朋友举办婚礼，婚后，她就在那里定居了。孩子们舍不得她，却没张口将她挽留，只将一串串难舍难分的泪水洒下。

远处传来列车的长鸣。

四十多个孩子含着泪水，像一棵棵被雨水浇伤的禾苗一样，凄悲地立着。

班长说："咱们为苗老师唱一首《好人一生平安》吧。"

歌声在夜空中响起："有过多少往事／仿佛就在昨天／有过多少朋友／仿佛还在身边／也曾心意沉沉／相逢是苦是甜／如今举杯祝愿／好人一生平安……"

这歌声，低沉悲哀。这是孩子们真诚的祝愿。

列车徐徐地向前开动着，孩子们像旋风一样随车跑着，唱着……

好人一生平安。歌声像让泪水滤过似的。

车上的苗老师失声痛哭起来。

孩子们怎么知道，她不是去结婚。三天前，她去县城体检，被查出患了白血病，在人生的旅途上，只有半年时间了。

【赏析】

这是一篇自其发表之日起便被赞誉包裹着的作品。

值得称赞的，首先是充盈在这篇作品中的那份真情。在子夜时分，在昏暗静谧的山村小站上，苗兰老师之所以会"像触电般浑身颤抖起来"，是因为"本想在夜深人静时悄悄离开山村"的她，"没想到全班四十多个孩子全站在这里为她送行"。是啊，你看，那孩子们要送给苗兰老师的、放在站牌下的"篓把上贴着个红双喜字"的一篓子山核桃；你听，那孩子们为苗兰老师所唱的、"像让泪水滤过似的""好人一生平安"的歌声；还有，在列车徐徐开动后"孩子们像旋风一样随车跑着，唱着"的身影……此时此刻，面对此情此景，苗兰老师又怎么能忍得住不"失声痛哭起来"呢？而在苗兰老师的痛哭声中，我们所体味到的，又何止是山村的孩子们对苗兰老师的那种"没张口将她挽留，只将一串串难舍难分的泪水洒下"的"舍不得"？"患了白血病，在人生的旅途上，只有半年时间了"的苗兰老师，事实上也是多么地舍不得这些曾经朝夕相处的孩子呀！是的，藏在这种相互的舍不得中的，是怎样的感人肺腑、怎样的撼人心灵的一份师生情啊！

值得称赞的，还有体现在这篇作品的构思上的那种精巧。不用说，这篇在篇幅上几乎是短得不能再短的作品所采用的那种以生活的横截面去表现生活的取材方法，无疑是对微型小说的"微"的最准确又最艺术的诠释。可见，作家对微型小说这一文体的本质特征的理解与把握之深，也足见作家在这篇作品的构思上的那种精巧了。不过，读罢这篇作品后，我们事实上又会满是惊喜地发现它在构思上其实还有着更为精巧之处——那就是它的结尾。是的，"孩子们怎么知道……"这一从表面看似乎只是作家在很是随意地对苗兰老师离去的原因作一交代的结尾，是一个使原本并不见"故事性"的故事，在瞬间一下子便充满了那种属于故事的张力、引力与魅力的结尾；是一个地地道道的、既在意料之外又在情理之中的"欧•亨利式"的结尾。在这一结尾中，作家构思的那种最为突出的精心与巧妙，便被十分自然又十分艺术、非常随意又非常严谨地凸显了出来。是的，也正因为有着构思如此精巧的结尾，我们读这篇作品的过程，也就既是一个体味那种感人肺腑、撼人心灵的师生情的过程，又是一个享受那种属于微型小说阅读所特有的审美快感的过程了。

当然，这篇作品所值得称赞的，其实还有它"隐藏"得很深的那种对生活状态与人生境遇的反思甚至是诘问——"好人一生平安"是山村的孩子们对苗兰老师的最真诚的祝福。不用说，苗兰老师也无疑是个不折不扣的好人。然而，苗兰老师这位应该是一生平安的好人，却是"三天前，她去县城体检，被查出患了白血病，在人生的旅途上，只有半年时间了"！哦，这与"好人一生平安"是多么大的落差，多么远的背离呀！于是，我们便不能不痛心疾首又无可奈何地问苍天、问大地：为什么——为什么好人事实上却得不到平安呢？为什么像苗兰老师这样名副其实的好人要遭遇如此不堪的命运呢？而就在这样的反思与诘

艺术鉴赏

问中，我们对生活状态的严酷与人生境遇的无常，也就有了很是真切又很是深切的认识。这样，这篇在篇幅上几乎是短得不能再短的作品，也就陡然大大地扩充了它的容量，增添了它的厚度与深度，从而使那"歌声"显得更加的余音袅袅了。

是的，如此这般的"小站歌声"，就这样更加久远地飘荡在我们的耳畔与心头了。

作品十六

【原文】

窗

[澳大利亚] 泰格特

在一家医院的病房里，曾住过两个病人，他们的病情都很严重。这间病房十分窄小，仅能容下两张病床。病房设有一扇门和一个窗户，门通向走廊，透过窗户可以看到外面的世界。其中一位病人经允许，可以分别在每天上午和下午起身坐上一个小时。这位病人的病床靠近窗口。而后一位病人则不得不日夜躺在床上。当然，两位病人都需要静养治疗。使他们感到痛苦的是，两个人的病情不允许他们做任何事情借以消遣，只有静静地躺着。而且只有他们两个人。两人经常谈天，一谈就是几个小时。他们谈起各自的家庭，各自的工作，各自在战争中做过什么，等等。

每天上午和下午，时间一到，靠近窗的病人就被扶起身来，开始一小时的仰坐。每当这时，他就开始为同伴描述起他所见到的窗外的一切。渐渐地，每天的这两个小时，几乎就成了他和同伴生活中的全部内容了。

很显然，这个窗户俯瞰着一座公园，公园里面有一泓湖水，湖面上照例漫游着一群群野鸭、天鹅。公园里的孩子们有的在扔面包喂这些水禽，有的在摆弄游舰模型。一对对年轻的情侣手挽着手在树荫下散步。公园里鲜花盛开，主要有玫瑰花，但四周还有五彩斑斓、争相斗艳的牡丹花和金盏草。在公园那端的一角，有一块网球场，有时那儿进行的比赛确实精彩，不断也有几场板球赛，虽然球艺够不上正式决赛的水平，但有的看总比没有强。那边还有一块用于玩滚木球的草坪。公园的尽头是一排商店，在这些商店的后边闹市区隐约可见。

躺着的病人津津有味地听着一切。这个时刻的每一分钟对他来说都是一种享受。描述仍在继续：一个孩童怎样差一点跌入湖中，身着夏装的姑娘是多么美丽、动人。接着又是一场扣人心弦的网球赛。他听着这栩栩如生的描述，仿佛亲眼看到了窗外所发生的一切。

一天下午，当他听到靠窗的病人说到一名板球队员正慢悠悠地把球击得四处皆是时，不靠窗的病人突然产生了一个想法：为什么偏是他有幸能观赏到窗外的一切？为什么自己不应得到这种机会？他为自己有这种想法而感到惭愧，竭力不再这么想。可是，他愈加克制，这种想法却变得愈加强烈，直至几天以后，这个想法已经进一步变为紧挨着窗口的为什么不该是我呢？

他白昼无时不为这一想法所困扰，晚上，又彻夜难眠。结果，病情一天天加重了，医生们对其病因不得而知。

一天晚上，他照例睁着双眼盯着天花板，这时，他的同伴突然醒来，开始大声咳嗽，呼吸急促，时断时续，液体已经充满了他的肺腔，他两手摸索着，在找电铃的按钮，只要电铃一响，值班的护士就立即赶来。

但是，另一位病人却纹丝不动地看着。心想，他凭什么要占据窗口那张床位呢？

痛苦的咳嗽声打破了黑夜的沉静。一声又一声——卡住了——停止了——直至最后连呼吸声也停止了。

另一位病人仍然继续盯着天花板。

第二天早晨，医护人员送来了漱洗水，发现那个病人早已咽气了。他们静悄悄地将尸体抬了出去，丝毫没有大惊小怪。

稍过几天，似乎这时开口已经正当得体。剩下的这位病人就立刻提出是否能将他挪到窗口的那张病床上去。医护人员把他抬了过去，将他舒舒服服地安顿在那张病床上。接着他们离开了病房，剩下他一个静静地躺在那儿。

医生刚一离开，这位病人就十分痛苦地挣扎着，用一只胳膊支起了身子，口中气喘吁吁。他探头朝窗口望去。

他看到的只是光秃秃的一堵墙。

【赏析】

澳大利亚作家泰格特的短篇小说《窗》，文章虽然简短，但内涵十分丰富。初读此文，觉得它像一泓清泉；再读之，则如橄榄在口，愈嚼愈有滋味。

文题为"窗"，线索为"窗"，文眼同样是"窗"。

作者设置的环境十分简单，人物只有两个。两位重病人在这窄小的天地里没有什么惊心动魄的斗争和复杂的纠葛，唯一的矛盾就是不靠窗的病人想得到靠窗的病床。正是透过微观世界中的这一矛盾，我们看到了善恶两个灵魂的猛烈撞击。

临窗的病人虽身患重病，但他热爱生命，在他的心中，窗是他们两人共同的财富，窗外的"春天"理应两人共同享有。而不靠窗的那位病人，津津有味地听病友描述，充分享受了这段美好时光，但他却不满足，还强烈地渴望占有那扇窗户，最终以见死不救的手段堂而皇之地取得了靠窗的床位。然而，生活偏偏不肯饶恕他，他费尽心机得到的只是光秃秃的一堵墙。

一扇窗户照出了两个灵魂，表现出两种截然相反的处世态度，揭示了人性的美与丑。

思考练习题

1. 简析文学艺术的"三分法"和"四分法"。
2. 简述中国诗歌发展的历史。
3. 诗歌的主要特点是什么？
4. 散文鉴赏的主要方法是什么？

5. 《秋声赋》与《秋》中秋天体现了各自的神韵，试比较两篇文章的写作方法。

6. 阅读下文，回答后面的问题。

被谋杀的小天使

大画家詹姆斯·惠斯勒年轻时曾被西点军校录取。那是19世纪50年代，军校的教授为这个固执的"差等生"伤透了脑筋。

有位工程学教授让同学们设计一座桥。惠斯勒的设计图上是绿草如茵的河岸，一座充满浪漫色彩的小石桥，还有两个儿童在桥上垂钓。教授命令惠斯勒重画，给他的批示是："把那两个孩子给我从桥上撵走，这是军事桥梁！"几天后，惠斯勒交回了作业。这次，钓鱼的孩子被从桥上转移到了岸边。教授气急败坏地批示道："我叫你把这两个孩子去掉，把他们从图上彻底删除！否则你的成绩将是不及格。"

当天下午，修改过的图纸就出现在教授的办公桌上。教授一看，图中果然不见了小孩的踪影，心里正高兴，突然发现河岸边多了两个小坟头，墓碑上刻着："永悼被独裁者谋杀的小天使——吉姆和埃娃。"

(1) 谈谈"军校的教授为这个固执的'差等生'伤透了脑筋"中"固执"的理解。

(2) 军校的教授具有怎样的性格特征？

(3) "永悼被独裁者谋杀的小天使"一句表达了惠斯勒怎样的思想感情？

(4) 大画家惠斯勒年轻时在西点军校被认为是"差等生"，由此可以引发我们对人才问题、教育问题怎样的思考？

7. 阅读下面的文字，完成后面的题目。

娶新娘的车

[日] 川端康成

这个村，只有一辆人力车。

看起来足有150斤重的一个大汉坐在车上，一个豆大的小个子家庭妇女摇摇晃晃地拉着车走。孩子们跟着那个滑稽的人力车，不离左右地喊："喂，瘫子胜五郎！""这不是蚂蚁拉着讨厌鬼么？"

主妇还有些难为情，悄悄地流过眼泪，但是习惯了之后就毫不在乎了。这主妇每天早晨和傍晚让丈夫坐在车上拉着他去温泉。丈夫是抬着本村山上伐的木材往山外运的半路上，从崖上跌下来，挫伤了腰。外伤不久就好了，但是腿站不起来，洗温泉能见好吧……但是到山溪边上那个温泉总有一公里之远，因此，她从遥远的火车站所在地的街上买了这辆旧人力车回来。

因为碰上了炎热天气了吧，小学二年级的女生晕倒在操场上了，必须带她去医生那里，这就需要门板啦，但是哪里也找不到门板。"这事好办极啦！"主妇赶到学校来这么说，"坐我的车去不就行了么？"把那病女孩子放在车上之后，她居然开始小跑起来。纯洁的孩子们很受震动，再没有一个人笑她拉人力车了。后来孩子们有个什么事的时候，学校一定求她出一趟车。

因为温泉的疗效，她丈夫的疼痛止住了，但是挫伤的腿却永远也不能活动自如了。农

活全靠这位主妇和她的女儿，丈夫就在家里编竹篮什么的。生活上有了些帮助，但是主妇却必须干两个人的活，而且还得用车拉着他去温泉。

好不容易把姑娘抚养大，能干活了，可是又不能不嫁出去。女儿完完全全新嫁娘打扮，坐上人力车，她母亲亲自拉着车送去。村民们当然笑口大开。不过这次的笑和以前的笑不同。一丝一毫嘲笑的意思也没有，而是满怀祝贺之意的兴高采烈之笑。从此之后，结婚的人家总是求主妇帮忙，用她的人力车迎娶新娘。

人们为主妇那辆古老的人力车起了一个很美的名字："娶新娘的车。"

它的全部功能还不只娶新娘，有闹病的或受伤的孩子，全是用主妇的那辆车。

如今，他们都大了。有的年轻人就说："大婶年老了不能动了，我就让她坐上我的车，带她去温泉，作为我们的回报。"

(1) 简析这篇小说中"主妇"的心理变化。

(2) 有人认为作品在"人们为主妇那辆老旧的人力车起了一个很美的名字：娶新娘的车"处结尾好，有人认为还是现在的结尾好。究竟哪种好，请谈谈你的看法。

8. 阅读《箱子岩》中的文字，完成后面的题目。

那一天正是五月十五，河中人过大端阳节。

箱子岩洞窟中最美丽的三只龙船，早被乡下人拖出浮在水面上。船只狭而长，船舷描绘有朱红线条，全船坐满了青年桨手，头腰各缠红布。鼓声起处，船便如一支没羽箭，在平静无波的长潭中来去如飞。河身大约一里路宽，两岸皆有人看船，大声呐喊助兴。且有好事者，从后山爬到悬岩顶上去，把"铺地锦"百子鞭炮从高岩上抛下，尽鞭炮在半空中爆裂，形成一团团五彩碎纸云尘。彭彭彭彭的鞭炮声与水面船中锣鼓声相应和，引起人对于历史回溯发生一种幻想，一点感慨。

(1) 在这段文字中，作者主要侧重描写了什么场面？

(2) 给这一段场面描写划分层次。

(3) 这段场面描写用了什么艺术手法？

9. 阅读《春江花月夜》中的一段文字，完成后面的题目。

_____，海上明月共潮生。滟滟随波千万里，何处春江无月明。江流宛转绕芳甸，月照花林皆似霰。空里流霜不觉飞，汀上白沙看不见。

(1) 在画横线处填上相应的句子。

(2) 这八句属于_____描写，由_____到_____，由_____及_____，笔墨逐渐凝聚在_____上了。

(3) 概括本段的中心内容。

10. 阅读《秋声赋》，回答后面的问题。

(1) 第一自然段描绘了什么景物？怎样描绘的？这样写表达的好处是什么？

(2) 第二自然段在描写秋声之外，还写了些什么？这与写秋声有怎样的联系？

(3) 第三自然段中，作者从聆听秋声中抒发了怎样的人生感悟？

(4) 文中两次写"童子"、文末写"虫声"有何妙处？

第三章　音乐鉴赏

第一节　音乐鉴赏概论

音乐作为人类最古老、最具普遍性和感染力的艺术形式之一，是人类思想情感的艺术再现，古今中外每一件优秀的音乐作品，从短小的歌曲到大型的交响乐，都是情真意切的心灵在闪光。这种心灵的艺术已经成为人类精神生活的有机组成部分，对音乐作品的表现和鉴赏既是美的感受，又是精神力量的获得。同时，它作为人类文化的重要形态和载体，也蕴涵着丰富的文化和历史内涵，在素质教育中发挥着巨大作用。

一、音乐的内涵和特征

（一）音乐的内涵

音乐是艺术门类中最抽象的一种艺术形式，它是以乐音为基础材料进行有机的结合，通过表演成为具体的音响，引起人们各种情绪反应和情感体验，从而表达一定的思想感情、反映现实生活的一种艺术。它主要有两种形式：用人声唱的声乐和用乐器奏的器乐。声乐是由一个或多个歌手表演的音乐形式，使用乐器伴奏与否皆可，而人声是作品的重点；含有人声但重点不在其上的乐曲一般称作器乐。不论是声乐或器乐都有多种结合的方式，如独唱、合唱、对唱，独奏、协奏及交响乐等。两者也可以混合，声乐用乐器伴奏，或在器乐交响乐中混入人声，等等。

音乐是审美意识的一种特殊表现形态，以流动的音响为物质媒介进行艺术创造，是音乐与其他艺术表现方式的根本区别。现实中的美作为音乐的反映对象，它不是直接被再现，而是一种通过人的主观感受上的折光，间接地得到表现的。因此，所谓"音乐形象"，和绘画、雕塑中的视觉可见的形象不同，它不具有客观对象的一定形状、色彩等特征的确定性；音乐利用特定音响的变化与特定情感起伏的复杂对应关系，间接和曲折地反映社会生活的复杂斗争与人的思想情感变化的关系，通过调动欣赏者的审美感受能力，运用联想和想象而在内心唤起一定的情感意向。因此，音乐的形象是比较间接的、抽象的，是非语义性的、非空间性的、非具象性的艺术。

(二) 音乐的基本特征

1. 音乐是声音的艺术

我们知道，音乐是由各种音响构成的，各种各样的声波振动是音乐赖以存在的物质材料。声音又可以分为乐音和噪音两类。那些通过物体有规则的振动发出的音高十分明显的音，就是乐音，比如小提琴、二胡、笛子、钢琴、定音鼓等乐器发出的音，都是乐音。而物体没有规则的振动，发出来的音高不明显的音则是噪音，比如锣、钹、碰铃、手鼓、军鼓等乐器发出的都是噪音。虽然在音乐作品中使用的主要是乐音，但噪音也是不可缺少的，它们在增强音乐色彩、突出音乐节奏等许多方面都发挥着不可替代的作用。特别是在现代音乐中，噪音的表现作用越来越引起人们的关注，并被广泛地运用。

音乐的音响性也决定着自身表现的非写实性特征。音乐几乎不可能直接用音响再现生活，也不能像文学作品那样，以语言为中介表现事物细节、描绘具体情景，它通常只对事物的情感意境进行描画，以复杂多变的音响诉诸听觉，使人们从音流的高低、强弱、快慢等音响氛围中，感受作品传达的特定感情。音乐可说是摆脱各种具象形态，直接作用于人类情感的艺术形式。

2. 音乐是情感的艺术

与文学、绘画、雕塑等艺术相比较，音乐与感情的联系最为直接，也最善于表现人的情感。早在两千多年前，我国《乐记》就提出"凡音之起，由人心生也"的看法，描述了音乐是以怎样不同的声音表达人的哀心、乐心、喜心、怒心、敬心、爱心等六种不同心情。黑格尔在其《美学》一书中也说："在这个领域里音乐扩充到能表现一切各不相同的特殊情感，灵魂中一切深浅程度不同的欢乐、喜悦、谐趣、轻浮、创造性和兴高采烈，一切深浅程度不同的焦躁、烦恼、忧愁、哀伤、痛苦和怅惘等，乃至敬畏、崇拜和爱之类情绪都属于音乐所表现的特殊领域。"

那么，音乐又是怎样表现情感的呢？众所周知，感情是指人的喜怒哀乐等心理活动，是人对客观事物的一种反映。现代心理学研究表明，音乐的声音与人的情感、意志活动有着直接同构对应的关系。所谓同构对应，就是指声音和情感在运动形态上都存在着高低的起伏、节奏的张弛、力度的强弱、色彩的浓淡等，并形成了一定的对应关系。凭借这种关系，音乐就能够通过声音的各种变化，用类比或比拟的方式，从多种方面细致入微地模拟和刻画人的内心活动，从而使创作者和听者在音乐中抒发、体验某些情感。

3. 音乐是听觉和时间的艺术

优美的旋律和丰富的音色变化，只有直接作用于我们的耳朵，才能使我们聆听到音乐，从而引发各种情绪反应和体验。音乐作品需要经历一定的时间，在时间的流动中展衍、结束，来塑造艺术形象、表现人的情感。

音乐的时间性和流动性一方面使音乐形象转瞬即逝、难以捉摸，同时又使音乐作品具有常听常新的永恒魅力。

4. 音乐是表演的艺术

当画家作完一幅画时，一件独立的艺术作品就诞生了，它不需要任何媒介，就可以供人观赏；当一部小说写完后，就可以直接与读者见面，供人阅读；而音乐创作者在完成一

艺术鉴赏

部作品后，还必须通过表演这个环节，才能把作品传达给欣赏者，实现艺术作品的审美价值。虽然乐谱可以记录音乐，但它只是一种特殊的声音符号，毕竟不同于语言文字，可以直接具体地传达作品的含义，不能令欣赏者从中获得完整的审美体验。所以，音乐只有通过表演，才能获得真正的生命意义。

二、音乐的基本表现手段

音乐是以声音作为基本表现手段的，但就像文学作品不是文字的简单堆砌那样，音乐也不是声音的简单堆砌。音乐中的声音是将各种声音要素(如音值、音高、音量、音色、速度等)用音乐的组织手段——旋律、节拍、调式、和声、复调、曲式、织体等，按音乐形式美的法则(和谐、比例、对称、调和对比、整齐一律、多样统一等)组织在一起的。构成音乐的声音要素与组织手段，我们称之为"音乐语言"，或称之为音乐的表现因素。

音乐中的基本表现要素和手段主要有旋律，调式、调性，和声，节奏、节拍，速度、力度，音色，音区和织体等方面。

(一) 旋律

旋律也称曲调，是构成音乐形式、抒发思想情感的最重要的表现手段，它以其鲜明的主题性格、独特的动机音型和音调素质，成为欣赏者所能感受到的最为明显和直接的要素，最能唤起人们的共鸣。欣赏者对于音乐作品常常能够记住或哼唱的就是旋律。某种节奏型可以用在若干不同的作品之中，某组特别的和声可能配得上若干首曲子，唯有旋律是独一无二地表现某一作品基本内容的代表特征，它是音乐的灵魂。

不同的旋律具有不同的表现作用：

(1) 上行旋律：由低音向高音进行的旋律，往往可以使音乐的情绪高涨，常带有渐强的意味。

(2) 下行旋律：由高音向低音进行的旋律，往往可以使音乐的情绪趋于缓和、平静、低沉，常带有渐弱的意味。

(3) 直行旋律：又叫同音重复。直行旋律由于音高无变化，节奏的表现作用变强了，它适于表现执著的、富于鼓动性的情绪。

(4) 波浪式旋律：起伏相间的旋律，给人以优美、舒展、委婉曲折之感，抒情性很强。

旋律不是一个脱离于其他表现要素而单独存在的要素，而是各种表现要素的统一体，它表达作品内容不仅仅是通过音高关系，而且是通过各种要素的有机组合、相互作用来实现的，它与其他表现要素的关系是整体与个别的复杂关系。

(二) 节奏和节拍

节奏也是音乐的基本表现手段，它是音乐旋律进行中音响的长短、强弱、轻重等相互关系的有序组合。节奏是音乐的骨骼，是音乐中很重要的表现因素。旋律脱离不开节奏，而节奏却可以脱离旋律而独立起作用。

节奏有着重要的表现功能，是旋律的主干，它能把乐音组织成一个整体，使乐曲体现出情感上的波动起伏，对音乐情绪的表达、内容的体现和形象的塑造都起到非常重要的作用。音乐的强烈表现力，就在于音乐直接表现出的有生命的情感，而节奏是音乐运动的依托。离开节奏，音乐将无法在时间中展开，自然就会黯然失色。

一种节奏的重复被称为节奏型，一首乐曲一般有一个基本的节奏型，但又不能始终使用一种节奏型而显得单调，于是人们在统一的基础上不断创造出节奏的许多变化形式。这种变化呈现出多样统一的风格，每个音乐作品都会有多种节奏表现。音乐家从未停止对节奏的创造，一些探索性的音乐作品，其复杂多样的节奏形态只能运用数学的办法才能得以明晰；还有一些音乐作品，原来的节奏只要被改变，音乐的整个性质就会发生变化，而新的思想内容和精神内涵也会随之获得，因此有时我们仅仅通过节奏型本身就可以判断乐曲的类别。

节奏不同于节拍，节奏是时值各要素总的时间组织，节拍是音乐中的强拍和弱拍周期性的有规律的重复。我国传统音乐称节拍为"板眼"，"板"相当于强拍，"眼"相当于次强拍(中眼)或弱拍。节奏包括节拍，节拍是节奏的表达方式之一。在音乐美学中，规律交替的节拍一般被称作"韵文式节奏"，而自由散板则被称为"散文式节奏"，它们表现出不同的审美情趣。

节拍本身具有一定的表现力，不同的节拍会表现出不同的节奏感，具有不同的表现作用。二拍子强弱分明，节奏清晰明快；三拍子表现出的节奏感具有一种旋转的韵律，常用于舞曲或不平心境的表达，具有动荡、摇曳、回环的特点；四拍子往往给人以稳健的感觉。音乐表现不同的审美情感时，会采用相应的节奏、节拍。如平静时，多用平缓的节奏、长时值的音；激动时多用紧张急促的节奏和强弱交替频繁的节拍。

(三) 调式和调性

调式和调性是音乐表现的重要基础要素。调式是在长期的音乐历史发展中形成的音高关系的体系，其表现力体现在该体系中的各个音级的运动个性之中。在调式体系中，有的音具有活跃而不稳定的性质，如下属音和导音；有的音具有稳定或较稳定的性质，如主音和属音。前者在音乐进行中意味着音乐构思的继续；后者则意味着收束(或暂时的收束)从不稳定到稳定，又从稳定到不稳定，这种运动的性质便构成了调式在音乐表现中的基础。

在音乐历史发展过程中，不同的时期和阶段形成了许多各不相同的、丰富多彩的调式，这些调式往往反映了一个时代或一个民族的音乐风格特征。

调性作为调式的高度，在音乐中的使用往往造成音乐中的新的紧张性和新的矛盾。不同的调性对比能够造成各种色彩的对比和变化，为音乐的运动增加活力，是推动音乐向前变化发展的重要动力。

(四) 和声

和声是在调式的基础上产生的一种重要表现要素。和声是两个以上不同的音按一定法则同时发声而构成的音响组合，它是多声部音乐按照一定关系构成的重叠复合的音响现象，包括和弦与和声进行两方面。按一定音程关系构成的三个以上的音同时奏响称为和弦；一系列不同和弦有规律地进行(连接)称为和声。

如果说旋律构成了音乐的横向方面，那么和声就构成了音乐的纵向方面，它极大程度地丰富着音乐的表现力，强化着旋律的结构，使音乐具有了立体感、结构感和色彩感，是

艺术鉴赏

音乐唤起审美情感反应的最有效、最富于弹性的要素之一。

在和声中，各种稳定和不稳定的和弦在音乐形象的塑造上有着高度的概括能力。在音乐的描绘性方面，和声也发挥着很大的作用，能够根据需要表达出各种不同的音响色彩。另外，和声在构成音乐的思维逻辑方面也具有重要的意义。

（五）速度和力度

音乐作品的表现内容丰富多样，要求有多种不同的表演速度。速度指音乐的快慢程度及其变化，通常运用以下术语来标记：广板、慢板、柔板、行板、小行板、中板、小快板、快板、很快的快板、急板、最急板等。

速度在音乐中的作用非常明显，最主要的就是直接形成或影响音乐性格以及音乐的基本形象。一般来说，快的速度通常是和激情、兴奋、紧张、恐慌、欢快、活跃等情绪情感特征联系在一起的；慢的速度则多与安详、宁静、沉思、忧愁等情绪情感特征相关。

速度的表现作用也是不可忽视的，同样一个曲调，用不同的速度来演奏或演唱，会有不同的效果。

力度指音乐的强弱程度，它的变化与乐曲的内容、情绪等有着密不可分的关系。一般来说，较强的力度往往给音乐带来雄浑、气势磅礴的效果；较弱的力度则善于表现细腻的情感。在一些音乐作品中，力度的渐强给人以由远走近的感觉，力度的渐弱给人以由近走远的感觉。

（六）音色

音色是指音的色彩和特性。音色取决于发音体的形状、材料及发音的方法和泛音等。音色好像绘画中的颜色，是音乐中非常重要的表现手段之一。音色可分为人声音色和乐器音色两大类。人声音色可分为男声、女声两类，而男、女声又都可分为高音、中音、低音等。女高音又可分为抒情女高音、花腔女高音、戏剧女高音等。乐器音色可分为弦乐器、木管乐器、铜管乐器、打击乐器等几类，同类乐器的音色亦各不相同。由于音色的不同，各种人声和乐器的表现呈现出丰富的色彩和巨大的表现力。

另外，音色的表现作用还在于其所体现出的特殊的民族色彩，如各民族的歌唱者和乐器特有的音色，使得其音乐的民族风格更为显著、鲜明，具有强烈的艺术感染力。

在音乐创作中，作曲家对音色的选择也不是随心所欲的，而是根据自己所要表现的内容、情绪及所要塑造的音乐形象的需要进行选择，如果选择不当，就会造成适得其反的效果。

（七）音区

音区作为一种表现要素，其划分是由于音列中一部分音的音色相似，是音域(一个人、一件乐器或一个乐队所能达到的最低音到最高音的范围)的一部分。一般将音域划分为高音区、中音区和低音区三个部分。高音区较明亮，中音区较平和，低音区较浑厚。在音乐的演唱演奏中，这种由音区造成的色彩变化往往会带来音乐形象上的变化与对比。

（八）织体

音乐中的横向与纵向两方面的关系和平衡的方式称为织体。织体可以分为单声部和多声部两类。一切单声部的曲调，如许多民歌、单声部歌曲和无伴奏器乐独奏等，都是以单声部织体作为其陈述形式的。齐奏(唱)也属于单声部织体形式。多声部织体可分为复调和主调两大类。复调指两支或两支以上的旋律在不同的层次中同时结合，这些旋律互相配合而又独立发展。在音乐创作中，作曲家根据表现内容的需要来选用不同的复调形式。

第二节　中国音乐作品鉴赏

一、中国音乐源流

(一) 远古至夏、商、周时期

对这时期音乐的了解，后人主要是通过音乐史料和实物考古来做依据的。如《吴越春秋》中记载的相传皇帝时的《弹歌》"断竹、续竹、飞土、逐肉"，大意是：砍断竹子，做成弯弓，弹出泥丸，追逐野兽。这是一首反映古时期狩猎活动的歌谣。历史学家和考古学家从"殷墟"出土的"甲骨文"中，发现了很多与音乐相关的文字，如"鼓"字和"乐"字等。在《周礼·春官》中有"大师……皆播之以八音：金、石、土、革、丝、木、匏、竹"的记载，表明周代的乐器是依据不同的制造材料来分类的。自夏、商至周，是中国古代音乐教育和"礼乐"制度趋向规范化的时期，出现了世界上最早的音乐学校"大司乐"，并在"礼乐"方面严格规定了音乐的等级制度。

(二) 春秋战国时期

"宫、商、角、徵、羽"是我国古代音乐的阶名，即五声音阶中各音的名称，表示音阶中的五个音级，合称为"五声"。春秋时期，"五声"作为比较完整的音阶理论体系已经确立。这时期，中国开始逐渐摆脱奴隶制社会而向封建社会转化，同时，由于铁器的使用，相应促进了经济、文化的交流。《诗经》中的"国风"，以及当时出现的收集民歌的"采风制度"，都表明民间音乐受到了人们的关注；由于历史的变革，这时期还出现了"诸子蜂起，百家争鸣"的现象，以儒家学派为代表的孔子"倡乐"，以墨家学派为代表的墨子"非乐"，以道家学派为代表的老子提出"大音希声"，这些思想对以后两千多年封建社会音乐文化的发展产生了广泛而深刻的影响。

(三) 秦、汉、魏晋南北朝时期

秦代时期，出现了秦王朝专设的音乐机构"乐府"，到了西汉，儒家音乐思想被推为正统，"乐府"得到了空前的重视，它一方面采集民歌加工配乐外，还创作和改编曲调，研究音乐理论，进行演唱、演奏，这样规模庞大的音乐机构，在我国历史上还是少见的。魏晋是我国历史上政治黑暗、社会动荡的时代，这时期出现了一批忧国忧民的文人音乐家，如嵇康、阮籍等。

(四) 隋唐五代时期

隋唐时期是中华文化辉煌于世界的时期，这时期政治、经济、文化都得到了广泛的交流和发展。音乐方面体现在传统民间音乐、宫廷音乐与外国音乐相互影响和相互借鉴。而唐代的大曲，是众多音乐中最有特色的，它是一种综合了器乐、歌唱和舞蹈，有多段结构的大型歌舞音乐。唐代还设置了"大乐署"、"鼓吹署"、"教坊"和"梨园"等机构，来管理和传授音乐。

(五) 辽、宋、西夏、金、元时期

这时期由于战乱，宋都南迁至临安(今杭州)。由此，形成了北以中都(今北京)，南以临安为主的两个文化中心。如果说隋唐时期的音乐文化注重的是不同地域的文化，那么，宋代则突出是活跃在中原城市的音乐形式，出现了"瓦舍"、"勾栏"等演出场所，在这方面，郭沔可称是这一时期的杰出代表，其代表作品有《潇湘水云》；在杂剧方面，以关汉卿、王实甫、马致远、白朴为代表的剧作家，创作出了《窦娥冤》、《拜月亭》、《西厢记》和《墙头马上》等传世佳作；在声乐理论方面，元人燕南芝庵的《唱论》是我国最早关于声乐理论的专著。

(六) 明清时期

明清时期，文人音乐受到了相应的关注，许多重要的古琴曲谱在这时期得到了整理和刊印，如《广陵散》、《酒狂》、《高山》、《流水》等。在戏曲声腔方面，形成了"高腔"、"梆子腔"、"皮黄腔"和"昆腔"四大声腔体系，以汤显祖、孔尚任和洪升等为代表的戏曲作曲家，创作出了《牡丹亭》、《桃花扇》、《长生殿》等优秀剧作。在曲艺方面，沿革了宋元说唱音乐的成果，发展成了有影响的"弹词"、"鼓词"和"牌子曲"三类。在民间音乐方面，明清"俗曲"以其特有的朴实、柔美的曲调，受到当时很多学者的重视。明代文学家、戏曲家冯梦龙在其出版的《山歌》和《桂枝儿》中，选集了大量反映当时冲破藩篱的男女情爱的民歌。在乐律方面，朱载堉以执着的研究，在世界上第一个创立了"十二平均律"理论，被誉为"东方文艺复兴式的人物"。

(七) 20世纪的中国音乐

20世纪的中国音乐经历了从世纪初的"学堂乐歌"的启蒙，到"五四"新文化运动的思索。从《国际歌》的传播到抗日救国运动的觉醒，以及在《义勇军进行曲》的歌声中，托起《中华人民共和国国歌》的1949年，经过了一个艰难而光荣的历程。在继往开来的乐章中，洋溢着50年代的热情，沉淀着60年代的疑惑，宣叙着70年代的命运，畅想着80年代的腾飞，聚合起90年代的辉煌。

学堂乐歌：1012年"中华民国"政府建立后，教育当局明令规定"乐歌"课为中小学校的必修课，并提出对青少年学生进行"美育"教育，后来音乐界将这时期的歌曲称为"学堂乐歌"。学堂乐歌内容上宣传爱国主义和民主主义思想，创作方法上借用外国的旋律填写新词而写成，贡献较大的有沈心工、李叔同等。

"五四"新文化运动前后，中国的音乐家们围绕着如何对待"西乐"和"国乐"的问题热烈地讨论，并涌现出了许多脍炙人口的音乐作品，如萧友梅的《问》，赵元任的《教我

如何不想它》、《海韵》，刘天华的二胡曲《病中吟》、《光明行》、《良宵》，黄自的《玫瑰之愿》、《花非花》，青主的《我住长江头》、《大江东去》，贺绿汀的钢琴曲《牧童短笛》，田汉作词、光未然作曲的《义勇军进行曲》，麦新作词作曲的《大刀进行曲》，光未然作词、冼星海作曲的《黄河大合唱》等。这些作品以其深刻的思想内涵而铭刻于后人的记忆之中。

新中国时期，音乐创作呈现出繁荣局面，如王莘的《歌唱祖国》，刘炽的《祖国颂》，施光南的《在希望的田野上》、《祝酒歌》，歌剧有《江姐》、《洪湖赤卫队》、《伤逝》、《原野》等，民族器乐曲有《彝族舞曲》、《春节序曲》、《梁山伯与祝英台》等。这些作品反映了人民向上的精神和安居乐业的生活。

二、中国音乐经典作品鉴赏

(一)《流水》

《流水》是一首古琴曲。古代"古琴"为"七弦琴"，有七根弦，约在唐宋以后逐渐称为"古琴"。其琴弦由粗而细，由外向内排列，一般按五声音阶定弦。古琴在我国古代文化生活中是最重要的乐器。孔子、司马相如、蔡邕、嵇康等都以弹琴著称，给人一种超凡脱俗之感。《流水》全曲分为六段：

一开始是引子，刚劲的八度连续跳进的音调，给人一种磅礴的气势。

第二、三段是主题及其变奏，旋律活泼轻快，用泛音演奏，就好像初春的山涧小溪，充满了生机。

第四、五段是第二主题，旋律悠扬婉转，用按弦演奏。

第六段是展开部分，是乐曲的高潮，用了大量的滚、拂、绰、注等演奏手法，描绘了滔滔江水一泻千里的惊心动魄的气势。

(二)《酒狂》

相传古琴曲《酒狂》是魏晋时期文人音乐家阮籍所作，由于当时政治的黑暗，他常用饮酒、弹琴、吹口哨、哼歌等方式来对付当时的统治者。《酒狂》的主题音乐是一个不断向上跳进，又逐渐下行的乐句，中间嵌入八度大跳音程，从而造成节拍轻重颠倒的效果，刻画出饮酒者醉意朦胧、步履蹒跚的神态。《酒狂》采用三拍子的节奏，这在古琴音乐中是罕见的。

(三)《梅花三弄》

《梅花三弄》最早是一首笛曲，相传为东晋时桓伊所作。"三弄"是我国古代音乐中的一种创作手法，同一曲调在不同段落中重复出现三次即可称三弄。《梅花三弄》旋律优美、流畅、典雅，描绘了梅花在静与动两种状态中的形象，描写了梅花凌霜傲雪的高洁品质，表达了古代文人超脱尘世、孤芳自赏的精神境界。

(四)《春江花月夜》

《春江花月夜》原名为《夕阳箫鼓》。"箫鼓"是我国古代用排箫、笛和鼓为主奏乐器的一种音乐组合形式。《春江花月夜》是一首典雅优美的抒情曲，它宛如一幅富有意蕴的山水画卷：春天静谧的夜晚，月亮在东方徐徐升起，小舟在江面上荡漾，船上的乐师们奏起了箫鼓，歌女们随着乐师的演奏翩翩起舞，人们的歌声、舞蹈、乐声和青山秀水融在一起，使人陶醉在春江月色之中，流连忘返，直到深夜才摇橹归舟。最后，橹声、歌声、乐声渐渐消逝在春夜中，留给人以无尽的遐想。

《春江花月夜》全曲分为十段：

第一段：江楼钟鼓。这段属于自由的散板，具有引子的性质。夕阳西照，江头尽处传来阵阵箫鼓声，优美流畅的旋律，犹如一幅斜阳余晖未尽时的江上秀丽景色。

两支音调不断地发展，音调(2)的五小节则是各段音乐结尾时都采用的同一乐句。在民间音乐中，这种手法叫"换头合尾"，起到深化音乐表现内容的作用，并在变化中求得统一。

第二段：月上东山。这里引出了全曲的主要旋律，优美如歌，旋律如波浪进行，显得格外柔美与和谐。末尾箫吹奏的婉转呜咽的曲调导入了深远的意境，令人凝神屏息，浮想联翩……

第三段：风回曲水。这是第二段的变奏，表现了江风拂水、流水回荡的景象；曲调在层层下旋后又委婉上升，旋律的起落增加了音乐的动力。

第四段：花影层叠。在前面出现徐缓的曲调之后，随即出现四个快疾的乐句，与前面表现的恬静意境呈鲜明对比，大有水中花影、纷乱层叠之貌。

第五段：水深云际。这段音乐在主题旋律基础上变化而成。其中音区出现八度跳跃，并运用泛音和颤音奏出飘逸的音响，音区音色的对比使人联想起水天一色的意境。

第六段：渔歌唱晚。这段音乐在每一个乐句的第三小节都用休止半拍后起板，因而显得十分的风趣、生动。

第七段：洄澜拍岸。这段音乐用了一连串顿挫有力、富于生气的模进音型，音乐快速而热烈，好似群舟竞归激起洄澜击拍江岸的情境。

第八段：棹鸣远濑。这段音乐与第九段"欸乃归舟"有所重复，常删去不奏，描绘了摇橹划桨的声态和动态。

第九段：欸乃归舟。这是全曲的高潮段落，旋律递升递降，速度加快，力度由弱至强，把音乐推向高潮，描绘了小船在归途中波澜起伏、人们欢畅的情绪。

第十段：尾声。归舟远去，一片幽静。乐曲采用了动与静、远与近的结合手法，使乐曲富于层次，引人入胜。

(五)《渔舟唱晚》

《渔舟唱晚》是一首古筝曲。筝在春秋时期已流行，至今有2300多年的历史。筝的音域很宽，最多时用了二十六弦，表现力强，常用于独奏、重奏、伴奏、合奏等，唐朝诗人白居易写诗曰："奔车看牡丹，走马听秦筝。"

《渔舟唱晚》乐曲引用唐代诗人王勃《滕王阁序》里"渔舟唱晚，响穷彭蠡之滨"一句中的前几字为标题，描绘了夕阳西下、渔人归舟的动人情景。

第一部分用慢板奏出恬静悠扬、富于歌唱的优美旋律，配合左手"吟"、"揉"等装饰技巧，展现出一幅诗情画意、湖光山色的黄昏景象。

第二部分一开始出现了不断模进变化的节奏音型，并以快板的速度、活泼的节奏、欢乐的情绪，两次推动旋律的发展，形象地刻画了荡桨声和浪花声，描绘了渔舟近岸、歌声

四起的欢腾景象。

（六）《十面埋伏》

《十面埋伏》是一首琵琶曲。琵琶于东晋时期由波斯经新疆、甘肃一带传入我国，唐代时演奏艺术发展到了一个高峰。"琵琶"二字在中国古代是模拟演奏手法的形声字，右手向前弹出叫"琵"，向后弹进叫"琶"，这两种基本手法合起来叫琵琶，抱在怀里弹。其音箱像半梨形，音色秀丽、流畅，既能独奏，又能伴奏或合奏。

《十面埋伏》描写了公元 202 年，刘邦、项羽在垓下决战时的场面，分为三段：

第一段：战前准备。列营、吹打、点将、排阵、走队，战鼓声及号角声营造出紧张的战争气氛。

第二段：战斗过程。埋伏、小战、大战，是全曲的中心部分。

第三段：战斗结束。项王败阵，乌江自刎，众军奏凯，诸将争功，得胜回营。

（七）《二泉映月》

《二泉映月》是一首二胡曲。二胡是流传于我国广大地区的弓弦乐器，因其有两条弦，所以叫二胡。二胡过去多用丝弦，现在普遍用金属弦。其强弱变化，最接近人声，有很强的再现力，适于演奏柔和、细致的作品。

《二泉映月》中的"泉"指江苏无锡的惠山泉，世称"天下第二泉"，以"二泉映月"为乐曲命名，不仅将人们引入夜深人静、泉清月冷的意境，更犹如见其人——一个刚直顽强的民间盲艺人阿炳(华彦钧)在向人们倾诉自己坎坷凄惨的一生。

乐曲由引子和六个段落组成，是变奏体曲式结构，以一个音乐主题为基础，在全曲中进行了五次变化和发展。

引子是一个下行音阶的短小乐句，充满哀怨、叹息的音调。这富于起伏变化、情感奔腾的旋律，引伸展开发展为给人以隐痛难言、久久不能平静的感觉。下乐句中，苦难的遭遇激起了难以抑制的激情。主题经过了几次变奏，情绪、力度等因素不断积累与发展，终于以势不可挡的力量推向全曲的高潮。高潮过后，音乐突然低沉下来，仿佛主人公又回到无限的哀怨之中，乐曲进入尾声，在对美好生活的向往和忧虑中淡淡结束……音乐鲜明地表现了阿炳在苦难生活中磨炼出来的倔强而坚毅的性格。

（八）《光明行》

1931 年春，刘天华创作了旋律明快坚定，节奏富于弹性的二胡独奏曲《光明行》，这是一首振奋人心的进行曲，由引子、四个乐段和尾声构成。

引子：以四小节相同的节奏型和在二胡内弦上奏出的空弦同音反复为特点，短促的顿音和轻巧的节奏型融为一体，宛如敲击的小军鼓在激励人们向前。

第一段：是全曲的第一主题，旋律抑扬顿挫，坚定有力，充满激情，形象地表现出追求光明、勇往直前的大无畏气概。

第二段：是全曲的第二主题，旋律舒展流畅，使人听起来柔美亲切，曲调先后在二胡里外两根弦上演奏，既达到了调式调性的转换，又充分利用不同琴弦造成音色上的变化、对比，展示了充满朝气、充满信心的人们向着光明前进时的内心世界。

第三段：这段音乐多次转调，演奏技术加强，旋律利用富有弹性的进行曲节奏及简洁明了的音乐语汇，形象生动地刻画了来自四面八方追求光明的人们，汇成一支浩浩荡荡的队伍，手挽着手，步伐坚定、精神抖擞地向前行进。

第四段：以5、1、3、5为主要音素，在G、D两调上构成旋律，旋律稳健有力而又具有豪放、雄壮的特点，表现了人们要冲破黑暗迎接光明的坚定决心。

尾声：整个最后的三拍以外，均用颤弓演奏，意境宽阔，气势磅礴，象征着人们以排山倒海之势、雷霆万钧之力，向黑暗发起猛烈的冲击，全曲在激越的情绪中结束。

(九) 《百鸟朝凤》

《百鸟朝凤》是一首唢呐曲。北魏时期，波斯和阿拉伯一带的唢呐传入中国，约有两千六百年的历史。唢呐音色高亢明亮，擅长于戏曲伴奏，民间吹打乐中多用。

《百鸟朝凤》是一首流行于我国山东、安徽、河南、河北等省的艺术珍品，演奏者用高超的演奏技巧，模仿布谷鸟、斑鸠、野咕咕、小燕子、鹌鹑、山麻雀、画眉、黄腊嘴、秋蝉等多种鸟禽的叫声，生动描绘了百鸟合鸣的朝气蓬勃的景象。

第一部分：主要旋律音调，具有北方民间音乐粗犷、爽朗的典型风格，给人以淳朴、欢乐的感受。

第二部分：模仿各种鸟鸣。

最后，乐曲在明快、欢乐的高潮中结束。

(十) 《梁山伯与祝英台》

《梁山伯与祝英台》是一部中国人耳熟能详的小提琴协奏曲，古老的传说、民族音乐的神韵以及西洋作曲技巧的借鉴，赋予了这首小提琴曲独特而永恒的魅力——蝴蝶的爱情，永恒的情思。

这首协奏曲创作于1959年，作者为何占豪和陈钢，他们当时正是年少气盛、才华横溢的上海音乐学院的学生。为了探索古为今用、洋为中用、交响音乐民族化的道路，他们选择了梁山伯与祝英台这一家喻户晓的民间故事，成功地创作了单乐章带标题的小提琴协奏曲。

这部通俗交响乐从梁祝故事中选择了"草桥结拜"、"英台抗婚"、"坟前化蝶"这三个主要情节，分别以呈示部、展开部和再现部的内容，表现了这对青年男女的忠贞爱情和对封建宗法礼教的控诉及反抗。它以越剧中的曲调为素材，结合采用交响乐与我国民间戏曲音乐的表现手法，加以发展，如运用散板、紧拉慢唱等特点，掀起一个个乐曲的高潮。同时还将民族弦乐器的滑指、颤弓和弹拨乐器的弹、拨、挑、吟等演奏技法移植到西洋乐器中，显得多姿多彩、细腻精致，使人听起来备感亲切和动情。

(十一) 《黄河大合唱》

《黄河大合唱》完成于1939年，由光未然作词，冼星海作曲。冼星海仅用一个星期时间写成《黄河大合唱》，但它却是冼星海最杰出的、影响最大的大合唱。全曲共分八个乐章，音乐会常略去第三乐章《黄河之水天上来》。

第一乐章：《黄河船夫曲》，声部领唱与合唱的形式，给人以激奋向上的感觉。由引子A、B两段构成。

第二乐章：《黄河颂》，由男高音或男中音独唱，分为三段。

第一段：四三拍，中速，音域宽广，气息深长，旋律起伏大，歌唱了黄河的雄伟气魄。

第二段：四二拍，稍快，音调挺拔激越，歌颂了五千年的中国文化，音乐进入高潮。

第三段：四四拍，节奏从容，舒展，歌颂了中华民族的伟大、坚强。

第三乐章：《黄河之水天上来》(常省略)。

第四乐章：《黄河谣》，用了女声二部合唱与混声合唱形式，分为三段。

第一段：四二拍，曲调优美、亲切，女声二部合唱唱出黄河两岸的美满生活。

第二段：四四拍，速度变慢，由男声进入后加进四部混声合唱。音乐沉重、悲愤，控诉中国人民在敌寇的践踏下，遭受着深重的苦难，生活在水深火热之中。

第三段：四二拍，旋律变化再现第一段，但曲调不再优美，两岸人民生活在苦难之中。

第五乐章：《河边对口曲》，男声对唱与混声合唱的演唱形式，为单乐段反复的分节歌。采用陕北和山西音调，乡土气息浓郁，配上中国打击乐器的锣鼓节奏，给人以亲切感；复乐段采用混声二部合唱，显示中国人民拿起刀枪，为国当兵，打回老家去，赶走日本侵略者的坚强决心。

第六乐章：《黄河怨》，由女声独唱，表达了黄河边一个被敌人蹂躏、失去心爱孩子的妇女，哭诉着积压在内心的痛苦和哀怨，令人痛不欲生。

第七章乐章：《保卫黄河》，用了齐唱、轮唱的演唱形式，单乐段的反复。全曲采用进行曲体裁，用 2/4 拍子、短促有力的节奏、附点音符、切分节奏、音程的扩大分解和弦等手法，使歌曲明快、豪放、乐观、自信，音乐形象鲜明、集中。以二部、三部轮唱形式，造成此起彼伏、此呼彼应、群情沸腾的气氛，显示了中国人民为保卫黄河、保卫祖国的伟大力量。

第八乐章：《怒吼吧！黄河》，采用了混声合唱的形式。《怒吼吧！黄河》是整个《黄河大合唱》主题思想的高度概括，犹如从四面八方号召中国人民起来战斗，造成千军万马锐不可挡的气势。力度、速度一遍比一遍强烈，造成排山倒海之势，雷霆万钧之力，形成全曲的高潮，使战斗的警号激励着人们勇往直前。

三、中国民歌鉴赏

(一) 民歌的概念

民歌是劳动人民在社会上口头创作的歌曲。一般是口头流传，在流传中不断地经过集体的加工，是劳动人民集体智慧的结晶。民歌的结构短小精炼，音乐语言异常简洁，音乐形象鲜明，易学、易记、易于流传，反映了劳动人民的思想情感、意志、要求与愿望，它既是"人民的心声"，又是"时代的镜子"。

(二) 汉族民歌的分类(按体裁分类)

1. 劳动号子

劳动号子是一种直接伴随集体劳动而歌唱的民歌。它在集体劳动时而歌唱，北方习惯地称为"哈腰挂"，南方称为"喊号子"。在劳动中它起到鼓舞、调节精神的作用，组织和指挥劳动，具有实用的价值。

1) 劳动号子的音乐特点

劳动强度越大，节奏越紧密、急速；劳动强度越小，节奏相对松弛、舒展。音调铿锵有力、粗犷、豪迈。歌词通常是即兴编唱。

劳动号子的演唱形式多为"一领众合"。领唱者又叫"号工"，也是劳动的指挥者，领唱部分一般高亢、嘹亮，多唱实词，合唱部分坚实有力，多唱虚词，领唱与和唱交替进行。

2）《黎江船夫号子》简介

《黎江船夫号子》是我国最著名的行船号子之一。全曲由五种号子组成，表现了平水——见滩——上滩——拼命——下滩的各种劳动过程，生动地展现了船夫们同惊涛骇浪英勇搏斗的情景。

《平水号子》是风平浪静时唱的。领唱用比较自由的节奏，悠扬、舒缓的曲调演唱，众人以缓和而平静的节奏相和。

《见滩号子》是当船即将进入险滩或天色突变时唱的。领唱者提高嗓门，向大家发出警告，众人以沉着有力、充满信心的呼声应和。句幅逐渐缩短，领与和的交替逐渐收紧，节拍由 4/4 变为 2/4。

《上滩号子》是当船驶入险境，风暴来临与凶滩凶水搏斗时唱的。领与和变成半拍相接，领部短促的呼喊也与和部自由应和，形成一幅紧张劳动的画面。

《拼命号子》是当船行至最危险、最紧张关头时唱的，此刻人与船都处在性命攸关之际，他们不再是唱而是近似于呐喊，领和重叠，扣人心弦。

《下滩号子》是当船驶过险滩或风暴停息时，大家松了一口气，船又行驶在平静江面时唱的。这时节奏舒缓，音调平和，歌声随船渐渐远去，消失于碧空中。

2. 山歌

山歌产生于野外的劳动、生活之中，其曲调高亢嘹亮，节奏自由悠长，具有直畅而自由抒发感情的特点，有很强的表现力和感染力。

1）山歌的音乐特点

山歌的节奏舒展而自由，常在歌曲前加上一个呼唤性的喊句，如"哎……"、"哎呀来嗨……"。曲调一般比较爽朗、质朴、悠扬、嘹亮、顺口、悦耳、易懂。句尾较多用甩腔，有浓郁的地方色彩。歌词多即兴创作，带有随意性，内容多反映爱情生活。演唱形式以独唱或对唱较多。

2）山歌的分类

我国山歌各地有不同的名称，如陕北叫"信天游"，青海叫"花儿"，山西叫"山曲"，内蒙古叫"爬山调"，四川叫"晨歌"，苗族叫"飞歌"，草原称为"牧歌"，水乡称为"渔歌"等。从山歌的音乐风格和歌唱特点看，可分为高腔、平腔、矮腔及多声部山歌等。

(1) 高腔山歌：曲调高亢、嘹亮、奔放，音域较宽，音程跳动也较大，拖腔长，节奏自由，曲前常有吆嗬性的喊句，演唱时多用真假声交替，如《上去高山望平川》。这是一首"河湟花儿"，用隐喻手法，表现了对意中人的爱慕与渴望。曲调基本用 6、1、2、5 四个音组成，形成一种独特风格的五声徵调式。连续四度音上下跳进，给人一种辽阔挺拔之感。

(2) 平腔山歌：曲调悠长，进行平稳，节奏较为自由，拖腔较短，如《小河淌水》。这首歌用质朴流畅、深情的旋律，再现了阿妹对情哥的思念之情，歌曲借景生情，望月抒怀，欲问还羞。全曲由五个乐句构成，基本曲调由 2、1、6 构成，具有云南的地方特色，属于羽调式。

(3) 矮腔山歌：曲调优美、柔和，音域不宽且大跳少，结构较洗练，节奏规整，无拖腔，多用真声演唱，如《太阳出来喜洋洋》。这是一首四川民歌，旋律舒展，节奏明快，基本音调由5、6、1、2、3构成，属于商调式，演唱中大量使用了呼牛的吆喝声和模仿锣鼓声的衬词，表现了西南人民开朗、乐观向上的性格。

3．小调

小调唱于人民群众生活中的休息、娱乐、集庆等场所，形式较规整，表现手法多样，具有曲折、细致的表现特点，在城镇、农村都广为流传。

小调的音乐特点：节奏一般比较规整，结构比较严谨；旋律比较柔美、流利、委婉、含蓄；歌词比较固定，常用"四季"、"十二月"、"五更"等连缀每段歌词；演唱形式以独唱为主，有二胡等乐器伴奏。

（三）汉族民歌色彩区划分

汉族民歌根据各个地区不同的地理条件，如水系、山脉、地形、气候的不同形成不同区域的民歌色彩。根据不同的音乐风格特点可分为西北色彩区、东北色彩区、江汉色彩区、湘色彩区、西南色彩区和客家色彩区。

1．西北色彩区

西北色彩区包括山西、甘肃、宁夏大部地区和陕西中部、北部，青海东部，内蒙古西部及河南西部。这些地区的地形属于高原地形，这就使山歌成为这里最主要、最有代表性的民歌体裁，并形成了音调悠长、高亢的特点，加上这些地区的气候和地理条件较差，人民生活困苦，歌中又常常带有苍凉、凄楚之情，多用甩音，如《赶牲灵》。

2．东北色彩区

东北色彩区包括河北、山东、辽宁、吉林和黑龙江的大部以及豫东北和苏北徐州地区。这些地区由于城镇繁荣，市民阶层发达，所以主要以小调为主，而且多用鼻音演唱。

3．西南色彩区

西南色彩区包括云、贵、川和陕南、广西西部以及湘西、鄂西南的一部分汉族地区。这些地该区位于高原和山地，高山、峡谷连绵不断，是多民族杂居的地方。这些地区的音乐带有边远地区的山野风味，自然、坦率并且色彩丰富。由于处于温带和亚热带，森林茂密，雨量充足，四季常青，自然条件较优越，所以这些地区的民歌并不像西北地区的民歌那么苍凉、凄楚，如《大河涨水沙浪沙》。

4．江汉色彩区

江汉色彩区包括湖北的大部及豫东、豫西南和湖北的一部分地区，位于长江中游，民歌显得古朴，往往会给人以历史悠久的感觉，如《车水情歌》。

5．湘色彩区

湘色彩区包括湖南的中部、东部和南部，有湘方言的特点，如《一根竹竿容易弯》。

6．客家色彩区

客家色彩区包括广东、福建、江西、台湾、广西等省区。客家是相对"土著"而言的，客家方言是在中古时期北方汉语的基础上，随着南迁而不断吸收新的因素后巩固下来的，既同北方方言有一定的联系，也杂有某些闽、粤语言的特征，如《打着山歌过横排》。

（四）中国少数民族民歌

在中华民族大家庭中，有五十六个兄弟民族，各个民族有自己绚丽多姿、风格独特的民歌，下面只介绍几种有代表性的少数民族音乐。

1．蒙古族音乐

蒙古族分布于内蒙古、东三省、新疆、云南、青海、甘肃等地。

音乐特点：蒙古族音乐以五声音阶为主，音调呈抛物线状，在弱拍位置上常用甩音，民歌有长调和短调。长调曲调悠长，节奏自由，在牧区中很多；短调曲调短小，节奏整齐。伴奏乐器主要为马头琴。

2．朝鲜族音乐

朝鲜族主要聚居在东北各省，大多数居住在吉林延边朝鲜族自治州。

音乐特点：朝鲜族音乐节拍以三拍为主，歌曲的符点较多，切分音也较多，在演唱中多运用颤音。在其民歌中有一种抒情民谣，称为"打铃"，据说是边打铃边演唱，速度较慢，后来加入了节奏欢快的歌唱节奏，这种民谣被称为"阿里郎"，主要乐器为杖鼓和伽椰琴。

3．藏族音乐

藏族分布在西藏自治区和甘肃、青海、四川、云南的部分地区。

音乐特点：藏族音乐多用音群组合，如6123、1235，旋律线条呈高声递进，音腔有呼唤性。

4．维吾尔族音乐

维吾尔族主要居住于新疆。其音乐中的重音总是落在最后一个音节上，从而导致了在节奏中常使用切分音。"十二木卡姆"是维吾尔族最有代表性的音乐体裁，综合了歌舞、器乐、民歌三种因素，因此，木卡姆不仅被看做是音乐艺术的最高表现形式，同时也和人的道德、文化修养相联系，被看成行为的准则、规范和本民族文化传统的核心。其音乐采用中国、波斯-阿拉伯和欧洲音乐体系，"手鼓"、"冬不拉"为主要伴奏乐器。

5．侗族音乐

侗族主要居住于西南部贵州省，多声部合唱的侗族大歌是侗族民歌最有特色的一种。唱大歌的歌班一般由四至十人组成，分男、女、童声歌班，一般由两人轮流唱高声部，其余人唱低声部，在结尾时，唱高声部的两人往往再分为两个声部，形成三个声部。

第三节　外国音乐作品鉴赏

一、西方音乐流派介绍

（一）从古希腊到文艺复兴时期

西方音乐是从古希腊、罗马文明的摇篮中孕育发展起来的。古希腊时期，人们认为音

乐能陶冶人的情操和灵魂。在中世纪一千多年中，教会音乐成为音乐文化的垄断者，音乐为宗教服务，《格里戈利圣咏》的产生最能说明此点。公元六世纪，罗马教皇格里戈利一世为了从宗教利益出发，统一了教会仪式，将所用的教仪歌曲、赞美歌等收集、选择、整理成一册，叫《唱经歌集》，这些圣咏和米兰地区安布罗斯主教编的圣咏被后人统称为《格里戈利圣咏》。《格里戈利圣咏》追求静穆、超脱，排斥人世激情，用拉丁文纯人声演唱，不用乐器伴奏。由于在形成过程中吸收了大量的各民族优美曲调，因此在当时广泛传播，并且被后来的巴赫、柏辽兹等作曲家引用。它的一些作曲技法也引起了一些作曲家的兴趣，因此《格里戈利圣咏》被称为西方音乐发展的渊源。

到了十二、十三世纪后期世俗音乐不断与圣咏融合，上、下声部用世俗性的歌词演唱，圣咏作为"持续调"，不断地在两个声部间进行，这样的复调音乐被称为经文歌。

文艺复兴时期，音乐创作发生了很大的变化，世俗音乐得到了较大的发展，音乐开始充分体现了人的生活、人的情感和人的强大的精神力量，从此，音乐走向了世俗化、情感化。

（二）巴洛克时期

公元 1600—1750 年是巴洛克时期，巴洛克是从建筑学、绘画史借来的专业术语，意思是指冲动、夸张、任性、幻想等。

这时期大、小调式代替了教会调式，音乐有了明显的民族风格，体现在有代表性的音乐大师的个人创作风格之中，作曲家和演奏家都很注重发挥艺术技巧，以求旋律的装饰和变化。这个时期器乐的地位也得到了确立。音乐从单纯为宗教服务转向为大众服务，面向世俗化。这时期清唱剧的经典形式——康塔塔也出现了。其代表人物有巴赫、亨德尔。

（三）维也纳古典乐派

十八世纪下半叶至十九世纪二十年代，以海顿、莫扎特、贝多芬三人为代表的维也纳古典乐派形成。当时，从法国兴起一场遍及欧洲的"启蒙运动"，提出了以人道主义为核心的"自由、平等、理性"等口号。三位作曲家不同程度上受到这场启蒙运动思想的影响，并体现于他们的作品中。该派的音乐精炼、朴素，从民间音乐吸取了很多有价值的东西，在音乐表现方面崇尚理性，情感的表现较含蓄，强调理智支配感情，理智和感情两者的关系趋于统一和谐。音乐中的矛盾冲突因素逐渐加强与深化。交响曲创作是这个时期的高峰。

（四）浪漫主义时期

浪漫主义音乐出现于十九世纪，其强调个人主观情感，在作品中将个人的生命和感受视为重要的内容，这与古典主义音乐强调理性形成了鲜明的对比。这一时期出现了许多极富浪漫气质的新的音乐体裁，如单乐章的标题性交响诗、即兴曲、夜曲、标题性音乐，使欣赏者更能理解音乐作品。其代表人物有舒伯特、韦伯、门德尔松、舒曼、肖邦、柏辽兹、李斯特、罗西尼等。

（五）民族乐派

民族乐派产生于十九世纪中叶。当时东、北欧的一些作曲家致力于振兴民族音乐，把

艺术鉴赏

西欧作曲技法运用民族民间音乐素材，创作出具有本国家、本民族精神及艺术特色的作品，蕴涵着深厚纯朴的民族感情和深刻的爱国主义精神。其代表人物有俄国的格林卡、巴拉基列夫、居易、鲍罗丁、穆索尔斯基、李姆斯基、科萨科夫等，捷克的斯美塔那和德沃夏克，挪威的格里格，芬兰的西贝柳斯等。

（六）印象派音乐

印象派音乐是十九世纪末二十世纪初由法国作曲家德彪西首创的一种音乐流派，其借鉴绘画手法，力图表现瞬间所感受到的主观印象，常用迷离恍惚的音乐语言，渲染出各种各样的色彩变幻。其代表人物有法国的拉威尔和杜卡、西班牙的法雅、英国的德留斯和司各特、意大利的雷斯庇基、德国的雷格、俄国的斯克里亚宾等。

（七）二十世纪的西方音乐

二十世纪随着现代经济、政治、科学的发展，艺术思潮发生变革，音乐风格呈多样化发展。下面简要介绍几种乐派。

(1) 表现主义和十二音音乐：表现主义出现于第一次世界大战前的德国，主张艺术应该表现人类的内心情感体验，形式上追求绝对的自由，没有主音、属音、下属音，以无调性音乐为主，代表人物有勋伯格、贝格、韦伯恩；十二音音乐是表现主义音乐的进一步发展，这种以"音列"及其各种变形为基础的作曲技法，使作曲家能够在一个有限的范围内充分发挥创造性，同时也保证了无调性音乐的结构统一性。

(2) 新古典主义音乐：盛行于二十世纪二十至五十年代，主张回避紊乱的社会和政治现实，回归到"古典"及"离巴赫更远的时代"中去。作品的内容大多选自古代神话故事和中世纪的宗教故事，力求模拟古代音乐风格，结合现代创作技法，从而形成一种新型的拟古音乐风格。其代表人物有意大利的布索尼、俄国的斯特拉文斯基、德国的享德米特等。

(3) 具体音乐：产生于 1948 年，由巴黎广播电台工程师谢菲尔首创。具体音乐是用录音技术把日常生活中的各种具体的声音(如火车轰鸣声、汽车的喇叭声、钟声、人体内所发出的声响等)作为音乐素材，进行复合处理而制成的音乐。

(4) 偶然音乐：出现于二十世纪五十年代，由美国作曲家凯奇首创，认为音乐的美是"偶然"发生的音响，强调音乐的偶然性和不确定性，故意取消记谱的准确性，增加符号、图表和文字提示，主演奏者临时即兴发挥。凯奇还认为沉默的无声也是音乐的内容，他创作的无声作品《4 分 33 秒》，演出时让钢琴家坐在钢琴前的琴凳上，手指不触琴键，这样在钢琴前呆坐 4 分 33 秒，这时钢琴虽是无声的，但观众可以从外界偶然产生的音响中听到音乐，这才是生活中的真实音乐。他的观念是"生活就是音乐，音乐就是生活"。

二、西方音乐经典作品鉴赏

（一）交响音乐作品鉴赏

1. 贝多芬《命运交响曲》

贝多芬(1770—1827 年)，德国作曲家。贝多芬的父亲是的波恩宫廷的歌手，为了使贝多芬成为莫扎特式的音乐神童，从 4 岁起就让贝多芬学习小提琴和钢琴，12 岁贝多芬当上了宫廷剧场首席小提琴师和教堂助理琴师。贝多芬的第一个真正的老师是聂耶菲，这位精通作曲技术、富有音乐知识素养的音乐家为贝多芬的艺术成就奠定了基础。在老师的帮助和劝告下，1787 年贝多芬得到海顿的帮助，第二次来到维也纳并定居，在此期间他向许多音乐名家学习，艺术上进步飞快，1795 年首次公演后，获得了卓越钢琴家和作曲家的声望。26 岁贝多芬耳聋，只能通过笔与人交谈(柏林图书馆至今还保存着他的 136 本笔谈手册)。贝多芬一生不幸，但至死都在一心一意为人类写出最动听的音乐而奋斗，罗曼•罗兰在《贝多芬传》中感叹道："一个不幸的人，贫穷、残废、孤独，由痛苦造成的人，世界不给他欢乐，他却创造了欢乐来给予世界！"

贝多芬的作品具有鲜明的个性，作品几乎涉及当时所有的音乐体裁，大大提高了钢琴的表现力，使之成为戏剧性的效果，使交响曲成为直接反映社会变革的重要音乐形式。他集中了古典音乐的精华，开辟了浪漫时期音乐的先河。他的创作体现了他那巨人般的性格，反映了他那个时代的"自由、平等、博爱"思想。它的革命英雄主义的形象可以用"通过苦难—走向欢乐；通过斗争—走向胜利"予以概括。这种执着精神仍为当代大学生所需要。他的作品既宏伟壮丽，又朴实鲜明，既内容丰富，又易为听众所理解。贝多芬的一生创作了九部交响曲，一部歌剧，32 部钢琴奏鸣曲，五部钢琴协奏曲，一部小提琴协奏曲，多部管弦乐序曲及小提琴、大提琴奏鸣曲，还有大量各种形式的重奏作品及声乐作品等。

《第五交响曲》(命运)作于 1805 年，完稿于 1808 年，是一部哲理性很强的交响作品，它揭示了人在生活中遇到的失败与胜利、痛苦与欢乐，说明生活的道路是艰难曲折的，但出于崇高的社会责任感，使人格外奋不顾身地去建立功勋。英雄挣断束缚他的锁链，点燃自由的火炬，朝着欢乐和幸福的目标胜利前进。

全曲由四个乐章组成：

第一乐章：C 小调，快板，2/4 拍，奏鸣曲式。

呈示部的主题是"命运"动机，音调激昂有力，是贯穿整部交响曲的"核心"动机。

这种"命运"的动机以各种不同的形式在以后乐章中反复出现，有时威严雄壮，有时阴暗凶险，有时倔强和紧张，有时悲戚和低沉。副部主题由圆号奏出，充满温柔、抒情，但又透出坚毅的性格。

到了展开部，以上两个主题交织在一起，使用了模仿、频繁的转调，增加了原来的不稳定性，使音乐显得更加丰富。

再现部基本上与呈示部相同，结尾部中，两个主题再次汇合，音乐的气势锐不可当，进一步显示出人民战胜黑暗的坚强意志和决心。

第二乐章：降 A 大调，稍快的行板，3/8 拍，双主题变奏曲式。

第一主题以民间歌曲的旋律改编而成，旋律气息宽广，节奏步调安详，由中提琴和大提琴演奏，充满了热情。

第二主题是英雄性的旋律，接近于法国资产阶级革命时期的进行曲和颂歌，但是在开始时，它也是充满柔情，犹如温存的冥想。

两个主题经过多次的变奏，使音乐进一步发展，到了第一主题的最后一次变奏，音调宽广坚定，像英雄性的凯歌，表明英雄性的形象得到巩固，已经为今后的斗争做好准备，对未来的胜利满怀信心。

第三乐章：C 小调，快板，3/8 拍，复三部曲式。

艺术鉴赏

第一部分有两个主题：第一个主题由大提琴和低音提琴奏出，旋律由上行到下行的乐句构成，犹如柔婉叹息的倾诉；第二个主题是命运动机的变形，它的音响威严，具有挑衅的、象征黑暗的势力仍占据上风。

中部部分出现了明显的转折，悲剧性的 C 小调转化为明朗性的 C 大调，出现了一个热情有力的民间舞曲旋律，它象征着人民群众的乐观情绪。

第三部分再现了第一部分的两个主题，最后，第一主题向上伸展，音域不断扩大，音响不断增强，接着，音乐直接进入辉煌灿烂的终曲。

第四乐章：C 大调，快板—急板，4/4 拍，奏鸣曲式。

主部主题包含两个部分：第一部分音响饱满有力，具有英雄的光辉；第二部分由圆号和木管乐器奏出，音色明亮而柔和，充满了喜悦。

副部主题是一首欢快的舞曲，音乐轻松流畅。在欢乐的舞曲之后，出现了一个与英雄主题有内在联系的音型。

展开部以副部主题为基础，描绘了欢乐的人群，汇成一片人的海洋，突然狂欢停止，"命运"动机再次出现，但已变得软弱无力，好似人们对过去斗争的回忆。

再现部重复呈示部，尾声中响起了光辉灿烂的凯旋进行曲，以排山倒海之势，表现出人民斗争最终获得胜利的欢乐。

2．柴可夫斯基《第六交响曲》

柴可夫斯基(1840—1893 年)，俄国作曲家，1840 年 5 月 7 日出生于乌拉尔的伏特金斯克城。他的父亲是一位矿业工程师，母亲是音乐爱好者。柴可夫斯基在家里接受了最早的教育，从小就特别富于感受音乐，童年时学会了许多俄罗斯民歌。1850 年，10 岁的柴可夫斯基被送入彼得堡法律学校学习，同时选修音乐课，学习钢琴和作曲。1859 年他毕业后在司法部工作，然而他自己并不喜欢这个职业，1862 年柴可夫斯基进入彼得堡音乐学院师从安乐•鲁宾斯坦学习作曲，毕业后在莫斯科音乐学院执教 12 年。1877 年他辞去教授职务，在富孀梅克夫人的资助下，从事专业创作和进行国际性的音乐会旅行演出(曾去德、捷、法、英、美等国)。1893 年 10 月 28 日柴可夫斯基在彼得堡亲自指挥演出他的代表作品《第六交响曲》，9 天后(11 月 6 日)在彼得堡逝世。

柴可夫斯基有一句名言："灵感不拜访懒惰的人。"他以自己勤奋的耕耘，创作了大量作品，他的作品几乎涉猎所有体裁，仅大型作品就有十部歌剧、三部舞剧、六部交响曲、三部交响诗、六部室内乐、四套交响组曲、一系列标题性序曲和器乐协奏曲，还有上百首浪漫曲和大量钢琴作品等。柴可夫斯基生活的年代正处于十九世纪下半叶沙皇专制制度腐朽没落的时期。他热爱祖国，关心俄国人民的命运，但又看不到俄国社会的出路。他的作品深刻地反映了这个时期俄国资产阶级知识分子渴求个人幸福，向往光明，以及对黑暗现实的惶惑苦闷的心情。他继承了格林卡以来俄国音乐发展的传统，但又能从揭示内心的感情冲突出发，形成了自己特有的能够自如地表达自我感情体验的艺术风格。他注意吸收西欧音乐发展的有益经验，重视向民间音乐学习，将高度的专业创作技巧与俄罗斯民族音乐传统很好地结合起来。他的旋律质朴感人，具有深情悠长、舒展宽阔的歌曲气质。他以十分乐队化的旋律发展手法，将强烈的戏剧性冲突和浓郁的民族风格巧妙地结合在一起，从而造成尖锐紧张的高潮和奔腾倾泻的感情激流。柴可夫斯基以自己丰硕的创作，为俄国音乐文化和世界音乐文化作出了卓越的贡献。

《第六交响曲》又称《悲怆交响曲》，"悲怆"这个标题是柴可夫斯基的弟弟莫杰特起的，作品创作于 1893 年 1 月 10 日。当时的俄国正处于沙皇亚历山大二世的残酷统治下，许多知识分子对沙皇制度怀着深切的不满，向往幸福美好的生活。在这部交响曲里，柴可夫斯基深刻地反映了当时俄国知识分子惶惑不安的情绪以及对统治阶级悲愤有力的抗议。

全曲由四个乐章组成：

第一乐章：b 小调，4/4 拍，奏鸣曲式。

引子由大管奏出，缓慢而低沉的音调，表现了一种悲哀情绪，它概括了第一乐章的基本思想。

主部主题的音调与引子相似；下行二度的模进，有一种叹息的意味，具有悲剧性的色彩。

副部主题由弦乐器奏出，明朗、温暖，优美如歌的旋律，表现出作曲家对幸福美好生活的憧憬。

展开部中出现了三次高潮，表现了内心狂风暴雨般激烈的冲突。

再现部变化重现了呈示部的音乐，情绪更为凄切。最后，音乐在缓慢、弱奏的进行曲似的音调中结束。

第二乐章：D 大调，优雅的快板，5/4 拍，复三部曲式。

这是一首五拍子的圆舞曲。第一主题温柔愉快，这个迷人的曲调把人们带入无忧无虑的幸福境界，与第一乐章形成了鲜明对比。

乐章的第二主题沉闷、哀伤，也与第一主题形成了鲜明的对比。

第三乐章：G 大调，4/4 拍，省略展开部的奏鸣曲式。

这一乐章是谐谑曲和进行曲的结合。

主部主题由小提琴奏出，躁动不息的快速音调，表现出紧张、活跃的情绪。

副部主题是一首庄严雄伟的进行曲，具有战斗的气氛。这个曲调一直发展，形成了巨大的高潮。

第四乐章：b 小调，3/4 拍，省略展开部的奏鸣曲式。

一般交响曲的最后乐章都是一个热烈欢腾的快板终曲，而这部作品的第四乐章是一首缓慢的哀歌，整个乐章始终贯穿着暗淡的色彩和悲伤的情绪。

（二）歌剧鉴赏

1. 概述

歌剧是以声乐为主体，把器乐、戏剧、美术、舞蹈、灯光、布景等合为一体的综合性艺术。歌剧于十六、十七世纪之交产生于文艺复兴时代的意大利，后来在欧洲各地广为流传。1594 年意大利诗人里努契尼、作曲者培里和卡契尼创作的《犹丽狄茜》，标志着歌剧的诞生。1673 年意大利的威尼斯建立了第一座歌剧院。早期歌剧剧情简单，歌唱段落少，伴奏乐器仅限于一架羽管键琴、一台七弦竖琴和几把诗琴，用于奏和弦。使歌剧趋于完善，并在欧洲艺术史上占有稳固地位的是意大利的蒙特威尔第(1567—1643 年)和 A.斯卡拉蒂(1660—1725 年)。蒙特威尔第第一个使歌剧戏剧化，并使歌剧音乐定型化。A.斯卡拉蒂则大胆发展了歌剧音乐的抒情性，创立了 A—B—A 式完整的咏叹调(一种旋律性和抒情性很强的歌调)和快—慢—快的意大利式序曲，并高度发展了被后世称为"美声"的独唱技术，使意大利在相当长的时期内成为欧洲歌剧的中心。

由于意大利声乐艺术的高度发展，使美声唱法越来越炫耀技艺而不顾歌剧剧情发展的完整性，歌剧开始偏离了创作原则——音乐性和戏剧性的完美统一。后经过德国格鲁克、奥地利莫扎特、德国瓦格纳对歌剧进行的各种改革，以及意大利、法国、德国作曲家们几百年的努力，才使歌剧得到蓬勃的发展，达到比较完善的地步。

1) 西洋歌剧按题材可分为正歌剧(大歌剧)和喜歌剧(轻歌剧)两类

正歌剧是指内容严肃、悲壮的歌剧，多取材于希腊神话和历史故事，形式上注重华丽的演唱技巧和舞台的装饰性，全剧不用道白，音乐从头贯穿到结尾，音乐包括序曲、咏叹调、带有伴奏的宣叙调(乐器合奏伴奏)、重唱、合唱、间奏曲等，如《茶花女》、《黑桃皇后》等。

喜歌剧是指内容轻松愉快的歌剧，多取材于现实生活，形式生动、活泼，表演幽默、风趣，有说有唱，说唱并存，音乐多采用当时流行的音调，具有浓厚的民族风格和地方色彩，如《费加罗的婚礼》、《卡门》等。

2) 西洋歌剧按音乐结构可分为器乐和声乐两部分

(1) 器乐部分。

① 序曲：开幕前演奏的管弦乐曲，起提示或概括剧情的作用。

② 幕间曲：幕与幕之间的管弦乐曲，起烘托气氛的作用。

③ 终曲：全剧结束时演奏的管弦乐曲，带有总结全剧的意义。

④ 舞曲：富于生活气息，常起到配合剧情、活跃气氛的作用。

(2) 声乐部分。

① 宣叙调：亦称"朗诵调"，旋律近于说白，节奏随着语言的变化而变化，用于陈述剧情，和戏剧动作紧密配合，也常作为咏叹调的引子用于咏叹调之前。

② 咏叹调：角色动作处于平静状态下演唱的独唱曲，相当于戏剧中的独白，主要刻画角色的性格和心理状态。咏叹调一般篇幅大，结构完整，音域宽，技巧复杂，音乐富于抒情性和戏剧性，可以在音乐会上作为演唱曲目来演唱。

③ 合唱：相当于戏剧中的群众场面，能烘托剧情的发展，使剧情富有动力。

2. 歌剧作品赏析《塞尔维亚的理发师》

《塞尔维亚的理发师》由罗西尼作曲。罗西尼(1792—1868 年)是十九世纪意大利歌剧的著名作曲家，出生于音乐家庭。1816 年，《塞尔维亚的理发师》在罗马首次公演，成为罗西尼喜歌剧创作的高峰，至今仍被公认为是意大利喜歌剧的名作。到 1829 年止，罗西尼共创作了 38 部歌剧。1868 年，这位显赫一时的歌剧大师因病去世。

《塞尔维亚的理发师》是根据法国十八世纪后期最著名的剧作家博马舍的话剧名著《费加罗三部曲》的剧本改编的，取自故事中的第一部。

故事情节：年轻的伯爵阿尔维瓦在仆人费加罗的帮助下，运用计谋战胜了贪婪的医生巴尔托洛和音乐教师巴西利奥，最终得到了意中人萝西娜。该歌剧赞扬了自由的婚姻观，歌颂了第三等级的人物形象：以费加罗为代表的社会平民的乐观顽强、聪明机智。

《塞尔维亚的理发师》全剧分为二幕三场：

序曲：表现了费加罗的聪明快活，渲染了全剧的戏剧性效果和喜剧气氛。

第一幕：有两个场景。第一场在巴尔托洛医生家旁边的街道上；第二场在巴尔托洛医生家的客厅里。

第二幕：场景仍在巴尔托洛医生的家里。

（三）音乐剧鉴赏

1．什么是音乐剧

音乐剧就是集音乐、舞蹈、表演为一体的独特的舞台剧表现形式。它起源于十七至十八世纪的欧洲，当时被称为小歌剧或喜歌剧，到了十九世纪中期才开始引用"音乐剧"这一名称。

2．音乐剧的特点

(1) 没有任何的条条框框，也没有唱法上的规范化，任何唱法都可以。

(2) 从音乐、舞台、美术、服装、道具等各个方面看都有戏剧元素在里面。

(3) 具有现代性，是当代音乐戏剧的代表，具有综合性、现代性、多元性、包容性，所以有很大的商业性，既是艺术品又是商品。

3．音乐剧《猫》欣赏

1981 年 5 月 1 日，由英国作曲家劳埃德·韦伯作曲的《猫》在伦敦首演，故事取材于艾略特的诗集，剧情描述一只猫如何获得永生升入天堂。这是一部拟人化的、充满幻想寓言色彩的舞台杰作，作者借各色各样的猫各个相异的经历和故事，述说人间的悲欢、不幸与不平。观众走进剧场，从观众大厅直到舞台充斥着形形色色的"垃圾"，整个剧场俨然成了一个大的"垃圾场"。观众身处其中，目睹大猫小猫公猫母猫肥猫瘦猫好坏猫满台跳荡、载歌载舞，给人以新奇莫测、变幻无穷的剧场魅力。《猫》的首演，轰动了英伦三岛乃至欧洲大陆。

1982 年 10 月起，《猫》分别于纽约第 50 街温特花园剧院和百老汇上演，同样在美国掀起了《猫》热，并获得了第 37 届托尼奖之最佳作品、最佳音乐、最佳剧本等多项大奖。后来，《猫》在世界数十个国家和地区常演不衰，累计上演场次高达四万多场。这个神奇纪录，是任何百老汇剧目均无法望其项背的。

《猫》的原始创意，来自于韦伯在一家机场书店里看到的一本艾略特的长诗《擅长装扮的老猫精》所获得的印象。韦伯与导演特雷沃·侬经过将近十年的酝酿和讨论，才将此剧艰难地搬上舞台。而这部古怪的超凡脱俗的音乐剧为韦伯赢得了世界性声誉，尤其是那首所谓"11 点钟的歌"、由"有魅力的格里泽贝拉"老猫唱出的《回忆》，该曲以忧伤的情调和动人心弦的旋律，表现了思归的格里泽贝拉回忆它离开杰里科猫族外出闯荡，经历了各种艰难遭遇和人生痛苦，昔日美好时光的流逝，青春不在，夕阳黄昏，对家乡和亲人的思念与渴望，都在歌中得到淋漓尽致的宣泄。如今已被视为世界音乐剧歌曲经典的《猫》，当初是韦伯熬了一个通宵突击出来的作品，而且只有旋律，现在的歌词是该剧导演特雷沃·侬后来呕心沥血配上去的。

劳埃德·韦伯是当代音乐剧作曲泰斗，1948 年 3 月 22 日出生于英国伦敦的一个皇家音乐学院教授和钢琴教师家庭。韦伯的大学时代，正是欧美国家现代主义思潮汹涌澎湃的时候，他表现出追逐时代潮流的趋新时尚和求变心理。19岁时韦伯写了他的第一部音乐剧《约瑟夫和神气五彩衣》，使他在音乐界小有名气。韦伯的代表作有《猫》、《星光快车》、《歌剧幽灵》、《日落大道》等。《日落大道》创造了二十世纪最后的音乐剧神话，也实现了韦伯音乐剧王国的"日不落"。《戏剧周刊》将韦伯列为"对美国戏剧界最具影响力的100人"的第一位，英国王室授予他爵位以表彰他对英国戏剧和世界音乐剧的杰出贡献。今天，不论你在美国、英国或世界的其他地方，也不论是在什么时候，都会有十几个巡回演出团在世界各地大都市里同时上演韦伯的音乐剧，韦伯本人每天从这些演出中收入的版税高达几十万美元，年收入超过亿元美金。

【延伸阅读】

如何欣赏音乐

如何欣赏音乐是一个非常老的话题，从古至今也有许多的专论。可到底该怎样欣赏音乐，还是有人不明白。其实，欣赏音乐也可以说是一个非常简单的问题，那就是只要你喜欢就行。经常听到很多人说："音乐好，就是听不懂。"可我也经常反问他们：你到底要听懂什么呢？音乐这东西，你只要觉得好听就行，何必要这么功利性地搞懂呢？其实真是这样。一首音乐名曲，你只要觉得好听，能让你感动就行了，不一定非要去琢磨这首曲子描写的是什么故事。关于曲式、调性、主题都是下一步的事。其实那些都还不是重要的，最重要的是你首先必须要觉得好听，能被这音乐感动。否则无论是什么名曲对你也是白搭。如果你能被音乐感动那就什么都好办。因为你在被感动时，会有一种冲动的想法，你会去思考为什么这音乐让人感动万分。也只有这样，你才有了进一步了解音乐的渴望。你想一开始就什么都搞懂那不太可能。

音乐在刚刚开始欣赏时，它所具有的那种音响的感染力太大了，它几乎能让所有听到它的人为之感动。这个时候的音乐是非常神秘的。它具有巨大的魅力，让人着迷。不管是旋律还是歌词，甚至到伴奏的和声等等，都会让人激动万分。我们可以从喜欢不同音乐类型的人群中看到流行歌曲和浪漫情调音乐的差别。非常明显的是音乐在这个时候对感官的引诱力太大了，特别是对那些还没有真正接触音乐或较少接触音乐的人更是如此。他们会一下子被它那或委婉的旋律或鲜明的节奏或悦耳的和弦甚至缠绵的歌词所吸引。也正因为如此，才会有很多人在这个时候往往把音乐当做一种寄托，当做理想，当做礼物，当做远离现实的逃避，甚至当做是自己的幻想世界。正因为如此，才有人经常参加电台、电视台的点歌节目，把自己喜欢的某支歌作为自己的一种心意当做礼物送给别人。因为他们觉得这音乐(歌曲)使自己感动，就好像是自己心境的表露。当然这无可非议，送什么给别人那是个人的事。一切都是在向前发展的，人不可能永远停留在一个欣赏阶段。在喜欢流行歌曲的人群中有一点是明确的，那就是30岁以上的人肯定很少。为什么？仅就阅历而言，那些"为了爱梦一生"、"永远相信爱情"实际上是比较虚的事。没有人会永远生活在这样的歌曲里，自己受不了别人也受不了。

音乐欣赏由浅入深有这么一个过程，即从感性认识(被音乐感动)到理性认识(探究音乐知识)又回到感性认识(更深层次的欣赏)这样三个阶段。这是欣赏音乐的必经之路。一个学习乐器的人不一定就是一个很好的音乐欣赏者，因为他关注的是技巧。表达与理解不是一回事。音乐有自己的语言，就像舞蹈中的一招一式都有自身的表达含义，音乐里的和弦、乐谱、速度、调性也有其含义。在刚一开始音乐能从感官上打动你，让你激动、欣喜。这是一种无意识的审美活动。可如果就此而已，你还是没办法去真正聆听音乐。

音乐具有巨大的感染力，这种感染力不仅是对刚接触音乐的年轻人，对一个饱经风霜、历尽人间艰辛的老人也是如此。只是欣赏音乐的阶段不同，所带来的思想内容也就不尽相同了。在感性认识的阶段，你对音乐的理解还只限于感官感受。如果你在欣赏音乐中不是主动积极的，那么你也许就没法真正去领会音乐的真谛。比如《蓝色多瑙河》这首脍炙人口的名曲，在感性认识阶段，我们会觉得它十分动听，其实我们仅仅只是被那起伏的旋律和三拍子的圆舞曲节奏以及这首名曲的故事名声或其他因素所吸引。我们并不知晓三拍子的圆舞曲形式为什么这么吸引人，不知晓这首曲子究竟由几首什么样的小圆舞曲组成；我们也不知晓施特劳斯圆舞曲与其他圆舞曲有什么实质性上的不同，但首先我们会被吸引、被感动。如果你面对一曲好听的音乐而无动于衷，那才是最没办法的。欣赏音乐时你必须是一个积极的聆听者，绝不满足于简单的感官感受和无意识的欣赏。这样你才会去深入了解这首作品的其他内容，从创作背景到音乐流派乃至音乐曲式、主题思想、内涵艺术造诣等等。这样，你对音乐的感悟就会比别人更深。在感性认识的第一阶段，我们通常还会借用一些作曲家对曲目的标题或后人标注的文字说明来加深对音乐的理解。比如《献给爱丽丝》这首贝多芬所作的钢琴小品，聆听中结合音乐加上标题文字的联想，我们就能很好理解这首温馨明快的抒情小品；又再如墨西哥作曲家罗萨斯的《乘风破浪圆舞曲》，由标题中我们可以领略到音乐所描写的那种浪花飞溅、海鸥飞翔、在波峰浪尖中航行的自由愉快的心情；克莱斯勒的小提琴曲《中国花鼓》，一听曲名就知道是由中国的五声音调来表现热烈又欢快的情调的。在浩瀚的音乐长河中有大量的标题性音乐，只要你愿意走进这音乐圣殿，你就会发现这殿堂中满是人类文明的精华，它就像一笔巨大的财富足够你受用。

音乐欣赏在最初阶段，主要依靠感官来感受音响。动听的旋律、悦耳的和声、有规律的节奏、起伏的响度等，都让人感受到一种欣愉。一个音乐爱好者特别是音响爱好者大都有这样的感受：首先追求的是音效。一开始用音响器材来重播音乐，是聆听比较音响器材，对不同的重播效果比如节奏、音色、动态等这些关于音响的概念涉及较多。至于什么内容、复调、赋格、对位，什么是塔兰泰拉，什么是奏鸣曲式，统统不知道。其实不完全是一部分音响爱好者不知道，很多人都不知道这些乐理概念。其实也没什么关系，音乐欣赏并不要求人人都是音乐家。每一个聆听音乐的人都会经历这样一个初级阶段，不管一开始他是听流行歌曲还是通俗交响音乐。这些年来，我也看到有这么一个现象：有一些年轻人，主要是中学生，如果他在孩提时没有受到音乐文化的熏陶，他将很快就迷上如迈克尔·杰克逊之类的摇滚音乐并且很快会变成一个痴迷疯狂的追随者。因为他们一下子就被那种疯狂的节奏和刺激的声响所迷惑，至于内容是什么，他们不理解，也不会理解，跟那些有理智的摇滚乐爱好者相比，他们只算是小儿科。有时候在电视台也会播出一些垃圾音乐节目，尽管不多却叫人恶心，但这些节目却有着一大群追随者。一个被动的、毫无鉴别能力的人很容易把糟粕当精华。

欣赏音乐时，你必须是主动积极的。你要有自身的体验，这种音乐的体验是非常重要的，因为按图索骥的音乐欣赏指南，仅仅是协助你加深这个体验。你想仅凭一本小册子或几篇类似这样粗浅的文章就能学会欣赏音乐，那是妄想。因为音乐欣赏指南只能告诉你怎样去欣赏音乐，如果你连一点点音乐的内心体验都没有，那些指南再怎么读也是白搭。因为没有一本书或一篇文章会教你如何在心中涌出激情或产生欣愉、悲哀或忧愁——这是人的本性所在。恩雅那近乎晦涩的音乐让大多数人听起来宛如天籁之音，可有人听出了梦呓和静穆，但这没有关系，你的素质和阅历驱使你这样。可如果你面对什么样的音乐都无动于衷，那才是真正的悲哀。

音乐不是调味品，尽管它可以拿来调节气氛，但它绝不是调味品。可现在很多人却把音乐当做调味品，似乎音乐是一个高档神奇的调味品。商店开张、大宴宾客、红白喜事……音乐就像餐厅里的胡椒。当音乐那神奇的声音响起时，它可以顿时让你肃穆，可以让你欣喜万分，也可以一下子就让你忧郁千种。音乐这种巨大的感染力是非常神秘的，但你千万别去把音乐拿来当装饰品，这里放一首通俗歌曲，那里来一段萨克斯，就像用那些廉价的塑料装饰品来装饰你的居室一样。

在欣赏音乐的初级阶段即感性阶段，你需要的是对音乐魅力的内心体验，不管是优美的旋律，还是迷人的音色或缠绵的歌词。总之，需要的是你能被音乐感动。只要你能被音乐感动就什么都好办了。

在聆听音乐时的情感体验以及对探求音乐的欲望将驱使你走入音乐圣殿的第二道大门：理性认识阶段。如果不经过这个阶段，你仍是一个被动无为的音乐聆听者，尽管你也许会选择音乐，也可能随时都在听音乐，可你仍然是被动的，因为除了你被音乐感动之外什么也没有了。优美也罢，欢乐也罢，悲伤也罢，仅仅只是听感上造成你的情绪上的波动而已。你当然可以随时随地听音乐，连开车上班或者吃饭时都可以聆听音乐，但此时的音乐仅仅只是给你造成一个屏障，用音乐里那些旋律节奏来隔绝城市的喧嚣和人世的纠葛。我们在前面提到过，音乐不是调味品。音乐尽管是非常神奇的，但它绝不是调味品。音乐是需要被人聆听的。你真要拿它来做别的用途，如烘托气氛、调节情绪甚至拿它来开胃，那它就不是音乐了。因为没人会认真地聆听餐厅重播的音响，更没有人会被某候机厅的音乐感动。只有当你认真地聆听音乐的时候，音乐才是音乐。因为一首音乐如果能引起你的内心体验则其中必定有某种内涵，这种内涵就是音乐内容本身。

进入到音乐欣赏的理性认识阶段，说明我们欣赏音乐已从被动发展到主动。在这个圣殿的第二道大门中，我们将认识巴赫、莫扎特，体会贝多芬、拉赫玛尼诺夫。总之，整个人类文明历史中所有著名的音乐家都将一个个从我们前面走过，让我们认识了解。我们还将知道音乐构成的要素——旋律、节奏、音色、和声；知道什么是巴洛克音乐，谁是浪漫主义后期的音乐代表；奏鸣曲和奏鸣曲式怎么不同。一个刚接触音乐的人对音乐的认识一般是比较肤浅的，如果不全面地理解音乐，你就不能更好地欣赏音乐。比如你不知道什么是音色，你就根本无法去理解音乐。因为音色就犹如绘画中那绚丽的颜色，从而决定了丰富的音乐含义。又比如在柴可夫斯基《第六悲怆交响曲》中那个感人至深的主题，其感染力实在让人欲哭无泪。杨明望先生对这个主题有一段让我觉得非常精彩的描述："这个困倦的心灵，带着不可磨灭的创伤，在无法抚慰的恸哭和悲哀绝望的热潮中，终于投入永恒死亡的怀抱。"如果对音乐没有了解，你能了解这个主题的深刻含义吗？

在理性认识的这个阶段，不一定每个人都有机会或条件去认真系统地学习音乐理论和音乐史，但我们仍可以通过其他一些书籍来获取有关音乐的知识。用"名曲赏析"这类书来对比聆听是最好的方法之一。乐曲分析、曲式结构、主题提示等对聆听者是必不可少的一环。这样一来，你就知道了协奏曲与交响曲在结构上的差别；你也就知道变奏曲与回旋曲的不同；甚至你也许就开始迷上了马勒或勃拉姆斯，帕瓦罗蒂那高昂激扬的嗓音与阿姆斯特朗的沙哑声可能你也同时都会喜欢……这一切都是建立在你对音乐了解的基础上的。也就在这个时候，你也开始发生变化了：你的谈吐、你的见解、你的阅历和涵养等等。"芝麻开门"，音乐这座巨大的宝藏已经对你敞开了大门。

所有的音乐都有其自身的内涵，你对音乐的了解就是对这些音乐内涵的认识过程。尽管每一个人都不可能孤立地停留在一个阶段去单纯地探究音乐知识而置音乐内涵于不顾。借助一些音乐欣赏名曲分析等辅助工具，认真聆听一首音乐作品是必要的。在这个阶段首先要了解音乐史，要知道音乐不同时期的不同的表现形式；你还要了解作曲家的基本内容，如贝多芬和瓦格纳在音乐创作上的不同风格和思想；另外，你还需要知道一些音乐的基本知识，比如曲式。其实曲式就是乐曲的形式。在曲式中最需要了解的首先是奏鸣曲式。一般来说，在古典音乐的曲式中，以奏鸣曲式为最多。奏鸣曲式基本上代表了大部分乐曲的基本形式，交响曲、协奏曲、室内乐等大都采用的是这种形式。奏鸣曲式有一个乐章的，也有三至四个乐章的。曲式当然不仅仅只是奏鸣曲式，曲式还有很多种。如变奏曲，用一个主题进行各种演变：A—A1—A2—A3—……—AZ。对变奏曲的了解可以聆听柴可夫斯基的《洛可可主题变奏曲》，一个主题变化为七个变奏。又如回旋曲，它的基本含义就是由一个主题多次重复：A—B—A—C—D—A…，其中 A 代表主题，而 B、C、D 等则代表变化，每一次变化之后又回到主题。对这个曲式的了解可聆听莫扎特的《A 小调钢琴回旋曲》。

音乐欣赏还应该了解主题。音乐中的主题是至关重要的。在一首乐曲中，一个聆听者应该牢牢记住这首乐曲中的音乐主题形象，它的变化对比发展等构成了音乐的全部内涵。所以我们在聆听音乐时一定要学会记住主题。在柏辽兹的《幻想交响曲》中那个孱弱敏感的青年艺术家主题音乐形象，从乐曲的第一乐章一直贯穿到第五乐章，且每个乐章都有其不同的变化，从一开始的温柔纯真到最后的怪诞疯狂。仔细聆听这个乐曲对理解主题很有帮助。如果你在聆听音乐时连主题形象都听不出来，你就没办法去很好地理解音乐。当然，音乐的主题不像视觉上的形象那样鲜明清晰，电影中的主要人物一出场，你就知道了电影的全部过程中一定是以他为主的。小说也一样，《红楼梦》中的贾宝玉与林黛玉是一个对比的主题，两个主题形象的关系对比发展贯穿整个小说。尽管也有其他的人物，如金陵十二钗和贾府众多人口，但主题形象却依然是贾宝玉与林黛玉。音乐里主题形象其实也是如此，只是音乐里的主题形象不会像电影、小说里那样鲜明。在一首乐曲里，音乐形象也有许多，但不管再多它们全都是围绕乐曲的主题形象的。在贝多芬《命运交响曲》中有很多其他的音乐形象：悲哀、叹息、厮杀、凶残、深沉的思考与坚强的信念、光明、胜利，甚至还有忧郁与彷徨，但这些都是由对比的主题形象而产生的。所以，在认真聆听音乐时一定要紧紧抓住主题，就像雨果唱片公司的易有伍先生说的，要提高你耳朵的聚焦能力，这样你才能在一片音乐的轰鸣声中找到那个时刻变化的主题形象从而领略音乐的无穷魅力。

在欣赏音乐的这个审美过程中，除了曲式，还有诸多的因素，如节奏、音色等。仅就节奏而言，音乐最初的起源应与节奏有十分密切的关系。节奏产生的韵律美使原始部落至今仍在信奉。不同组合的强弱快慢节奏以及多次重复能使节奏产生出非常巨大的内涵和韵味，让人疯狂或痴迷，没有人会拒绝节奏。在音乐中节奏的表现形式是节拍。节拍通常用小节线和节拍符号来表示，如 3/4，就表明这是三拍子，每一拍为四分音符，每一小节内有三拍，第一拍为重音，后两拍为弱音，这样就构成了一个圆舞曲的节奏型。改变重音的位置会引起一些崭新的变化。把两个以上不同的节拍组在一起又将形成新的复节奏。这样，无穷无尽的节奏就形成了音乐的组成要素之一。仅就节奏而言，一个欣赏者需要用耳朵去感受它而不是靠分析。整体的音乐欣赏也是如此。说起节奏还不得不提及诸如《哥利高里圣咏》之类的自由节拍的音乐体裁。在许多宗教早期音乐以及东方音乐中经常都有一些无节拍要求的音乐，其实这种自由节奏的音乐对节奏的要求更为精确，只是这种精确已无法用节拍记号来标注它，需要的是演奏者或演唱者对它更深层次的了解和把握。

音乐的魅力当然不仅仅只是在主题、旋律、节奏、色彩、曲式结构、调性等，有的时候甚至连作曲家的创作观念、演奏家的风格、录音师的录音技术及爱好，再加上聆听者的素质、阅历、情感、性格等诸多因素才构成了一个整体的音乐。单独去分析其中的一个部分其实都是对音乐的肢解。结合历史背景了解作曲家的创作个性，认真聆听主题的发展变化与对比，让你全身心都得到音乐及音响的感染，让你的思想情感以及情绪都在音乐的体验中发生微妙的变化。

在音乐欣赏的第二个阶段中你需要了解的东西确实太多了，这很可能会吓到一些爱好者：我的妈，欣赏音乐这么难！其实也没有什么。因为所有你需要了解的一切都是建立在你对音乐极大的兴趣上的。对这些知识的了解又促使你对音乐产生更大的兴趣。前提是你对音乐首先要有一种需要的欲望，也就是你首先要真正热爱音乐！也就是因为这个前提，你才能进入到这个阶段去认真学习这些音乐知识。

进入音乐欣赏的第三阶段，并不是十分明显的。因为对音乐认识的阶段永不能说结束。进入欣赏音乐的第三阶段，并不意味着要和过去的阶段划清界限。其实我们这样分析和介绍仅仅只是一个表述上的概念。但不管怎样，经过一段时间的学习(在此阶段的一切都主要靠你自己的自学，因为没有人会详细教你如何分析和理解一首乐曲)，我们对音乐已经有了一定的了解。这时候我们再来聆听音乐：当那神奇的乐音响起时，我们的心中就会泛起无际的激情的浪花。不管是与巴赫交谈还是和马勒神游，抑或是倾听莫扎特的心声，总之，音乐就像是情感的源泉，这时候你已经步入了音乐的殿堂。不管是人生征途的跋涉还是成家立业的拼搏，也不管你是年轻或年迈，落魄或得意，欢乐也罢，忧愁也罢，在音乐的殿堂里，你都是在用自己的情感去体验音乐！这时候音乐已经不再神秘了，音乐也不再是高不可攀的了，音乐所表达的一切也都不再是外表的。也许主题还是那个主题，但"山远水远，你我的心不远"，现在的你聆听音乐时的内心体验已经有了更深的心潮涌动。也就在这个阶段，你已经从一个被动的聆听者转变成为一个自由的音乐爱好者了。你不会用主题分析曲式结构来约束你思绪的自由飞翔，也不会在一个标题下用一个简单的音乐形象来束缚想象力的驰骋和情感的涌动。尽管有的时候也需要去分析主题、探究曲式结构等，但真正在聆听音乐时你已经确确实实是用情感来体验音乐了。在这个时候你需要的是纯音乐而不是什么主题或名曲荟萃。名曲集锦和主题联奏之类的音乐是最让人倒胃口的，因为它实在无法让人去产生什么激情。这一类的音乐只能算是普及读物，经常聆听这样的音乐所带来的最大好处就是能参加音乐有奖竞猜活动，那跟欣赏音乐没有多少联系。

在音乐欣赏的审美过程中，内心体验与认知活动永远是结合在一起的。从感性认识到理性认识这一发展过程永远不会停滞不前，我们对音乐的理解也永远是无止境的。跨入那美妙无穷的宏大的音乐圣殿，让我们自由、尽情地翱翔吧！

思考练习题

1．什么是音乐？音乐有哪些特征？

2．音乐具有哪些社会功能？

3．文艺复兴时期的旋律有什么特点？

4．历史上第一部歌剧是哪一部？谁创作的？现存的第一部歌剧是哪一部？谁创作的？

5．什么是奏鸣曲？什么是协奏曲？各自的特点是什么？

6．简述莫扎特的创作。

7．音乐的基本要素包括音的（　）、（　）、（　）和（　）。由这些基本要素互相结合形成音乐中常用的"形式要素"，如（　）、（　）、和声、（　）、（　）、曲式、织体等。

8．节奏是指音乐运动中音的长（　）和强（　）。

9．旋律也称作（　）。高低起伏的乐音按一定的节奏有秩序地（　）组织起来就形成了旋律。

10．音乐中使用的音按一定的关系连接起来，这些音以一个音（主音）为中心构成一个体系，就叫调式，如（　）、小调式、（　）等。调式中的各音，从主音开始自低到高或自高到低的排列起来即构成音阶。

11．音色有（　）音色和（　）音色之分。在人声音色中又可分（　）、（　）、男声等。乐器音色的区别更是多种多样的。在音乐中，有时只用单一音色，有时又使用混合音色。

12．中国十大古曲是《高山流水》、（　）、（　）、（　）、（　）、《胡笳十八拍》等。

13．民族管弦乐队由吹管乐器组、（　）、（　）和打击乐器组构成。

14．聂耳的代表作品有《　　》、《新女性》、《码头工人》、《铁蹄下的歌女》、《　　　》等。

15．《谁不说俺家乡好》歌词质朴、亲切，旋律流畅、悠扬。音乐采用了（　），富有浓厚的乡土气息。歌曲乐观奔放，委婉深情，表达了解放区人民对人民军队的热爱以及对解放战争必胜的坚定信念。歌曲结构为（　）四个乐句构成的乐段。

16．京剧四大名旦是梅兰芳、程砚秋、尚小云和（　）。

艺术鉴赏

第四章 舞蹈鉴赏

第一节 舞蹈鉴赏概论

一、舞蹈的含义和特征

舞蹈是属于肉体的最原始、最天然、最基本的艺术，它超越了种族、肤色、性别、年龄、阶级、语言、历史时期、地域范围、文化类型、宗教信仰、意识形态、审美趣味等诸多社会差别，成为"一切艺术之母"(苏珊·朗格语)和"一切语言之母"(科林·伍德语)，赢得了下至黎民百姓、上至皇亲国戚的宠爱，始终是人类生命最直接、最紧密的载体。

那么，什么是舞蹈呢？

(一) 舞蹈的含义

从字面上来看，舞蹈是由手舞和足蹈构成的，是一种人体动作的艺术。但是属于人体动作范畴的艺术也有很多种，如杂技、哑剧、体操等，舞蹈不同于其他人体动作艺术的主要区别在于，舞蹈是以舞蹈动作为主要艺术表现手段，着重表现其他艺术表现手段所难以表现的人们的内在深层次的精神世界和人与自然、人与社会及人自身的矛盾冲突，创造出被人感知的生动的舞蹈形象，表达舞蹈编导、演员的审美情感、审美理想，反映生活审美属性的人体动作艺术。此外，由于人体动作不停顿变化的特点，舞蹈必须在一定的空间(如舞台)、一定的时间中存在。舞蹈活动中一般都要有音乐伴奏，要穿特定的服装，有的舞蹈演员还要手持道具，而且如果在舞台上表演，那么灯光、布景也是不可缺少的。因此，舞蹈也是一种具有空间性、时间性、综合性的动态造型艺术。

据艺术史学专家考证，舞蹈是人类最早产生的艺术形式，在古人类尚未产生语言以前，人们就用动作、姿态来传达信息和进行思想情感的交流。其后，由于语言的产生，才诞生了诗歌音乐等其他艺术形式。在劳动中，由于制造工具的原因，人的手逐渐变得灵巧起来，又诞生了绘画和雕刻艺术。随着人类的进化，思维能力和认识事物水平的提高，曲艺、小说、戏剧等艺术才相继被创造出来。可以说，人类在原始社会时期，就有了与生存息息相关的原始舞蹈，它起源于人类求生存、求发展的劳动实践和其他生活实践，如狩猎、耕种、祭祀、战斗操练、健身等，涵盖了社会生活的各个方面。

关于舞蹈起源的学说，一直众说纷纭、莫衷一是，概括起来，大致有模仿说、游戏说、巫术说、宗教说、求爱说、劳动说等六大类。

（二）舞蹈的特征

艺术作为一种特殊的意识形态，在本质上区别于哲学、宗教、科学、法律等其他意识形态。同时，在整个艺术大系统中，舞蹈艺术同样以其独特的标志与表征，区别于其他艺术门类。从舞蹈艺术本体的角度出发，我们认为舞蹈是视听艺术、时空艺术、动态艺术以及以人体为主要表现媒介的综合艺术，而舞蹈艺术的基本审美特征也主要表现为动作性、抒情性、虚拟象征性和综合性。

1. 舞蹈的动作性

舞蹈是动态的艺术，动作性是舞蹈艺术的本质属性，也是舞蹈艺术区别于其他艺术门类的主要特征。舞蹈艺术的美是在人体动作有规律的变化中呈现的，身体动作有如语言，是舞蹈艺术表情达意的主要手段。

在舞蹈演员舞蹈中，人体本身并不是审美对象。但是，经过美化的人体动作，展现于观者的身体动态美便成为舞蹈艺术表现的主要审美对象。许多学者称舞蹈为"流动的雕塑、活动的画卷"。由此看出，舞蹈、雕塑、绘画都是视觉艺术，但雕塑艺术表现出的却是凝固美与造型美，绘画艺术表现出来的是姿态美与色彩美。舞蹈艺术作为动态的流动的视觉艺术，其媒介材料是有生命的人体。因此，舞蹈艺术不仅具有凝固美、姿态美，而且，它的动态美是区别于造型艺术的主要特征。人体的动作和姿态是生成舞蹈语汇的主要方面，人体本身具有丰富的表现力，能传达丰富而细腻的情感，经过艺术化了的人体动作就更具有艺术感染力，人体在动作中便可生成舞蹈的审美意象。动作性是舞蹈的本质属性。

舞蹈是动作的艺术，但不是生活中的动作。舞蹈动作是指经过加工、提炼、创造，并具有形象化特点的动作。正如语言要求表意，舞蹈动作也要求表现，通过对日常动作的概括、夸张、变形、美化来构成舞蹈的动作，在舞蹈中生成各种舞蹈语汇，以发挥抒情达意的功能。在舞蹈中，运动的身体即创造视觉美感的基本材料，也是内心情感外化的载体。舞蹈动作可以单一表现，也可以自由组合。舞蹈动作通常分为三种，第一种为表现性动作，此类动作适应于舞蹈抒情、形象塑造和展现技巧；第二种为描绘性动作，此类动作适应于舞蹈的叙事和表意；第三种为装饰性动作，此类动作在舞蹈中必不可少，舞蹈的韵味在装饰性的动作中表现出来，舞蹈的风格韵律也是在动作与动作的连接中体现出来的。

综上所述，人体的舞蹈动作是最具生命力、最具表现力、最具感染力的运动。舞蹈通过动作的变化来塑造形象，抒发情感，生成舞蹈审美意象。舞蹈的动作性本质也是区别于其他艺术门类的最本质的审美特征。

2. 舞蹈的抒情性

舞蹈长于抒情、拙于叙事，抒情性是舞蹈艺术的本质属性。当言语与歌声都已不能全面地表达人的感情之时，具有强烈抒情色彩的舞蹈便适时出现了。因此，我们说舞蹈是人类感情最集中、最激动时的表现形式。无论是编导的一度创作，还是演员的二度表演，以及舞蹈作品的创作、欣赏、表演等每一个环节，无不渗透着强烈的情感。舞蹈编导对人生情感的体验与升华是舞蹈创作的关键，编导可将悲欢离合、喜怒哀乐等人生众多情感，通过艺术的构思借助于舞蹈作品表达出来。成功的舞蹈作品不仅要悦人耳目，更重要的是要能作用于观者的心灵，使人获得强烈的情感体验。

有人根据舞蹈抒情性的特征，将其称为"动态的形象诗歌"。的确，舞蹈艺术反映客观生活，但又不是单纯地模拟和再现生活。它不像戏剧等表演艺术那样，可通过细致的过程和情节来表现比较复杂的内容，而是以其特有的表现手段，用高度凝练、概括的诗一般的舞蹈语汇来深刻反映人丰富的内心世界。一部部优秀的舞蹈作品如同一首首抒情诗，但又比诗歌更为具体和形象。

3．舞蹈的虚拟、象征性

舞蹈与其他表演艺术的又一不同之处是其虚拟、象征性。比如戏曲舞蹈中的骑马、划船、坐轿、刺绣、扬鞭等动作，马、船、轿、针等都是虚拟的，只是用一根马鞭、一支船桨等来作为象征性的示意，但这种假设性的舞蹈动作却被观众认同与接受。

《绳波》、《黄河》、《秦王点兵》、《水月》等舞蹈作品，都发挥了舞蹈的虚拟、象征性的特点，取得了巨大成功。以绳子的各种图形变化象征男女之间爱情的滋生、发展和破裂；在人体流动的线条、舞姿和造型中我们看到了虚拟的黄河，并联想到中国人民的灾难经历以及今日的崛起和腾飞。我们可以看出，人们透过虚拟、象征的舞蹈形象产生联想，从美的艺术享受中获得了心灵上的感应和净化。所以说，虚拟、象征性是舞蹈艺术的重要特征之一。

4．舞蹈的综合性

舞蹈是一种以人的身体动作为主要表现手段的艺术，但是从它产生的那一天起就离不开音乐、诗歌、美术等因素，它们同样是舞蹈艺术的重要组成部分。舞蹈艺术的表现，兼具音乐的视觉化、文学性的表现性、雕塑的流动性、绘画的动态性等审美特色。因此，舞蹈的形象是一种综合性的艺术形象。

舞蹈艺术最初的状态就是诗、乐、舞"三位一体"的形态。舞蹈艺术发展到今天，得益于各艺术门类之间的相互汲取、渗透，已经成为一种高度综合性的表演艺术形式，它与诗歌(文学)、音乐、美术、戏剧等更有着极为亲密的不可分割的关系。随着舞蹈艺术为表现复杂和多样的生活内容的需要，特别是产生了舞剧这种舞蹈体裁后，使得舞蹈艺术的综合性发展到更为高级的阶段。舞蹈艺术把文学、戏剧、音乐、美术、建筑等艺术形式都融合进来，极大地增强和丰富了舞蹈艺术的表现能力，同时也就相应地促进了舞蹈艺术向更高层次发展。

下面我们从音乐、美术、戏剧以及文学等艺术对舞蹈的影响与渗透来考察舞蹈的综合性审美特征。

1) 舞蹈与音乐

在艺术的起源和发展中，舞蹈和音乐具有极为亲密的关系，从它们诞生的那一天起，就是不可分离地紧密结合在一起，它们常被称为"姊妹艺术"。一个舞蹈作品的成功或失败，舞蹈音乐起着极为关键的作用，没有好音乐则很难产生优秀的舞蹈作品。

作为音乐的主要艺术语言之一的节奏是进入舞蹈本体的重要因素，节奏犹如舞蹈中的数拍子，舞蹈可以单纯地利用节奏来表现。比如，在我国少数民族的舞蹈中，通常用打击乐的鼓点节奏作为舞蹈音乐；东北秧歌中的叫鼓、安徽花鼓灯的锣鼓点子的运用等等，都充分显现出律动的节奏。节奏本身也具有一定的艺术感染力。

我国舞蹈家王曼力、张爱娟、陈红英编导的表现张志新烈士在狱中斗争生活的舞蹈《无声的歌》，是一个无音乐伴奏的舞蹈作品，但是它却采用了风声、水声、镣铐声、鞭打声等音响效果来伴奏，其实这种音响效果本身就属于广义上的音乐，因为它有节奏、有律动、有音高、有音色。

音乐在舞蹈中一般有三个方面的主要作用：第一，描绘人物的思想感情和性格特征，与舞蹈一起共同完成塑造艺术形象的任务。第二，对舞蹈所处的客观环境和气氛进行渲染和衬托。第三，在舞剧作品中，音乐除了承担上述塑造人物、表现情感的任务之外，在一定的程度上还具有明显的戏剧性因素，表现戏剧性的性格冲突，担负着交代和推进剧情、烘托舞蹈表现等重大任务。

2) 舞蹈与美术

舞蹈与美术在视觉呈现上具有一定的共同性，不论是雕塑、绘画还是书法等美术门类，都是利用线条、姿态、造型和材质的表现，创造出艺术美，它们在提炼生活、描绘生活方面，既有高度的概括性又兼具视觉的观赏性。舞蹈与美术本质上的区别在于，所使用的材料媒介不同。绘画和书法所用的是笔、纸等材料；雕塑所用的是可塑的材料，如石、木、泥等；舞蹈利用的是人的身体，将静态变为动态，是用动态的人体来展现姿态美，进而将固定的造型变成流动的表现，在流动中展现美的艺术。

首先，雕塑和绘画为舞蹈创作提供了丰富的灵感和表现的素材。

同舞蹈关系最紧密的是雕塑和绘画。舞蹈通常被称为"流动的雕塑、活动的画卷"。舞蹈在姿态的转换中，犹如用身体进行绘画，动作与动作之间展现出线条美。中国古典舞作品《扇舞丹青》就是将绘画艺术和舞蹈艺术完美融合的优秀作品，舞者手中的折扇，仿佛一只画笔，在身体韵律的舞动中，舞者像在描绘一幅水墨山水画，整个身体犹如狂草泼墨，营造出绘画与舞蹈相结合的虚实相生的审美意境。由此可见，若将雕塑、绘画艺术的审美特点与舞蹈表现相结合，在舞蹈中充分发挥雕塑和绘画艺术的姿态造型性、线条流动性等的审美特点，会大大增加舞蹈艺术的表现力，创作出生动深刻、引人入胜的舞蹈作品。

其次，舞蹈与美术的融合可增加舞蹈的艺术表现力和舞蹈作品的感染力。两者的融合主要体现在舞台美术上。

舞蹈作为一种综合性的表演艺术，舞台美术——服装、布景、灯光、道具等也是舞蹈作品不可缺少的重要组成部分，它们对于展现舞蹈作品所处的时代、环境、民族以及其中人物的身份，并对帮助表现人物的思想感情和推动舞蹈情节的发展，都有着不可忽视的重要作用。

在舞蹈表演中，舞台美术的运用可以为作品的内容服务。舞蹈灯光是舞蹈表演中舞台美术的重要造型手段，舞蹈灯光除提供照明外，灯光的变化主要是为了烘托舞台的整体氛围，使舞蹈表演的场景更加生动，情调更加鲜明，从而营造出无限的审美意境。舞蹈布景是舞蹈综合视觉效应的重要组成部分，舞蹈布景根据舞蹈作品表现的需要，既可以交代时间、背景及环境，又可以外化、渲染情感。

舞蹈作为纯粹的舞台表演艺术，舞台美术的运用已经成为舞蹈展演的必然要求。随着现代科技的不断发展，舞蹈艺术也将现代科学技术融入舞台表演之中。在舞剧、音乐剧、大型文艺晚会的表演中，舞美设计者除利用各种科技舞美手段来交代环境、营造氛围、塑造人物之外，对舞台视觉美感的要求和强调变得尤为重要。在允许舞美设计进行最大限度发挥的同时，主张舞美设计一定要为舞蹈的展演服务，而不要使舞台美术的分量超过舞蹈表演自身。

总之，舞蹈与美术的融合，一方面是舞蹈吸收传统美术的美学要义，一方面是将高科技的舞美设计手段运用到舞蹈展演之中，使得舞蹈在综合性的表现中，丰富了舞蹈语汇，扩大了舞蹈表现力。

3) 舞蹈与戏剧

舞蹈与戏剧同是舞台表演艺术。舞蹈艺术是用人的形体来塑造人物、演绎故事情节。戏剧是一种综合艺术，从广义上讲，包括舞剧、戏曲、话剧和音乐剧等；从狭义上讲，戏剧主要是指话剧。戏剧是用人的行动和语言来完成角色的塑造和演绎故事的。

在东方艺术的发展长河中，舞蹈与戏剧始终呈现出一种综合性的表现样式。首先，中国的原始舞蹈本身就是诗、乐、舞的融合；中国古代的乐舞，同样也是一种融合了诗歌、唱词与舞蹈的综合展演形式；戏曲艺术更是用歌舞来演绎故事。在西方，无论是最初的原始歌、芭蕾舞，还是最能代表当代西方审美取向的音乐剧，都将戏剧因素与舞蹈表现巧妙地融合在一起。

舞蹈与戏剧的关系，最突出地体现在舞剧艺术中。舞剧属于戏剧门类的一种，是以舞蹈作为主要艺术手段，综合音乐、舞蹈、戏剧等艺术形式来反映生活，诉诸人们审美情感抒发的艺术形式。作为综合样式的舞剧艺术，戏剧是作为一种因素存在于舞蹈的表现之中的。舞剧艺术在表现中充分利用了舞蹈、戏剧、文学和音乐的表现手段，通过各种舞蹈形式以及戏剧冲突来推进情节的发展，描绘一定的故事情节，塑造鲜明的人物形象。

舞蹈与戏剧的关系，主要体现在抒情性和描绘性的舞蹈作品中。非舞剧的舞蹈作品创作也包含着编导的戏剧构思。怎样在三五分钟的时间内完成一个完整的舞蹈叙述呢？这就需要编导利用戏剧构思对所表现的事物有很高的概括性，像戏剧表演的"三一律"，舞蹈情节的推进要力求紧凑、精练。此外，在音乐性或主题性的舞蹈作品中，舞蹈编导也要通过戏剧性的构思，通过舞蹈动作和舞蹈编排的处理，唤起欣赏者的某种经验性联想，给欣赏者以心理暗示，将欣赏者引入哲理性的思考之中。

另外，文学是戏剧艺术表现的基础。舞蹈创作也在对文学名著的不断改编中，走出了一条舞剧创作的探索之路，诸如《雷雨》、《红楼梦》、《祝福》等优秀舞剧的创作，使舞剧艺术在题材表现、形式、风格、手法上，具有了更为丰富的内涵和独具民族特色的演绎。

总之，我们承认"舞蹈的文学性"或者"舞蹈的戏剧性表现"的观点，但不能将戏剧视为舞蹈艺术的灵魂。舞剧艺术作为戏剧艺术的一种表现形式，是综合了更多艺术表现形式的更高水平、更高水准上的再度融合，戏剧永远是作为一种因素存在于舞蹈之中的。

综上所述，舞蹈艺术在与音乐、美术、戏剧等艺术门类的结合上，既相互独立，又相互融合，这些艺术门类都可作为舞蹈表现的一种手段，渗入到舞蹈的表现之中。舞蹈艺术在"广收博览"中不断发展，创造出人类艺术审美的结晶。

二、舞蹈的类别

在舞蹈发展的历史长河中，多种类的舞蹈显现出不同风格、不同样式和不同的审美取向。我们鉴赏不同舞种和不同风格的舞蹈表演时，应该密切注意它们之间的差异。

任何国家和地区，不仅在生活中存在着多种舞蹈样式，在专业的舞蹈剧场表演中也呈现出多样式的舞蹈形态，几乎没有人能数清楚有多少舞种。最新的资料表明，仅中国民间舞，就有大约两千种，如果再包括那些有同样内容而有不同名字，或是在舞蹈传播演进过程里改变了名称和某些表演样式的舞种，就简直无法核准其数了。我国舞蹈种类的划分不仅复杂，而且各舞蹈间呈现出参差交错的发展状态。以当代的舞蹈发展现状来看，除了专业系统划分下的舞蹈种类之外，还有一些新的品种，如流行的街舞、肚皮舞、热舞等，也构成了舞蹈领域中新的舞蹈现象。因此，我们尝试着以专业和业余、生活艺术与舞台艺术的双重视角，对舞蹈艺术进行科学的划分。

首先，根据舞蹈的作用和目的，舞蹈可以分为生活舞蹈和艺术舞蹈两大类。

（一）生活舞蹈

生活舞蹈是人们运用舞蹈为社会生活服务的一种舞蹈形式。生活舞蹈一般都具有较强的社会功利性和群体性，因其参与人数的众多而具有广泛的群众基础。同时生活舞蹈也是民族传统舞蹈文化的一个重要组成方面，是民俗学研究的重要佐证，是人类学研究、语言学研究、民俗学研究的活化石。它主要包括习俗舞蹈，宗教、祭祀舞蹈，社交舞蹈，自娱舞蹈，体育舞蹈和教育舞蹈等形式。

1. 习俗舞蹈

习俗舞蹈又可称节庆、仪式舞蹈，是我国许多民族在婚配、丧葬、种植、收获及其他一些节日所举行的各种群众性的舞蹈活动，这些舞蹈活动反映出本地区的风俗习惯、社会风貌、文化传统和民族性格等特征，具有娱乐性、实用性、流行性和广泛性等特点。

2. 宗教、祭祀舞蹈

宗教、祭祀舞蹈是进行宗教和祭祀活动的舞蹈形式，往往是宗教仪式中的重要组成部分。宗教舞蹈是对超自然、超人间的神秘力量——神灵的一种形象化的再现，使无形之神成为可以被感知的有形之身，是神秘力量的人格化。宗教舞蹈主要用以祈求神灵庇佑、除灾去病、逢凶化吉、人畜兴旺、五谷丰登，或是答谢神灵的恩赐。祭祀舞蹈主要用于祭祀先祖和神佛，以求对自己的保佑和赐福。

很多民间舞蹈均含有民间祭祀色彩和巫祀内容与目的。

3. 社交舞蹈

社交舞蹈亦称舞会舞，泛指欧洲文艺复兴以来流行于宫廷舞会和近代流行于各种社交场所的舞蹈。法国大革命以后，宫廷舞会的形式已远远不能满足社会各阶层交往的需要，大众化的公共舞厅在欧洲大陆应运而生，并逐渐取代宫廷舞会成为社交活动中的主要场所。其舞步简单易学、形式自由，便于即兴发挥和宣泄情感，在公共舞厅中备受青睐，因而很快融入了平民阶层的文化生活。

4. 自娱舞蹈

自娱舞蹈是一种不以剧场舞台为表现场所，不求人欣赏，而以自我娱乐为目的的舞蹈。其动作不表明任何意义，比较简单，有一定的规律性，队形变化简单，人数可随时增减。有的自娱舞蹈有乐器伴奏，有的则随着鼓点节奏或歌声起舞。

5. 体育舞蹈

体育舞蹈也称国际标准交谊舞，是体育运动项目之一。体育舞蹈是以男女为伴的一种步行式双人舞的竞赛项目，分两个项群、十个舞种。

6. 教育舞蹈

教育舞蹈是指学校、幼儿园等进行审美教育的舞蹈活动，是当今素质教育的一个重要方面。开设教育舞蹈课程，能陶冶和美化人的思想感情、道德情操，对培养团队精神、加强礼仪教育以及增进人的身心健康，都有着潜移默化的作用。

西方许多国家在幼儿教学和小学里均设置了舞蹈专业课，把舞蹈列为开发少年儿童智力、增强体质、活跃生活、全面提升少年儿童思想品德和文化素质的一项重要举措。西方社会一直将芭蕾舞的早期教育作为少年成长发育期在人格、修养、肢体等方面的主要训练手段。

（二）艺术舞蹈

与生活舞蹈相对应的是艺术舞蹈。艺术舞蹈是由专业或业余舞蹈家通过对社会生活的观察、体验、分析、集中、概括和想象，进行艺术的创造，从而创作出主题思想鲜明、情感丰富、形式完整，具有典型化的艺术形象，具有较高艺术水准的表演性舞蹈作品。

艺术舞蹈是当代舞蹈剧场的主要形式，具有专业性、艺术性、观赏性的特点。艺术舞蹈既包括由专业艺术团体创造的舞蹈，也包括专业的编导在业余的群众中创作产生的舞蹈。随着舞蹈艺术的不断发展，原生态的舞蹈形态更多地被专业舞蹈工作者所吸收、采纳，舞蹈的专业和非专业化的界限也处在游弋的状态中，生活舞蹈可以升华到艺术舞蹈的范畴。

艺术舞蹈品种繁多，有不同的分类标准。

1. 根据风格特点分类

根据不同的风格特点，艺术舞蹈可分为古典舞、民族民间舞、芭蕾舞和现代舞。

(1) 古典舞：是在民族民间舞蹈的基础上，经过历代专业工作者的提炼、整理、加工创造，并经过较长期艺术实践的检验而流传下来的，被认为是具有一定典范意义和古典风格特点的舞蹈。

(2) 民族民间舞：泛指产生并流传于民间、受民俗文化制约，为即兴表演但风格相对稳定的以自娱为主要功能的舞蹈形式。不同地区、国家、民族的民间舞蹈，由于受生存环境、风俗习惯、生活方式、民族性格、文化传统、宗教信仰等因素影响以及表演者年龄、性别等生理条件所限，在表演技巧和风格上有着十分明显的差异。

(3) 芭蕾舞：是一种经过宫廷的职业舞蹈家提炼加工、高度程式化的剧场舞蹈。芭蕾舞蹈艺术孕育于意大利，诞生在十七世纪后期路易十四的法国宫廷，十八世纪在法国日臻完美，到十九世纪末期，在俄罗斯进入最繁荣的时期，成为一门独立、完整的艺术，创造了女演员以足尖立地的独特的跳舞技巧，发展了各种腾空跳跃和旋转技巧，并有一套完整的训练体系。

(4) 现代舞：是十九世纪末二十世纪初在欧美兴起的一种舞蹈流派。其主要美学观点是反对当时古典芭蕾的因循守旧、脱离现实生活和单纯追求技巧的形式主义倾向，主张摆脱古典芭蕾过于僵化的动作程式的束缚，以合乎自然运动法则的舞蹈动作，自由抒发人的

真实情感，强调舞蹈艺术要反映社会现实生活。

2. 根据表现形式分类

根据不同的表现形式，艺术舞蹈可分为独舞、双人舞、三人舞、群舞、组舞、歌舞、歌舞剧、舞剧等。

(1) 独舞：由一个人表演，完成一个主题的舞蹈，多用来直接抒发人物的思想感情和揭示人物的内心世界。

(2) 双人舞：由两个人表演，共同完成一个主题的舞蹈，多用来表现人物之间思想感情的交流和展现人物的关系。

(3) 三人舞：由三个人合作表演，共同完成一个主题的舞蹈，根据内容可分为表现单一情绪、表现一定情节以及表现人物之间的戏剧矛盾冲突等三种不同类别。

(4) 群舞：凡四人以上的舞蹈均可称为群舞，一般多为表现某种概括的情绪或塑造群体形象。群舞通过舞蹈队形、画面的更迭、变化和不同速度、不同力度、不同幅度的舞蹈动作、姿态、造型的发展，能够创造出深邃的诗的意境，具有较强的艺术感染力。它没有复杂的情节，而是以情代叙，重在意境和情绪的抒发。它没有多种人物角色，而是通过一个统一的集体形象，来塑造某个民族的某种性格。

(5) 组舞：由若干段舞蹈组成的比较大型的舞蹈作品，通常是将几个相对独立、完整的舞蹈作品组合在一起来进行表演。组舞本身可以独立表演，也可以成为舞剧中渲染气氛、推进情势的一种手段。

(6) 歌舞：是一种歌唱和舞蹈相结合的艺术表演形式，它将"歌"与"舞"融为一体。歌舞通常有以下几种形式。一是表演者自歌自舞，中国戏曲和许多民间舞蹈就是这种载歌载舞的形式。二是舞者占据主要表演场地，歌者在场边或幕侧伴唱，如歌舞《幸福水》。三是以一歌手为核心，舞者与其一起歌舞，舞蹈处于陪衬地位，这种舞蹈又称为舞伴歌。

(7) 歌舞剧：是一种以歌唱和舞蹈为主要艺术表现手段来展现戏剧性内容的综合性表演形式。

(8) 舞剧：以舞蹈为主要表现手段，并综合了音乐、美术、戏剧、文学等艺术形式，表现特定的戏剧内容、意境、人物形象、情绪、心理状态和行为以及推动情节发展的舞台表演艺术。因剧情需要或时代风貌和人物形象的不同，舞剧可选用或综合运用古典舞、民间舞、芭蕾舞、现代舞、宫廷舞或舞会舞等表演形式，并由编排有序的独舞、双人舞、三人舞、群舞、组舞等舞蹈样式组成。这些舞蹈形式加上必要的哑剧成分，按舞剧内容情节的需要交替出现，融会贯通，就形成了舞剧的形式。

3. 根据反映社会现实生活的方法和塑造舞蹈形象的特点分类

根据反映社会现实生活的方法和塑造舞蹈形象的特点来划分，艺术舞蹈可分为抒情性舞蹈、叙事性舞蹈和戏剧性舞蹈三类。

(1) 抒情性舞蹈：直接表现和抒发舞者感情的舞蹈。抒情性舞蹈的艺术表现主要有以下几种。一是反映生活中感情强烈且单纯的时刻，如《丰收歌》、《笑哈哈》等就是表现喜庆丰收的抒情性舞蹈。二是通过纯粹的舞蹈形式来对应某种情感的表现，比较典型的有《红绸舞》和《花鼓舞》，二者分别通过红绸飞舞的线条和长鼓飞击的鼓点传达出喜悦、豪迈的情感。三是通过模拟某种自然物来"缘物寄情"，如《海浪》和《雀之灵》。《海浪》通过对

艺术鉴赏

海浪动态的模拟表现了勇往直前的精神,《雀之灵》则在模拟孔雀的动态中表现了一种纯洁、高尚的情操。一般说来,抒情性舞蹈在表现手法上注重写意,舞段比较完整和流畅,群舞动作强调整齐划一。

(2) 叙事性舞蹈:亦称情节性舞蹈,是指通过一定的事件叙述,来刻画人物性格,揭示性格冲突和事件发展,从而表现某种主题的舞蹈。与舞剧相比,叙事性舞蹈所叙之事一般比较简短,人物关系也比较简单,因而舞蹈本身的构成也比较简短。由于舞蹈是以动作语言来叙事的,所以大多数叙事性舞蹈都依据一定的文学蓝本,这样可以使观众更容易理解舞蹈所叙之事。在叙事性舞蹈中,要求舞蹈动作具有鲜明的性格特征,不能离开所叙之事,必要时还可辅以哑剧性动作和伴唱来使舞蹈情节明朗化。

(3) 戏剧性舞蹈:统称为舞剧。

总之,舞蹈在揭示人的心灵、抒发内心情感方面,具有强大的艺术魅力。了解和掌握舞蹈的基本知识能够帮助我们更好地欣赏舞蹈,学习舞蹈。

三、舞蹈艺术的主要表现手段

舞蹈以人体为工具,通过身体各部位的协调活动,构成具有节奏感的舞蹈动作、姿态和造型,直接表达人的内心活动,反映社会生活。而表演性的舞蹈艺术则需运用舞蹈动作、舞蹈动作组合、造型、手势、表情、构图、哑剧等表现手段,塑造典型化的舞蹈形象,表达人物的思想感情,体现完整的内容美和形式美。

(一) 动作、姿势

舞蹈动作包括上身的舞姿和下身的舞步,它是创造任何舞蹈的最基本单元。传统舞蹈中,东方舞蹈以"手舞"为主,西方舞蹈以"足蹈"为重,最典型的例子莫过于东方古典舞中高度发达、错综复杂、令人眼花缭乱的手势语言,以及西方芭蕾舞中规范严谨、科学系统、使人叹为观止的腿脚动作。

手势是舞蹈中必不可少的重要表现手段。舞蹈手势包括手指、掌、腕和手臂各部位的配合和运动。它不仅有着内在的意蕴,而且还具有浓郁的民族特色。我国汉族舞蹈中的兰花手、指和掌的运动规律有多种变化,不但和西方芭蕾舞蹈手势的指和掌的运动规律有着很大差异,而且和日本、印度等近邻国家也有着很大不同。印度的手势几乎可以表达所有的意念和感情,它如同语言一样能表明"我喜欢你"、"我讨厌你"、"月亮多么好"、"你很可爱"等几十种意思。这些源自生活、经过了美化的舞蹈手势对传达内心活动、展示风格特色具有很大的作用。

具体的舞蹈手势语言可体现为:双手或双臂的交叉是典型的封闭式姿势;单举手、双举手、塔尖式举手、双手叉腰以及摆动手部等,则是开放式姿势,表达愉悦、激昂、胸有成竹等情感意味;而握拳、屈肘、剑指、甩手、按掌等,流露的情绪多是愤怒、恐惧、自负等。

舞步是由生活中人体的下肢动作,经过律动化的提炼和美化,依据舞蹈中人物的感情需要和性格特征,以及特定环境的规定而产生的。舞步变化多样,具有丰富的表现力。

具体的舞步语言可表现为:两腿直立,显示了自豪和崇敬;两腿叉开而立,具有挑衅、

攻击之势；两腿交叉，可以表达秘密、羞涩、恐惧的情绪，也可以具有争夺、攻击之势；屈膝而立，让人有轻松、崇高、眷恋之感。脚的轻快踢踏与拍打，大多表现喜悦之情；而沉重地移动，其中则蕴涵愠怒之情。

躯干(腰、腹、胸、背等)表现的舞蹈语言为：展开的挺拔与直立，具有自负、坦然、桀骜、英勇的精神；闭锁的蜷缩与弯曲，则是寂寞、挣扎、机警、小心的表现；躯干的起伏，意味着亢奋、激动等情绪的高涨；躯干的扭动，则是欲扬先抑的兴奋和夸张的娇嗔等情感的流露。

头部的舞蹈语言具体可表现为：中立静止的头势，表现的是安静、慈祥；转动摇晃的头势，则表现的是暴躁、奔放。头部前伸，具有主动性和攻击性；头部后仰，则具有被动性和排他性。头部上扬，表现的是自负、倔强；头部下垂，则表现的是顺从、懦弱；头部偏歪，表现的是专注和娇嗔；头部侧拧，则表现的是躲闪与憎恶。

（二）表情

舞蹈表情是由舞蹈的全部动作，包括全身心的动态来体现的。它通过面部的表露、手臂的传情、身体的摆扭、足部的移动来统一表达内在的情感，对揭示人物内在的心理活动、表现多种情绪变化，具有重要的作用。优秀的舞蹈编导，在设计每一个舞蹈动作和舞蹈动作组合时，都特别讲究它们的内在和外在情感的统一体现，哪怕是一抬手、一投足和一个眼神，也决不能忽视它们的表情因素，放过它们的艺术魅力。

我国汉族舞蹈十分讲究表情。首先对眼神的运用就有着一整套的训练方法。如用鱼的游动来练习转睛，用点燃的香烛训练眼的光彩，并且分有喜眼、嗔眼、怨眼、爱眼、怒眼、哀眼等多种表情。在表演舞蹈和舞剧中，特别强调眼神的应用，要求通过眼睛表露出此时此刻的特定心理状态。

眼睛直视，表示对生存空间的寻找、俘获和守护；目光回避，表示沮丧或嗤之以鼻；凝视，表示注目，乃至倾慕；瞪眼，表示极度地惊讶、愤恨；平视，表示相互体贴、敬重；上视、仰视，是尊敬、畏惧或崇高、自信的表现；下视，带有保护、谅解、自卑、谦虚的心理。

而嘴的张、闭、撇、咧、咬、颤动等，也将微妙的情感变化，如激动、寂寞、蔑视、痛苦等感情表现得细腻而直观。

舞蹈的表情不单单由某一个动态的部位来体现，如单独的手的动作，如果没有身体其他部位的配合就很难正确表达丰富的内心感情。同样，如果各部位不相适应，还会导致外在形态扭曲和懈散，破坏舞蹈的动态美。因此，我们所说的舞蹈表情是由全身心协调一致，透过外在的一个个富有情感的动态和技巧动作，准确反映出特定的美的神韵。这种表情的力量富有艺术的魅力，当每一个舞蹈动作都充满了表情之后，整个舞蹈的表现力就得以实现了。观众所见到的就不是单独的一个动作和技巧，而能感触到它所蕴藏的内在潜意。人们在这种充满内在表情的力量推动下，产生联想，进入到美的艺术境界中。

（三）节奏

节奏是指舞蹈动作、姿态、造型在力度、速度、时间和幅度等方面的规律性变化。舞蹈节奏，是为表现特定情感状态服务的。同样的表现手段，由于节奏的变化，其表现力和感染力也会有所不同。例如，当力度减小、速度缓慢时，扩张式的斜线运动能显得平和、安静;而力度加大、速度加快时,柔和的弧线运动也能产生激烈、动荡之势。

(四)构图

舞蹈构图是舞蹈语言在舞台上存在和呈现的方式,它是舞蹈表现内容和表达特定情绪的手段,也是舞蹈在时间、空间中的动态结构,包括舞蹈队形变化、舞蹈静态造型所构成的画面组织等,是舞蹈作品的重要表现手段之一。我们也可以把舞蹈构图称为舞蹈画面,舞蹈构图对作品主题的表现、意境的创造、气氛的渲染、形象的塑造都有很重要的作用,是舞蹈艺术形式美的重要因素之一。

1. 舞蹈的空间运动线

舞蹈的空间运动线可分为斜线(对角线)、竖线(纵线)、横线(平行线)、圆线(弧线)和曲折线(迂回线)五种。

斜线,表现奔放、澎湃、张扬的情感意蕴,体现力度之势,并有延续和纵深之感;竖线,使观者产生紧迫、压力的紧张情绪,尤其是径直向前的竖线,体现强力动势,多用于正面行进的舞蹈;横线,一般表现沉稳、静谧、舒缓的情绪;圆线,一般给人以亲和、流畅之感,配合延绵不断的重复手段,产生圆润、韵致之情;曲折线,一般给人活泼、荡漾的视觉感,表达人物内心游移的情愫。

2. 舞蹈构图

独舞的构图,顾名思义是一个人的画面,由其在舞台上位移变化中做出的动作和姿态形成。一般独舞的构图焦点很明确,借助光束的效果,突出人物的内心活动。独舞以光的移动形成线的变化。它具有独立的主题、内容及意境,短小精巧、形象生动,具有较强的艺术感染力和较高的审美价值。

双人舞构图,是两个人在舞台上的动作构图,是两个点在舞台空间的移动线。点、线的距离和远、近,以及变化的方位和角度,充分表达两个人物之间的情感,通常随着故事的波荡起伏呈现若即若离、亲密无间、热情奔放等关系。

三人舞构图,是三个点在舞台上的移动,可以充分形成点、线、面的效果,等边或不等边三角形使造型更加立体,可运用对称及非对称性,表达完全不同的情绪,所以在表现内容上具有更大的容量,有比较大的创作空间。

群舞的构图多变,要求表演者动作整齐,风格统一,配合默契,因而具有丰富的艺术表现力。点、线、面手法发挥到极致,会呈现出不同线条画面的变化,烘托全剧的气氛。群舞主要体现在大型舞蹈作品中,有时因画面、构图的需要,或为突出主要人物形象和强化戏剧效果,中间常常穿插一些独舞、双人舞、三人舞的段落。

舞蹈的画面和队形并不是为了变化而变化的,它们是依据作品内容和情绪的需要而转换更迭的。例如舞蹈《天鹅湖》第二幕中天鹅群的舞蹈画面和舞蹈队形,她们是随着白天鹅和王子的情感发展而移动和变化的,横列的两排队形和双斜排的画面及队形,展示和烘托了爱情的纯真以及白天鹅的善良性格;四小天鹅的队形变化和双天鹅、三只大天鹅的直线向前与横向的跳动,表现了她们的欢乐情感,加强了愉悦的气氛。

(五)造型

造型是舞蹈的表现手段之一。它出现在舞蹈动作流动的瞬间或舞蹈组合结尾的停顿之

时，人们也称它为动中的静态和静止的亮相。舞蹈造型的存在和变化，使舞蹈显现了动中有静、静动对比有序的美的规律。舞姿流动中的静态造型使一个个舞蹈动作在运动过程中呈现出清晰的美的形态；停顿的亮相造型，不仅集中表达出了内心的感情，还起到了舞蹈组合之间承上启下的衔接作用。

造型是由舞蹈家从生活的动的规律出发，根据舞蹈规律进行提炼、加工，反映人物的感情、气质和神态的外在形态。因此它不单纯是一种美的动态，而是具有内在含义的一种神形兼备的融合体。无数动中有静的舞姿流动和静中有意的亮相，构成了特有的韵味和风格，展示了人物的性格特征，塑造了有血有肉的舞蹈形象。

优秀的舞蹈编导十分重视舞蹈动作的一招一式，在力度、角度、幅度、长度上都要认真推敲，以便让观众准确和清晰地看清它的形态美与神韵美。同样，在处理静止造型的亮相时，也必须从人物的内心情感出发，刻意求新地用千姿百态的停顿舞姿来展示形象。造型的正确运用能给舞蹈作品增添夺目的光彩。

（六）服饰、道具

服饰是舞蹈的重要组成部分，服饰可以形象地说明人物的年龄、性格、职业、时代、地域、民族等特点，还可以表达舞蹈作品的艺术魅力，增加角色的艺术感染力。

以多样化的形式和色彩来表达舞蹈的意境与人物的情绪，从而烘托出舞蹈的多样化感情，这是舞蹈服饰的重要功能。以虚构、夸张、抽象概括为手法进行设计的服装，与剧情结构、角色特征、舞蹈主题高度协调，可以极大地提高舞蹈的审美价值。

纱巾、扇子、草帽、水袖、手绢等是舞蹈的主要道具，与舞蹈表演有着密切的关系，也是表现舞蹈环境、渲染气氛的重要手段。正因为如此，《红扇》这一舞蹈直接以道具来命名，在整部舞蹈中，红扇在地面、空间等多个层面与人的动作进行结合，表现了年轻人积极向上、富有朝气的精神状态。

第二节 中国古典舞鉴赏

一、中国古典舞基础知识

古典舞是指各民族中长期流传的具有典范意义的优秀舞蹈作品，是历代舞人在本民族传统舞蹈的基础上，不断提炼、加工、创造后逐渐形成的。古典舞具有自成体系的美学原则、鲜明独特的风格和特色、完整的表现手法和严谨的训练方法，在一个国家和民族的舞蹈艺术中具有代表性的意义，舞蹈的动作、技巧都有严格的规定，是一种程式化的舞蹈。古典舞主要包括中国古典舞和欧洲古典舞以及其他国家的古典舞。

纵观中国舞蹈的历史，原始的舞蹈活动几乎渗透于人们生活的一切领域。随着社会的发展，舞蹈的思想内容、技巧与形式也逐渐产生了很大的变化，舞蹈开始形成不同的风格特色和技艺。中国古典舞是中国几千年舞蹈传统积淀下来的结晶，也可以称为中国传统舞蹈，所涵盖的内容非常宽泛，年代非常悠远，上至中国历代宫廷舞蹈，下至当代新古典舞蹈。当代舞蹈家将戏曲表演中的舞蹈动作、武术、古代艺术资料中的舞蹈形象遗存、民间舞蹈与芭蕾舞蹈艺术中的一些形体规范编排方法杂糅在一起，创造出新古典舞蹈，其精髓仍然离不开中国传统舞蹈美学思想的指导。宋以后专门化的舞蹈发展受到传统戏曲的影响，具有独立性的舞蹈艺术形式逐步没落和失传，渐渐被吸收融化于戏曲的表演形式中。应该说戏曲舞蹈成为宋代以后中国古典主流和具有代表性及审美意蕴的传统舞蹈标志。沿袭这一历史脉络，中国古典舞以中国戏曲和武术作为文化审美基础与动作载体，遵循传统适度的观念、均衡和稳定的章法、经典和谐的典雅格调的审美情趣，提取典型性的舞蹈美学原则和动作要素，既是经过当代人的发展创造而加以创新和重构的舞蹈品种，又是具有中国舞蹈传统的经典性、概括性、规范性和典雅风格的舞蹈体系。

中国古典舞在当代是一个特指的概念，1950 年最先由戏剧家和戏曲舞蹈家欧阳予倩先生提出，是指从中国古代长期积累所形成的传统舞蹈中，提取典型性的舞蹈动作形式，经过现代人的发展创造，追随时代精神与人们审美需求，广采博收戏曲中的程式化表演与舞蹈身段、武术中姿势和动作的劲力与风范、芭蕾的方法以及其他各种艺术的文化特长，在中华民族文化母体中形成的当代舞蹈的一个种类。中国古典舞具有历史流传的典范性，表达了当代中国舞蹈工作者们对传统的一种重新诠释。

中国古典舞发展初期，学习戏曲舞蹈，之后，随着前苏联专家应邀来我国讲授芭蕾舞蹈艺术和几次全国性的少数民族舞蹈汇演的成功举办，舞蹈家们在学习戏曲艺术的同时，还学习了外国的芭蕾舞艺术和中国民间民族舞艺术。舞蹈家们在学习、研究当中，逐渐摸索出一套符合中国传统舞蹈美学精神的中国古典舞动作体系，其成果便是 1957 年由北京舞校编导李仲林、黄伯寿编排的，中国实验歌剧院演出的，被誉为中国第一部大型古典民族舞剧《宝莲灯》。这一期间，我国舞蹈工作者不断向前苏联学习芭蕾舞的基本训练方法、编排方法、表演方法，直至二十世纪六十年代，实现了以戏剧结构为主的中国古典舞与芭蕾舞艺术融洽结合的理想，其代表作为二十世纪六十年代初创作的两部舞剧，一部是《鱼美人》，另一部是《梁祝》。《鱼美人》将中国古典舞与西方芭蕾舞的足尖艺术相结合，以全新的面貌展现给观众。《梁祝》是根据小提琴协奏曲《梁祝》编排的民族舞剧，它是按音乐结构编排舞剧的典范。

到了二十世纪末二十一世纪初，中国古典舞又有了巨大的发展空间，舞蹈家开始运用现代舞的编排手法对传统舞蹈进行梳理，中国古典舞学科历经半个世纪，建立了具有民族特性的舞蹈教学训练体系，中国舞蹈出现了百花盛开的局面，并以其独特的馨香进入世界舞坛，成为世界了解中国历史、文化、风俗、民情的重要窗口。

【延伸阅读】

中国舞蹈荷花奖

"荷花奖"的名称源于"中国舞蹈第一人"戴爱莲的舞蹈作品《荷花舞》。"荷花奖"的设立是由中国文学艺术界联合会、中国舞蹈家协会联合创意，由中宣部立项，中央两办批准的。它是全国性的专业舞蹈奖，自 1997 年创建以来，已成为标志着中国专业舞蹈艺术

第四章 舞蹈鉴赏

最高成就的专家奖。

"荷花奖"舞蹈比赛原则上每两年举办一次，舞剧、舞蹈诗比赛每三年举办一次。鉴于规范国家级文艺性评奖的需要，中央在将原三百多个奖项减少至三十多个的情况下，增设了舞蹈专业"荷花奖"，该奖与戏剧梅花奖，电影金鸡奖、百花奖属同一级别，具有较高的权威性。

"荷花奖"旨在奖励优秀的舞蹈艺术作品，表彰成绩突出的舞蹈创作与表演人员，活跃舞蹈理论与舞蹈评论，推动我国舞蹈艺术事业的健康发展。自举办首届评奖活动以来，已成功推出了大批优秀作品和德艺双馨的舞蹈人才，使中国古典舞、民间舞、芭蕾舞、现代舞、当代舞及舞剧和舞蹈诗的创作与表演水平得到了不断的提高，有力地推动了我国舞蹈艺术事业的健康发展。"荷花奖"以其评奖的导向性、公正性和权威性在国内外产生了广泛的影响。

二、中国古典舞经典作品赏析

❖ 《荷花舞》

类别：群舞

编导：戴爱莲

作曲：乔谷，刘炽

作词：程若

舞美设计：郁风，张正宇

首演时间：1953年

演出单位：中央歌舞团

主演：徐杰

1953年，在罗马尼亚布加勒斯特举行的第四届世界青年与学生和平友谊联欢节上，由戴爱莲编导，乔谷、刘炽作曲，郁风、张正宇为舞美设计，徐杰领舞的《荷花舞》以圣洁、高雅的形象，表现了中国人民热爱和平、热爱祖国的深切感情，并获得集体舞二等奖。

《荷花舞》的原始素材来自于陇东。陇东民间秧歌表演中，有一种形式叫《莲花灯》。表演时，儿童踩在荷叶状的盘子上，由一老者领队，边舞边唱。1953年，戴爱莲为了准备参加世界青年与学生和平友谊联欢节的舞蹈节目，专程到陇东观看了农民群众在正月十五演出的《莲花灯》。回来后，戴爱莲修改了原来的《荷花舞》，删除了一些不必要的情节，使舞蹈单纯、含蓄，更富象征性。

修改后的《荷花舞》分为五段。

第一段，通过荷花群在舞台上川流不息的流动，以时而回旋、时而蜿蜒的造型，表现出自然环境的优美，抒发出自由、舒畅的心情。这一段舞步轻盈、平稳，动作顺畅、舒缓，造型多为各种圆形的变换。

第二段，音乐由中板变为慢板，群荷由圆形化为两行，面向观众，再以"碾步"向两旁轻轻移动，展现出荷花在微波中涟漪荡漾的姿态。

第三段，领舞白荷花出场，表现出白荷与群荷之间亲密无间的关系。在这里，白荷花象征着纯洁和崇高、理想和幸福。

第四段，白荷与群荷一起翩翩起舞，在"蓝天高，绿水长，莲花朝太阳，风吹千里香。祖国啊，光芒万丈，你像莲花正开放"的主题歌的伴唱下，全舞达到高潮。

第五段，尾声。音乐恢复到第一段的基调，一朵洁白的荷花带领群荷在夕阳中漂向远方。舞蹈形象地描绘了新中国一派生机勃勃、欣欣向荣的景象，抒发了作者热爱祖国的深厚感情。

《荷花舞》在1994年"中华民族20世纪舞蹈经典评比"中获得"经典作品金像奖"。

【延伸阅读】

戴 爱 莲

戴爱莲是中国现代、当代舞蹈发展史上有重要贡献的舞蹈家之一。无论是在舞蹈创作上，还是在舞蹈教学上，或是在舞蹈普及工作上，她都作出了突出的贡献，在发掘、继承和发扬祖国民族舞蹈方面更做出了具有历史意义的工作。她是我国比较早地深入少数民族地区采风，向各少数民族虚心学习民间舞蹈的舞蹈家之一，她打开了中国民族舞蹈的宝库。

1916年，戴爱莲出生在西印度群岛的特立尼达岛。十二岁时考入当地由白人办的舞蹈班，并且是班里唯一的有色人种的孩子。十四岁时在伦敦先后进入著名舞蹈家安东·道林芭蕾舞蹈教室和玛利·兰伯特芭蕾舞蹈学校学习欧洲古典芭蕾舞。

1936年戴爱莲考入魏格曼舞蹈团演员莱斯里在伦敦开办的舞蹈工作室，潜心研究现代舞。两年之后，在观看尤斯芭蕾舞团将人体动作和内在情感紧密结合在一起，既有技术又有艺术表现力的演出时，她发现了自己理想的舞蹈形式。

虽然在国内举目无亲，戴爱莲还是毅然在国难当头之际的1939年底登上回国的轮船。珍珠港事件后，戴爱莲与一些文艺家从香港绕道澳门到达广西桂林，最后抵达重庆，开始为中国的抗日战争积极奔走。在此期间，她创作演出了反映抗日题材和现实生活题材的舞蹈《游击队的故事》、《东江》、《前进》、《思乡曲》、《卖》以及芭蕾舞《森林女神》和现代舞《拾穗女》等。

1945年她深入康藏地区搜集和学习少数民族舞蹈。1946年3月在重庆举行"边疆音乐舞蹈大会"，演出了由她改编创作的藏族舞蹈《春游》、《巴安弦子》，维吾尔族舞蹈《青春舞曲》、《坎巴尔汗》，瑶族舞蹈《瑶人之鼓》，羌族舞蹈《羌民端公跳鬼》，汉族舞蹈《哑子背疯》等。这些边疆舞很快流传到各大、中学校中，成为广大青年们最喜爱的舞蹈。

抗日战争胜利后，她于1947年在上海创建中国乐舞学院，任院长，并亲自授课。1948年到北平，在师范大学体育系及北平艺术学校任教。1949年中华人民共和国成立后历任华北大学文艺学院舞蹈队队长、中央芭蕾舞团团长、中国舞蹈工作者协会主席等职。与人合作创作有大歌舞《人民胜利万岁》、《建设祖国大秧歌》，舞剧《和平鸽》等。她创作的舞蹈《春游》、《荷花舞》、《飞天》均在世界青年与学生和平友谊联欢节获奖，并曾多次担任国际舞蹈比赛评委。她为促进中外舞蹈艺术交流出访过许多国家，曾被选为联合国教科文组织舞蹈理事会副主席。

❖ 《宝莲灯》

类别：民族舞剧

艺术指导：李少春，查普林

舞剧编导：李仲林，黄伯寿

舞剧音乐：张肖虎

伴奏乐队：中央实验歌剧院管弦乐团

舞台美术：李克夫，邱泽三

首演：1957年，北京

演出单位：中央实验歌剧舞剧团

主演：赵青，傅兆先，李松涛，刘德康，陈云富，孙天路

　　《宝莲灯》是中华人民共和国成立以后创作演出的第一部大型民族舞剧。它是北京舞蹈学校第一期舞蹈编导班学员李仲林、黄伯寿，在前苏联舞蹈编导专家查普林指导和我国著名京剧表演艺术家李少春的直接参与和具体帮助下，创作的毕业实习作品。

　　《宝莲灯》是我国流传很广、人民大众所熟悉和喜爱的优秀古代神话传说之一。舞剧《宝莲灯》的主要情节是：三圣母不甘心于仙界的冷清孤寂，仰慕人间男女恩爱的幸福生活，下凡人间，私订终身，与书生刘彦昌结为夫妻，并生一子沉香。由于三圣母冒犯天规，被其兄长二郎神捉走，将其压在华山下。沉香被霹雳大仙救走，将其养大并传授武艺，告知身世，赐予劈山神斧，让他去华山救母。沉香历经艰难，战胜天兵天将，打败二郎神，劈开华山，救出三圣母，最后三圣母、刘彦昌、沉香得以团聚。这个神话故事，表现了人民群众反抗封建束缚、争取自由求幸福的意志以及善良战胜邪恶、光明战胜黑暗的理想和愿望。

　　舞剧《宝莲灯》主要人物的舞蹈语言，基本上采用的是中国古典舞蹈，如三圣母的长纱和长绸的舞蹈，沉香的剑舞，霹雳大仙的拂尘舞蹈等动作和技巧的运用，对塑造人物性格、表现人物的思想感情有着良好的作用。而展现环境、衬托气氛、表现乡土风情时，则采用汉族民间舞蹈。如第二场众亲友祝贺沉香降生百日而跳起的"扇子舞"、"手绢舞"、"莲湘舞"、"大头娃娃舞"，以及第五场的"斩龙得斧"中的"龙灯舞"等，都是舞剧中精彩的舞蹈片段。特别是"龙灯舞"的运用更为出色。这段舞蹈是为表现霹雳大仙在沉香为救母奔赴华山的路上，为考验他的勇气和毅力而设计的。大仙把龙头拐杖变幻成一条腾云驾雾的神龙，挡住沉香的去路，于是，沉香跃入云端，手持宝剑与神龙搏斗，经过上下翻飞、艰苦的厮杀，最后沉香剑斩龙身，得到一把劈山宝斧。这段舞，不仅表现了沉香勇敢、不畏强暴和任何艰难的性格，同时也有力地增强了舞剧的神话色彩和民族风格特色。

　　舞剧《宝莲灯》创作演出的成功，标志着中国民族舞剧的初建成形，使我国的舞剧艺术进入了一个新的历史阶段，建立了我国古典民族舞剧的一种比较完整的样式，为发展这个类型的舞剧奠定了基础。

　　舞剧《宝莲灯》曾赴前苏联、波兰、朝鲜民主主义人民共和国等国家进行访问演出，受到了国外观众的热烈欢迎和赞赏。日本花柳德兵卫舞蹈团和前苏联国立西伯利亚歌舞剧院曾学习排练演出了这部舞剧。该舞剧于1959年由上海天马电影制片厂拍摄成彩色影片。

艺术鉴赏

❖ 《春江花月夜》

类别：女子独舞

编导：栗承廉

编曲：诸信恩

表演：陈爱莲，北京舞蹈学校

首演时间：1957 年

《春江花月夜》是中国经典的古典音乐名曲，其前身是著名的琵琶独奏曲《夕阳箫鼓》。1923 年，上海"大同乐会"的柳尧章、郑觐文把它改编成为多种民族乐器的合奏曲，曲名也更易为《春江花月夜》。

《春江花月夜》舞蹈作品的立意虽源自诗乐作品，但深化了音乐原作中的思想感情，并成功地转换成了舞台艺术的动态形象。

独舞《春江花月夜》中的抒情性人物，是舞蹈家陈爱莲所创造的最有影响的艺术形象之一。编导精心设计了春天月夜下的少女从"初露面容"、"江畔闻花"、"夜听鸟鸣"到"对水照影"、"向往幸福"的细腻心理过程。根据这一心理轨迹，作品将古典舞的姿态之美和动势之美，融合进一个具体人物的情感体验，极其充分地表现出特定环境下特定人物的特殊心灵波动。在舞蹈中，扇子的运用很成功，舞者时而将扇贴于背后，时而双扇遮面，或打开或折合，将少女的羞涩、妩媚及真挚的情感表现得淋漓尽致。

在这个作品里，舞蹈的优美动作已经和人之内心结合在一起，所以具备了中国古典文论里所推崇的"形神兼备"的境界。当然，这一美学品格的建立，与舞者陈爱莲的舞台再创造是分不开的。她以此舞蹈荣获了 1962 年举办的赫尔辛基第八届世界青年与学生和平友谊联欢节的金质奖章。陈爱莲具备天生的舞蹈条件，柔软度和技巧性都不是一般的舞蹈演员可比的。她的表演几乎达到了无可挑剔的程度、完美无缺的境界。

【延伸阅读】

陈 爱 莲

舞蹈《春江花月夜》创作演出的成功，除了编导栗承廉具有较深的中国古典舞的造诣和编舞的技巧能力外，还与表演者陈爱莲出色地把握中国古典舞风韵、动律，细腻、深情地塑造出一个典型的古代少女的舞蹈形象是分不开的。

陈爱莲是广东番禺人，出生于上海。1952 年从上海一所孤儿院考入中央戏剧学院附属舞蹈团。1954 年考入北京舞蹈学校，1959 年以各科成绩均为优秀毕业。同年因主演了中国第一部芭蕾舞与中国舞蹈相结合的舞剧《鱼美人》而一举成名，成为当时中国最年轻的舞蹈家之一。在《春江花月夜》中，陈爱莲精湛的舞蹈表演功力尽展无遗，充分将舞蹈、音乐、舞者三者完美结合在一起。之后，她表演了《蛇舞》、《剑器舞》、《霓裳羽衣舞》、《流浪者之歌》、《天鹅之歌》等大量风格迥异的舞蹈，并在舞剧《小刀会》、《白毛女》、《文成公主》、《红楼梦》等舞剧中担任主要演员。她的表演不仅注重外形的规范，更注重"意"的表达，在不同风格的舞蹈中转换自如，塑造了一个个光彩照人的形象，因而得到舞蹈界

的认同，赢得了广大观众的喜爱。

❖ 《丝路花雨》

类别：民族舞剧

编导：刘少雄，张强，朱江，许琪，晏建中

编剧：吴鸿玉

首演时间：1979 年

首演团体：甘肃省歌舞团

主演：贺燕云，张丽，傅春英，等

《丝路花雨》被称作新时期中国舞剧创作的开山之作。作为跨入新时期门槛的代表作，《丝路花雨》的创作与以往的舞剧的题材选择和舞剧创作的观念不同，一诞生便成为舞台上一道亮丽的风景，并成为二十世纪八十年代最有影响力、代表性的舞剧之一。《丝路花雨》曾荣获 1979 年文化部举办的庆祝中华人民共和国成立三十周年献礼演出评比一等奖；1994年，荣获"中华民族二十世纪舞蹈经典"评比经典作品奖。

《丝路花雨》是一部取材于莫高石窟壁画的大型舞剧，由序幕、六个场次和尾声组成。该舞剧以我国大唐盛世为历史背景，描写了一段有关古代丝绸之路的故事，赞扬了中外人民源远流长的友谊，以及大唐盛世。

舞剧创作人员通过对莫高窟千佛洞中历代舞姿图绘、舞蹈形象的研究与整理，将闻名天下的敦煌壁画搬上了舞台，创造出一种代表"敦煌舞"的新的动作体系和舞蹈语汇，复活了敦煌艺术，从而创作出一部美轮美奂的大型民族舞剧《丝路花雨》。它的创作不仅引发了舞蹈界的"仿古热"，也以独具的舞蹈形态和基本韵律，丰富了中国古典舞的舞蹈语汇。甘肃歌舞团以色彩恢宏的气势和壮观的场面，向人们描绘了一幅古代丝绸之路上大唐边关的生动画卷。舞剧中重点突出了英娘的独舞，其中"琵琶舞"、"波斯舞"、"盘上舞"等舞蹈段落以华美的格调、新颖别致的造型、异域的舞蹈风格给观众带来了耳目一新的视觉享受。

《丝路花雨》在艺术上突出的成就和对舞蹈艺术的贡献，就是"复活"了敦煌壁画中的舞蹈形象，使一千多年前的舞蹈艺术形象再现在今天的舞台上，创造了"敦煌舞"的舞种，改变了过去民族舞剧只以戏曲舞蹈为基础的做法，从而拓宽了中国民族舞剧创作的道路，使观众耳目一新。敦煌千佛洞石窟艺术规模宏大，造型精美，是中国珍贵的艺术宝藏。舞剧编导们经过长期的深入观察研究、学习临摹，不仅掌握了壁画上的舞姿特色，而且研究出为敦煌舞所特有的"S"形曲线运动规律，并运用中国古典舞蹈的节奏韵律，把静止的姿态和与其风格统一的动作过程结合起来，形成了一个比较完整的舞蹈运动和造型体系，用以展现剧情、塑造人物。特别是"反弹琵琶伎乐天"的造型姿态和与之相适应的一段独舞，动作由缓到急，幅度由小到大，从不同的角度，以不同的节奏，细腻地表现了英娘善良天真的性格，塑造出优美动人的形象。扮演英娘的演员贺燕云，有着扎实的基本功，表演朴实自然，感情充沛，舞姿优美，造型稳健飘逸，对敦煌舞的风格有很好的表现，给广大观众留下了深刻的印象。舞剧中的一些群舞也十分丰富多彩和优美动人。如第四场，在莫高窟中，神笔张思念远走他乡的女儿英娘，在梦幻中，神游了他所彩绘的天堂，并与女儿会面。其中众仙女的群舞具有浓郁的敦煌舞蹈风格特色，十分优美动人。第六场，在敦

艺术鉴赏

煌二十七国交易会中，各国来宾所跳的具有异国情调的舞蹈，如印度舞、日本舞等色彩缤纷、场面华丽。这些都使这出舞剧有着较强的艺术魅力。

舞剧《丝路花雨》的创作在思想上和艺术上都达到了一个较高的水平，它的创作不仅代表了新时期我国民族舞剧创作的新水平，也为之后的舞剧创作提供了可借鉴的宝贵经验。《丝路花雨》曾荣获文化部庆祝中华人民共和国成立三十周年创作和演出一等奖，在1994年"中华民族20世纪舞蹈经典"评比中获"经典作品金像奖"，1982年被西安电影制片厂拍摄成彩色宽银幕舞剧艺术片。

❖ 《梁山伯与祝英台》

类别：民族舞剧

舞蹈编导：李恒达

舞蹈音乐：何占豪，陈钢

首演：1989年，香港

首演团体：北京舞蹈学院青年舞团

首演演员：李恒达、李忠梅

《梁山伯与祝英台》的舞蹈创意来自家喻户晓的中国民间传说——梁山伯与祝英台的爱情故事，并根据脍炙人口的小提琴协奏曲《梁祝》创作而成。它表现了两位相爱的年轻人对封建礼教桎梏的反抗和对自由、幸福、美好生活的向往。舞蹈的成功之处，正如我国古典舞教育家唐满城先生所赞扬的："主要体现在它是舞蹈的'梁祝'，它不是音乐的'梁祝'，也不是戏曲的梁祝'。"

从编导的创作意图上看，作品虽然以文学剧本为依托，但并没有以写实的原有故事情节为创作重点，而是以蜻蜓点水的手法一带而过。如舞蹈一开场，闪过一个人物介绍的造型后，就开始了热情欢快的双人舞。从编创的技法手段来说也没有以戏曲结构的框架为创作规律，而是以双人舞的简单形式高度凝练地概括了复杂的故事情节，并淡化其实体，重彩于抒情。舞蹈突破了单纯形式表现的肤浅境地，以梁山伯与祝英台之间剪不断的"情"为切入口，通过丰富的舞蹈语汇作为传达舞蹈感情的手段，着重挖掘人文层次结构的一种内涵和精神底蕴，表达了"为爱而生，为爱无悔"这一人生永恒的主题，使得观众为这种真挚的情感深深感动。

《梁山伯与祝英台》的成功，还与音乐有着密切的关系，其舞蹈的音乐不仅具有同舞蹈剧本要求基本一致的戏剧性结构，还与舞蹈情节发展之间有着密切的逻辑性，从而更生动地揭示了人物在剧情变化时的思想感情，表露出人物的内心世界。再加之《梁山伯与祝英台》的音乐具有音乐形象鲜明、旋律性强、音乐形象的多重性等特点，编导把整个音乐结构及手法与舞蹈动作的编排，以及舞蹈情节的发展融会贯通，舞蹈随着动人心弦的音乐高昂、低落，充分抒发了人物内心的情感，这也为舞蹈的成功奠定了一定的基础。

当动听的音乐把人们带进优美的境界时，整个舞蹈体现出情节感人、优美典雅、内涵丰富的特点。《梁山伯与祝英台》抓住了传统艺术的审美特征和审美内涵，通过大量的古典舞的语汇，在动作外形上强调"拧、倾、圆、曲"的中国古典舞的曲线美，在形象塑造上含有"阳刚挺拔、含蓄阴柔"的古典舞的两种气质美。但同时，舞蹈又突破了古典舞中某些程式限制，而将其中的精髓"气"、"韵"融化在千姿百态的舞蹈造型中，且吸收了芭蕾

舞动作技巧，使舞蹈呈现出轻盈飘逸、通达流畅、行云流水般的动态，体现出中国传统美学的风格。在梁山伯和祝英台二人心心相印的默契配合中，在轻轻的举手投足间，透露出两颗交融的心。他们时而缠绵悱恻，时而撕心裂肺，将一切美好愿望都凝聚在富有回味的舞段之中。观众的心随着两位舞者一起舞动，好似看到了两只忽远忽近、忽虚忽实的蝴蝶，共同谱写着梦幻般的爱情悲剧。

此外，两位演员的出色表演和默契的配合，也是舞蹈成功的重要因素。李恒达、李忠梅两人均为北京舞蹈学院古典舞专业出类拔萃的学生。李恒达不仅形象俊美、气质大方，而且技艺超群，荣获全国第二届舞蹈比赛一等奖。李忠梅体态修长、亭亭玉立，她的表演不仅有激情，又有女性含蓄之美。

《梁山伯与祝英台》的结构顺畅淋漓、层层递进、步步升华，无任何的动作堆积和技巧炫耀，观众们只是在切切的哀怨和浓重的悲剧氛围中感受到优美、缠绵而又凄楚悲切的爱情恋曲。作品通过流畅的动作衔接、深远含蓄的艺术风格，体现了"以情带舞，以舞推情，再情舞互融"的感动人心的创作思想。此舞蹈在整个古典舞的剧目创作中以独特的编舞理念和成功的表演使其自身思想性与艺术性得到完美结合，有较高的深度和内涵，成为当今古典舞的精品之作。

❖ 《踏歌》
类别：群舞
编导、作曲、作词：孙颖
首演单位：北京舞蹈学院

首演：1997 年，北京
首演演员：刘婕，郑璐，张婷婷，等

《踏歌》的创作是孙颖教授多年来致力于"汉魏舞派"创作研究的重要成果。集编导、作词、作曲为一身的孙颖教授，是北京舞蹈学院(前身为北京舞蹈学校)古典舞学科的建构者之一。他对中国古典舞学科的建构与发展作出了杰出的贡献。他主张从历史研究的视角出发，力图在更为广泛的文化遗存中，探寻中国古典舞发展的时代内质和发展空间，以挖掘古典舞蹈的深刻文化内涵，来扩大古典舞蹈中汉唐舞蹈的神韵和盛世的审美气象。

《踏歌》是孙颖创作的组舞《炎黄祭》中的一个舞蹈作品，在《炎黄祭》中，孙颖教授将上至蛮荒下到清朝的历代舞蹈再度加工提炼并展示，将中国古典舞蹈所具有的厚重的历史古韵完美地呈现于观众面前。《踏歌》在 1998 年首届中国荷花奖作品中荣获金奖。

"踏歌"这一舞蹈形式源自民间，在汉代就已经兴起。到了唐代，作为民间舞蹈的形式，以踏地为节、边歌边舞为主要表演特征。正所谓"丰年人乐业，陇上踏歌行"，古典舞蹈《踏歌》的舞蹈表现将民间"达欢"的母题在舞蹈中承传，舞蹈以强烈的民族舞蹈意识，将中国古代民间舞蹈的形态与中国古典舞蹈的形态完美地交融，生动地描绘出自汉代以来民间有所记载的载歌载舞的舞蹈形式。舞蹈演员的造型婉约、秀美，服装设计特别体现出汉魏服饰的特点，绿色的服装、绿色的舞台灯光，舞台上十二名女子在举手投足之间，使整个舞台呈现出一派春意盎然、鸟语花香的美好景象，构成了诗意般的无限审美意境，舞者以清新俏丽、婉约秀美的舞蹈风格，将中国古典女子美好的性情、优秀的品质表现了出来。整个舞蹈犹如一幅生机盎然的人物山水画，描绘出美丽的江南少女在风和日丽的日子里，悠然自得、其乐融融的美好景象，尤其是在"但愿与君长相守"的唱词中，强烈地表

现出少女们的真情实感。

　　《踏歌》的舞蹈韵律不同于古典舞"身韵"元素的表现，孙颖教授在考古学的图像资料中重塑舞蹈形态外观，以敛肩、含颏、掩臂、摆背、拧腰、倾胯、松膝为基本体态。舞蹈语汇在左右摆动、上下含敛的动态中，所有的体态都是向下的，表现出明显的"亲地"情结，身体形成了"三道弯"的体态。孙颖教授力求在一举手、一投足的表达中，深刻挖掘舞蹈语汇的表现功能，在歪头、倾肩、踏步的连贯动作设计中，将少女的俊美与婀娜表现出来。另外，舞蹈充分发挥了手臂和衣袖的表现功能，舞蹈服饰中水袖的设计不长不短，动作语汇中并没有采用传统古典舞水袖的技法，而是更加生动地发挥出细腰长袖的汉代舞风之特色。这里，翘袖、搭袖、抛袖和打袖的运用与身体"左倾右倒、欲走先留"的动势完美地融合，舞蹈表现时而流畅，时而顿挫，时而飘逸，时而乖巧，身体在一扬一顿、一抛一洒的流动中，身姿犹如行云流水般尽情挥洒，使观众深刻地感受到中国古典女子既婉约俏丽，又热情奔放的气质风韵。

　　《踏歌》的舞蹈创作风格具有古拙、朴实的民间特色和深厚、典雅的历史古韵，作品将中国古典舞蹈丰富的文化资源与信息进行了提炼与展示。其创作对于中国汉唐舞风的开拓与发展具有深远意义，它的诞生预示着中国古典舞的一个新学派——汉唐古典舞的诞生。

第三节　中国民族民间舞鉴赏

一、中国民族民间舞基础知识

（一）中国民族民间舞的含义和特征

　　民族民间舞起源于人类的劳动生活，是指一个民族或地区的物质文明与精神文明发展过程中，由劳动人民自己创作，又在群众中进行传承，而且仍在流传的舞蹈形式。它是反映民族或地区的文化传统、生活习俗及人们精神风貌的群众性舞蹈活动，也称为"土风舞"。

　　民族民间舞多为载歌载舞的集体舞，舞蹈动作千姿百态，由于各民族不同的生活环境、风土人情、历史进程和自然条件，民族民间舞具有鲜明的民族风格和浓郁的地方特色。这些舞蹈表现的内容有古代原始社会的狩猎生活、战争经历、图腾信仰及生殖崇拜，也有现代生活中各种传统节日里人们表达欢喜之情的娱乐活动，有的则渗透了各种民俗、祭祀、礼仪活动的遗风。民间舞没有国家、地域的界限，能够沟通世界各国，因此是最社会化、最国际化的舞蹈。

　　中国是个幅员辽阔、人口众多、历史悠久的东方古国，漫长的岁月和丰厚的文化积淀，造就了今日生活在其广大地域中的五十六个兄弟民族，在漫长的历史发展进程中，各民族共同创造了伟大的中华民族文化。民间舞蹈是民族文化的重要组成部分，是中华民族艺术宝库中的璀璨明珠，它不仅历史悠久、题材广泛、内容丰富、形式多样，而且数量之多也是世界罕见的。中国民间舞具有鲜明的地域与民族特点。

　　中国民间舞透过鲜明的风格特征，镌刻出几千年来中国民族审美习性及民族心理素质。总体来看，中国民间舞蹈的传统风格受到几千年的封建社会制度的影响，具有"内向型"

的历史痕迹。回顾历史，虽然"外来文化"都曾或多或少地影响过中国各民族的文化发展，但各民族总能保留自己共同遵循的社会形态和心理特征。

中国的民族民间舞经过数千年的发展，已形成自己独有的艺术特色、美学规范和艺术性格，主要体现为以四点。

1. 多样性

中国民族民间舞非常丰富，各个民族都有自己的独具风格特点的民族民间舞蹈。汉族舞蹈的种类繁多，地域风格各异，仅汉族的秧歌就有百余种，如北方著名的东北秧歌、胶州秧歌等；南方则有种类繁多的花灯，如云南花鼓灯、安徽花鼓灯等。而居住在草原、高原、边疆、山区的民族，由于居住的纬度差距与自然环境差异很大，使其在民族舞蹈中反映出的特点也各不相同，形成了丰富多彩的舞蹈形式，如维吾尔族舞蹈中的"多朗"、"赛乃姆"，藏族舞蹈中的"堆谐"、"果谐"、"弦子"和"锅庄"等，蒙古族舞蹈中的"安代舞"、"筷子舞"和"盅碗舞"等，傣族舞蹈中的"孔雀舞"、"象脚鼓舞"，还有朝鲜族的"长鼓舞"、"手拍舞"，土家族的"摆手舞"，苗族的"芦笙舞"，等等。由于在生产和生活的实践中，各族、各地人民的生活环境、风俗信仰、审美理想、审美习惯都大不相同，因此其舞蹈特点也千差万别、各具风采。

2. 群众性

舞蹈源于人民大众，群众是舞蹈的源泉，是传播舞蹈艺术的媒介。而民族民间舞蹈以其通俗易懂的艺术特点更加直接地反映了人民群众的生活、劳动和情感，因此群众在各种艺术形式中对中国民族民间舞蹈更加情有独钟，这一点从现在日益蓬勃、日益发展壮大的群众广场舞中就不难感受到，群众在优美的音乐中翩翩起舞，那美丽的舞姿、发自内心的愉悦，是民族民间舞蹈带给大家的美的享受。舞蹈艺术家们在舞蹈创作过程中，一定不能脱离群众，要在作品中捕捉住人民大众的神态和神韵的特征，表现他们的思想和情感，从而产生生活原型的共鸣，产生情感感应。

3. 即兴性

民族民间舞蹈大都具有即兴创作的特点，而这种即兴创作与我们平时所说的即兴有些不同，它是建立在传统民族民间舞蹈的基础之上的，其动作和创作手法具有相对的稳定性。特别是一些著名的民间舞蹈艺术家在即兴的创作表演中，不是将传统的舞蹈动作进行重复，更不是照搬照套，而是发自内心地表演。这种即兴创作经常能产生出许多新的动作，而这些动作又具有明显的民族民间舞蹈的特点，其感情真挚、情感丰富，是有灵魂的舞蹈作品，且往往能够以简单的动作和丰富的情感打动欣赏者。这种现实主义的创作手法，对许多专业的编舞者和舞蹈艺术工作者都有着很好的借鉴作用。

4. 稳定性

中国民族民间舞蹈在具有其多样性的同时，也具有其特有的稳定性。由于中国民族民间舞蹈常在特定的范围内流传，如北方的秧歌和南方的花鼓灯，藏族的弦子和傣族的孔雀舞等，这些具有民族特色的舞蹈形式都只在本地区流传及发展，很少会受到外界和其他地区的影响。因此，虽然不同地区的民族民间舞蹈随着岁月的流逝而不断地向前发展，但是其风格特色相对比较稳定，改变较缓慢。

民族民间舞是一块活化石，在中国五十六个民族漫长的形成、发展、融合的过程中，

艺术鉴赏

各民族的民间舞蹈都不同程度地积淀了本民族的心理特征、审美情趣、风俗习惯等文化现象；而且，对于本民族的形成、迁徙、居住环境、经济基础、社会结构等各个方面都有所反映。在社会发展的过程中，社会与经济结构虽然改变了，民间的习俗总会有些遗存，而这些不同历史发展阶段的古文化遗存，就很自然地在民间舞蹈中表现出来了。

中国的民间舞蹈，是中国文化的一个重要组成部分，它凝聚着博大土地上的人们千百年来创造的艺术精髓，记载着人与人、人与自然、人与社会、人与鬼神之间纷繁复杂的关系，也记载了人们对美好生活的向往和追求，散发着泥土的芳香，浓缩、积淀了民族精神及文化特质。我们的祖先将日月山河、生死爱恨记录在真切动人的动态艺术——以人体为表演中介的舞蹈中，映照出人们丰富多彩的内心世界，这个世界超越了时空的界限，向后人传递着历史与现实交错的魅力。

（二）中国民族民间舞蹈的分布和特点

1. 汉族民间舞蹈的分布和特点

在中国的五十六个民族中，汉族人口占总人口的百分之九十以上，主要居住在黄河、长江、珠江三大流域和松辽平原等地区，广阔的居住区域和完全不同的自然环境，形成了汉族民间舞蹈种类繁多、风格各异的特色。如北方流传的秧歌，有陕北秧歌、东北秧歌、河北秧歌、山东秧歌之分；南方流传的花灯，有云南花灯、广西彩调、福建采茶之别。北方民间舞蹈多具古代燕、赵、秦的古朴刚劲之遗风；南方民间舞蹈则以绮丽纤巧、婀娜多姿见长。地处黄河、长江流域之间的淮河地区的花鼓灯，兼收南北之长，形成了刚柔相济、男子矫健、女子柔美的特色。

由于居住地区的自然生态环境特点，汉族以原始农耕作为经济发展方向，"刀耕火种"成为三千多年来汉族的文化形态，自然也就影响到汉族民间舞蹈文化的形成和发展，因此汉族的民间舞蹈是汉族农耕生活的反映。汉族舞蹈非常丰富，无论在舞蹈的内容组织还是形式表达上，也都与农耕生活紧密相连，处处体现出汉民族"顺应自然"、"天人合一"的思想境界，反映出汉族农耕文化的特点，具有一种怡然自得、安居乐业的生活精神。

汉族的文化丰富多彩，在其形成和发展的历史过程中，开放谦虚、兼收并蓄，形成了齐鲁、中原、燕赵、关中、巴蜀、荆楚、吴越、岭南、滇黔、闽台、松辽、徽赣等各具特色的区域文化，反映了汉族文化的多元性和多彩性，由此也映射出各个地域的民间舞蹈的灿烂与绚丽。

汉族的传统节日非常多，有春节、中秋节、端午节、清明节、重阳节等。舞蹈活动是汉族人民生活中的重要内容，不管是农闲时节，还是在婚丧嫁娶、迎神赛会之时，人们都要举行歌舞活动，尤其在春节、灯节等传统节日里。由于各地习惯的不同，民间舞蹈活动分别被称为"走会"、"出会"、"赶会"、"灯会"、"闹秧歌"、"扮社火"等。与中国少数民族有所不同，汉族地区表演民间舞蹈活动的主要是爱好民间舞蹈的民间艺人。汉族由于长期处于封建社会，受封建礼教束缚较深，广大人民群众很少直接参加表演活动，因此民间艺人的出现对汉族民间舞蹈的传承和发展具有特殊的意义。

古代文化是沿水域流传的，同一种舞蹈形式会有不同的地域特色。南北朝和南宋时期，汉族分成南、北两地而居，形成了南北不同的特性。在汉族由西北向东南的扩展中，各地

汉族的民间舞蹈更是纷繁多彩、各有所长、地域色彩浓郁。一般来说，在舞蹈的表演形式中，南方重唱，北方重舞，南方重体态，北方重技巧；在表演风格上，南方纤巧秀丽，北方则粗犷豪放；在音乐的伴奏上，南方多丝弦乐，北方则多鼓吹乐；在演出场地的形式上，南方偏小型、轻巧，北方则多强调场面的隆重、壮观。宋明以后，南方喜欢各式各样的灯舞，而北方则关注形式多、杂技性强的道具舞。同一种汉族民间舞蹈也可看出南、北方及地区的艺术特色，也会出现不同的名称，反映出不同的地方习俗。

在汉族民间舞的表演中，道具是不可缺少的重要组成部分。汉族民间舞蹈从明清以来，不断加强表演性、艺术性，逐渐形成了以表演为主的节目形式。农民的生活及其用具，往往成为民间舞的题材和道具，如跑驴、推小车、跑旱船、扇子、手帕、棒槌等等。道具在汉民族的舞蹈中可谓种类繁多，形式多样。舞蹈表演中常用的大型道具有鼓、龙、狮、旱船、蚌、板凳、高跷、灯等；小型道具有扇子、手巾(绢)、伞、绸、棒、霸王鞭、盘子等等。

汉族民间舞蹈音乐的伴奏形式十分丰富，主要用鼓、锣、钗、钹等打击乐器，间有唢呐、笙管等吹奏乐器，丝弦乐器多在南方的舞蹈表演中广泛使用。其中又以鼓为最重要，多起指挥作用。这是因为汉族民间舞蹈主要活动于街头广场，打击乐器声音响亮、节奏鲜明，易于表演、指挥和统一节奏。中国打击乐器以节奏、音响丰富多变著称，既能为那些风格雄壮、动作粗犷的舞蹈配以热情奔放的音乐，又能为那些抒情优美、感情细腻的舞蹈击出如泣如诉的伴奏曲调。

起初，汉族的民间舞蹈活动主要呈现在农村，主要功能是祭祀祖先、祁天赐福、祈求安康、迎神娱神等。由于长期受封建思想的禁锢，汉族民间舞蹈活动中，看的人众多，参与者甚少，因此它的表演成分很强。汉族民间舞多为农耕文化的产物，与农民生活紧密相连，常是种植前、丰收后和喜庆节日的时令性活动。

汉族民间舞以秧歌为主要表演形式。"秧歌"这个名称是在宋代以后才出现的，但这种歌舞形式却历史悠久，起源于农民在田间地头"插秧而歌"的形式。在其发展过程中，吸收了民间农歌、菱歌，以其作为基础，从一般的唱秧歌，逐渐发展成为最普通的汉族民间舞蹈形式。秧歌本身的种类和流派很多，我们用"北方秧歌南方灯"来划分汉族民间舞蹈的文化形态，北方秧歌包括东北秧歌、山东秧歌、陕北秧歌；南方灯包括花灯、花鼓。

2. 中国少数民族民间舞蹈的分布和特点

中国少数民族舞蹈是中国各少数民族富有民族特色的传统舞蹈形式的总称，是各少数民族在不同的地理环境、社会生活、风俗习惯和各自的经济文化条件下，经过长期的历史发展过程而形成的。

中国汉族以外的五十五个少数民族的人口所占比例虽然很小，但居住面积却占中国总面积的百分之五十以上，分布在东北、内蒙古、西北、西南、中南、东南等地区。由于少数民族居住在草原、高原、山区和边疆等地区，自然环境相差很大，因此各少数民族形成了绚丽多彩的舞蹈形式。如北方的蒙古、哈萨克等少数民族，由于受到游牧生活生活方式的影响，舞蹈多表现骑马、放牧生活，舞蹈动作刚劲，节奏激烈。南方农业区的壮族、黎族、哈尼族的民间舞蹈多表现采茶、舂米等劳动生活，舞蹈动作柔和、节奏舒缓。同是从事水稻生产的傣族和朝鲜族的民间舞蹈，既有优美的共同特点，又因居住地区和民族性格的不同而不同，傣族舞蹈活泼秀丽，朝鲜族舞蹈则典雅潇洒。居住在祖国边疆的少数民族的舞蹈，既有中国特色，又与邻国相同民族的舞蹈有许多相同之处。

中国少数民族舞蹈一直保持着歌、舞、乐三者结合的特点，表演形式以歌舞、跳乐、鼓舞、道具舞、乐伴舞为主。这几种形式既可独立表演，也可交叉进行。

歌舞是古代民间舞蹈踏歌的遗风与发展，是各民族最普遍的舞蹈形式，又可分为载歌载舞、歌舞相间、以歌伴舞等。如壮族的采茶舞、藏族的弦子舞属于载歌载舞、歌舞相间的形式；维吾尔族的赛乃姆属于以歌伴舞的形式。

鼓是许多少数民族的图腾，因此鼓舞是少数民族舞蹈中非常重要的组成部分。鼓舞有以鼓伴舞和击鼓而舞两种表演形式，鼓以特有的音色和节奏，在舞蹈中起着重要作用。因取材造型的不同而有铜鼓舞、象脚鼓舞、木鼓舞、羊皮鼓舞、长鼓舞、手鼓舞之分，舞蹈动作各具民族特点。在秦汉时，铜鼓已流行于南方，现在的壮、苗、瑶、黎、水、彝各族仍有以铜鼓伴奏的舞蹈，鼓者边奏边舞，舞者边歌边舞。如象脚鼓是南方傣族的常见乐器，在傣族的象脚鼓舞中，随鼓的击打，胯部扭动和跳跃动作较多；佤族的木鼓舞过去多见于祭祀；羊皮鼓舞过去多见于羌族民间巫术活动；朝鲜族携大长鼓边击边舞，有浓郁的表演性质；维吾尔族手鼓舞则是以手鼓伴奏的表演性舞蹈。

少数民族民间舞蹈中的道具舞分为模拟鸟兽和一般道具两种。前者身着鸟兽道具模拟其动作，如阿昌族的龙舞、壮族的凤舞、彝族的狮舞、藏族的牦牛舞等，多模拟本民族喜爱的动物形象，其渊源和"百兽率舞"的图腾舞蹈有关。一般道具舞以劳动生活用具如刀、盅碗、扇子等为道具，以增强舞蹈的形象性及节拍和音响效果，能创造出徒手表演时难以达到的意境。再如景颇族、塔吉克族的刀舞，黎族的草笠舞，蒙古族的盅碗舞，彝族的烟盒舞，傣族的蜡烛舞等，这些民间舞蹈已成为他们生活的组成部分。另外，朝鲜族、维吾尔族民间还常见用各种民族乐曲伴奏的舞蹈形式，如朝鲜族的农乐舞用长鼓伴奏；维吾尔族的多朗舞是用多朗木卡姆(大型套曲)伴奏的。

中国少数民族的民间舞蹈，一般来说主要在本民族居住的区域内流传，同时也因为语言、信仰、习俗的相同以及民族的杂居、迁徙、交流，出现了许多跨民族的舞蹈形式和你中有我、我中有你的相互吸收的情况。如《象脚鼓舞》，原是傣族的民间舞蹈，但临近傣族居住的景颇族、阿昌族、德昂族、布朗族也都流行《象脚鼓舞》；地处西南的苗族、壮族、侗族都普遍流行《芦笙舞》、《铜鼓舞》、《师公舞》；在汉族地区广泛流传的《龙舞》、《狮子舞》在许多少数民族中也流传甚广。

二、中国民族民间舞经典作品赏析

(一) 汉民族民间舞蹈

❖ 《红绸舞》

类别：群舞

原创：长春市歌舞团

改编、编导：金明

演出单位：中央歌舞团

首演：1951 年，北京

《红绸舞》的诞生正逢新中国成立之初，到处都锣鼓喧天、彩绸飞舞，亿万人民欢欣

鼓舞，编导根据人民喜爱的汉族民间秧歌，吸取了古老的戏曲艺术，表现出新中国的青年一代高举火把、挥舞红绸欢庆节日的情景。

在热烈欢快的音乐声中，四对男女青年手持红绸，跳着"大秧歌步"来到舞台上，他们时而聚时而散，时而方块时而半圆……一名男子手持红绸独舞，红绸在身体两侧分别做"八字圆"、"对花"、"双波纹"等舞姿。一对少女从舞动的圈中以"射雁"的舞姿一跃而过，旋转时红绸时而轻盈向上，时而划八字圆，配合具有中国舞蹈特色的"倒踢紫金冠"、"点步翻身"、"串翻身"等技巧，长绸飞舞，飘若飞仙……一群男女涌上舞台，女子做"立波纹"、"云花"，并配合斜排做"串翻身"，男子则甩着"冲天炮"，似团团火焰在云霄中绽放。刹那间全体舞者一致向舞台中心以红绸在身体左右做大八字旋转，好似车轮翻转、红火欢腾。最后，两名舞者连续做"点步翻身"，舞蹈在欢快激昂的音乐中结束。

该舞蹈以群舞的表现形式呈现在舞台上，属于情绪性舞蹈。作品以民间传统的舞蹈形式表达了亿万人民翻身做主人的喜庆心情，体现了工农大众扬眉吐气、欢欣鼓舞的时代精神。

编导创作该作品时，加入了跳跃的律动，加强了舞蹈中热烈欢快的情绪；舞蹈中的道具——红绸的使用也非常巧妙，其中红绸的大小八字绕圆、横波纹、立波纹、大车轮等动作的设计，形成了丰富生动、多彩多姿的流动造型；翻身、射雁、蹦子、倒踢紫金冠等传统戏曲语汇的融合，更增强了舞蹈的艺术表现力。

《红绸舞》于 1951 年在第三届世界青年与学生和平友谊联欢节上获一等奖；1994 年获"中华民族 20 世纪舞蹈经典作品"金像奖。

❖ 《一个扭秧歌的人》

类别：独舞

编导：张继刚

首演单位：北京舞蹈学院中国民间舞系

主演：于晓雪

《一个扭秧歌的人》是编导张继刚在《献给俺爹娘》舞蹈晚会中的一个作品。张继刚生长于黄土高原，对这块土地有着深切感情，这种感情使得他在一个民间舞艺人的身上发掘到一代黄土农民的人生况味。因此，这一形象才显得那么真实和厚重。首演演员为了演好这个角色，曾两度赴山西体验生活。

该舞蹈可分为三段。首先，在空旷的舞台上，二胡声带出岁月的感觉。舞者身体蜷曲，表现一个风烛老人随着悠远的二胡乐曲，展开了对往事的回忆与梦幻。然后，舞者挺身跃起，表现老人回忆起的年轻时的场景。手舞红绸，顿足踏地，梦幻中他又可以翩翩起舞了。他直立的身体不再弯曲，与年轻后生们一起舞动。随着音乐的推进，他进入忘我状态，给后生们传授着技艺，感染着大家，也重新感受着自己曾经的年轻。接下来，幽咽的二胡再次响起，老艺人无奈地回到现实，人生的沧桑毕竟已使他年迈，岁月慢慢让他淡出看秧歌戏的人们的视野，在无人注意的角落，他带着他的秧歌、他的技艺、他的梦幻离开了人间。

舞蹈以三段式的描述，表现了很多人类似的人生，舞蹈表达出现实—梦幻—现实的循环，使人惆怅但又不得不追求那点希望。这场梦幻就是讲述一个老秧歌艺人的故事，老艺人一生的悲喜和他对秧歌的痴情，那舞动的长绸就是他生命的体现。编导通过舞蹈，烘托出一种生命脆弱和追求美丽的矛盾的人生感悟，用叙事的方式表达散文的情感，利用舞蹈艺术来表现一种复杂的不容易用文字语言表达的情感，这是创作的亮点。

舞台调度上突出了身体对舞台空间的占有对比。舞蹈开始，演员处于右后角落，表现老者蜷曲体态和盛年不再的精神状态。而舞蹈中段，演员始终处于中心区域，中心点上表现老者幻想在青壮年时的舞动，用大幅度的动作表现老者对秧歌的痴情，舞动秧歌追忆过去属于他的那段美好岁月。但岁月无情，毕竟夕阳暮年。结束时编导又将主演调度到舞台左后区，在这个表演的弱区，他蜷曲的身体逐渐被人们遗忘，带着对秧歌的痴情和梦幻般的追求，永远地告别了人们。这样的空间调度处理，形成了弱式空间和观众强式同情的反差，用冲突的方法，成功地调动了观众的情绪。

该作品于 1994 年荣获"中华民族 20 世纪舞蹈经典作品"经典作品提名，在 1995 年全国第三界舞蹈比赛中获中国民间舞表演一等奖。

（二）藏族舞蹈

❖ 《牛背摇篮》
类别：三人舞
编导：苏自红，色尕
首演单位：中央民族大学舞蹈系
首演演员：隋俊波，崔涛，万马尖措
首演：1997 年，北京

《牛背摇篮》是一部藏族三人舞的作品。舞蹈以西藏"卓"的舞蹈语汇为基础，通过展示姑娘与牦牛这一人与自然和谐相处的生活情景，从而表现藏族人民对美好生活的热爱以及这个民族独特的生存状态、生活情调和深厚的文化底蕴。

舞蹈引子在悠扬的笛声中开始，一位藏族小姑娘从厚实的帐篷中缓缓走出来，一阵低沉雄浑的大号声划破了宁静的草原，小姑娘双手牵着一对雄健的牦牛迎着晨光，缓缓走向水草丰美的地方。悠闲小憩的时候，小姑娘时而坐、时而斜卧在牛背上遐想，自由自在、无拘无束，把观众的联想带到了青藏高原那白雪皑皑、牦牛成群的环境中。

进入快板时，音乐开朗活泼，舞蹈表现了小姑娘与牦牛之间如亲兄妹一般的亲情。牦牛时而为她挡寒，时而将她高高举起，他们一块拢火，一块跳锅庄，相依相靠过着自足和谐的生活。尾声时，小姑娘又重新爬在牛背上，遐思眺望，像一首人与自然和谐相处的古老的田园牧歌一般意味无穷、令人沉醉。

舞蹈作品用拟人的手法巧妙设计了牛角、牛背、摇篮等形象和场景，强化了藏人和牦牛的特殊关系。舞蹈中的水袖运用时而袖搭凉篷，时而条鞭飞扬，使舞蹈充满了质朴纯真的藏族味道。

舞蹈服装设计大胆，女性以红色上衣和白色围裙为主，与土黄色牦牛服装产生鲜明对比，突出了小姑娘娇小、机敏的人物性格和牦牛稳健、倔强的沉稳性格，加强了舞台效果。

该作品于 1997 年获第七届"孔雀杯"少数民族舞蹈比赛大奖；1998 年获首届中国舞蹈"荷花奖"银奖。

❖ 《母亲》
类别：独舞
编导：张继刚
表演：卓玛

《母亲》的编导用藏族舞蹈弦子的动态作为基本元素，表现了一位头发斑白、满面沧桑、身体佝偻，生命仿佛已经逝去大半的藏族老阿妈。这位阿妈高大伟岸，像喜马拉雅山一样坚毅，像高原圣湖一样宽容平静。虽然岁月在她身上留下了苍老的痕迹，每每回头时，她却依然露出慈爱的微笑……编导和演员将世上所有的母爱浓缩在一个弓腰缩背、颤颤巍巍的年老母亲的身上，这种无私的付出和给予，耗尽了所有生命的能量，怎能不让观众产生强烈的心灵碰撞？

编导巧妙地提炼了藏族舞蹈松腰坐胯、上身松弛的体态特征，并且使用了大幅度的压低上身前倾 90 度的姿态，来塑造舞蹈中人物的个性，这种压弯了腰的苍老母亲形象也是编导对所有母亲最动情的赞颂。舞蹈共分为三段。第一段中"母亲"以弓腰前倾的姿态表现了苍老的生命，然而她在每一个儿女的心中却是永远年轻的。这种心态在第二段中开始显现出来，另一个翩翩起舞的"年轻母亲"传达出活跃丰实的生命，弦子优美流畅，膝部的颤动与屈伸使动作充满了深情。"年轻的母亲"带着少女纯真的笑容在舞台上传递着青春的活力，她旋转着、旋转着，生命的热情向空中飞翔……岁月在旋转中进入到第三段，"母亲"又蹒跚着走向舞台深处，吃力地坐了下来，手臂缓缓而无力地垂下……

该作品的舞蹈者卓玛带着对藏族人民的深情，以真诚的表演赢得了观众的掌声，她说："我想通过藏族舞蹈把我们这个民族，千千万万像阿妈一样善良朴实的人们介绍给想了解我们这个民族的人。"作品一经公演，即成为卓玛的代表作。

（三）维吾尔族舞蹈

❖ 《摘葡萄》

类别：独舞

原作编导：阿吉热合曼

舞蹈改编：阿依吐拉·隆征丘

手鼓伴奏：阿不力孜·阿克奇

首演：1959 年，北京

首演团体：中国青年艺术团

首演演员：阿依吐拉

1959 年，在奥地利维也纳举行的第七届世界青年与学生和平友谊联欢节上，由阿依吐拉表演、阿不力孜·阿克奇手鼓伴奏的维吾尔族舞蹈《摘葡萄》，荣获了金质奖章，为祖国赢得了荣誉。

《摘葡萄》原是阿吉热合曼编导的五人舞，后来由阿依吐拉·隆征丘改编为独舞。大幕拉开后，一位持手鼓的男子在舞台的前沿敲出欢快的鼓点，接着一位身着盛装的美丽维吾尔族少女用碎步横移出场。少女在欢快的节奏中尽情舞蹈，她挑眉、碎抖肩、柔腕、快速旋转、下板腰，表现出了这名维吾尔族少女看到大丰收时的喜悦之情。

舞蹈虽然表现的是劳动，但编导却避开了劳动过程的模拟，而着眼于对人物劳动时思想情感的描绘。舞蹈技巧的运用(如快速旋转等)也是为了表现人物的情绪和心态。其中姑娘先后两次摘尝葡萄，一酸、一甜的鲜明对比，使舞蹈放射出独特的异彩。在这里，演员生动、细腻的表情动作，使观众通过视觉的感知引发出味觉感知的艺术联想，堪称具有独创性的、突破舞蹈表现事物内容局限的上乘之作。更为精彩的是阿依吐拉表现的这个甜，

艺术鉴赏

不只甜在她的口中，还深深地化入了她的心田。由此引发出她那不可抑制的喜悦心情的舞蹈，淋漓尽致地表现了维吾尔族姑娘内心的丰富情感和典型的精神风貌。

《摘葡萄》的舞蹈形式吸取了维吾尔族民间舞的多种风格，如赛乃姆、奇克得麦、多朗等，尤其是广为流传、用以庆祝丰收的"多朗舞"风格对该舞影响最大。

舞蹈的成功之处首先在素材上，编导选取了维吾尔族非常有代表性的"摘葡萄"的生活体验，并将其深化与典型化，使舞蹈富有极强的维吾尔民俗特征。其二，《摘葡萄》的动作编排和表情特征极富维吾尔民族特色，如演员的挑眉、动脖子、柔腕、碎抖肩、托帽手位、夏克、连续旋转之后的快速下腰等等。其三，编导将舞蹈动作与音乐紧密融合，并选用手鼓进行当场伴奏。如舞蹈一开始有端庄、挺拔的体态动作，手鼓便用"奇克得麦"节奏来进行伴奏，舞蹈的第二段中，为了表现小姑娘见到丰收的喜悦与欢乐之情，手鼓使用了快板的"赛乃姆"节奏来进行伴奏。

《摘葡萄》在 1994 年"中华民族 20 世纪舞蹈经典"评比中获经典作品金像奖。

（四）傣族舞蹈

❖ 《雀之灵》

类别：独舞

编导：杨丽萍

作曲：张平生，王浦建

舞美：孙济昌

首演时间：1986 年

演出单位：中央民族歌舞团

主演：杨丽萍

在傣族人心中，"孔雀"是吉祥鸟。生活在炎热的亚热带地区的傣族人民生活中常与孔雀相伴，因此在他们的舞蹈中自然而然地融入了对孔雀形态的艺术升华，而且也赋予了它宗教的色彩和意味。在傣语中，孔雀舞又称"嘎洛拥"，过去都是由男子表演。表演时，男子头戴塔形金冠和菩萨面具，将细竹和绸布做成的羽翼连在一起，系于腰间，同时左右两侧各五片作为翅膀，后面三片为羽翼，用绳子分别系在手臂和手腕上舞动。后来在民间艺人的发展下，孔雀舞去掉道具徒手而舞，通过肢体来模仿和展现孔雀的形态。

杨丽萍表演和创作的这个作品是在前人基础之上的再次艺术创作，她以傣族舞蹈为基础，从孔雀的基本形象入手，但超脱了外在的形态模拟，将自己对生命的追问和人生价值的探索融入到舞蹈之中。

《雀之灵》具有形式美的欣赏价值。在傣族舞蹈的历史上，孔雀的形象屡见不鲜，而杨丽萍在傣族舞蹈基本动作的基础上注入了现代意识，向观众展现了一只充满灵性的孔雀，迎着晨曦，踏着露珠，一只晶莹、洁白的孔雀亭亭玉立。她时而宁静伫立，时而轻梳羽翅，时而侧身微颤，时而慢移轻挪，时而高视阔步，时而随风起舞，时而跳跃飞奔。她欢跃着，舞动着。最后，美丽的倩影映衬在初升太阳那圆形光环之中。《雀之灵》给人的直观印象好像是对孔雀形态的简单模拟，但是细细品味，会看到作者将民间的孔雀舞素材进行加工、创造，并赋予其现代动感和活力，使之具有新的生命和新的艺术品格，从而具有较高的形式美的欣赏价值。舞者着力挖掘人体手、腕、肘、臂、肩、胸、腰、胯等部位的表现力，特别是手臂酥软无骨般的颤动，手指灵活多变的造型，腰、胯部位的婀娜多姿，将舞者柔中带刚、刚中带柔的表演功力体现得淋漓尽致。

《雀之灵》又具有空灵而丰满的思想内涵。忘情的舞者在尽情地欢跃，孔雀那高贵、优雅、奔放、挺拔的直观形象跃入观众的视野。它是纯洁的精灵，徜徉在大森林，畅饮在小溪边，翱翔在天空中。那高洁、纯真、富有生命激情的形象，是真、善、美的化身。舞者通过对"孔雀"灵性的刻画，达到了灵与肉的交融，亦真亦假，似实似虚，于纤细、柔美之中迸发出生命的激情，将内心美好的理想投影于舞蹈之中。舞蹈的光芒笼罩着整个舞台，飞扬的活力在膨胀中爆发出凝聚的能量。形似之中见神似，舞者用舞蹈抒发出企盼吉祥、和平和幸福的心声，勃发向上的精神蕴含其中。无论是在创作上，还是在表演中，舞者都能将对生命的深刻体验和真切动人的情感与灵动的舞蹈韵律结合在一起，具有极为强烈的艺术魅力。

《雀之灵》于 1986 年首演，同年荣获全国第二届舞蹈比赛创作一等奖、表演一等奖、作曲三等奖、服装设计特别奖。白族舞蹈家杨丽萍，在《雀之灵》获得成功后，声名鹊起，先后多次去泰国、新加坡、缅甸、菲律宾等国访问演出，直到今天仍受到广泛欢迎。

（五）蒙古族舞蹈

❖ 《鄂尔多斯》

类别：群舞

编导：贾作光

音乐：明太

首演时间：1953 年

表演团体：内蒙古自治区歌舞团

主要演员：贾作光，斯琴塔日哈，等

二十世纪五十年代初，不少文艺工作者到牧区演出，引起牧民的强烈反响，鄂尔多斯高原的牧民更希望看到一个反映自己新生活的舞蹈。这样，贾作光等老一辈艺术家多次去牧区体验生活，经过两年的准备，1953 年春天开始了编创工作。他们借鉴了前苏联艺术家的民间舞创作经验——在富于舞蹈节奏的民间曲调和民族的风俗习惯基础上进行创作，以表现"鄂尔多斯蒙古族人民坚强勇敢的性格、热爱劳动的品质和健康美丽的形象"为创作主导思想，从而使这个经典作品得以诞生。

鄂尔多斯是中华民族和中华文明的发祥地之一，就在这里创造了蜚声海内外的著名的"鄂尔多斯文化"。作为草原文化的代表，从夏、商、周到元、明、清，这里一直就是草原文化与中原文化的交融之地，是农耕文明与游牧文明的碰撞之地。蒙古族三大古典史诗巨著中的两部——《蒙古源流》和《蒙古黄金史》就诞生在这里，并在国内外广为流传。这里的歌舞具有深远的群众基础，悠扬的长调、清新的短调和浓郁的蒙汉调，以其特有的魅力为中国民族文化增添了绚丽的色彩，《鄂尔多斯舞》、《筷子舞》、《盅碗舞》等展示着鄂尔多斯的风土人情，成为世界民族艺术的瑰宝。但是在过去的岁月里，鄂尔多斯地区的民众生活条件十分艰苦，新中国成立以后，牧民们的生活有了很大改善。长期生活在内蒙古的贾作光对草原有着一份特殊的眷恋，对蒙古族舞蹈更是有着深厚的了解。《鄂尔多斯》就是表达了获得自由和独立、生活状况逐渐好转的牧民们心中的喜悦之情。在创作中他选用了蒙古族宗教舞蹈查玛舞的动作，他认为查玛舞动作粗犷，有助于表现牧民的特点和气质。例如他选用了"鹿神"、"散黄金"等动作进行变化，创造性地形成了具有时代气息的人物的动态形象。

作品一开始，伴着浑厚深情的音乐，一排阳刚自信的男子跃然而出。大甩手、碎抖肩、沉稳的步伐配合绵长的音乐节奏，显示出一派大气磅礴之势和自豪感。女演员的出场使得作品的情绪变得轻快而明朗。女演员的动作在传统蒙古族舞蹈的基础之上，又吸收了挤奶、骑马等生活劳动动作，因而使作品具有浓郁的生活气息。女演员们双手在胸前环绕以及双手叉腰与男舞者对舞扭动肩膀的动作，都充分表达出牧民们心中溢于言表的喜悦之情。

整个作品以情贯穿，注重情绪的转换。

第一段为中板，动作舒展有力；第二段是快板，动作轻快明朗。编导将这种愉悦的情绪通过动作的反复和队形的调度一直延续到了结束。舞台调度简单清晰，直线和圆的调度分别表现和衬托出不同的情感色彩。太阳升起了，鄂尔多斯牧民迎着朝阳缓缓走来，他们聚集在一起共同欢歌起舞，庆祝他们幸福的新生活。

该作品获得 1955 年第三届世界青年学生和平友谊联欢节舞蹈比赛金奖，1994 年"中华民族 20 世纪舞蹈经典"评比的经典作品奖。

❖ 《奔腾》

类别：群舞

编导：马跃

音乐：季乘，晓藕，夏中汤，马跃

服装：冯更新

首演时间：1985 年

表演团体：中央民族大学舞蹈系

主要演员：申文龙，等

蒙古族作为"马背上的民族"，"马"在其生活中起着重要的作用，有着崇高的地位。他们在马背上打天下，因此马背上荡漾着蒙古人民的精神和情怀。彪悍勇猛的蒙古族青年素以马术为傲。马既是他们生活劳作的工具，也是他们朝夕相处的朋友。该作品通过"骏马"和"骑手"两个形象的交织，塑造了蒙古族青年牧民的群体形象，体现了新时代下蒙古草原生机勃发、蒙古族牧民追赶时代潮流奋发图强的时代最强音。

该作品的舞蹈语汇以蒙古族民间舞蹈为基础，抓住新时期蒙古族牧民的精神气质和具体生活状态，发展创造出一系列富有民族特性的新舞蹈语言。在动作编排上，编导对已有的蒙古族舞蹈步伐、肩部以及臂部动作进行了力度和幅度上的夸张变形，并在节奏上进行了丰富的变化。

为了塑造出"万马奔腾"的意象，编导在舞蹈的构图上作了很大的处理。通过空间的变化，队形点、线、面调度结合，使得作品流畅、变化丰富，营造出层层叠进的奔涌之势。舞蹈画面在队形的有机组合与变化中被渲染得大气磅礴。

另外，值得称道的还有编导在舞蹈情绪上的掌控和对音乐的把握。在快板—慢板—快

板的情绪对比中，突出了作品的情感张力。整个舞蹈表演呈现出动作与音乐的完美结合，第一段快板节奏中短促而富有动力的骑马动作，第二段慢板中悠然自得的手臂处理，第三段中大气磅礴的绿浪以及大幅度的揉臂，都使得舞蹈的节奏、音乐的节奏和作品的情感紧密地结合在一起。

该作品获得 1984 年北京市舞蹈比赛创作、表演一等奖，1986 年第二届全国舞蹈比赛编导一等奖、集体舞表演一等奖，1989 年朝鲜民主主义共和国国际艺术节金奖，1994 年"中华民族 20 世纪舞蹈经典"评比经典作品奖。

（六）朝鲜族

❖ 《长鼓舞》

类别：独舞，双人舞，群舞

编导：李仁顺

音乐：崔三明

表演团体：中央歌舞团

主要表演者：崔美善

长鼓在朝鲜族舞蹈和音乐中起着重要的作用，是朝鲜族音乐中主要的打击乐。朝鲜族长鼓舞的长鼓为筒形，鼓身为木制，两端粗、中间纤细，蒙以羊皮或驴皮。演奏时将鼓横在胸前，舞者或用手或用鼓槌击出不同节奏，随拍而舞。两个鼓面音色、音阶都不同，加上对鼓帮敲击，声音高低有致。

作为朝鲜族代表性的舞蹈之一，它脱胎于传统的"农乐舞"。男子舞蹈潇洒活泼，女子舞蹈妩媚优美，以扛手、雀步为主要动作，右手持鼓鞭边舞边敲。新中国成立以来，经过专业舞蹈工作者的加工整理，长鼓舞焕发出浓郁的民族特色和艺术魅力。

由著名舞蹈家崔美善表演的《长鼓舞》共分为三段。舞蹈由于节奏的不同而体现出不同的韵味。第一段节奏缓慢绵长，舞姿在气息的带动下充满延续性和韧性，动作舒展而内敛，体现出朝鲜族妇女含蓄、坚韧的性格特点。第二段情绪欢快，脚下动作飞快，同时配以双臂的抖动。其动作刚柔相济、抑扬顿挫，力点鲜明。最后一段是快板，舞者在不断加速的旋转和双槌敲击鼓面中，将舞蹈推向高潮。

此舞采取了独舞贯穿始终的形式，群舞则起到了很好的烘托作用。在构图上，独舞始终处于突出与中心的位置，群舞则在两旁或后方交替变化，使舞蹈内容饱满，极富动感，并起到了很好的对比作用。

崔美善的《长鼓舞》是一个能够给人以极大艺术欣赏冲击的作品。整个舞蹈充满了动感，它是鼓舞，但又简单地从端庄的静止舞姿开始，很有点"此时无声胜有声"的味道。朝鲜族的舞蹈都非常讲究呼吸，崔美善的舞蹈呼吸，往往在一瞬间深深地凝聚起某种未知的力量，有一种即将爆发却仍然被紧紧锁住了的张力，让人不由自主地想看下去。在《长鼓舞》中人们可以体会到一种超越感，超越了一般意义上的舞蹈表演，将朝鲜族女性特有的柔美坚贞的精神气质用动态语汇全面地展示了出来，舞蹈家崔美善的表演更使得这种端庄、内在、含蓄、深情的民族气质得到了艺术的升华，观众们从中能读出一个民族的整体性格。《长鼓舞》创作和表演的成功，赢得了千千万万普通观众的喜爱。对于朝鲜族人民来说，这标志着朝鲜族舞蹈已经从原始的民间状态进入了有较高水平的剧场艺术的新阶段。

第四节　芭　蕾　舞　鉴　赏

一、芭蕾舞基础知识

（一）芭蕾舞的含义和起源

"芭蕾"一词是法语"ballet"的音译，意为"跳"或"跳舞"。芭蕾舞流行于欧美并综合了音乐、戏剧、哑剧、舞台美术等形式。芭蕾舞最初是欧洲的一种群众自娱或广场表演的舞蹈，在其发展进程中形成了严格的规范和结构形式。其主要特征是女演员要穿上特制的足尖鞋立起脚尖起舞，因此也有人称其为"脚尖上的舞蹈"。

文艺复兴运动使社会经济、文化、科学得到了迅猛的发展，意大利的王公贵族开始把艺术作为炫耀自己权势和扩大政治影响力的工具和手段。早先，意大利的王公贵族举行盛大宴会上常穿插进行音乐和舞蹈表演，后来发展到表现一个神话故事，是以称为"席间芭蕾"，被认为是芭蕾艺术的源头。芭蕾舞起源于意大利，兴盛于法国，鼎盛于俄国，最终从俄国走向了世界各国，先后形成了意大利、法兰西、俄罗斯、丹麦、美国、英国等学派。在这样的历史背景之下，芭蕾舞开始在民间舞蹈的基础上，从自娱的、游戏的舞蹈形式转变成为一种有规定的技巧、舞步的艺术形式。

（二）芭蕾舞的分类

1. 宴会芭蕾

芭蕾出现于十五至十六世纪文艺复兴全盛时期的意大利，艺术家极力模仿古希腊的艺术风格。最早的芭蕾表演是在宫廷宴会上进行的，公元 1489 年在意大利的一个小城里，为庆祝米兰公爵和西班牙阿拉贡公主伊达贝尔的婚礼，演出了《奥菲士》。当时的表演形式与我们今天所见到的芭蕾演出截然不同，它的每一段表演大致都与上菜联系在一起，比如模拟狩猎的表演开始以后就吃野猪肉；海洋、河流神灵出场以后就开始吃鱼。然后，许多神话人物上场献上菜肴和水果，最后客人们也都参加到热闹狂欢的表演中。这是一种把歌、舞、朗诵、戏剧表演综合起来的表演形式，可以说是芭蕾的雏形，后人称它为"宴会芭蕾"。

2. 宫廷芭蕾

随着意大利贵族与法国宫廷的通婚，意大利的"芭蕾"演出被带入法国。公元 1581 年，在亨利三世皇后妹妹玛格丽特的结婚庆典上演出了《皇后的喜剧芭蕾》。当时没有舞台，观众坐在三面墙壁的两层楼廊里，国王和显贵们坐在坛台上，表演则在大厅的地板上进行。编导者博若瓦叶就是受聘于法国的意大利人。表演内容为古希腊神话故事，描述了女妖西尔瑟与太阳神阿波罗以及其他众神的搏斗，女妖无论多么神通广大，最后仍然要跪服于法国国王。其表演是戏剧、音乐、舞蹈、朗诵、杂技的混合体。法国国王路易十四非常喜爱舞蹈，并受过良好训练。他 15 岁即参加宫廷芭蕾《卡珊德拉》的演出，扮演阿波罗神。因

此在这一时期，法国芭蕾发展到它的鼎盛时期。

3. 情节芭蕾

十八世纪欧洲启蒙运动深刻地影响着法国芭蕾的发展。它的革新思想表现在反对把芭蕾当做供贵族消遣的装饰品，要使芭蕾像戏剧一样，表现现实生活，提倡芭蕾要有社会内容和教育意义，于是产生了"情节芭蕾"。诺维尔代表了欧洲芭蕾革新的主流，集中体现了启蒙运动的民主主义精神，他在《舞蹈和舞剧书信集》中，提出了他对芭蕾的革新主张。他强调"情节芭蕾"、"重视情感"、"重视结构"的思想，在当时欧洲引起轰动，成为欧洲两百多年来尊奉的舞蹈理论经典。芭蕾舞在这一启蒙主义思潮影响下，也开始走出宫廷、走近平民百姓，在舞蹈表现方面有了许多突破，在芭蕾舞蹈中加进了活泼、欢快的农民舞蹈、民间舞蹈，给模式僵化的芭蕾舞艺术注入了新的活力。诺维尔的学生让·多贝瓦尔所创作的舞剧《无益谨慎》体现了诺维尔的芭蕾改革思想。这是一部带有情节和戏剧色彩的舞剧，受到广大民众的喜爱和欢迎，至今还在上演，成为当代各大芭蕾舞团的保留剧目。芭蕾舞剧《关不住的女儿》是表现平民百姓形象的代表作。它描绘了一对农村青年男女不顾家庭的束缚和阻挠，自由恋爱并终成眷属的故事，舞剧洋溢着浓郁的乡土气息，反映了普通人生活的真实图景，它的出现，如一股清风吹进了当时被王公贵族所垄断的毫无生气的欧洲舞坛，为后世的"情节芭蕾"的大发展打下了坚实的基础。

4. 浪漫芭蕾

浪漫主义文艺思潮发端于十八世纪末和十九世纪初的法国，与古典主义理性规整要求相反，其主要注重个人情感的表达，形式较少拘束且自由奔放，通过幻想或复古等手段超越现实，多以梦境、仙凡恋、神话为内容。随着女子脚尖技术的发明和服装上的改革，芭蕾的动作审美特征趋向于轻盈飘逸，呈现出脱离俗世、向往天国的姿态，舞蹈技巧也变得复杂多变，在动作指向上确立的"垂直向上"习惯，在服装风格上形成的"白色纱群"模式，成为法兰西学院派芭蕾高贵典雅、严谨规范、表情细腻、动作舒展的浪漫主义艺术特征。

浪漫主义芭蕾是芭蕾发展史上的一个黄金时代，在舞蹈技巧、编导艺术以及演出形式方面均有重大突破，积累了一套系统、科学的训练方法，留下了一大批经典作品，如《仙女》、《吉赛尔》、《艾丝美拉达》、《海盗》等舞剧，同时也造就了一批芭蕾人才，如佩罗、布农维尔、塔尼奥尼、艾尔斯勒等。

浪漫主义芭蕾的黄金时代极其短暂，十九世纪三十至四十年代，仅仅十多年就出现停滞枯萎的局面。从十九世纪下半叶开始，欧洲芭蕾的中心逐渐移至俄国。

5. 俄罗斯古典芭蕾

随着芭蕾在西欧再次顺应上层人士的消遣品味，变得空洞乏味而走向衰落时，却在十九世纪下半叶的俄罗斯迎来了它最辉煌的时期，留下了以《睡美人》(1890)、《胡桃夹子》(1892)和《天鹅湖》(1895)这"三大舞剧"为首的一大批经典剧目。俄罗斯学派的芭蕾集意大利和法兰西两大流派之大成，同时也自然地带有俄罗斯民族气势恢弘、动作凝重、精力过人、戏剧性强等特点，并逐渐形成了新的学派——俄罗斯舞派。《睡美人》、《天鹅湖》的问世，无论是舞台规模、动作技巧，还是舞剧结构的完善，都显示了古典芭蕾最为经典的形象和它的终结形态。世界芭蕾艺术的中心，由巴黎转移到了圣彼得堡。特别是柴可夫斯基的音乐，给舞剧音乐带来了丰富的形象内容、戏剧性的动力和交响性的发展，不仅是芭蕾舞的典范作品，而且是世界乐坛上的不朽作品，实现了舞剧音乐的革新，使音乐成为舞剧中塑造形象、叙述事件的基础，启发和丰富了舞剧编导的舞蹈交响化的思想。《天鹅湖》第二幕达到了舞蹈诗的高峰，被奉为交响化舞蹈的范例。

6. 现代芭蕾

二十世纪初，以反芭蕾兴起的现代舞反过来又促进了古典芭蕾的改革，当然也有来自芭蕾艺术本身的动力。当时由佳吉列夫创立的著名的俄罗斯芭蕾舞团在欧洲与北美的演出，不仅复兴了这门从欧洲发源的艺术，而且全面地推动了美国芭蕾的发展，起到了播种的作用。舞团中，福金开创了现代芭蕾的先河；尼金斯基则以《牧神的午后》、《春之祭》打破了以往芭蕾创作的禁区；留守美国的俄国编导巴兰钦创造了无情节的纯芭蕾，以纯粹的人体形式美重新激发了人们对芭蕾的热爱……古典芭蕾的技巧在新的审美情趣下重组、整合、变形，焕发出生机与活力，由此，继"浪漫芭蕾"、"古典芭蕾"之后面对现代舞的大潮出现了"现代芭蕾"。

现代芭蕾的特点：第一，一反传统芭蕾所崇尚的古典唯美主义，在动作上改变了外开的唯一审美标准，寻找回归远古律动的做法。第二，创作思想自由开放，敢于吸收一些有益的东西为我所用。第三，创作手法多样化，摒弃固有的观念模式。第四，在内容和形式上深受现代舞的影响，以自然质朴、不受束缚为美的舞蹈形象。第五，完成了从戏剧芭蕾向交响芭蕾的历史性转变；实现了与现代舞的结合；从民间舞蹈中吸收营养，促进了东西方文化的交流；最终完成了与现代主义文化的并轨。

7. 中国芭蕾

芭蕾约在二十世纪二十年代传入我国，并得到蓬勃的发展。几十年来我国芭蕾教育工作者在俄罗斯学派的基础上努力探索，并引进西方国家的教学体系，丰富芭蕾教学，培养出了一批在国际大赛中频频获奖的芭蕾舞演员，表明我国的芭蕾教育已达到了世界一流水平，而芭蕾舞坛涌现出的诸多芭蕾精品，也深受群众喜爱。

在接受了俄罗斯学派的芭蕾舞剧艺术的熏陶之后，由中国人上演的外国经典芭蕾舞剧逐渐走进了中国人的艺术视野。1956 年第一次上演《天鹅湖》，白淑湘成功地扮演了女主角"奥杰塔"，被称为中国的第一只"白天鹅"。1964 年、1965 年相继创作演出了反映现代生活的《红色娘子军》和《白毛女》。1978 年以来，中国的芭蕾创作和演出空前活跃，题材广泛、风格多样，并在民族化方面做了大胆有益的尝试，出现了《祝福》、《雷雨》、《林黛玉》、《梁祝》、《魂》、《蓝花花》等一批受到中国观众欢迎的作品。中国芭蕾学派走上了自己的历史行程。同时，我国年轻的芭蕾舞演员也经常在国际比赛中获得优异成绩。"芭蕾"一词，在中国只指一种以足尖舞为其特征的舞蹈品种，但在欧美各国还被用作泛指所有的中国舞蹈，如我国民族舞剧《丝路花雨》，欧美人士即称作"中国芭蕾"。

（三）芭蕾舞的特性

与别的舞种相比，芭蕾舞有着自身独特的艺术特点：

1. 芭蕾舞蹈的形体特征

芭蕾艺术的形体特征总体概括为"开"、"绷"、"直"、"立"。

"开"是指舞者从肩、胸、胯、膝、踝五大关节左右对称向外打开，最大限度地扩大动作空间范围，增大动作幅度，以延长舞者的肢体线条，从而使动作姿态更加优美，艺术表现力更强。

"绷"是对脚部的动作要求，即伸出的任何一只脚在离开地面时脚背必须有力地绷直，以延长腿的长度，增加脚部的优美和表现力，同时加强脚踝的力量。

"直"是一个整体概念，要求身体挺拔直立。除特殊要求和造型时，其他时间人体的重心必须始终严格保持垂直，重心的垂直是人体在直立状态下的必需，唯有这样才能使舞蹈从容不迫，一气呵成。

"立"与"直"有相同之处，也有不同之处，即它一方面是指身体(后背)的直立，另一个很重要的方面是指腰部的直立。要求舞者收腹、展胸，给人以挺拔、提升的感觉。

2. 芭蕾舞蹈的技术特征

芭蕾舞有着严格的技术要求。一名优秀的芭蕾舞演员想表现出完美的芭蕾艺术，只有在具有扎实的芭蕾舞技术基础上，再加上对作品的充分理解和准备，才能游刃有余地来展现芭蕾舞作品的艺术魅力。芭蕾舞的技术特征可简要地概括为以下20条。

(1) 旋转：旋转数量和质量的高低是评判芭蕾舞者技术水平高低的核心标准之一。所谓质量，主要指的是旋转过程中，规范的舞姿是否走形，空间的定位是否合乎要求，停止旋转时是否稳定如初，是否能自然而然地完成结尾的固定舞姿。

(2) 速度：这是衡量芭蕾舞者技术水平高低的又一硬性标尺。速度越快，难度越大，但在有些旋转和跳跃中，加速则是必不可少的，并且能使这些动作完成起来更加容易。当然，速度的快慢只是一种技术的标准，而非艺术的标准。这里涉及"舞蹈的本质更多的还是艺术，而非技术"的总体原则，尽管有比较完美和完整的技术，舞蹈也无法成就为艺术。

(3) 方向：这是判别技术高低的第三条标准。在动态中变换方向时，要求力度增减得当，而有经验的舞者都懂得，按照圆形的调度转圈比按照直线的调度转圈难得多，而女子保持在一个固定点上完成三十二周挥鞭转，或男子也在一个固定点上完成几十个二位旁腿转，则往往成为衡量舞者技术水平高低的试金石之一。

(4) 定点看一点：舞者在以躯干为垂直轴做急速旋转时，必须用眼睛盯住正前方的某一点不放，即让整个躯干和四肢先转，而将头部，尤其是双眼，留在后面，直到整个头部与身体间的分离程度达到最大极限，也就是当身体要进行第二次旋转之前的那一刹那，将头部和双眼蓦地跟着整个身体的动势甩过去，并立即以快于躯体的速度，赶在整个身体完成一整圈之前，找到原来的那个视点，然后死死地盯住不放，这是避免舞者头晕的最好方法。这种做法实际上就是用迅雷不及掩耳的速度，造成一种静态的假象，以利用最短的时间来完成视觉中的这种方向变化，减少平衡器官中的振荡和变化，避免由此产生的晕眩。

(5) 变化手臂或腿脚：在旋转或跳跃中变化手臂或腿脚，是对舞者身体平衡与协调能力的又一大挑战。

(6) 无声而优雅地落地：这是评判舞者水平高低的又一条标准。

(7) 跳跃的高度：这当然能够增加舞蹈欣赏中的热烈情绪。比较而言，创造绝对高度远不如在瞬间保持高度，甚至产生在空中停顿片刻的幻觉那样难。在专家的眼睛里，创造出这种幻觉是舞者最为辉煌的技艺之一。就在这个瞬间里，作为人的舞者，或者说舞者的人性特征，得到了最大的发扬，而大自然的地心引力则受到了最大的蔑视。

(8) 绷膝盖：这是芭蕾舞技术中绝对不可或缺的规范。

(9) 绷脚尖：这也是对芭蕾舞技术完美性的基本要求。

(10) 高抬腿：从接受美学的角度来看，舞者正面对着观众时，向两侧高抬腿更能出效果。

(11) 支撑腿的稳定性：完成这个动作的理想化标准，除了膝盖和脚背需要绷直外，还要求支撑腿如板上钉钉一样，一动不动。

(12) 线条：大致可分为两大类，一类是舞者肢体线条，一类则是舞台调度的线条。

(13) 流畅度：按照中外传统舞蹈的路子，编舞家和观众都习惯于要求舞者动作的线条与舞台调度的线条畅若流水。

(14) 双人舞：包括托举、支撑旋转和平衡三大类动作。杰出的舞伴间的默契除了表现在对双人舞的常规动作达到滚瓜烂熟的程度外，更表现在绝对的相互信任之上。

(15) 群舞：横竖必须成行，手脚必须到位，动作必须一致，呼吸必须统一，舞剧必须流畅，舞者必须协调。大型的群舞中，每位舞者的个性应该加以最大限度的抑制，以便使整个画面保持协调统一。

(16) 动作干净而准确：无论是群体还是个体，舞者的动作都应是干净而准确的。

(17) 自信：舞者在跳舞时，应该表现出充分而优雅的自信，尤其是在完成简单和高难度动作之前和之中，不应表现出任何不安来，应给人如履平地的轻松感和自如感以及一气呵成的整体感和舒适感。

(18) 快感：舞者作为剧场表演艺术家，其天职应该是给观众提供快感，但要提供快感，舞者本人必须在跳舞过程中先为自己找到快感。

(19) 小骗局：当芭蕾舞者在舞台上未能严格按照上述技术规范准确地完成各种动作时，会不由自主地作一些小小的补偿或调整，行话称之为"小骗局"。需要向观众解释清楚的是，为了完成某种超出常规运动范畴的动作，使观众产生新奇的美感和快感，采用这种"小骗局"是必要的，而绝对不等于是欺骗观众，就像魔术的神奇就在于它的"骗局"一样。

(20) 从技术向艺术的大跳：在芭蕾舞演出中，舞蹈会不断改变其视点和强度。解决肢体位置和动作规范的时空力度关系，则是舞者应该在排练中解决的问题。

二、芭蕾舞经典作品鉴赏

❖ 《仙女》

类别：芭蕾舞剧

编剧：阿道夫·努利

编导：菲利普·塔里奥尼

音乐：什涅茨霍菲尔

首演：1832 年 3 月 12 日，巴黎皇家音乐舞蹈院(即巴黎歌剧院)

主演：玛丽·塔里奥尼

二幕舞剧《仙女》是法国浪漫芭蕾舞剧的处女作和早期代表作，也是芭蕾史上开脚尖舞之先河的里程碑之作。

舞剧表现了一个仙女与凡人之间的爱情悲剧。一位年轻英俊的苏格兰小伙子詹姆斯，

在新婚前夕梦见了美丽的仙女西尔菲达，并且很快与这位仙女坠入爱河。他在婚礼上遗弃了那个可怜的新娘，追随着西尔菲达仙女进入了一片森林。在这片仙境般的森林中，詹姆斯与西尔菲达仙女在其他众仙女的陪伴下翩翩起舞。但好景不长，詹姆斯为了永远同这位美丽的仙女在一起，采纳了女巫的建议，将从女巫那里得来的浸透毒药的纱巾披在了那位仙女美丽的翅膀上。结果，西尔菲达仙女的小翅膀立即落到了地上，仙女也随之死去。而此时，那位可怜而愚蠢的詹姆斯在悔恨交加中又发现，之前被他所抛弃的新娘已经答应了另一个人的求婚。最后，詹姆斯昏倒在新娘的婚礼上。

芭蕾舞剧《仙女》的历史意义在于：其一，这部作品在编创上一改以前芭蕾舞的那种大团圆、大狂欢等喜庆结局，它那忧伤的悲剧性结尾给观众留下了更多的回味与思考。其二便是对于舞蹈演员的动作设计。意大利芭蕾舞巨星玛丽·塔里奥尼在这部剧中，第一次将脚尖舞的技术提高到了炉火纯青的高度，并与过膝的白色纱裙一道，开创了"白裙芭蕾"轻盈飘逸的舞风。这种动作技术和芭蕾服装先后出现在浪漫芭蕾的悲剧代表作《吉赛尔》和现代芭蕾的处女作《仙女们》等后世之作中，影响则持续至今。这种超现实的仙凡之恋题材，持续了整个浪漫芭蕾时期，时间长达半个世纪。芭蕾舞剧《仙女》的不足之处在于，仙女背上插着的一对透明小翅膀虽可爱之极，却流露出了肢体动作本身的表现力在当时尚不足以充分表现仙女那飘飘欲飞的动感，完整的双人舞模式尚未形成。因此，渴望看到舞者集中展示肢体技术的观众，每每感到有点儿失望。

目前流行的《仙女》，是丹麦皇家芭蕾舞团的版本。该团曾于 1985 年 4 月来中国公演这部浪漫芭蕾的代表作。丹麦学派的芭蕾，不仅继承了浪漫芭蕾在法国的最高成就，而且有所发展，尤其是阴盛阳衰的舞风通过强化男舞者的技术，得到了一定程度的纠正。丹麦男舞者尤其以跳跃的轻盈灵巧、腿脚击打动作的干净利落而著称于世。目前在欧美许多大型芭蕾舞团担当领衔主演或团长者中，许多人均出自这个流派。

❖ 《吉赛尔》

类别：芭蕾舞剧

编剧：戈蒂埃，圣·乔治，科拉利

编导：科拉利，佩罗

音乐：阿道夫·亚当

首演：1841 年 6 月 28 日，巴黎歌剧院

二幕舞剧《吉赛尔》取材于德国大诗人海涅的《妖精的故事》，以及法国文豪雨果《东方诗集》中的《幽灵》，是西欧芭蕾史上浪漫主义悲剧芭蕾的巅峰之作。

纯真的农家少女吉赛尔爱上了乔装成农民的年轻伯爵阿尔贝特，痴情暗恋吉赛尔的守林人汉斯揭露了阿尔贝特的伯爵身份。这一噩耗对于吉赛尔来说可谓是晴天霹雳，吉赛尔也因此而心碎气绝。伯爵阿尔贝特对于吉赛尔的死深感内疚，来到恋人的墓碑前祈求她的宽恕。可祸不单行，正在阿尔贝特悲痛欲绝之时，鬼王米尔塔和他的女巫们将他团团包围，"邀请"他参加死亡之舞。在危难之时，吉赛尔的灵魂前来挽救了伯爵的生命。当漫长的黑夜离去，黎明的曙光来临之际，鬼王带领众女巫纷纷离开，只有阿尔贝特一人在坟墓前悲痛地忏悔。

在《吉赛尔》中，编剧巧妙地营造出了一个角色的多种变化。在舞剧的第一场中，吉

艺术鉴赏

赛尔还是一个纯真无邪的农家少女，而第二场中则变成了一位为爱情拼搏的女鬼。而伯爵阿尔贝特，在第一场中还是一名多情的富家子弟，但在第二场中则是以对所爱之人虔诚忏悔的面貌出现。

此外，这部舞剧另一成功之处便在于编导佩罗精妙的动作设计及舞蹈与音乐间的紧密结合。编导佩罗在《吉赛尔》中所排演的第一幕终场和第二幕堪称情节芭蕾的典范与交响芭蕾的萌芽。而对于第二幕中鬼王与众女巫的动作设计，佩罗采用了欧洲古老异教葬礼那种双手交叉于胸前的动作来象征死亡。此外，这部舞剧更是按照人物的性格及情绪的变化来安排不同的舞蹈动作。例如，对于那位阴险的守林人汉斯，佩罗给他设计了民间舞蹈动作，而不是具有高贵气质和优雅身姿的纯芭蕾舞动作；吉赛尔一角则跳古典芭蕾那种轻逸的富有生活情调的舞蹈。对于伯爵阿尔贝特则设计了两种不同风格的舞蹈。第一种是表现第一幕中那个多情的伯爵，阿尔贝特在这一幕的动作除了双人舞以外基本上都是哑剧表演。在第二幕，阿尔贝特在受到吉赛尔的保护而免遭不幸时所跳的舞蹈，则改用古典芭蕾的形式，以此来表现正面人物，并借以与之前的反面形象形成鲜明的对比。这部舞剧中的吉赛尔一角至今仍被认为是一块检验女性芭蕾舞演员水平的试金石。

❖ 《葛蓓莉娅》

类别：芭蕾舞剧

编剧：查尔斯·尼泰，亚瑟·圣·莱昂

编导：圣·莱昂

作曲：克莱芒·德里勃

布景设计：查尔斯·康邦，等

服装设计：保罗·洛米耶

主演：朱塞平娜·博扎克奇，欧仁尼·菲奥克尔

首演：1870 年 5 月 25 日，巴黎歌剧院

如果说《吉赛尔》是浪漫芭蕾的悲剧代表巨作，那么《葛蓓莉娅》则被誉为"浪漫芭蕾时期的喜剧代表作"。《葛蓓莉娅》又名《浅蓝眼睛的少女》，根据霍夫曼的童话故事《沙人》改编而成。该舞剧发生在十八世纪中叶，波兰南部与捷克交界的加里西亚地区一个小小的城镇上。舞剧共分三幕，全剧始终围绕着一对已经订婚的青年男女间的爱情线索展开，但核心人物却是整个小镇上最具传奇色彩的人——擅长炼金术和法术的老头儿与她的千金小女儿。

编导圣·莱昂对于舞剧的舞蹈处理有着独特的个人风格。他以幽默、诙谐的手法表现了斯万尼达、弗朗茨与葛蓓莉娅之间的三角关系。由于他是一位欧洲民间舞蹈的行家，因此，在这部舞剧中将民间舞蹈与传统芭蕾舞进行了巧妙的结合，形成了"性格民间舞"这一舞蹈形式。圣·莱昂所新创的这一舞蹈体裁受到了广泛好评，并且也为后来的古典芭蕾开创了一种表现手法，成为芭蕾舞中必不可少的一种舞蹈形式。例如，《天鹅湖》、《睡美人》与《胡桃夹子》这三部广为人知的三大古典芭蕾舞剧中都有这种"性格民间舞"。

《葛蓓莉娅》的历史意义在于：它在题材上，为正在衰落的欧洲芭蕾舞剧开辟了一个以木偶形象和动律为主体的崭新天地，使对虚无缥缈的《仙女》和悲悲切切的《吉赛尔》之类的题材感到厌烦的观众，得到了一种新的满足，并对后世的古典芭蕾舞剧《胡桃夹子》

和现代芭蕾舞剧《彼得鲁什卡》提供了宝贵的经验。它在内容上，赞扬了女主人公纯真而专一的爱情，批评了男主人公朝三暮四的态度；在形式上，满足了观众既要观舞，又要看戏，尤其是对喜剧的需求。因此，一百多年过去了，但葛蓓莉娅的形象始终活跃在巴黎歌剧院的舞台上，并从这里走向了维也纳(1876)、柏林(1881)、伦敦(独幕版本，1884；全剧版本，1906)、圣彼得堡(1884)、纽约(1887)、慕尼黑(1896)、哥本哈根(1896)、伦敦(1934)。二十世纪七十年代以来的大量版本中，数巴黎歌剧院(1973)、纽约市芭蕾舞团(1974)、马赛芭蕾舞团(1975)的影响最为深远。

芭蕾舞剧《葛蓓莉娅》曾由英国兰伯特芭蕾舞团(1957)、古巴芭蕾舞团(1964)、日本松山芭蕾舞团(1978)先后带到中国的北京、上海等大都市公演。俄罗斯芭蕾专家谢尔盖·费加宁在 1994 年为中国广州芭蕾舞团的建团首演，复排了《葛蓓莉娅》。不过，这些后世的版本大多来自圣彼得堡的版本。

《葛蓓莉娅》的规模中等、难度适当，因此，世界各地许多新兴的中型芭蕾舞团常常采用这个剧目亮相，中国广州芭蕾舞团 1994 年建团时的首演也不例外。这样就确保了剧目的规模和技术难度与舞团的规模和技术实力相适应，使得舞团刚一上路，便有了一个完整的艺术形象树立在舞台之上。

据负责指导广州芭蕾舞团排演这部舞剧的俄国专家谢尔盖·费加宁介绍说，中国观众看到的这个《葛蓓莉娅》版本，是由俄罗斯圣彼得堡的基洛夫芭蕾舞团团长奥列格·维诺格拉多夫创作的。而十九世纪上半叶的巴黎版本和下半叶的圣彼得堡版本均已失传了，只有第三幕压大轴的《婚礼双人舞》基本保存至今。他认为，对于芭蕾舞剧来说，全剧的戏剧结构是最为重要的。古典芭蕾承担的任务就是交代情节，所有的舞段都是为剧情服务的，没有轻重之分，舞与剧之间也没有主次之分。像马祖卡这样的性格舞，必须有自己的民族风格，以便提供情节发生的环境。情节要有自己的发展，而哑剧不能像哑巴那样打手势，完整的古典舞形式不能跟音乐发生矛盾。他的芭蕾舞剧观属于典型的苏俄戏剧芭蕾观。

这个版本的不足是，全剧尽管好戏不断，幽默诙谐，但从未出现过一段令人拍案叫绝的双人舞或独舞。各类舞段中既没有异峰突起的巧妙连接，也没有令人心跳的高难度动作，更没有非它莫属的独创之处，一切都是顺理成章、按照情节和动作的正常逻辑逐步展开的，缺少明显的高潮——双人舞。按照今人观赏芭蕾舞剧时的审美理想(即便是对古典芭蕾舞剧也毫不例外)，一部堪称为精品的芭蕾舞剧，总少不了一二段出类拔萃、登峰造极的双人舞，从而将全剧的情节和观众的情绪同步推向高潮。

就技术展示方面的阴阳平衡而言，这个版本有意无意地继承了浪漫芭蕾"阴盛阳衰"的传统，而未能像"古典芭蕾之父"佩蒂帕那样，通过双人舞中的两次男子变奏，有意识地提高男性舞者的地位，结果使得像邹罡这样的优秀男演员，因缺少像样的舞段，而无法充分地展示自己。

不过，各种版本的异彩纷呈和千差万别，长短优劣和得失兼有，恰好都说明了这样一点：《葛蓓莉娅》同其他几部芭蕾经典一样，其魅力超越了时间和地域的局限，成为人类共同的财富。

❖ 《睡美人》

类别：芭蕾舞剧

编剧：符谢沃洛日斯基，佩蒂帕

编导：佩蒂帕

音乐：柴可夫斯基

首演：1890 年 1 月 30 日，彼得堡

舞剧《睡美人》是一部具有浓烈抒情性和鲜明的浪漫主义色彩的芭蕾舞作品，被认为是综合了十九世纪浪漫主义芭蕾成果的代表作。它的故事取材于法国诗人、作家夏尔贝劳童话集中的仙女故事《睡美人》。

舞剧全剧共分为序幕和三幕四场。故事发生在十七世纪，国王弗罗列斯坦金碧辉煌的宫殿里，正在为刚刚出生不久的公主奥罗拉举行盛大的施洗仪式。各位皇亲国戚和重臣王公纷纷前来祝贺，紫丁香等六位仙女应邀出席典礼仪式，她们纷纷起舞献艺以示真诚祝贺。然而，原本一派祥和的典礼上突然出现了一阵骚动，没有收到请柬的恶魔卡拉贝丝闯了进来并大发雷霆，她利用自己的魔法诅咒这可爱的小公主立即死去。国王等人惊恐万分。紫丁香仙女利用法力将这诅咒化解为公主沉睡一百年，除非有一位年轻男子爱上了公主，给她一吻，恶魔的诅咒就立即被自动破除。转眼之间，奥罗拉公主已经十六岁了，宫廷里为她举行盛大的生日祝福，周边国人们纷纷前来祝福，四位王子对公主大献殷勤。此时，一个衣衫古怪而破烂的老妇人也来祝贺，并送给公主一只小小的、两头尖的纺锤作为生日礼物。奥罗拉高兴地立即玩了起来，一不小心就扎破了手。就在一瞬间，那老妇人露出了恶魔的本相。她的诅咒也开始被执行。只见从公主到国王等人都一下子睡着了，凝固成一个个神态各异的雕像。很多年过去了，奥罗拉还没有苏醒。紫丁香仙女非常着急，到处寻找一个能用真诚爱情来解救公主的好男人。当她看中了英俊的年轻人佛罗里蒙时，他也激动万分地看到了照片上的公主奥罗拉。他对公主献上了自己的深情之吻，而这百年一吻终于让所有生命复活。宫廷里，欢歌笑语不停，人们纷纷歌舞献艺。奥罗拉公主和佛罗里蒙共同表演的《婚礼双人舞》把庆典推上了高潮。

舞剧《睡美人》表现的是善恶各有报应的老主题。舞剧以公主的人生命运为核心，以她是否获得幸福为全剧的最大悬念，而结局则是意味深长的，它是善恶各有报应而最终扬善抑恶的体现，也用神话般的故事说明了善之获得也必须经过长久的寻找和种种考验的道理。

古典芭蕾舞剧《睡美人》以其震撼人心的音乐、气势磅礴的舞蹈、雍容华贵的服装、奢华铺张的布景，以及压倒一切的人海战术，创造出了空前绝后的剧场舞蹈奇观，吸引了各国的舞蹈家和观众。这样耗资巨大的制作，至今在世界范围内也并不是所有舞团都有能力问津的。然而也正因这一点，《睡美人》也成为那些有能力上演这一舞剧的舞团引以为傲的事情。虽然问津者寡，但其中《婚礼双人舞》是世界各大芭蕾舞学校的经典教学剧目之一，是世界各大芭蕾舞团的保留剧目之一，也是世界各大芭蕾舞表演艺术家必须学会并能表演的经典舞段之一。其他的一些舞段，也成为全世界范围内广泛流行的艺术范例。因此它也被称为"十九世纪芭蕾的百科全书"，成为古典芭蕾的巅峰之作。

❖ 《胡桃夹子》

类别：芭蕾舞剧

编剧：佩蒂帕

编导：伊凡诺夫

音乐：柴可夫斯基

首演：1892 年 12 月 18 日，彼得堡皇家歌剧院

舞剧《胡桃夹子》自首演以来，差不多已成为西方各国许多城市每年过圣诞节的一项不可缺少的节目。在美国《舞蹈》杂志 1994 年提供的"九十年代美国芭蕾舞剧排行榜"上，《胡桃夹子》的位置高居榜首。

《胡桃夹子》故事的原型来自德国作家霍夫曼的童话《胡桃夹子与耗子王》和大仲马改编的戏剧，是一部具有神奇幻想、抒情性很强的作品。它以浪漫主义色彩展现了一幅欢乐的圣诞节图景，并且充满了幸福的家庭氛围，所以世界上不少国家都把演出《胡桃夹子》作为圣诞节不可缺少的一个内容。

该故事发生在一个德国小城的圣诞晚会上，女孩克拉拉接受了教父的礼物——一个很难看的胡桃夹子。当宾客纷纷离去后，克拉拉抱着胡桃夹子进入了梦乡……在梦中，克拉拉在胡桃夹子的带领下进入了一个童话的王国。在这里，克拉拉和她哥哥所有的玩偶都复活了，胡桃夹子原来是一个王子的化身，他指挥玩具士兵与老鼠大军展开了斗争，并在克拉拉的帮助下赶走了老鼠们。王子邀请克拉拉一起漫游糖果王国，受到了糖果仙子的盛情款待，大家一起跳起了欢快的舞蹈。克拉拉从梦中醒来，发现自己手里还紧紧地抱着胡桃夹子……

《胡桃夹子》中最经典的是第一幕和第二幕之间过场的"小雪花舞"，有六十名女演员参加，身穿带有白色绒球的白色纱裙，头戴亮晶晶的雪花头饰，手拿顶端带有雪花的冰杖。这段舞蹈编导编排得线条完整、和谐流畅，舞台上出现了多种图案——Z 形曲线、小五角星、小圆圈以及各种平行或互切的直线；一部分演员组成十字队形，中央又有其他人组成的小圆圈队形，十字队形往一个方向旋转，而小圆圈队形则往相反的方向旋转；演员们构成一个大星星的形状，又很快变成一个群体的轮舞，圆圈时而散开，又时而连接，就好像真的是冬天雪花在空中飞舞一样，幕后的童声合唱更是烘托了圣诞夜的氛围。

这出舞剧也是一部以"好玩"取胜的作品，最有意思的是，它讲述了一个圣诞夜的故事，而一百多年来，在每年的圣诞夜，西方国家的大多数芭蕾舞团都要在自己所在的都市上演这部芭蕾舞剧，这已经成为一种节日习俗和惯例，也成为圣诞文化的一大景观。有很多孩子是通过这出舞剧第一次了解芭蕾舞剧艺术，甚至萌生了学习芭蕾舞的艺术梦想的。这出舞剧的艺术欣赏价值，不在它有多么高深的艺术理念，而在于它的确用曲折的情节、许多国家富有特色的民族舞蹈、奇特而富于夸张的舞蹈形象等深深吸引了孩子们的注意力。《胡桃夹子》是童话式舞剧作品，同时也给成人的创作以巨大影响。

❖ 《天鹅湖》

类别：芭蕾舞剧

编剧：弗·别吉切夫，等

编导：佩蒂帕·伊凡诺夫

音乐：柴可夫斯基

首演：1895 年 1 月 15 日，俄国彼得堡玛利亚剧院

说起芭蕾舞剧，中外观众眼前出现的形象，几乎无一例外地是《天鹅湖》。一个多世纪

以来，这出古典芭蕾舞剧的扛鼎之作，一直以其诗情画意的舞蹈段落、单纯凝练的童话故事、圣洁之至的天鹅短裙、对比鲜明的仙凡场面、沁人肺腑的音乐形象，超越了种族、肤色、语言、性别、年龄、阶级、宗教信仰、意识形态等各种障碍，用"真善美"的舞蹈意象，征服了世界上的所有观众。

《天鹅湖》取材于一个德国中世纪民间童话，舞剧共分四幕和尾声，故事本身很简单，描述的是公主奥杰塔被魔法变成了白天鹅，王子齐格菲尔德的至爱突破了魔法的束缚，人间重新阳光灿烂。

舞剧《天鹅湖》中的舞段编排之精美，是该剧经久不衰的根本原因。"白天鹅双人舞"是芭蕾舞剧史上经典中的典范，是考验所有芭蕾舞女演员能否进入德国柏林国家歌剧院芭蕾舞团演出阶层的试金石。当大提琴和小提琴流连交错地奏和出动人旋律之时，男女舞伴的每一个舞姿完满地书写人类的至爱。这一段双人舞主要在舞台的正中央表演区域内进行，在舞台的前区拉出横线条的舞蹈构图，同时有偶尔的斜线造成变化。天鹅的群舞与主角的双人舞之间配合得天衣无缝，整个画面均衡、自然。"四小天鹅舞"中音乐的切分音和快速的足尖立起舞姿，把受到魔法控制的青春激情表现得淋漓尽致。在经典性的芭蕾舞段之外，我们还能够在剧中欣赏到大段的西方民间舞风格的动作表演，比如辉煌的带有贵族气息的匈牙利舞、桀骜不驯的西班牙舞、跳动不安而又带着诱惑味道的意大利舞……在大的舞蹈色块对比中，一切的舞动都充分体现了古典艺术美的最高造型原则和极致的审美趣味。

在舞蹈服装的设计史上，《天鹅湖》也可谓登峰造极。自它的舞服一出，一直成为芭蕾舞几百年来的代表性形象。

《天鹅湖》的成功还离不开音乐的巨大成功。柴可夫斯基在1871年有感于一则童话故事中的强烈的悲剧色彩，创作了独幕舞剧《天鹅湖》的音乐。经过四年的酝酿之后，他受莫斯科大剧院的委托再次创作了同名大型舞剧的乐曲总谱，时值1877年初。但是，舞剧的首次演出完全失败。这让他几乎放弃了对这出舞剧的信心，并于1893年带着极大的遗憾长辞人间。1894年，两位长期与柴可夫斯基合作的舞蹈编导打开了尘封已近十年的舞剧总谱，在柴可夫斯基逝世周年的纪念演出上演出了全新版本的《天鹅湖》第二幕，大获成功。这一切鼓舞了舞蹈家们。他们在整整一年的时间里，重新构思，反复修改，精心打磨，终于在1895年演出了新版《天鹅湖》，并由此攀登上了西方古典浪漫芭蕾的顶峰。从艺术的最初动念，到舞剧的完全成功，其间跨越了十四年，经历了失败的打击和艺术旗帜的变更，也经历了对舞剧艺术的全面探索，才造就了今天的经典作品。

芭蕾舞剧《天鹅湖》深受全世界芭蕾艺术爱好者的青睐，其中的双人舞、群舞、插舞、独舞都体现了古典芭蕾的经典性，它完备了古典芭蕾的舞系构成，即舞径、舞裙、独舞、双人舞变奏，树立了其经典的规范性。《天鹅湖》以忠贞不渝的爱情拯救生命、拯救灵魂为主题，使其在精神上的意义与其舞蹈的经典地位达到了前所未有的完美结合。

❖ 《鱼美人》

类别：芭蕾舞剧

艺术指导：彼·安·古雪夫

舞剧编剧：李承祥，王世琦，栗承廉

舞剧编导：北京舞蹈学院第二届编导班

双人舞编导：尼·尼·谢列勃连尼柯夫

舞剧音乐：吴祖强，杜鸣心

音乐配器：王树

乐队指挥：黄飞立

副指挥：郑小瑛

舞台美术：齐牧冬，周承人，李解，黄朝辉，李克瑜，张静一，梁宏洲

首演：1959 年，北京

首演团体：中国歌剧院

协助演出：中央音乐学院

首演演员：陈泽美、曾适可(饰鱼美人 A、B)，邱友仁、郜大琨(饰猎人 A、B)，王立章，熊家泰，贾美娜，潘小菊，陈爱莲，王佩英，等

这部三幕民族舞剧大胆运用了芭蕾的表现手法，大量借鉴了前苏联芭蕾舞剧的成功经验，其创新对在戏曲单一基础上发展的中国舞剧提出了挑战。

该剧剧本的撰写工作开始于 1958 年，当时古雪夫发现李承祥的习作小品《鱼美人》具有扩展为舞剧的可行性，于是确定由李承祥等执笔编写剧本，1959 年 1 月中旬剧本定稿，分为三幕五场，由古雪夫担任总编导，全体学员进行分场创作和排练。

《鱼美人》全剧采用了三幕一序一尾共五场的结构，在典型环境的处理上运用了强烈对比的艺术手法，使戏剧情节从奇幻的"海底"到富有民间特色的"人间"婚礼场面，使情节的发展处于一场场迥然不同的戏剧环境的变迁中。

作为抒情浪漫神话剧的音乐戏剧体裁，《鱼美人》在情节舞蹈的处理上的特点，是以抒情的舞蹈场面表现情节，使舞剧具有丰富的舞蹈性。在情节舞蹈的艺术处理上，组成艺术性完整、舞蹈性很强的篇幅推动情节的发展。在第三幕中，猎人为寻找鱼美人而遇到山妖设下的层层迷障：妖女的诱惑(诱惑舞)、蛇的祈求(蛇舞)、二十四鱼美人的欺骗，但猎人丝毫没有动摇。通过这些情节性的舞蹈展示了猎人对鱼美人的忠贞。舞剧创造性地把抒情性舞蹈的表现手法与戏剧内容结合起来，既丰富了舞蹈性，又使蛇舞等具有深刻的戏剧内容，展现了情节舞蹈的艺术感染力。此外，编导根据情节内容、戏剧气氛的要求，从形象和性格出发，对各种舞蹈形式的选择进行了合理安排。海底的舞蹈从形象和性格出发，创作出富有奇幻色彩和风格新颖的珊瑚舞等，而人间是以民间舞为主渲染婚礼场面的气氛，使这场戏更富有民间的风俗、特色而具有一定生活气息，在妖窟与宫殿中，又吸收了一些东方国家和我国少数民族的舞蹈以及敦煌画中的舞姿，使之形成各个舞蹈段落。

舞剧在拟人方面注重了形态的"像"以及人格化的"情"，把"像"和"情"结合起来使舞蹈具有表现力和艺术的生命力。如"珊瑚舞"以棱角分明、轻巧活泼的舞蹈语汇配以指甲的装饰、火红的紧身服装和珊瑚式的头饰形象生动地表现了一组玲珑热情、闪烁宝石光彩的少女形象；"水草舞"犹如抒情优美的女性随波荡漾，舞蹈中手臂动作和舞姿韵律都仿佛自由自在地在水中飘动，形成体态轻盈的舞蹈形象；"蛇舞"所表现的是一个诡秘阴险的女性，但她却以火一般的热情扑向猎人，甚至以祈求的方式表述"她"内心的痛苦，而阴森的眼光和欺诈的心理，隐藏着一种无情的吞噬和对失败的忧虑。蛇舞的成功在于形象生动地表现了蛇这种软体动物的各种体态和动作，但更为重要的是赋予了这个形象的戏剧任务和所表现的感情，从而创造了生动的艺术个性，拟人化的舞蹈表现手法因其"像"才

能有舞蹈的表现力和艺术的欣赏性，因其有"情"才能触发人们情感上的共鸣。

《鱼美人》的音乐相当成功，这与古雪夫对吴祖强、杜鸣心在作曲过程中所给予的许多具体的帮助是分不开的。他要求音乐与舞蹈尽可能达到完美的结合与高度统一，既要保证音乐的完整性，又要照顾到舞蹈的连贯性。

《鱼美人》公演后广受好评，连续演出一个多月，场场座无虚席。1979年，中央芭蕾舞剧团将该剧改为芭蕾舞剧的形式再度上演，在国庆三十周年献礼演出中，获创作和演出二等奖。之所以创作和复排《鱼美人》，是为了探索创建中国体系的芭蕾学派和解决芭蕾民族化的问题。而芭蕾民族化问题的核心是要运用芭蕾特有的形式和手段去表现中国人民的生活和思想感情。这就要在继承古典芭蕾舞的表现手段和表现技巧的同时，又不脱离中国民族和民间传统舞蹈文化的基础。

因此，在复排过程中，编导对舞蹈手段的表现方法做了具有创造性的尝试，力图继承中国优秀的民族艺术传统，广泛吸收芭蕾以及东方舞和中国少数民族的舞蹈技巧，并根据内容和形象的需要加以融化，使舞剧的舞蹈表现手段具有更加丰富的艺术表现力。这样既保持和发挥了芭蕾舞的形式特点，又能使其富于中国的民族色彩和风格。如猎人的形象基本上取自戏曲舞蹈的身段，造型表现人物的英雄气概，而鱼美人的形象则选择了古典舞和芭蕾的舞姿，双臂在身后摆动表现"鱼"的律动，综合运用了"形象化"和"舞蹈化"，使鱼美人的主题动作具有艺术色彩。全剧中五段双人舞则有着古典芭蕾完整结构的形式，但也力求把古典芭蕾双人舞固有的动作和程式与民族的舞蹈语汇，根据人物的思想感情有机结合在一起，形成了具有中国特色的舞蹈风格。1994年，北京舞蹈学院在建院四十周年之际，又重新改编排练演出了这部舞剧。

该剧在1994年"中华民族20世纪舞蹈经典"评比中获经典作品奖。

❖ 《红色娘子军》

类别：芭蕾舞剧

舞剧编导：李承祥，王锡贤，蒋祖慧

作曲：吴祖强，杜鸣心，戴洪威，施万春，王燕樵

伴奏乐队：中央歌剧舞剧院芭蕾舞剧团管弦乐队

伴唱：中央歌剧舞剧院歌剧团

指挥：黄飞立，李华德，王若忠，卞祖善

舞美设计：马运洪，梁宏洲，李克瑜

首演：1964年，人民大会堂小礼堂

演出单位：中央歌剧舞剧院芭蕾舞剧团

主演：白淑湘，钟润良，刘庆棠，王国华，吴静珠，李承祥，万琪武

《红色娘子军》将西方芭蕾舞与中国民族文化相融合，是中国芭蕾史上的里程碑，中国特色芭蕾创作的典范。1964年9月在人民大会堂小礼堂首演时大获成功。1979年中国艺术团访美、1986年中央芭蕾舞剧团访问英国和苏联时都演出了《红色娘子军》第一场。该剧在1994年"中华民族20世纪舞蹈经典"评比中获经典作品奖。

《红色娘子军》全剧充满了革命主义激情，在吸收传统芭蕾舞舞蹈语言的基础上，结合中国民族舞蹈的特点，使东西方舞蹈艺术有机融合。在足尖舞中融入了中国戏曲舞蹈和

民族舞蹈的成分，例如"斗笠舞"、"五寸刀舞"，戏曲中的燕式跳和点地翻身等元素在剧中都有所体现。另外，剧中既有芭蕾舞的贵族之气，也有军人舞蹈的飒爽英姿。射击、投弹等来源于军事生活的动作超出西方古典芭蕾舞的定势，令人耳目一新。

《红色娘子军》突破了芭蕾原有的传统造型，结合富有传统魅力和浓郁地域风情的中国元素，加入中国人民意气风发的革命精神，开拓了中国芭蕾的新领域，从而树立了具有中国特色的表演风格。在它的带领下，中国芭蕾推出了诸如《祥林嫂》、《林黛玉》、《大红灯笼高高挂》等一大批具有中国特质的优秀芭蕾舞剧。

❖ 《白毛女》

类别：芭蕾舞剧

艺术指导：佐临

舞剧编导：胡蓉蓉，傅艾棣，程代辉，林泱泱

作曲：严金萱

配器：陈本洪，张鸿翔，陈燮阳

伴奏：上海舞校管弦乐队

伴唱：上海广播文工团

指挥：樊承武

舞美设计：胡冠时，杜时象，朱士扬，张小舟，李苏恩，程漪芸，等

首演：1965 年，上海

演出单位：中央歌剧舞剧院芭蕾舞剧团

主演：茅惠芳，石钟琴，凌桂明，董锡麟，王国俊，陈才喜

红色芭蕾舞剧《白毛女》由上海舞蹈学校师生共同创作，于 1965 年的第六届"上海之春"首演，轰动一时，历经四十多个春秋，演出了一千六百余场，是目前国内演出场次最多的芭蕾舞剧。

《白毛女》根据同名歌剧改编。

《白毛女》巧妙地运用了中国古典舞和民间舞的素材，并进行再创造，以写实和浪漫相结合的方法将剧情予以芭蕾化的展现，是"洋为中用"更深层次的实践，以其独有的中国特色自立于世界芭蕾艺术之林。

艺术鉴赏

第五节　现代舞鉴赏

一、现代舞基础知识

现代舞是指二十世纪初美国和德国兴起的以反对古典芭蕾为其主要美学观点的舞蹈形式。其主要特征是主张摆脱古典芭蕾舞过于僵化的动作程式的束缚，以合乎自然运动法则的舞蹈动作，自由地抒发人的真实情感，最鲜明的特点即是反映现代西方社会矛盾和人们的心理特征。后来的许多舞蹈家继承了这一风格和主张，又各自发展创造，形成了许多不同风格的现代舞流派。有人认为现代舞不是一个有程式规范的舞种，而是众多流派的总称，

因此它只是一个历史性的概念，故又称其为新兴舞蹈、现代派舞蹈等等，它在本质上应该属于二十世纪初兴起的舞蹈，二十世纪中叶之后又被称为"当代舞蹈"。

现代舞的主要特色是反叛传统，从艺术内容到艺术形式均强调艺术家的个性，不拘泥于人们公认的艺术法则，创作上追求新异，现代舞拒绝写实，主张以抽象的表现手法表达个人对世界的心理体验，尤为注重对社会和时代的关注。现代舞不是一个有程式规范的舞种，而是众多流派的总称。

现代舞的创始人公认是美国女舞蹈家伊莎多拉·邓肯(1877—1927)，她认为古典芭蕾的训练会造成人体畸形发展，"粗鲁而机械"。因受到当时浪漫主义思潮的影响，向往原始的淳朴和自然的纯真，邓肯主张"舞蹈家必须使肉体与灵魂结合，肉体动作必须发展为灵魂的自然语言"，真诚、自然地抒发内心的情感。她把古希腊文物、雕塑当作寻求新舞蹈理想姿态的源泉，从自然界，诸如花朵开放、树叶颤抖、海水波动、鸟儿飞翔的动态中寻找舞蹈动律的启示。因此她的舞姿流畅协调，充满了自由、激情和活力。她的舞蹈给当时的舞坛带来新意，对古典芭蕾矫揉造作和因袭程式的表演风格形成了很大的冲击。

而系统地为现代舞派建立起一套较为完整的理论和训练体系的，是匈牙利人鲁道夫·拉班(1877—1968)，他创造了一种被称为自然法则的训练方法，把人体动作的构成归纳为砍、压、冲、扭、滑动、闪烁、点打、飘浮八大要素，认为正确处理各要素之间的关系，就能组成各种动作。他创造的"拉班舞谱"至今仍为世界上最有影响的舞谱之一。

与邓肯同期的舞蹈家露丝·圣·丹尼斯(1877—1968)是美国现代舞的先驱，她广泛吸收了埃及、希腊、印度、泰国以及阿拉伯国家的舞蹈文化，形成了一种具有东方神秘色彩和宗教精神的现代舞。

丹尼斯的学生玛莎·格雷厄姆(1894—1990)是当代现代舞的杰出代表，她认为人类既然有美有丑，有爱有恨，有善有恶，那么舞蹈就不能只是赞颂美好和善良，也应当表现罪恶、悔恨和嫉妒，所以她特别强调运用舞蹈把掩盖人的行为的外衣剥开，"揭露一个内在的人"。她还创造了一套舞蹈技巧，人称"格雷厄姆技巧"。

近年来，这一流派的舞蹈家各自发展，形成了许多不同风格和艺术主张的派别，有的在舞蹈创新和发展上作出了很大的成绩，有的却完全违背了早期现代舞派的基本思想和艺术主张，远离了客观社会现实生活，发展到离奇、怪诞、晦涩的地步。

现代舞是一种适应能力很强的载体，纯现代舞变成了一种容易沟通的国际语言。现代舞的动作和分析法、地面训练、气息的运用、动作组合方法等，对于舞蹈艺术的发展都起到了积极的推动作用。这些都是它之所以能成为风靡世界的一种艺术的客观原因。但是，它又往往把创作主体强调到不适当的程度，以致容易产生漠视社会、漠视公众的弊端。因此在学习和借鉴它时要掌握分寸和尺度。

二、现代舞作品鉴赏

❖ 《巫女舞》

编导：玛利·魏格曼

首演时间：1914 年

表演者：玛利·魏格曼

《巫女舞》是玛利·魏格曼最有名的作品之一，而且是她最早的作品之一。起初她甚至没有想过要将这个作品表演给观众看，可正是这个作品使她一举成名，成为德国表现主义舞蹈的领头人，并影响了早期美国现代舞蹈的发展。因此，玛利·魏格曼也就当之无愧地成为了世界范围内现代舞蹈的铺路人。

玛利·魏格曼的动作理念和创作是建立在她的老师鲁道夫·拉班的动作分析理论和大量的实验之上的。拉班对身体的各种力量关系和效果进行了具体的分类，提供了一种科学分析身体动作的角度。而借助这种分析的成果和自己的思考，玛利·魏格曼在艺术上取得了极大的突破。

作品中玛利·魏格曼戴着面具，这个面具丑陋而且没有表情。她身穿松散的长袍，坐在地上。伴随着简单的打击节奏，这个巫女伸出爪子一样的手在空中乱抓。她完全失去了所谓文明人的矜持、高雅，如同动物一般透射出一种本性的贪婪以及生活中的丑态。她借巫女这一形象揭示出人本性中真实的另一面。

《巫女舞》在当时之所以引起了轰动，有三个方面的原因。一是从来没有人如此丑陋地在舞台上如此跳舞。"丑陋"一反当时传统舞蹈的审美，直面人性中真实的不雅的状态，提出了一种新的"美学"观或者说舞蹈观。二是这个作品同时提出了一种新的动作观念，即玛利·魏格曼在自己的《舞蹈的语言》一书里所主张的"没有狂喜就没有舞蹈，没有形式就没有舞蹈"，要用情感去刺激和诱发出舞蹈动作来。这是一种身心一元的动作观念。三是这个作品也代表了她探索身体与音乐关系以及注重身体独立表达的观念和成果。玛利·魏格曼的作品常常只使用简单的打击乐伴奏，在音乐营造的极其抽象的空间里寻找身体的表达潜能。这种潜能通过舞蹈的三大要素"时间、空间和力"有机结合传达出来，这也是她编导理论的核心。而她最愿意强调的是一种"原始的力"，这个说法听起来似乎十分抽象，其实指的是那种人类本能的冲动，这种冲动即使经历不同的社会形态，依然会在舞蹈中喷薄出来，这种东西似乎成了玛利·魏格曼寻找并要表达的主旨。美国著名舞蹈家约翰·马丁认为："从玛利·魏格曼开始，创作舞蹈首次进入了形式的范畴，它采取了某种客观的艺术作品的范畴……"也就是说玛利·魏格曼使作品自己可以说话，让身体真正成为舞蹈的主人。

❖ 《原始秘密》

类别：群舞

编导：玛萨·格瑞厄姆

舞蹈音乐：路易斯·豪斯特

首演时间：1931 年

首演地点：美国纽约克雷格剧院

这是美国早期现代舞蹈家玛萨·格瑞厄姆的第一部重要的群舞作品，由她本人以及十二个女性重新演绎了美国西南部当地印第安人庆祝一个女子成年的宗教故事和仪式。这是玛萨·格瑞厄姆的代表作，她用现代舞大胆地表露自己的宗教观念，被很多人认为是她最伟大的作品。西方舞评家认为，"如今没有舞蹈能够达到《原始秘密》所拥有的强度和严谨"。

西方舞史专家认为，玛萨·格瑞厄姆这部舞蹈体现了以下几个突破：第一，舞蹈编导的重点集中在对整体的把握上，而非偏重领舞；第二，对舞蹈的描述不再局限在文字说明上，而是运用一些纯粹抽象的动作词汇来表达剧情；第三，《原始秘密》成了玛萨·格瑞厄姆第一部公认的代表作，在世界范围内获得了媒体、同行以及观众的好评。

这个作品也使玛萨·格瑞厄姆的技术和审美开始得到认同。她的舞蹈已经被看做一种新的舞蹈形式，有别于以往优美的流畅的舞蹈。基于自己对压力和放松的理解，她建立了一种呼吸与情绪的控制方法，称之为"紧张与放松"。对于她来说，动作产生于肌肉的收缩紧张，当肌肉放松的时候，动作又随着力量的转换而持续。这种肌肉控制动作的原理，使舞蹈呈现出一种凝滞、紧张的感觉，并具备了很特别的动作质感。在《原始秘密》中，她根据"打击"造成的时间感来结构，配以各种各样的视觉和内在意义不同的收缩动作。而玛萨·格瑞厄姆对来自内心的形式的重视，也尽显其中。她认为如果动作不来自内心而只是模仿，就没有生命力。动作形式一定要产生于内部的感觉，并像植物成长一样螺旋上升，因此动作能到达各种方向。

❖ 《启示录》

类别：群舞

作品编导：艾尔文·艾利

首演时间：1960 年

首演地点：美国纽约

表演团体：艾尔文·艾利舞团

艾尔文·艾利舞团是美国黑人的骄傲，这个作品更是美国黑人精神上强大的象征。在经历了战争、解放黑奴的一系列抗争和努力之后，美国黑人终于站立了起来，并且成为美国文化中重要的组成部分。因此这个作品从历史意义上讲不同寻常。而艾尔文·艾利舞团的创作充分地体现了黑人身体里天然涌动的力量和节奏。那种身体里流淌的生命激情和原始力量令人难忘。

舞蹈分三个部分。第一部分首先是祈祷性的表现，随着大幕拉开，一束土黄色的灯光出现的时候，舞台上呈现的是非常具有冲击力的一个五人的三角状的造型。他们的手臂修长，刚劲地伸展着，手指张开着，感觉有一种力量要从他们的手心发射出去，仿佛是积压在他们体内很久的力量的爆发。这一段舞由黑人灵歌伴唱，那声音里所蕴含的悲伤、愤怒、压抑以及坚强还有气魄，似乎在诉说着黑人饱含血泪的过去以及他们对新生活的强烈渴望。舞蹈在这部分遒劲刚强，演员的身体仿佛饱蘸着力量，呈现出雕塑的质感。第二部分仿佛是黑人快乐的吟唱。他们白衣白裤，在蓝天大海之间接受洗礼。这一段舞台上出现了抖动的长绸，织造成海水波浪的翻滚效果，而舞蹈的黑人们在波动的节奏中扭动着胯部，幸福地跳着。第三部分舞台的调子仿佛又与第一部分类似，但要明亮一些。热闹的音乐与黑人们富有激情的舞蹈，将向往与乐观还有坚定都散播开来。舞台呈现出十分积极的热情的场面。

《启示录》是一部美国黑人的史诗，一部黑人文化的舞蹈记录，也是黑人舞蹈的一部经典作品。作品中所弥漫的黑人的痛苦、抗争以及坚韧还有快乐，似乎都是美国黑人的集体写照。这部作品成了艾尔文·艾利舞团最著名的作品，以至于舞团的大楼设计都以此为灵感。

❖ 《东方红》

类别：舞剧

编导：《东方红》剧组集体创作

作曲：《东方红》剧组集体创作

首演：1964年9月，北京

演员：全国三千多名文艺工作者

中国大型音乐舞蹈史诗《东方红》，由首都文艺工作者和工人、学生业余合唱团三千余人集体创作并演出，1964年9月在北京人民大会堂首演，1965年10月由北京电影制片厂、八一电影制片厂拍摄成彩色影片公映。

整个演出共分一个序曲和八场表演。序曲由七十名女演员组成一个个葵花的造型，天幕上出现了一轮红日初升海面的壮观景象，寓意着葵花向阳、人心向党的深刻含义。

第一场：东方的曙光，包括舞蹈《苦难的年代》、歌舞《北方吹来十月的风》。

第二场：星火燎原，包括表演唱《就义歌》、舞蹈《秋收起义》、表演唱《井冈山会师》、歌舞《打土豪、分田地》。

第三场：万水千山，包括歌舞《遵义会议的光芒》、舞蹈《飞夺天险》、歌舞《情深谊长》、舞蹈《雪山草地》、歌舞《陕北会师》。

第四场：抗日烽火，包括表演唱《救亡进行曲》、《到敌人后方去》、歌舞《游击队》、表演唱《大生产》、歌舞《保卫黄河》。

第五场：埋葬蒋家王朝，包括表演唱《团结就是力量》、舞蹈《进军舞》、《百万雄师过大江》、歌舞《欢庆解放》。

第六场：中国人民站起来了，包括歌舞《伟大的节日》、《抗美援朝保家卫国》、《百万农奴站起来》。

第七场：祖国在前进，包括大合唱《社会主义好》、《我们走在大路上》、舞蹈《工人舞》、《丰收歌》、《练兵舞》、歌舞《全民皆兵》、大合唱《毛主席，我们心中的太阳》、童声合唱《我们是共产主义接班人》等。

第八场：世界在前进，包括大合唱《全世界无产者联合起来》、《全世界人民团结起来》。

整个演出中各个场景由诗歌朗诵贯穿。

《东方红》在二十世纪六十年代的中国当代文艺创作史上占有不可或缺的位置。它在问世之时，以其宏阔壮观震撼了无数观众。《东方红》的欣赏要点，首先在于它是大型音乐舞蹈史诗。历史上，以纯粹歌舞的方式做出一个民族的百年斗争的史诗叙述，《东方红》可以说开了先河。整个演出以典型化的创作思路，收纳了中国人民在中国共产党的领导之下从事革命和建设的伟大历程中诸多雄伟壮阔的图景，以歌唱、舞蹈、诗歌朗诵的艺术形式，形象地表达出中华民族奔向民族解放大道的迅疾的身影；它是当时歌舞、音乐、美术、灯光、服装等多种艺术综合演出的成功范例，如同一座活动的巨型艺术雕塑。唯其壮观，唯其巨大，后人几乎难以企及，所以在一定程度上可以说它创造了当时中国文艺演出的极致。《东方红》的另外一个艺术欣赏之点是它在概括地展示历史内容的同时，还自然顺畅地收纳了各个历史时期里已经成为经典性的歌和舞，并且在演员阵容上包括了当时最有才华的艺术家。其豪迈磅礴的革命气势和优秀的演出阵容，使《东方红》成为一个时代艺术天才和大家的集大成者。

思考练习题

1. 什么是舞蹈？你认为舞蹈是如何产生的？
2. 舞蹈特征表现在哪些方面？
3. 音乐在舞蹈中有什么作用？
4. 舞蹈的表现手段有哪些？
5. 你能描绘一下在某一个舞蹈作品鉴赏过程中的真实体验吗？你认为舞蹈鉴赏对于人的最为深刻的影响体现在哪里？
6. 你认为影响中国各少数民族舞蹈不同艺术特色的因素有哪些？
7. 西方芭蕾舞与中国舞蹈在审美规则上有什么样的差异？为什么会造成这种差异？

第四章 舞蹈鉴赏

第五章 美术鉴赏

一、美术的概念

(一) 美术的含义及其分类

美术，通常是指运用有形的物质材料(如绘画用的纸、绢、布、墨、颜料，雕塑用的泥土、石料、金属、木头等)创造出的具有一定空间和审美价值、人们可以直接感觉到的视觉形象的艺术，因而美术又称造型艺术或视觉艺术。

美术的类别，即范围，是随着社会的发展进步而不断增加变化的。较早时一说到美术，人们总认为就是指绘画。其实，随着美术与人们生活的密切联系，美术的范畴已经包括了满足人们实用需要、同时具有一定审美价值的各种实用艺术，如工艺美术、建筑艺术、园林艺术等。随着人类步入现代社会，生活质量的提高使人们对美的需求也不断提高；专业美术工作者们也在不断兼收并蓄各种实用美术形式，将纯艺术融入到现代生活中。因此现代美术的范畴已经扩展到了更大的领域，具体来说它包括中国画、油画、版画、雕塑、水彩画、漆画、壁画、陶瓷、书籍插图装帧、连环画、漫画、环境艺术、平面设计、工业设计等内容，这就是所谓的"大美术"。

传统意义上的美术泛指供人们欣赏的观赏性艺术，如绘画、雕塑等。

(二) 美术的一般特点

美术作为艺术的一个门类，既具有所有艺术的共性，也具有自身鲜明的特征，主要体现在以下几个方面：

(1) 美术以塑造美为主要目的。无论是绘画、雕塑、建筑还是工艺美术、民间美术、动漫画艺术等，都是以塑造美为根本目的的。这是所有美术门类最突出、最明显的特征。

(2) 美术具有丰富的艺术表现语言。无论是哪种美术类别，它们都有丰富的艺术表现语言。艺术表现语言就是指美术所专门使用的、具有视觉传达功能的形象和形式，其特征就是具体性和形象性。广义上说，美术作品中参与作品表达的一切都具有语言的属性。狭义上说，美术的艺术表现语言包括美术的基本语言元素和语言手段两个方面。美术的基本语言元素就是点、线、面、体、色；美术的语言手段在中国绘画中就是笔墨、章法、皴法等，在西方绘画中就是明暗、空间、透视、构图、肌理等。

（3）美术材质独具特别的审美趣味。美术作品突出显示了构成作品的材料本身的视觉、触觉效果，或平滑或粗糙，或软或硬，或水渍淋漓的薄涂，或油彩浓稠的厚堆，由此创作出多样的材料、肌理美感。

（4）美术具有鲜明的地域、民族面貌。美术具有鲜明的地域和民族面貌，不同民族、不同地域的美术是有区别的，正如中西方美术之间存在差异一样。以绘画为例，中国画强调以线造型，讲究笔墨意境，它以中国人的思维方式和自己独特的方法来描绘生活。西方美术以油画为代表，它崇尚写实，主要运用明暗造型的手法，依据透视学、解剖学、色彩学、光学等理论来体现所描绘的对象。

二、美术的内容和形式

美术作品由形式和内容构成，形式和内容有机结合，构成了满足人们特殊精神需要的审美对象。

（一）美术的内容

美术作品的内容是指美术作品通过艺术形象所反映的社会生活及其思想意义，是作者以独特方式对现实的审美认识，包含作者描绘的客观现实和主观认识评价两个方面，即题材和主题两大要素。

美术发展到现阶段，出现了没有"内容"的现象，例如抽象派艺术，作品不关涉客观现实描绘和主观认识评价，抽象构成本身就是艺术家追求的目标，这是现代美术对传统艺术观念的突破与实验。抽象派艺术既出，并不代表美术内容的死亡，美术形态多元化的发展正是美术创作兴旺的表征。

构成美术内容的题材是创作者依据创作意图、经过选择提炼而在美术作品中具体出现的事件或现象等。美术题材常常被视作美术分类的依据，比如在西方绘画中按照题材的不同可划分为历史画、肖像画、风景画、静物画等；而中国传统绘画按表现题材可以分为人物画、山水画、花鸟画等。

题材在美术中占有重要位置，不仅是美术作品叙事的基础，而且对美术作品思想主题的表达也有很大影响。题材的选取与运用在历来的美术创作中形成了一些规律和有趣的现象。例如，某段历史时期可能表现出对某类题材的偏爱，新中国成立初期流行"红色题材"，以体现在特殊年代里艺术家对中国共产党的由衷感激与对美好未来的热切期盼；欧洲中世纪的美术创作主要依据"基督教题材"，其他社会内容几乎在美术作品中绝迹，这与神学的思想禁锢有关；阿尔塔米拉洞和拉斯科洞洞窟内的壁画向人们展示了原始人对动物题材的偏好，原始人为什么要克服巨大困难进入大地深腹绘制动物形象，原因非现代人可以准确猜测，学者大都归结为原始巫术的驱使。

从个体的角度来看，美术创作者在选择题材时反映出明显的个人倾向，往往表现出对某种题材特殊的敏感和驾驭优势。意大利文艺复兴时期威尼斯画派的画家喜欢描绘古希腊神话故事，题材多为爱情、酒宴、裸体女神，纵情于欢乐与享受；超现实主义画家将眼光投向人的潜意识领域，关注扑朔迷离的印象。美术题材的选择还包括美术欣赏者的作用，

比如中国民间美术出现大量吉祥图案就是更多从欣赏者角度考虑的结果。

美术作品的思想内容，即主题，是美术内容的核心部分，是美术家在对题材的提炼中发掘出来的思想结晶，但美术作品的主题并非赤裸裸的抽象思想，而是与具体生动的题材和形式结合在一起，并从中自然流露或使人可以感知。美术作品的主题具有鲜明的个性和社会性，美术作品主题的个性与美术家在作品中表现的认识水平、思想感情、审美趣味以至世界观密切相关；主题的社会性主要受到时代、民族、阶级等因素的制约。

美术的题材与主题共同组成了美术的内容，主题来自题材，并受到题材的制约，不能游离于题材之外，必须通过题材体现出来；主题又可以统率题材，使题材所可能体现的东西得到充分和深刻的体现。题材的多样性与主题的深刻性使美术的内容永远可读且耐读。

（二）美术的形式

美术的形式是美术作品的内在组织和外在表现，是美术内容借以显现的方式。美术形式的创造，需要有一定的物质材料和组织手段，当这些物质材料服从创作需要，按照美的规律予以改造，结合为整体，使之具有表现力时，便成为美术的形式。

美术的形式包括造型、色彩、构图、时空、肌理、材料等因素。回顾漫长的美术发展历程，我们不难发现美术创作者总是在苦心经营着这些因素的组合与创造，总结规律，尝试前所未有的形式表达。明代前期画坛主流"浙派"以笔墨粗简放纵、洒脱爽劲，所绘物象结构严谨、描绘准确而形成强大影响力，追随者甚众，而"浙派"末流一味重复前人的经验模式，形式缺乏新意，流于草率，于是"浙派"日趋衰微，其地位最终被明代中期兴起的"吴门画派"所取代。

美术作品的内容与形式是相互依存的关系，彼此不能割裂。优秀的作品总是内容与形式的完美统一。在西方传统叙事性的美术创作中，内容与形式的结合一般表现为形式为内容服务，但在二者的关系中形式不只是消极和被动的，而是具有相对的独立性。到了变化万千的现代美术阶段，内容和形式的关系与传统美术相比产生了一些微妙的变化。特别是抽象主义艺术创作，内容有时会退居到次要或从属的地位，甚至可有可无；形式反而显得特别重要，几乎具有压倒一切的势力。康定斯基的很多作品用序号来命名，因为他的这些作品不反映现实内容，而是强调形式的独立价值，展现在读者眼前的是点、线、面、色彩的任意搭配与组合。

由此可知形式在美术构思与创作中的重要性，同时，如果没有足够的关于美术形式的认识和修养，美术欣赏过程中就很有可能与作品漠然相对，或擦肩而过，却不能激起由衷而丰富的反应与愉悦的情感体验。而对美术作品的把握，如果不能在领略内容的基础上进一步品味作品的形式特点，就依然不能充分领悟美术创作的个中三昧。

接下来我们通过分析美术形式的几个具有代表性的因素，来进一步认识美术。

1. 线条

美术家，特别是画家，尤其擅长通过多变的线条来组织视觉语言，线条不但是表意的符号，本身也具有丰富的形式美感，成为美术最基本的形式语言。

现实生活中，我们随处都能感受到线的存在，比如物体的轮廓、雨水从屋檐连续滴落、太阳光从茂密的树叶缝隙斜射下来，等等，无处不在的对线条的印象，使我们自觉或不自

觉地开始用线为物象造型。在至今发现的原始美术中，无论是描绘在彩陶上的装饰纹样，还是留存于法国科拉斯洞穴里的原始岩画，以及在秘鲁发现的纳斯卡地画，都证明人类早期已经娴熟地使用线条造型。儿童拿起画笔，也多是先通过线条表达自己对周围世界的认识和理解。然而有趣的是，物象本身并分不出单独的一根线，只是从视觉影像上来看，当我们在某一角度去观察一个物体形象的时候，有了线的意识。所以线是人们从自然真实中抽取的一种造型语言，究其实质，是人类抽象思维的成果。

线条作为美术家创造形象和表达思想感情的艺术语言，在美术创作中一直都处于十分重要的地位，并在长期的美术发展过程中，越来越显示出丰富的表现力及艺术美感。线条的曲直平斜、粗细浓淡、轻重虚实等不同形态可传递出不一样的视觉体验，一般可以概括为：粗线条强、细线条弱；曲线条柔、直线条刚；浓线条重、淡线条轻；实线条静、虚线条动等。

其中，直线又有竖直、水平、倾斜之分，竖直线能给人以有力、坚实、庄严、高耸之感，同时给人的视线向上引导，如哥特式建筑的钟塔、广场上的纪念碑，都体现了向上的感觉；横直线可以引起平稳、舒张、宁静的情绪，也拓展了人的视野，产生无限宽广的视觉效果；倾斜的直线则富有动势且有较强的视线引导作用，对视线产生向内集中或向外扩张发散的效果，如画家描绘大道两旁种植的树木、港口码头上的塔吊等，往往都是利用了斜直线的这种视觉效果。

除了直线，曲线也是情感浓郁、造型力强的一种线条。曲线往往给人柔美、含蓄、饱满、圆润、流畅等感觉，常使人想到绸带的飞舞、烟云的翻滚、建筑的屋顶、公园的曲桥等。几何曲线，如波浪式行进、螺旋式旋转、蛇形般蠕动等，具有很强的装饰性和时代感，能实现活泼生动的效果，在工业产品、装饰图案等设计中被广泛采用。20 世纪 60 年代开始流行的奥普艺术，主要借助线、形、色的特殊排列引起人们的视觉错觉，代表画家赖利就利用曲线创作了一系列作品。她将画面上的曲线有规律性地排列在一起，似乎经过画家仔细推算和精心编排，当观者的眼睛盯着曲线时，静止的画面便仿佛开始起伏波动。这正是画家利用曲线的特殊视觉效果，使观者在不经意间便被拉到意识涣散的恍惚状态之中。

在美术创作中，线的运用往往是各种形态的线的组合与搭配，并且讲究线与线之间的韵律、节奏与变化，共同谱写出有意味的乐章。东西方美术家在长期的造型经验中，对线条的运用形成各自鲜明的特色。一般而言，西方美术主要用线条来勾勒轮廓，离开了体面、构图、明暗的交代，线条本身的独立审美价值并不大；而东方艺术，特别是中国画和书法，又被称为线的艺术，对线条的运用远远超出了塑造形体的范围，成为表达画家意念、思想、感情的重要手段，具有独立的审美意义。

中国传统视觉艺术对线的强调无处不在，原始彩陶上的波浪纹、旋涡纹、平行纹等，或稚拙、或灵活；商周青铜器上的饕餮纹、云雷纹等组合，或凝重、或轻捷；秦汉建筑遗存瓦当、画像石(砖)上的装饰纹大多流畅飘逸、简捷概括；唐楷作为时代艺术最强音则通过线条书写了封建社会鼎盛时期的自足、饱满、活跃与富丽；唐以后的绘画，作为视觉艺术的主流，更是以线为灵魂，形成特殊、完备、高深的艺术体系。

中国画中，各种形态的线条在相互协调、映衬中产生节奏、形成韵律、富有情调，具有丰富的艺术效果。由于讲究线条，对线条表现力的追求、寻找属于自己风格的线条，因此成为中国画家们穷其一生的目标。展子虔的"金线勾勒"、顾恺之的"春蚕吐丝"、曹仲达的"曹衣出水"、吴道子的"吴带当风"、人物画的"十八描"、山水画的各种勾与皴，无一不是这种努力的结果。而在长期的关注、鉴赏、实践、经验总结中，形成了用线的品评标准，一个画家艺术功力的深浅，通过他笔下的线条，就可以判断出来。收藏界判断作品真赝也往往通过用线运笔的方法获得结果，如齐白石的绘画有巨大经济价值，时下仿品伪作颇多，而仿伪之作的线条往往干涩呆滞、墨色浮薄、气息微弱，缺乏力透纸背的滋润度，无真迹笔酣墨饱、气足神完的线条特色。

线条的主观性以及不可穷尽的变化是缔造美术魅力的一种重要力量。从古到今，无论东方还是西方，线条的艺术表达无不包含着特别的美感和意味，非一般语言可以完全说明。而艺术家对线条出神入化的运用，则完全可以作为艺术家独特个人印记的一种确认方式。

2. 色彩

不同的色彩会给我们带来不一样的情绪体验：红色的热情与温暖，黄色的激动与扩张，蓝色的宽慰与梦想，绿色的宁静与新鲜……对于敏锐的艺术家来说，利用不同色彩的特性以及色彩之间的相互关系，可以创造极富象征意义与感染力的作品。

西方人极其擅长使用和表现色彩，仿佛天生有一种对色彩的敏锐和喜好。古希腊美术作为西方美术的发源，曾经有很长一段时间被人们误认为是一个不着色的纯净的世界，因为留存下来的诸多建筑遗迹和雕塑呈现的都是材料原色，所以逐渐具有"高贵的单纯、静穆的伟大"的赞誉。但 20 世纪的考古逐渐向人们展示了古希腊美术的真实色彩，在研究人员复原的古希腊建筑中，几乎到处都能看到艳丽的颜色，有红色、黄色、蓝色、绿色、紫色、褐色、黑色和金色等，这些色彩具有成熟而固定的象征意义，是古希腊宗教信仰的体现。

基督教艺术也非常重视色彩的应用。镶嵌画是装饰拜占庭教堂的重要艺术手段，设计者在色彩运用上超越自然与真实的模仿，追求抽象的精神层面的艺术表现，利用灿烂的金色、闪亮的湛蓝、鲜明的猩红、浓重的墨绿等辉煌醒目的色彩，制造出非尘世的、神秘莫测的幻觉，以传达基督教教义的精神要旨。后来哥特式教堂的玻璃花窗的设计受镶嵌画的启发，工匠们用蓝色或深红色或紫色做基调，镶嵌着一个个色彩斑斓的圣经故事，当阳光照耀时，这些故事五彩缤纷，光彩夺目，把教堂内部也渲染得富丽而明亮，让人眩晕，产生仿佛神进入心灵的幻觉。

在绘画方面，西方美术更是向人们展示了色彩的迷人魅力，特别是从暗哑的蛋彩向亮丽的油彩的转变，犹如一场视觉艺术的革命，意义非凡。油画家通过色彩的魔术，在画面上营造出宛若真实的视觉效果。经过几代人的研究和运用，油画的色彩表达获得更为丰富的认识与经验，并且成为区别绘画风格的依据，如威尼斯画派的色彩饱满、鲜艳明快；巴洛克绘画注重光色互动，流光溢彩；洛可可绘画浮动着轻薄暧昧的粉红色调，法国浪漫主义大师德拉克洛瓦画布上的色彩涂抹则富有冲动与激越的情绪。

历代油画大师们对色彩的掌控带给人们丰富的情感体验。现代油画家对色彩的情感作用做了深入的体验和分析，意识到更为高明的色彩运用不是依附于自然表象，而在于深挖色彩的鲜明个性和深奥寓意。对于同一种色彩，不同的艺术家可以根据个体的思维与自我情感的差异，创造色彩的新意，即色彩具有独立审美意义。这也反映了色彩创作的主观意识性，色彩的涂抹成为艺术家个人的体验与感受的结果，已经超越色彩本身的特征表现。

西方美术把色彩的视觉体验表达得淋漓尽致，相比较而言，中国造型艺术的色彩刺激要平和许多。在对待色彩的态度上，东西方的文化差异注定了不同的色彩智慧，细看中国美术中的色彩，也是有滋有味。中国美术历程原初其实是极其重视色彩的，比如绘画中常用朱红色、青色，故别称"丹青"，反映了人们对绘画色彩语言的深刻印象与认同。大致说来，中国画在唐宋以前多以色彩取胜，集中体现在壁画、帛画、漆器装饰、青绿山水画以及重彩人物画中。然而宋以后，由于文人画兴起，绘画的色彩观上开始逐渐滤去自然情景中的绚丽色彩，注重以情境的营造和笔墨的表现潜入内心，追求朴素和简淡，主要以黑、白、灰色调的水墨和淡彩的浅绛为中国画的正宗和主流，而绚丽的色彩被"下放"到民间美术中去了。

色彩的感染力是巨大的。美术创作无论在东方还是在西方，抽象还是具象，其实无所谓好看的色彩或不好看的色彩，只在乎创作者如何运用，寻求最为契合自身的色彩语言，发掘色彩背后的意义，是作品最有力的表达方式。

3. 空间

与音乐的无形无影不同，美术主要以物质实体的形式在一定的空间内静态地实现，所以又被称为空间艺术。绘画、书法一般占有二维平面空间，雕塑、陶瓷、工艺品等占有三维的立体空间，建筑、园林也在一定的空间序列安排中展开。美术物化的特性使美术形式的考虑无法回避空间的问题，如何利用实体展示空间实现情感与精神的准确表达历来是美术创作的要点。艺术家在组织和安排空间的不断思考与探索中，逐渐形成了一系列有特色的空间艺术观念和独具个性的空间艺术语言。

陶瓷、青铜器、雕塑等都是通过充满起伏和韵律的外轮廓占有三维空间的，用自身的实体与周围建立起一定的关系以传达内容信息。具有实体空间的性质，使这类美术作品方位明确，空间轮廓周详，有许多观赏角度，给观众最直接的空间体验。与此同时，它们还侵占周围的空间，如苏珊·朗格所说："雕塑体本身似乎与周围的空间有着一种连续性，不论固体部分有多大，都与周围空间组成了一个整体。"它们自身的形体、团块会产生一种向外的张力，把周围的空间据为己有，营造出一个特有的空间，称为"虚空间"。虽然这个"虚空间"无法测量体积与形态，但是身在其中的人却可以强烈地感受到它的存在，如"司母戊大方鼎"用巨大的体量、厚重的材质以及神秘的纹饰营造了恐怖而又威严的"虚空间"，让进入其中的子民屏声敛气，不敢妄为。

东西方美术在空间的营造上存在巨大差异，从而形成了不一样的形式特征。如古希腊雕塑的空间概念受数理关系为核心的理性规则的影响，数的规律、比例、大小、结构和节奏通通展现在空间中，并讲求数理的和谐关系，使雕塑形体的体面转折、交错与过渡具有匀称、整齐等形式美感，建立起清晰、明确、严整的空间秩序；而中国古代雕塑的空间运用却大异其趣，在实体空间的展示上，不如西方古典雕塑的体积感强。

由于中国古代雕塑和绘画的审美要求具有一致性，二者都孕育于原始工艺美术，从彩陶开始，雕塑、绘画便相互补充，紧密结合，后来各自独立发展，但绘画取得了较高的文化地位，对雕塑观念影响深远，使雕塑带有明显的绘画性质。通常除了大的体表关系，中国古代雕塑的实体表面光滑，没有过多明暗起伏的细微变化，同时注意轮廓线的运用，注重线条的节奏和韵律感，突出了传统绘画的平面视觉效果。而且在绘画平面性的影响下，

中国古代雕塑的体面结构转折较少，甚至多在一个平面上展开，实体空间有如平面绘画的加厚。如汉代"乐舞伎俑"的舞姿伸展往往依靠平面就可实现，这些"乐舞伎俑"除了头部扭转，胸、腹、臀多在同一个平面上摇摆，大幅度、多维度空间的结构转动基本上较少出现，与西方雕塑对三维空间的刻意经营大不相同。

由于中国古代绘画还讲究以少胜多的营造法则，反映到雕塑上就表现为运用概括、简练的形式语言进行创作。形式语言减少，而要达到形神兼备的目的，雕塑工匠们往往就依靠感觉和理解，通过夸张与变形的表现手法来捕捉对象的神韵，从而在雕塑空间上表现得极其自由与灵活，与西方雕塑竭尽全力模仿现实，对真实空间的呈现大不相同。如"击鼓说唱俑"不是准确的比例和真实效果，而是通过夸张变形甚至抽象的手法突出对象手舞足蹈、眉飞色舞的特征，使陶俑的实体空间不斤斤计较于真实，却具有耐人寻味的效果，突现了雕塑对象的生动性和生命感。

在东西方传统空间观念中，关于虚实空间的占有也存在一定差别。西方古典雕塑被看成是一种立体的构成，具有稳定的静态纬度，展开于长度、宽度、深度之中，以相对封闭的体量占有空间，被"虚空间"包围，成为"虚空间"的中心。而中国传统雕塑不是按照实体结构原则来组织形体的，中国人的宇宙观讲求"一阴一阳之谓道"，有如书画当中的"布白"和"气眼"，任由空间环绕实体或与之相互渗透，以体味宇宙的秩序，雕塑也常常凭借虚实空间的呼应关系，达到艺术整体的和谐。如清代"邵旭茂提梁壶"，如彩虹一般的提梁架起的空间与壶体差不多大，共同构成和谐的虚实对比关系，视觉效果生动，气度不凡。

除了对真实空间的表达和体现，美术还可以营造三维空间幻觉。绘画作为二维平面美术形式，在展示事物的空间存在时，往往借助透视、明暗、色彩深浅和冷暖差别等手段表现物体之间的远近层次关系，在平面上实现纵深的空间感和物象的立体效果。从绘画发展的历程来看，各种类型的绘画对空间位置的安排有各种不同的解决方法，西方写实性油画通过焦点透视为我们展示了空间幻象。焦点透视法是通过几何原理形成透视效果，作者立足于固定观察点，抓住事物的瞬间形象付诸绘画，在二维画面上实现物体的立体感，表现为物体离观者越远，显得越小，通过不断缩小，越远越接近地平线，并消失在地平线一点上的空间关系。根据消失点的情况不同艺术家总结出不同的焦点透视，如平行透视、成角透视、倾斜透视、曲线透视、圆面透视、阴影透视和反透视等，通过这些透视关系可以精确地描绘物体的前后、正反、上下、高低、远近、大小等空间关系。

从文艺复兴后期开始，西方古典油画就确立了这种焦点透视的空间观念，至现代美术诞生之前，焦点透视法一直是西方绘画确立空间的不二法门。这种透视关系确定了作画人与所绘对象之间固定不动的位置，当然，任何一幅这类绘画，也好似强迫观画者站在与作画者同一立足点上观赏。与这种固定视点完全不同的是，中国传统山水画的观物角度常常是游移的，作者拒绝在一个固定的点观照物象，而是根据需要自由移动位置选取能够突出对象特征的观察点或把要描绘的事物放在最合适的角度进行表现，然后把主观多重视角的观看结果拼贴组合在一个平面上。比如画一座山，可以从山麓观至山顶，从山前观至山后，每一处景物都尽收眼底，既体现了整座山峰的气势，又于细微之处见精彩。北宋画家郭熙在其《山水训》中说："山近看如此，远数里看又如此，远十里看又如此；每远每异，所谓山形步步移也。山正面如此，侧面又如此，背面又如此，每看每异，所谓山形面面看也，如此一山而兼十百山之形状，可得不悉乎？"郭熙所描述的观察方法就是散点透视法。

艺术鉴赏

散点透视法使画面空间有更大的体量，能够容纳更大视觉范围内的景物和更多零碎的观物角度，并且将时间的延展性也纳入固定的画面中，使之与空间融合，从而形成可居、可游、可望、可行的想象空间。从北宋大家范宽的代表作品《溪山行旅图》中便可深刻体会散点透视法的空间组织与安排。这件作品欲写山顶密林，就取俯视角度；为突出远山之崔嵬，则取仰视角度；要描绘山间商旅，又拉近了视线。

除了对实物上下四方飘瞥，中国画中的"布白"也是在营造独特的空间感，与传统雕塑讲究虚实空间呼应一致。传统中国画无论山水、花鸟还是人物，画家都会有意给画面留出空白的地方，这些空白是画面的有机组成部分，是可视形象的外延联想，是虚拟的联想空间。所谓"知白守黑"，"黑"是实景，"白"是空间，从中国画的空间结构上看，懂得空白的价值才能领略"落黑造景"的意义。空白起到分割画面的作用，有了空白，才有上下左右的空间关系。如八大山人的画，用墨极少，画幅中往往仅有一两条游鱼，别无其他，留下来的空间却似乎成了一片汪洋大海，烟波无尽，给观者无限想象的余地。

营造空间的方法五花八门，空间的安排与作品中的点、线、色彩、肌理等其他形式要素也有莫大关系。关于美术空间的理解，关键在于对实体空间的体验和虚拟空间的感受，通过不同的空间艺术观念和独具个性的空间艺术语言，我们看到的是不同的文化本质和趣味。

4．材料

美术作品不仅是一种精神形态，而且是一种物质形态。对某一件具体的美术作品而言，不论是创作还是鉴赏，都离不开对物质材料的体验与思维。不同材料所具有的形态、比重、色泽、强度等性能对美术作品内容的叙述、主题的表达、造型的处理、制作的程序等都会产生一定的影响，由此带来不同的艺术风格和审美差异。所以美术常常致力于发掘和表现材料的审美价值，使材料属性直接与人的精神体验沟通。从某种程度上说，材料的正确选择与合理运用、材料的深度理解和驾驭能力的强弱，是美术作品魅力形成的重要环节之一，也是美术创作者艺术才能的体现。

首先是雕塑材料的运用。雕塑的材料五花八门，从应用了几千年的泥土、石头、木材、青铜到近现代出现的不锈钢、塑料、树脂、纤维和各种合成材料，不同材料给人不同的艺术感觉，不同材料的雕塑艺术品具有不同的美学情调。比如木材，是最易于雕刻的材料，可以做大刀阔斧、粗犷有力的处理，也可精雕细刻，打磨出精致圆润的造型和玲珑剔透的空间层次；大自然还赋予木材各种形态和纹路，艺术家常常根据木料质地和纹理特点"因材施雕"，使自然之美与人工智慧巧妙结合。

石材是最古老的雕塑材料，不同的石材有不同的质感和艺术表现力，千百年来雕塑家对石材的玩味兴致从未衰减：玉石质地坚硬细密，温润而有悦目的光泽，常用以表现优雅、美丽、纯洁、永恒的形象；花岗石最适于传达崇高、深沉、粗犷、质朴、坚强、恒久之美，其外观粗砺、质地坚脆，具有晶体的粒状结构和玻璃光泽，宜雕刻成整块成品。

金属作为雕塑材料也有悠久的历史，金属雕塑的制作与人们对金属的认识以及锻造、铸造和焊接等工艺水平有密切关系。人类历史上曾经大量使用青铜器物，这一现象甚至成为一个时代的标志，那些当时以实用为主要制作目的的青铜器物如今都被视为珍贵的艺术品。青铜器的材料为铜锡等金属的合金，由于熔点相对其他金属来说比较低，而且其液态

具有很好的流动性，可铸造各种形态，凝固后质地坚硬，可充分保留非常细微的表面纹理。青铜器物色泽沉稳、斑驳，赋予作品厚重感、凝重感、历史感。而不锈钢是新型雕塑材料，作品表面光洁，现代感较强，制作上常采用锻造工艺，再进行焊、铆等而成型，成型后再经过喷砂、抛光等处理，呈现不同的肌理，具有强烈的审美效果，我们可以在城市主题雕塑、纪念性雕塑中发现大量此类材料的运用。

玻璃钢是近五十多年来发展最迅速的一种复合材料，也是近年较为普及的雕塑材料。玻璃钢材质轻，质地相对坚韧，造价相对低廉，加工工艺便捷，且适用性强，可模拟各种材料的表面肌理，视觉上往往能以假乱真。

雕塑取材可谓广泛，材料众多难免有贵贱之分，但材料的贵贱并非衡量雕塑艺术价值的尺码，优秀的雕塑在很大程度上使材料服务创作要求、表达创作意图。聪明的雕塑家利用材料属性拓宽、激发创作灵感，把握材料、工艺的规律，因势利导，使自然美与雕塑有机结合。

绘画创作对材料的选择与表现往往也是创作者需重点考虑的问题。西方绘画随着油画材料的运用与普及开始步入繁荣，近距离欣赏过油画的人都会由衷地感叹实物与印刷品上看到的大不相同，实物具有鲜明的制作感和物质性美感，似乎表现为一种可触摸的美。获得这种视觉效果是大量油画家对油画材料的表现力不断发现和发挥的结果。画家们利用这种绘画材料形成丰富的色彩层次和光泽度，产生逼真的立体感。但早期油画创作以构图和素描为基础，真正开始充分发挥油画材料表现力的是威尼斯画派的画家们，他们首先使用麻布代替木板作画，有意使布面纹路带出颜料的肌理，有意追求油性颜料、做底材料、用笔方法，以及肌理与笔触互动等材质效果，使人们第一次看到了"真正"的油画。而如今油画创作中的材质表现成为油画语言的必然追求，画家们为进一步丰富油画的材质感，采用调色刀作画已是很平常的事情，刀痕可以使颜料的物性浸入所表达的主题当中。

中国画的工具和材料与欧洲绘画截然不同，考古发现中国人早在两千三百多年前的战国中期就能在编织精细的绢、帛上利用毛笔勾勒具有形式美感的线条以塑造形象，并且通过淡墨和颜料进行平涂或渲染。到了东汉时期，蔡伦改革造纸术，使纸张得到普遍使用，尤其是具有吸水、渗化性能的各种宣纸的问世，为中国画独具一格的造型体系的完善与多样化发展准备了条件，如单薄细腻的蝉翼宣、云母宣，较厚的清水宣、书画笺等，可使画面获得不同的肌理和效果。中国画家也往往形成一定的用纸习惯，以助于形成独特的绘画语言。国画大师张大千在抗战时期寓居成都，由于物质匮乏，惯用的特制安徽"大风纸"告罄，为达到理想的绘画效果，还亲自配制药料，改造当地的夹江纸，使之性能适应自己独特艺术风格的表现，因此传出一段佳话，同时这也说明材料在艺术形式表现中的重要性。

中国画使用颜料的特点也是其风格形成的重要原因。传统中国画一般分为水质颜料与石质颜料两大类，水质颜料包括植物质颜料和动物质颜料，易溶于水，质感细腻、透明；石质颜料主要是矿物质颜料，颗粒粗，不溶于水，有覆盖力。由于两类颜料的性质不同，不能相互调合，于是在涂染时形成一些特殊的表现技法，如渲染、罩色、填彩等，使画面具有细腻、润泽、富有装饰性等形式美感。另外，在工具使用上，中国画全凭毛笔皴擦点染、勾线敷色，其中的奥妙是西方人望尘莫及的。由此而知，导致东西方绘画形式不同的原因，除了文化差异与个体差异，与工具材料的使用也有很大关系。不同的画种以及画面不同的形式、风格与肌理效果都与不同的工具材料有关，画家的创造首先碰到的问题之一

艺术鉴赏

就是如何处理表现对象与材料质感的关系。

随着时代的演进，我们还看到美术材料的范围随着美术观念的开拓与物质生产的发展而不断扩大。传统的布、纸、木、石、陶、漆、木板、金属等材料已无法承载复杂、微妙、多样的现代审美情感与需求，现代艺术家又拓展出纤维、蜡、火药、化学物品、电脑影像以及任意的现成品来表达创作观念。由于越来越多的新材料以新的形式和新的表现方法被广泛应用，美术种类之间的界限与划分也因此逐渐模糊，甚至无法用传统的观念来归类。当然，为探索新的美术价值而不断实验与使用新材料也为艺术观念的表达提供了新的出发点。随着人们不断地发现与创造，材料将使视觉艺术更加丰富和完满。我们了解了更多的材料制作的性能与经验，就了解了更多现代美术的创作手段和语言。

关于美术材料问题还需要指出的是传统美术与现代美术对于材料利用的观念已发生巨大变化，传统美术家往往把精力用在使材料的物性服从于描绘对象的材质感上，材料与观念是不同的部分，其存在方式在于作为一种载体承担着内容的展现。而现代美术朝着强化作品物质感的方向前行，材料的表现往往更主动和张扬，不仅描绘客观对象、表现主体意识，也充分展现自己，开始从"幕后"走到"台前"，甚至从"配角"变成了"主角"。

5. 造型

虽然现代艺术赋予线与色彩单独的审美意义，但在美术历史中线与色彩更多时候还是作为造型的基本元素而存在。造型是塑造视觉物象的，科学领域的造型要求客观、准确地反映现实情况，诸如一幅医用解剖图或一幅机械制图，具有真实性、说明性和实用性的特点。但美术领域的造型带有强烈的主观意味，除了准确、真实，也可以夸张、变形，还可以简略化或复杂化，甚至可以"子虚乌有"，不是对现实事物单纯、机械的模仿，而是艺术家关注现实世界的反映，投射了人的精神和情感，使我们感受到生活的气息，体味出人的存在价值。

美术又称为造型艺术，可见造型的重要意义。可以说造型直接关系到艺术形象的塑造和作品的感染力，创作者历来重视造型手段和方法的探索。一般而言，美术的各个门类如绘画、雕塑、建筑等都依循自己的艺术规律并形成特有的造型手段，比如绘画造型借助于色彩、明暗、线条、解剖和透视；雕塑造型主要借助材质、体积和结构等。艺术家在对这些造型手段的运用和实践中，形成了一系列各具特色的法则，成就了百花盛开的美术世界。

我们通过具象造型和抽象造型来解读造型这种形式语言。

具象造型使艺术形象与自然对象基本相似或极为相似，具备可识别性。具象美术广泛地存在于人类的美术活动中，从欧洲旧石器时代的岩洞壁画，到文艺复兴时期兴起的油画肖像；从印度的犍陀罗式佛教造像，到中国的画像石、画像砖，都可以看到这类美术作品。具象造型美术历史悠久，时至今日，仍是美术创作中重要的造型方式。

在西方以古典主义油画创作为主的时期，画家们运用具象写实的造型方式描绘物象，以达到对客观世界的真实呈现。以达·芬奇为代表的古典写实主义艺术家一再宣称绘画应该准确匹配自然，最好的绘画作品是与对象最相似的作品。特别是文艺复兴时期，画家们具备科学家的精神，对生活中的人物、风景、物品进行观察和直接描绘，积极探索解剖学、透视学、明暗法则等在绘画中的运用，解剖学的运用使人体造型具有准确的比例、形体、结构关系；焦点透视法使画面形成深度空间的幻觉；明暗法则让物象统一在一个主要光源下，形成画面由近及远的清晰层次和逼真效果。古典主义油画大师们总是竭尽全力准确地、形象地、深入地再现对象。

二十世纪七十年代在美国兴起了一个艺术流派——照相写实主义(又名超级写实主义)。这个流派的艺术家们认为传统的具象造型由于注入了太多主观因素只能称为主观的写实或人文的现实，而现在可以利用摄影成果对物象做客观、逼真的描绘，从而获得比以往任何具象写实更精确的物象。于是他们往往先用照相机摄取所需的形象，再对着照片把形象复制到画布上；有时也使用幻灯机把照片投射到幕布上，以获取比肉眼所看到的更大、更精确的形象，再丝毫不差地照样描摹。照相写实主义艺术家们对具象造型的修正确实能够获得几乎可以乱真的艺术效果，然而这种有意隐藏个性、情感、态度等人为痕迹的创作，还是包含了某种观念。通过照相写实主义作品，观众会感到艺术前所未有的严峻感和冷漠感，精工细作的作品背后透露出后工业社会中人与人之间精神情感可怕的疏离与淡漠。

西方传统美术基于探索世界的理性精神而表现出非常突出的具象造型特点，而中国传统美术历来以写意的抽象造型为主要特点，但并不完全忽略物体的真实形态。

中国古代具象造型的美术作品比比皆是，最出名的当推秦始皇兵马俑。人们往往被秦俑排山倒海的巨大阵势所震撼，其实仔细观察单个秦俑，会被其高度写实的具象造型所折服。中国古代美术重视头部造型，观察秦俑的面部特征，会发现千人千面，互不雷同，喜怒哀乐，各有其情，完全是当年秦军将士的真实写照，反映出他们来自不同的地区、不同的民族。人物神情和所表现的性格也各不相同，呼之欲出的人物塑造从形体把握、神韵处理、细部刻画等方面表现出作者的非凡创造力。

中国古代山水画也曾经历过具象写实阶段，五代至北宋初的画家分别从各自的生活地区体察山水气势，在对自然生命的客观探究当中，为真实山川写照，力求把握宇宙生存、发展、变化的韵律，创立了雄伟壮丽的北方峻岭和平缓温润的江南山川两大山水画体系，出现了南北山水画派。北方山水画派以荆浩、李成、范宽等为代表，其作品往往在整体气质上理想化和高度概括，但在画面局部如山石刻画上追求写实，反映出物象的具体特征，如荆浩的《匡庐图》中山体风骨峭拔、质感刚硬坚实，反映了太行山一带的地形面貌；范宽在太华山长期居住，如果我们对当地地质情况了解的话，就不难发现范宽的山水也非常写实，太华山就是华山，《谿山行旅图》中的主峰形态和断崖千尺的气势，都是来自雄伟险峻的华山原貌，而时人评价其中土石不分，也同当地关中平原一带石质山地与黄土堆积地貌相混杂的特点有关。

具象造型以真实为原则、以客观世界为表现对象，然而真实的再现往往容易与机械的模仿混淆，许多强调具象的美术品常常停留于物象外部的真实，而缺乏艺术感情的传达，因此引起一些人的反感。优秀的具象造型，必然情景交融，是艺术地去写实，但绝对不是对客观物象的照抄照搬。与具象造型对立的抽象造型，则不受自然形态的限制，追求非具象的形式美，艺术形象大幅度偏离或完全抛弃自然对象的外观。抽象造型对于我们来讲并不陌生，中国几千年的美术主要造型特征倾向于抽象，讲究传神写照，通过简练放纵的笔致表现对象的意态风神，倾注了作者的情感与精神，同时又是作者智慧的体现。

尽管中国美术的造型以抽象为主要特征，但从未发展到纯抽象的地步。"抽象"是个外来词，中国传统美术创作中与之大体对应的词是"写意"。大写意画具有较强抽象性，多为文人墨戏，是一种高妙的画体，具超凡的画境，这种造型特征由南宋梁楷首创，他的主要人物画作品《太白行吟图》、《布袋和尚》、《泼墨仙人》等，都不讲究解剖、不求形似，取其意气即可，以勾勒泼墨、神来之笔挖掘对象的内在气质，使艺术形象粗犷洗练，意境深远，让观众浮想联翩。晚明徐渭是大写意花鸟画的著名代表，充分发挥了大写意精神。徐渭天资过人，却一生坎坷，因此成就了他的独特艺术气质，把笔墨写意能力提高到前所未有的水平，他的大写意画往往比一般的写意画更显奔放、泼辣。

中国书法艺术的审美意义，即在于形式的抽象意味，尤其是狂草，由于语义的可识性大大降低，人们更注重的是其中的抽象审美。当然我们对书法艺术抽象性的理解，绝不能脱离文字内容，不能从纯形式的角度来考量书法的线条，虽然书法完全抽离自然对象，但书法因文字内涵而具备灵魂，强调字形与神采的统一才能够理解书法线条流动的抽象意趣。

传统西方美术创作长期以来一直以具象造型为主流，抽象造型作为一种自觉的思潮，是二十世纪的事情，但抽象造型来势汹汹、涉及面广，只经历了短暂的发展历程，便很快确立和完善了自己。大部分现代主义美术流派都受到了这一造型原则的影响，如抽象表现主义、立体主义、塔希主义、行动绘画等。

抽象造型大体可分为两大类：第一类对自然对象的外观加以提炼或重新组合，其代表人物为保罗·克利，这位二十世纪才华横溢的杰出艺术家的多数抽象作品，就来自自己对客观事物的感受，从客观形态的认识中提炼和加工作品；另一类则基本舍弃自然对象，创作纯粹的形式构成，并因此被称为纯抽象，以米罗、马列维奇、蒙德里安等艺术家的作品为代表，在他们的创作中，否定了绘画的客观形象和具体内容，点、线、面、色块的组合已经无法在自然世界中找到对应物象。纯抽象艺术的先驱之一康定斯基，主张以色彩、线条、形状作为表现思想和唤起感情的主要手段，作品具有明显的情感表现性质，被称为浪漫的、有机的或热的抽象艺术。康定斯基在 1913 年创作的《构成》系列作品即是所谓"热的抽象艺术"，点、线、面、色块狂乱地交织在一起，发挥着强大的视觉冲击力，使画面充满律动感，具有一种可以和音乐媲美的震人心魄的力量，似乎达到了神谕的和宗教的境界。

纯抽象艺术有时也表现出一副冷静的、理性的面孔，蒙德里安的作品即通过三原色、垂直线、水平线这些最基本的造型元素创造出宁静、平衡、简洁的艺术形式，以抚慰不安的心灵。在蒙德里安 1930 年创作的《红、黄、蓝的构成》里，我们看见粗重的黑色线条把画面隔成七个大小不同的矩形，右上方那块鲜亮的红色面积最大，且色度极为饱和，形成画面的视觉主导，左下方的一小块蓝色、右下方的一点点黄色，以及四块灰白色则配合红色控制住画面的平衡，造型虽然简单，却通过巧妙的分割与组合，创造了物质和精神的平衡与和谐。

纯抽象造型的手段是无限的，现代艺术家可以尽情地发挥和创新。美国艺术家波洛克即抛开传统的绘画工具，将颜料滴、洒、泼，甚至甩向铺在地上的画布；马蒂斯的《蜗牛》则直接采用有色纸拼贴；劳申伯格更是亵渎传统，以机智、嘲弄与讽刺的手段，将轮盘、布袋、电灯装置等组装进作品中。纯抽象造型看似基本瓦解了具象造型手段，看似不需要高深的造型技能修养，以至于观众在面对纯抽象艺术时常常无法真正认识其内涵。然而看似"胡闹"的纯抽象艺术的制作与审美过程是严肃的，它讲究构思的巧妙、新颖，力求符号化的形与色在画面中的视觉平衡，注重造型的对比、呼应和内在的整体性，强调画面的节奏和韵律，探索形、色、线、肌理的丰富内涵。

具象造型和抽象造型在丰富多彩的人类美术现象中，就像磁石的两极。美术创作无法

完全接近自然物象，即使是最纯粹的抽象艺术与自然物象也有着不同程度的联系，更多的美术作品则既包含了具象的因素也包含了抽象的因素，游弋在两磁极之间。

无论抽象还是具象，都是人类美术史上长久存在的造型方式，是人类创造的精神财富。两类不同的造型原则，能够表现不同的精神内容、创造不同的形式感，给人以不同的审美享受，各自拥有不可替代的美学价值。

三、美术鉴赏的概念和方法

（一）美术鉴赏的概念

美术鉴赏是人类所特有的一种精神活动，是人们运用感知、经验和知识对美术作品与美术现象进行感受、体验、欣赏和鉴别的情感与思维活动。在美术鉴赏中，人们总是自觉不自觉地根据一定的审美理想、审美标准、审美趣味，从作品中获得对于艺术形象的具体感受和体验，展开联想和想象，进行分析和判断，并伴随一系列的情感反应，从而对作品作出某种审美评价，得到某种精神上的满足，获得一种审美享受。

美术鉴赏不仅要对美术作品有感性认知和视觉印象，还要对美术作品的表现技巧、形式语言、思想内容、艺术倾向、社会背景等方面进行理性的分析、研究并作出判断，所以这种情感活动带有很强的理性色彩。它主要通过对具体美术作品的解读和赏析，揭示出作品的艺术特色和文化内涵，使人们对美术作品的审美认知能力得到一个由浅到深、由表及里、由感性到理性的提升。美术鉴赏属于艺术接受学的范畴，艺术家创作出了美术作品，但艺术活动并没有就此结束，必须通过美术鉴赏发挥艺术作品的社会作用，使作品具有长久的价值和广泛的社会意义，使艺术创造者及其美术作品的审美价值得以充分实现。

美术鉴赏能力的高低通常与人的综合人文素养有着密切的关系。以美术鉴赏为基础的审美教育可以开拓人的艺术视野、增长知识，可以丰富审美心理结构，优化情感结构，提高审美能力，提升人文素质，对培养健全的人格和人的全面发展有着不可替代的作用。

美术鉴赏的过程是由鉴赏的主体和客体之间的审美联系所完成的。一方面，美术作品作为鉴赏的审美客体，是读者和观众进行鉴赏活动的对象，作品中的艺术形象成为鉴赏主体进行审美再创造活动的客观依据，这就要求作为美术鉴赏的客体即被鉴赏的美术作品本身，在进行美术鉴赏活动时必须具有一定的审美价值，否则便失去了欣赏或鉴别的意义；另一方面，在美术鉴赏中，作为鉴赏主体的读者和观众并不是消极、被动地接受，而是积极、主动地进行着审美再创造活动。作为美术鉴赏的主体即欣赏和鉴别美术作品的人，也要求必须具备一定的基本条件：对作品的感知和想象力、一定的生活阅历和文化修养。艺术家只能同有艺术修养的人进行真正的交流，否则，鉴赏者就不可能对艺术家熔铸于艺术作品的所有情思和深刻意蕴有明晰的认知、理解和把握，更不能有再创造性的认识了。

美术鉴赏是审美主体对审美客体积极而能动的反映。从接受学的角度看，美术鉴赏是一个审美再创造的过程。美术鉴赏带有明显的感情体验的特征，始终不能脱离感性的、具体的形象，而又暗含着理性的认识，这样才能在欣赏中达到"悠然心会"的境界。

（二）美术鉴赏的方法

美术鉴赏的方法很多，但没有定法。各种鉴赏方式都不是独立的，也不是彼此对立的，

它们之间有着相互渗透的关系，都是从感性向理性的深度升华。

1．分析鉴赏法

分析鉴赏法是一种最为常见的鉴赏方法，它通过对作品的形式、内容、意义等方面的分析来欣赏和鉴别作品，实际上也是一个从感知到理解的过程。

例如，在对达·芬奇的画作《最后的晚餐》进行鉴赏时，可从以下两个方面入手。

首先，要对作品的表现形式进行分析。这幅作品以构思巧妙、细部写实和严格的透视关系而引人入胜。达·芬奇将门徒分为四组安排在耶稣周围，形成波浪状的层次，使画面严整均衡而富于变化；画中人物刻画得精细入微，惟妙惟肖，他们或惊恐、或愤怒、或怀疑、或辩白，使人物性格鲜明，呼之欲出；精确的透视使观者有身临其境之感。

其次，是对作品内涵的理解。这幅画表现的是犹大向官府告密，基督在即将被捕前，与十二门徒共进晚餐，席间基督镇定地说出了有人出卖他这一句话时的情景。画家通过各种手法，生动地刻画了基督的沉静、安详，以及十二门徒各自不同的姿态、表情。作品传达出丰富的心理内容。这幅画虽然以歌颂基督教为主题，但是达·芬奇所歌颂的并不是神的力量，而是人的善良和正义，斥责的是卑鄙和丑恶的叛徒行为。画家站在新时代的前列，赋予这一传统宗教题材以新的思想和境界，在神的形象中挖掘和表现了人的心理与情感，高度体现了文艺复兴进步的时代精神。

2．比较鉴赏法

比较鉴赏法是指运用比较的方法，对作品进行比较性的分析、理解和评价，最终达到深入理解作品的目的，并在这个过程中提高鉴赏能力。由于美术创作本来就不是孤立的现象，它与其他艺术创造和精神活动有着千丝万缕的联系，然而又有所不同，只有通过比较，才能发掘艺术间的规律。

比较鉴赏可分为横向比较和纵向比较两种方式。

横向比较法是对有可比性的鉴赏作品进行的一种平行的比较分析。例如，书法家张旭与李邕虽然生活在同一时代，但其书法风格却迥然有别。张旭为人洒脱不羁，性好酒，其书法风格洒脱自在、豪放奇异、富有气势；李邕沉浮于宦海，却为人正直博学、耿直磊落，其字瘦劲秀雅、铁骨铮铮、奕奕有神力。而同样是人物题材的作品，在意大利文艺复兴时期美术家达·芬奇、米开朗基罗、拉斐尔三人分别创作的《蒙娜丽莎》、《大卫》、《雅典学派》美术作品中，可以看到他们的目光更关注自然世界和现实人生，并能够自觉地把艺术和科学结合起来。作品中倾注着艺术家的人文理想，充满了对个人价值的肯定。这些作品的审美价值取向显然有别于文艺复兴之前的中世纪意大利美术，也不同于其后巴洛克艺术的特点，体现了鲜明的人文主义时代特征和文艺复兴盛期人文主义艺术家共同的审美追求。

纵向比较是指对作品做时间上纵向的比较分析。如某种艺术、某个流派或某位艺术家在不同的创作阶段的作品比较分析。例如，毕加索一生的创作生涯经历了童年时期、蓝色时期、玫瑰时期、立体主义时期、古典时期、超现实主义时期、蜕变时期和田园时期，其比较有代表性的作品分别反映了他不同时期的特点，通过纵向比较，我们了解到他不平凡的人生经历和性格多变的精神世界，也更深入地理解他深邃而丰富的内心世界，从而有助于我们理解其作品的内涵和价值所在。

3. 社会学分析法

美术作品的产生来自于现实生活，是对现实生活的提炼和概括。所以我们分析鉴赏美术作品时，可以从不同时代、不同国度以及不同民族的具体而生动的形象和情景去认识世界、了解历史、感悟真理和体验不同的人生，进而体悟生活的本质。比如从米勒的《拾穗者》等一系列描绘农民生活的作品中，我们可以解到十九世纪法国农村的生活情境和农民的生存状态，同时也能感受到当时法国农民的淳朴性格和精神状态，对当时法国民族以及时代的状况和特点有更深刻的认识。

不同时代、不同国家、不同民族的美术作品都有自己鲜明的语言和形式特征，作品一旦形成，这些具有时代性、地域性、民族性的特征和精神就可能通过美术作品跨越时空而被保留下来。在鉴赏八大山人的作品时，鉴赏者需要了解画家金枝玉叶老遗民的身世，才能感受到他"墨点不多泪点多"简洁孤冷的画风，体会到他内心深处的孤寂、无奈、悲凉与落寞，感受到他画外的深远寄托，这样，欣赏者便会与画家达到一种深层次的沟通和精神的融合，从中获得一种审美的愉悦。另外，从不同的美术作品中，还可以感受到艺术家的气质、人生际遇及艺术追求等对其创作的影响。

真正优秀的美术作品是创作者心灵和精神的折射，创作主体与客体之间始终是对应关系，二者互为表里、互相印证，给人以广阔的回味空间和多重反思的余地。可见，欣赏美术作品时把握艺术家和作品之间的关系是一种重要的解读方法。

第二节　绘画艺术鉴赏

一、绘画艺术鉴赏概要

绘画是美术中最主要的门类之一，它是用笔、纸、颜料等物质材料，通过线条明暗等造型手段，在平面上表现出形状、体积、质感和空间感等艺术关系，塑造出可视的各种形象，借以反映客观现实及表达作者的思想、情感和审美观念的艺术形式。

绘画是平面上色彩和线条的奇妙组合。"宣物莫大于言，存形莫善于画"，六朝文人陆机揭示了图画和文字各自的功用，人类正是用文字和图像记载着自己的历史。图画不仅留存了过去时代的风貌，同时也记录了人们思想情感和趣味风尚的变迁。随着绘画在人类生活中的作用日益丰富，其不同的种类也应运而生。

对于绘画艺术的分类，从不同角度有多种分类方法。一般是按照地域划分为东方绘画和西方绘画两大体系，也可以根据绘画使用的物质材料或者题材内容、艺术形式、表现技巧、风格流派等方面来划分为不同的种类。

（一）按地域划分

绘画艺术从地域划分，可分为东西方两大绘画体系，东方绘画以中国绘画为主，而西方绘画则以油画为主。东西方两大绘画体系的根本区别和差异并不在于单纯的技法与材料，关键在于它们赖以发展的思想基础和美学理念的不同。中国绘画具有独特的民族风格，有着较为稳定的内在结构和自己的完整体系。西方绘画的发展，是与西方文明的发展相同步的。古希腊、古罗马时期和中世纪，西方绘画体系的发展大致与东方绘画体系相同，都是用简单、明确的线条勾画出所要画的形象轮廓，以此作为绘画造型的基础。欧洲文艺复兴之后，西方绘画艺术有了巨大的、突破性的飞跃，它吸收了透视学、色彩学、解剖学等新科学的研究成果，逐步形成了自己独立的绘画体系，使表现力很强的油画成为最主要的画种。

东西方两大绘画体系在发展的历史进程中，又形成了各种不同艺术风格的众多流派，使得绘画艺术的发展更加丰富多彩。比如，属东方画的中国画，历史上又有南宗、北宗、浙派、吴派、江西派等风格流派，各派之下，还有许多风格不同的画家。而西方绘画体系中的近代绘画，在发展过程中出现了新古典主义、浪漫主义、现实主义、印象主义等流派。现代绘画中又出现了新印象主义、后印象主义、野兽主义、表现主义、立体主义、未来主义等众多的风格流派，并正在继续发展和变化。

（二）按画种划分

从画种来分，由于使用的物质材料、工具或表现技法不同，绘画艺术可分为中国画、油画、版画、水彩画、水粉画、素描、速写等。

中国画用线造型，用色为墨，中国画中的线讲究曲直、粗细、浓淡、疏密等形态变化和组织的统一，以及笔法刚柔、轻重、疾徐等所形成的运动感和节奏感，体现出线条造型的艺术美。如梁楷的《李白行吟图》，通过寥寥几根线条就使诗仙李白豪放的性格和才思横溢的风度跃然纸上。中国画的用色讲究的是以浓墨淡彩为特点，追求的效果是薄而透明，如五代时期南唐著名画家顾闳中《韩熙载夜宴图》中对歌妓舞女的描绘。

油画用块面造型，用色为色彩，它是利用色彩的色相、明度以及光的明暗表现客观形象，强调光色效果和立体空间的真实效果，讲究色块厚重，注重对客观对象的色彩的真实再现的描绘，以色彩的丰富变化为特点，如乔尔乔涅的《暴风雨》和达·芬奇的《最后的晚餐》等。

版画是以"版"作为媒介来制作的一种绘画艺术，艺术家运用刀、笔或其他工具，在金属、石板、木板、纸板、塑料板等不同板材上，进行绘制、雕刻、腐蚀等制版过程，再通过印刷完成艺术作品。

水彩画和水粉画采用不同的颜料和不同的画法，水彩画与水粉画的作画媒介都需要以水来进行调配，颜料也大致相同，只是水粉色的颗粒比水彩色略粗一些，更不透明一些。由于所用材料和技法的不同，使美术作品产生了不同的艺术效果。

（三）按绘画的表现形式划分

从绘画的表现形式来分，绘画又可分为写意和写实两种方式。这与中西方绘画思维方式的不同有关。

中国绘画注重表现与写意，即强调感性，绘画多采用散点透视法；而西方绘画注重再现与写实，即强调理性，多采用焦点透视法。具有悠久传统的中国画，又可分为工笔画和写意画两类，写意画又可分为小写意和大写意。

中西方绘画的表现手法不同决定了绘画种类的不同。中国画不固定在一个立脚点作画，

也不受固定视域的局限，而是根据画者的感受和需要，使立脚点移动作画，把见得到的和见不到的景物统统摄入自己的画面，即运用了散点透视法。如范宽的《溪山行旅图》和黄公望的《富春山居图》等，它们虽不能准确地再现现实景象，但却气韵生动，能带给人一种意境之美。西方画家则是理智地进行构图，采用科学的透视学和色彩学来表现近大远小焦点透视和色彩的空间变化，形象的立体感很强，逼真肖似，具有典型性。如文艺复兴时期的拉斐尔的《雅典学院》和西班牙著名画家委拉斯开兹的《教皇英诺森十世像》等。文艺复兴时期由于解剖学、透视学的发展，西方传统绘画的再现性特点达到顶峰，如达·芬奇的《岩间圣母》，画中人物、背景的微妙刻画，烟雾状笔法的运用，科学的写实以及透视、缩形等技术法的采用，表明了他在处理逼真写实和艺术加工的辩证关系方面具有高超的水平。

（四）按照绘画表现的题材内容划分

从绘画表现的题材内容来分，一般习惯把绘画分为山水画、人物画、花鸟画、风景画、风俗画、历史画、军事画、肖像画和静物画等几种。同样地，这几种绘画也不限于使用同一种物质材料和工具，即油画可以画肖像画、风俗画、历史画、风景画和静物画，其他画种也大都可以用来画上述几种题材的绘画。

人物画是绘画艺术中最重要的一种，先于山水画和花鸟画的出现。无论中外，在早期绘画的发展史上，都以人物画为主，而且都为宗教或政治服务。

同时一幅画从不同的角度，又可以兼有几种不同的类别，比如德国女画家凯绥·珂勒惠支的名作《面包》，它既是西洋画又是版画，既是单幅画又是人物画。

二、中国绘画艺术鉴赏

中国绘画是中国灿烂的民族文化的重要组成部分，它根植于中华民族的土壤之中，浸透了中国传统文化的内在精神，历经数千年的探索和发展，形成了鲜明的艺术风格和独特的民族特征，并具有丰富多彩的表现形式和艺术手法，在世界艺术宝库中占有极其重要的地位。中国绘画不拘泥于外表形似，更强调神似。它以毛笔、水墨、宣纸为特殊材料，建构了独特的透视理论，大胆而自由地打破时空限制，具有高度的概括力与想象力，这种出色的技巧与手段，使中国传统绘画具有独特的艺术魅力。

（一）中国绘画艺术的特点

(1) 从创作理念来看，中国绘画讲究天人合一、心有万象、天马行空的创作方法和心态，并视此为作画的最高境界。"肇自然之性，成造化之功。或咫尺之图，写百里之景，东西南北，宛尔目前。春夏秋冬生于笔下。"很早以前的中国画论就有了这样深刻的阐述，可见中国画的起步就是一种比较高级的艺术。笔墨里渗透的是作者对人生的认识和感触，自然景物只是作者对人生的反思和认识的一种载体，他们的笔墨情趣并不受外界自然的束缚，寻找的是"蝉噪林愈静，鸟鸣山更幽"、"千山鸟飞绝，万径人踪灭"的独特意境，所以中国画追求的是神似，把物体当作艺术家本人思维情感和主观意识的媒介，笔墨之中的物体、色彩等关系常常是被极大程度地改变了其客观自然，带有很多的主观成分。

（2）从表现手法来看，中国画的造型手段是"线"。通过在创作中积累出各种不同的"线"来抒写自己的胸怀，抒写心中独有的山川。"线"在中国画家的笔下有极深刻的含义，往往是将许多繁复的事物，仅仅通过几条富有生命力的"线"表达出来。无论人物画还是山水画，中国画家依靠"线"来塑造心中的形象，因此得以形成各种含义迥异的"线"，以及各式各样的皴擦。这里的"线"在作品中是极其重要的一个元素，"线"应用的好坏直接影响一幅作品的优劣，因此中国画家大都穷其一生追求富有生命力的"线"。

（3）在造型上提倡不拘于形似甚至"妙在似与不似之间"，是中国绘画又一突出特点。中国画对形象的塑造是为了作者的抒情达意，所以中国画家敢于舍弃对象外在的形态，敢于为了强化作者感情的表达而进行一些恰到好处的艺术夸张。善于抓住对象本质特征以及神情的中国画家，以自己独特的艺术语言灵活地表现对象，同时也为了区别主次，给人以充分的美的享受及自己情感的充分表达，他们将个性化的构图、装饰化的手法巧妙地结合在一起，不拘泥于特定的时间与空间的构图布局，有时候完全省略环境描写，大胆利用空白，突出主体，并借助观者的联想与想象去自由发挥。中国画的构图除紧密结合所描内容的"经营位置"之外，还讲求平面布局中的色、线、形的变化对比与呼应，虚实、疏密、开合、起伏、繁简、聚散的相生相应是一个很突出的特色。

（4）讲求笔墨是中国画的另一特点。所谓笔墨并不是用具材料上的笔墨，而是作者传情达意的一种艺术技巧。中国画使用的是最富于弹力的毛笔，对笔触水分的变化反应最为灵敏的宣纸，形成了中国画笔墨变幻无穷的特点。中国画以墨调色，墨具有五色：焦、浓、重、淡、清等；墨色之中又分为六彩：黑、白、干、湿、浓、淡。如果黑白不分，则无阴阳明暗；干湿不备，则无苍翠秀润；浓淡不辨，则无凹凸远近。中国的绘画艺术以直觉的方式来感觉色彩的万千变化，所以笔法是艺术创作中最重要的艺术技巧，它的作用就是以不同的笔法墨法描写不同的形象，不仅表现创作者的思想与情感，也可以体现出创作者的个人风格。

（5）以画为主，在一幅作品中加上诗文、书法、绘画以至印章等艺术手段，也是中国画极为新颖的特色之一，它的形成过程很漫长。首先是提倡画中有诗，即追求画像诗一样富有抒情味并且带有诗的韵律，也像诗那样善于创造美妙的意境而做到"画外有意"、"意趣无穷"，给读者以充分的回味与想象的余地。同时，这些诗又能表达作者的个性，体现与众不同的风格。在具体作品中讲求诗、书、画、印的有机结合，并且通过在画面上题写诗文跋语，表达画家对社会、人生及艺术的认识，既起到了深化主题的作用，又是画面的有机组成部分。这样经过几百年的发展和完善使得中国画成为了以画为主体，并有诗、书、印相辅相成的一门小型"综合艺术"。

（二）中国绘画艺术赏析

汉唐以前，中国古代绘画以帛画、壁画为主，艺术风格大多神秘奇诡，体现了当时人们丰富的想象力，中国传统绘画以线条为主要造型手段的艺术特征此时已形成，线条的运用已达到了相当高的水平。卷轴画出现于魏晋南北朝时期。元明清，因文人画的兴盛而一统天下。人物画是成熟得最早的画科，它产生之初，是为了"存先贤帝王之形"，体现出绘画最初被强调的政教功能。山水画和花鸟画原本是人物画的衬景，在人物画成熟之后也相继发展起来。由于各个时代特定的社会环境、趣味风尚，不同时代的绘画发展各有侧重。

1. 汉唐壁画

中国壁画的历史源远流长，早在旧石器时代，石窟画就记载了人类早期的活动。它起源于人类对四壁周围和空间的艺术改造，题材多为自然主义风格，反映人类对自然界自发的认识和最早的生产劳动。随着宗教事业的逐日繁荣以及壁画的表现形式与艺术手法的发展，其制作者多为官府画师和民间画工，题材集中反映了宗教、历史和神话等社会主流文化。

汉代盛行厚葬习俗，"死生一体化"的观念使人们致力于死后世界的营造。他们仿造生前的住宅形式，建造大规模的地下墓室，以壁画描绘死者生前的富足与荣耀，描绘反映社会道德理想的神话和历史故事。

西汉洛阳卜千秋墓是现知最早的壁画墓。壁画内容是男女墓主人分别乘龙持弓、乘三头凤鸟捧金乌，以持节仙翁为前导，在各种神兽的簇拥下，飘然升仙。天界的神灵有人首蛇身的伏羲和女娲，内有金乌的太阳和内有桂树、蟾蜍的月亮，代表天地四方的青龙、白虎、朱雀和玄武四神，此外还有"索室驱疫"的方相氏、人首鸟身的仙人等，洋溢着浓郁的神仙意识。

汉墓壁画题材还涉及历史故事。西汉洛阳烧沟墓壁画，以历史故事画最引人注目。《二桃杀三士》描绘春秋时晏子用计谋杀死三个居功自傲武士的故事。中心人物晏子，以赭红色勾画而成，他神情平静，冷眼旁观；三个武士则被描绘于戏剧性的冲突之中：正在取桃的武士公孙捷自负功高盖世，食之无愧；他旁边的田开疆侧目斜视，不以为然；自以为功绩在二人之上的古冶子眼看无桃可食，羞愤交加，正拔剑自杀。画面风格粗放，人物神情惟妙惟肖。烧沟墓四壁还绘有《赵氏孤儿》、《鸿门宴》，也是我们熟知的历史故事。

两汉壁画墓的分布地区各有侧重。西汉时期，墓室壁画集中见于河南洛阳；东汉时期，墓室壁画分布较广，其中最有代表性的作品是内蒙古和林格尔墓室壁画。《出行图》和《乐舞百戏图》中，死者生前的仕途经历和享乐生活被描绘得淋漓尽致。出行图是汉墓壁画常见的题材，此壁画墓中，《出行图》人物众多，场景宏伟，堪称同类题材的代表作。汉代百戏杂技是贵族生活的重要组成部分，和林格尔墓室壁画中，《乐舞百戏》场面宏大，内容丰富，描绘也极精湛，简约的人物形象颇有幽默诙谐的趣味，飞扬开张的动作融会在画面流动的节奏之中，不追求细节的精致描绘。汉代艺术特有的古拙与气势，就在这不经意间展露无遗。

魏晋南北朝时，残酷的社会现实使人们只能以彼岸世界的光明聊作生命的慰藉，佛教信仰蔚然成风，宗教美术题材为艺术家提供了丰富的素材。北方大凿石窟，南方广修寺庙，著名的敦煌莫高窟便建于此时，佛教壁画由此形成规模。从魏晋南北朝的悲戚阴郁到唐代的热烈欢腾，时代的变迁使画面展现出迥异的气息。"菩萨如宫娃"，唐代佛教壁画中的人物形象已经完全生活化，丰润雍容的仪态，几乎便是唐代仕女的传神写照。飞天是佛教八部众天神之一，又名香音神。每当佛说法的庄严时刻，鼓乐齐鸣，漫天花雨之中，飞天自在地飞翔，"天衣飞扬，满壁风动"，构成了信徒心目中至美的彼岸世界。唐代敦煌壁画中的飞天，面型圆润，体态婀娜，其平驰、斜趋、仰升、俯降的姿态充满灵动的韵致，紧劲连绵的线条勾勒出临风飞舞的彩带，画面充满了乐音的律动。敦煌第 320 窟和 321 窟中的初唐飞天形象尤其曼妙多姿。

唐代墓室壁画不仅展现了贵族阶层的生活画卷，也体现了中国古代壁画成熟的面貌。

艺术鉴赏

章怀太子李贤、懿德太子李重润和永泰公主李仙蕙墓室壁画，是唐代壁画的代表作。李贤墓中的《礼宾图》描绘了西域使者到长安进行外交活动的情景。通过服饰和神情的刻画，人物的不同地位展露无遗。李仙蕙墓中的《侍女画》印证了唐代人物画的高超技巧。墓前室东西两壁，绘两组侍女排列有致，轻步缓行，她们或手执如意、拂尘，或携带妆奁。人物之间疏密有致，顾盼呼应。因为这些画面，死气沉沉的墓室鲜活了起来。如果说汉代墓室壁画充满了浓郁的神仙思想，唐代墓室壁画则更多地面对了现实生活。

2．唐五代人物画

唐朝是中国封建社会的盛世，以强盛的国力为依据，唐文化造就了一个丰富浓烈的艺术世界，绘画进入全面发展期，山水画、人物画、花鸟画各自独立发展，且都有专门的名家。水墨画开始出现并得到初步发展，并出现新的绘画技法。

唐代艺术雍容自信的气度，首先体现在人物画上。人物画力求人物个性刻画得逼真传神，气韵生动，形神兼备。其传神之法，常把对人物性格的表现，寓于环境、气氛、身段和动态的渲染之中，突出人物内心世界，故中国画论上又称人物画为"传神"。初唐阎立本的《步辇图》，描绘了贞观十五年(公元 641 年)唐太宗嫁文成公主于吐蕃王松赞干布的联姻事件。画幅右面是坐在步辇上的唐太宗，被九名肩抬步辇和掌扇的宫女簇拥；画幅左面是身着小团花衣、拱手致意的禄东赞，他被典礼官引见给太宗皇帝。禄东赞及其随从的举止、相貌特征有着强烈的高原民族特色，刻画出禄东赞睿智聪颖而又谦和的性格特征。唐太宗的形象表现则更为成功，在深沉谦和的外表中流露出雄才大略的非凡气度。唐太宗的魁伟和禄东赞的矮小，形成了鲜明的反差。中国古代人物画画面中心人物总是被描绘得高大于旁人，以形成主宾之间的强烈对比。从这件作品可以了解到阎立本的技巧特征——健劲的线描加以深沉的设色，人物动态较为拘谨而重面部特征的刻画。这些都反映了对传统的继承和发展。

盛唐和中唐人物画大都以反映贵族生活为主，题材多是豪华的游耍、车马楼阁等，让我们感受到社会盛行的享乐意味，张萱、周昉的仕女画便是代表。张萱《虢国夫人游春图》描绘了杨贵妃三姐虢国夫人盛装出游的豪华场面，人物雍容娇懒的姿态被描绘得栩栩如生。周昉的《簪花仕女图》，由采花、看花、漫步几个情节构成，画有贵夫人和侍女各五人，以人物大小分主次。其赋色层次明晰，面部晕色、衣着装饰，都极尽工巧之能事，表现出作者具有高度的艺术技巧和概括能力。

唐王朝覆灭后，五代的战乱并没有使艺术的发展停顿。在偏安一隅的南唐小朝廷，创立了中国历史上最早的宫廷画院，将唐以来的人物画创作推向了高峰。顾闳中的《韩熙载夜宴图》是其中杰作。出身于北方豪族的韩熙载，时为南唐中书侍郎，李后主想重用他又不放心，于是派顾闳中"夜至其第窃窥之，目识心记，图绘以上之"。作者采用中国古代绘画特有的长卷形式，构图打破时间概念，把不同时间中进行的活动组织在同一个画面，巧妙地利用屏风将画面分成五个场面，以五个代表性的场景记录了韩熙载奢华的夜生活，细腻地刻画了主人公韩熙载避祸于乱世的矛盾心态。画面既各具独立性，相互之间又有内在联系。全卷布局错落有致，组织连贯流畅，体现出画家统一而完整的艺术构思。这是该画重要的特色之一。《韩熙载夜宴图》的艺术风格与唐代人物画一脉相承，线条柔韧刚健，用色绚丽而不失沉稳，显示了唐代以来工笔重彩画的高超技巧。

3．宋元山水画

在古代士人心目中，山水蕴涵着丰富的形而上意味，体现着他们的仁智之乐，因而，山水画成为文人的艺术。

宋元是中国山水画发展的鼎盛期，中国山水画所蕴含的独特境界在宋代山水画中体现得最为纯粹充分。其鼎盛的基础则建立于五代。五代山水画，有北方山水画派和南方山水画派之分。北方山水画家喜欢以全景构图描绘高山大川、剑峰峦峭；南方山水画家则多描绘连绵丘陵、烟雨汀岸。长卷的形制，为南方平远山水的描绘增添了悠远的意境。

南方山水画派以南唐、董源和僧人巨然为代表，北方画派以荆浩、关仝和北宋李成、范宽为代表。李成作画有"惜墨如金"之誉，大多山峦静穆，寒树迎风，平原清旷，前景矗立着浓重醒目的树干，和淡墨平远的背景形成参差的空间感。在《读碑窠石图》中，李成以其特有的"蟹爪枝"和"卷云皴"，描绘了盘根错节的古树和嶙峋瘦劲的巨石，古树巨碑，令人顿生思古之幽情。

稍后于李成的范宽继承了荆浩"善写云中山顶，四面峻厚"的传统。他的《豁山行旅图》，画面主峰耸立，飞瀑千仞。画家以磊落的墨线勾画山峦，继以浑厚的钉头状笔道皴出山石的质感和体积感，重墨烘染使山石愈发沉雄厚重。宋人云："李成之笔，近视如千里之远；范宽之笔，远望不离座外。"李、范画风有"文武"之别。

比起西方风景画的写实，中国山水画更强调其象征意义，不是一山一石的机械描摹，而是具有高度的概括性。山水画是最贴近文人心灵的艺术。李成以后，郭熙在其重要专著——山水画的创作经验和艺术见解的总结《林泉高致》中表达了山水所包含的感情意蕴："春山淡冶而如笑，夏山苍翠而如滴，秋山明净而如妆，冬山惨淡而如睡。"山水本身并没有情感，对山水情感的体验实际是人的移情作用。郭熙提出"山形步步移"、"山形面面看"的移步看景的观察法。正是基于这样的观察方式，中国山水画不是像西方风景画那样，从一个固定视点描绘景色。一幅山水画中，既有突兀的高远之势、重叠的深远之意，也有缥缈冲融的平远之景。郭熙的《早春图》正是这样的代表。

相比北宋，南宋的山水画趋向小品式的精致。李唐、刘松年、马远、夏圭是南宋山水画的代表人物。《清溪渔隐图》是李唐晚年的佳作。全卷描绘钱塘一带山区雨后景色，用阔笔湿墨画树、坡地、石块，用劲细流畅的线条写水流、芦苇，用重笔刻画人物、板桥、渔舟和木屋。画面粗中有细，纵中有涩，使人感到力的运行的节奏美。这种删繁就简的画风，为后三家所师法，马远、夏圭在继承李唐斧劈皴的基础上，往往将画面局部的细节放大，作细致刻画，其余大部留白，以"无声胜有声"的笔致烘托画面的无限诗意，有"马一角，夏半边"之称。

尽管北宋有苏轼、米芾等文人，以善书之笔墨戏为画，文人画成熟形态的最终完成却是在元代。元代绘画以山水画为最盛，其创作思想、艺术追求、风格面貌均反映了画坛的主要倾向，影响后世也最深远。元代画家的意兴洋溢在笔墨意趣之间，重精神寄托，强调诗、书、画、印的结合。赵孟頫是元代绘画开风气之先的领袖。他以儒家"蕴藉雅正"的美学观，提倡复兴唐五代及北宋绘画的旨趣，其"以书入画"的主张和同时代画家钱选的"士气说"，进一步完善了文人画的理论。《鹊华秋色图》是赵孟頫中年的山水画杰作，画中两山相对，树木茂盛，静穆的古典韵味中点染着鲜明活泼的色彩，描绘出一派苍凉而又不失秀逸的秋景，作者用"平远"的透视方法，种种意象若即若离，在平和中把人引向"远"

艺术鉴赏

和"淡"的境界。

"元四家"之首的黄公望，以《富春山居图》长卷享誉画史。全卷长两丈余，以浙江富春江为背景。全图用墨淡雅，山和水的布置疏密得当，墨色浓淡干湿并用，极富于变化，洋溢着一派平淡天真的韵致。明清山水画家往往以高山仰止的心态，观临黄公望的这幅传世杰作。作品在流传中命运多舛，清初收藏家吴问卿临死前，将此画投入火中，为自己殉葬。他的侄子在火中抢出这幅传世杰作，此画已被烧为两段，现分藏于浙江省博物馆和台北故宫博物院。

元四家的其他三个画家是王蒙、倪瓒、吴镇。王蒙家学渊源，是赵孟頫的外孙，其代表作《青卞隐居图》描绘卞山高峻巍峨的气势，渲染山深林密的幽寂气氛，技法丰富多样，集中体现了王蒙的艺术风格，明董其昌推崇为"天下第一王叔明"。与王蒙相反，倪瓒的画以"简"著称，作品多画太湖一带山水，构图平远，景物极简，格调天真幽淡，对明清文人画家有很大影响，享誉极高。吴镇的画师承巨然，善用湿墨，充分发挥水墨画的特性，尤喜作渔父图，水墨圆浑苍润，笔法凝练坚实，多用洒脱流丽的草书题款，史称"诗书画"三绝。

4. 明清花鸟画

明清时期是我国封建社会的后期，文化虽趋于保守，但绘画领域却出现了许多富有特色的流派与个性强烈的画家，流派纷呈，至明代末期，中国画的所有风格样式都已基本上出现。中国的花鸟画成熟于五代，"黄家富贵，徐熙野逸"的风格分野，奠定了后来花鸟画的基本面貌。徐熙、黄筌同是花鸟画家，黄筌事蜀为待诏，官至检校户部尚书兼御史大夫，为迎合帝王宫廷需要，绘宫中异卉珍禽，所作花鸟妙在赋色，用笔极精细，以色彩多次渲染，细致而华丽，人称"黄家富贵"。徐熙为江南处士，"志节高迈，放达不羁"，多写江湖汀花野竹、花果禽鱼，人称"徐熙野逸"。二人社会地位不同，环境与生活习惯不同，志向不同，审美情趣也不同，各自形成独特的绘画风格，后人称之为"徐黄异体"。在花鸟画中，徐黄两大派也是两大典范，对后世影响极大。

北宋徽宗宣和画院将黄家父子的工笔重彩画风发展得完善精妙。在苏轼等文人墨戏的影响下，纯以水墨作花鸟画也悄然成风，题材多为隐喻文人清高品行的梅、兰、竹、菊。

经历了元代的发展，花鸟画的写意之风在明代始为兴盛。明代初年的花鸟画，是元人墨梅墨竹画风的延续；明代前期，宫廷院体花鸟画复兴，逐步由工笔向粗笔转换。明中期吴派画家拓宽了文人画在花鸟画领域的题材范围，完成了文人写意花鸟画形态的最终确立。明后期，以徐渭为代表的水墨大写意画风异军突起，从笔墨形式上拓展了文人花鸟画的表现空间。

吴派首领沈周，作品多见水墨和浅绛画法，花卉木石亦以水墨写意画法见长，被后人称为水墨花鸟画的开山。他变宋人的精工为雅逸，善用淡墨，笔力豪放，气韵沉厚。传世《墨花图卷》，用水墨描绘了各种花卉水果，用墨点簇鸡冠花，用生涩干枯的笔墨表现花头，在淋漓的水墨间，叶片更显得明润。

画史把明代水墨大写意花鸟画的开创者陈淳、徐渭誉为"青藤白阳"。"白阳"指陈淳，是吴派画家文徵明的学生。"青藤"名徐渭，晚年号"青藤道人"。陈淳善用草书"飞白"的笔势，一花半叶，淡墨横扫。水韵墨章之中，花卉离披纷杂，疏斜历落，别有情致。虽用笔奔放，画面却清秀隽逸。他的《四季花卉图卷》，黑白的水墨表现给人以"木欣欣以向荣，芳菲菲兮袭余"的缤纷烂漫之感。中国古代绘画强调"运墨而五色具"，明清文人花鸟画家进一步拓宽了水墨丰富的表现力。徐渭是继陈淳后将水墨写意花鸟画推向极致的一代大家，他完善了大写意花鸟画风，画史称为青藤画派。在画法上，他大胆突破客观物象形质的局限，赋予物象强烈的个人情感，作品缘物抒情，一反吴门派文人画恬适闲雅的意趣，纵情挥洒，直抒胸臆，富有艺术的感染力和震撼力。代表作《墨葡萄图》在画面低垂错落的藤条间，一串串葡萄水墨淋漓，有一泄千里的气势，怀才不遇的忧愤溢出画面。徐渭对后代的大写意花鸟画产生了深远影响。

　　清代是中国绘画样式风格的最终成型期，清代卷轴文人画风靡，花鸟画和山水画盛行，水墨写意画法普遍，文人画呈现出崇古和务新两种趋向。在水墨花鸟画作品的题材选择、表现技巧、情趣营造、意境表达、题跋铃印等方面，文人画家各自有不同的理想和追求。

　　清初出现水墨写意花鸟的又一代表人物——八大山人。八大山人本名朱耷，为明朝皇室后裔，明亡后流离失所，一度为僧，又当道士。他借一纸笔墨化解心灵郁结。他的画，画面萧条寥落，残荷断梗，瘦石嶙峋，其间或有白眼向天、形态怪异的鱼鸟，兀自孤立，让人感受到万念俱灰的悲愤。"八大山人"的题款像"哭之"，又像"笑之"，遗民画家的凄凉心境溢于笔端。他不是如徐渭那样肆意挥洒，宣泄无遗，他的感情仿佛凝冻成冰，在简淡含蓄的画境中蕴涵了无限的苍凉和凄清。他的《荷花水鸟图》中，三两支荷花迎风独立，一只饿得精瘦的水鸟单足立在一块岌岌可危的石头上，大片的空白，生出遗世孤立的凛然之气。

　　在清代花鸟画坛中，恽南田的写生花卉独树一帜，被其后的宫廷画家奉为圭臬，列入代表清初正统派绘画的"清六家"。他的画中，没有任何个人际遇的痕迹，淡彩设色极见功力。《仙圃丛花图》纯用色彩晕染而成，柔美飘逸，工致而不刻板，清新而有书卷气。

　　明清城市手工业的发展、市民阶层的壮大，为绘画的商品化提供了广阔的市场。当时民间流传这样的俗语："金脸银花卉，要讨饭画山水。"可见，市民趣味在一定程度上左右着明清画家对绘画题材的选择。清朝乾隆年间，在经济繁荣、盐商聚集的扬州，出现了"扬州画派"。它以独具一格的写意花鸟画享誉画坛。扬州画派的画家来自全国各地，风格各不相同。他们汇聚扬州，是为了一个共同的目的——卖画。他们继承了石涛、徐渭、朱耷等人的创作方法，"师其意不在迹象间"，不死守临摹古法。由于他们桀骜不驯的艺术个性，被正统派曰之为"怪"，故称"扬州八怪"。金农是扬州画派中面貌独特的画家。他的《荷花图》精工而不呆板，漆书题跋于古拙中见奇奥。为了迎合多样的市民趣味，扬州画家独辟蹊径，不落窠臼。以画兰、竹著称的郑板桥家喻户晓。他在官场失意以后，以卖画为生，以竹寓人，题画诗点化出作品的人格内涵。其《墨竹图》以独特的六分半书为题跋，与之笔下的兰竹相得益彰。一则题款云："掀天揭地之文，震电惊雷之字，呵神骂鬼之谈，无古无今之画，固不在寻常蹊径中也。未画以前不立一格，既画之后不留一格。"其反叛的艺术个性跃然纸上。

　　鸦片战争以后，海禁的开放使上海脱颖而出，成为新的商业中心，活跃于清末画坛的海上画派，以赵之谦、虚谷、任伯年、吴昌硕为代表。海上画派打破了传统花鸟画清雅淡逸的色彩格局，吸收了西洋画浓艳明亮的色彩，以雅俗共赏的方式，赢得了市民阶层的喜

好。赵之谦和吴昌硕都是"诗书画印"俱能的大家。吴昌硕的花卉画，苍劲老辣，有铮铮然的金石之气。岭南派绘画的开创者高剑父、高奇峰兄弟，倡导"新国画运动"，主张在保留传统中国画笔墨气韵、比兴诗意特质的同时，"撷中西画学之所长，互作微妙的结合"。

5．近现代中国画

辛亥革命结束了中国两千年封建社会的超稳定结构，锐意改革的人们把目光投向欧洲和日本。从 1902 年两江优级师范学堂引入西式美术教育起，此后的十余年间，美术学校如雨后春笋，一大批有着西式美术教育背景的艺术家，为传统中国画创作注入了勃勃生机。二十世纪前期，改良中国画潮流中最有影响力的当为徐悲鸿。他的绘画思想直接影响了中国近现代艺术教育的走向；他的绘画实践，则将他改良中国画的思路具体化。《九方皋》是他作于 1931 年的大型国画，此画以借古喻今的方式，表达了知识分子对礼贤下士的伯乐的渴望。1938 年至 1941 年间，徐悲鸿在访问印度期间创作的《群马图》，是他画马的代表作，精确的素描关系、极具寓意的画面情节，是徐悲鸿作品的特色。一批以西洋素描法作为造型语汇的国画家，建立了中国画逼真的写实画风。

林风眠是中国现代美术教育的奠基人。他将自己的作品称为彩墨画，虽与传统绘画色彩布局迥异，但并没有掩盖画面空旷淡远的诗意。他的仕女画轻灵飞动的线条、劲利洒脱的墨色，让人自然地将之归属为中国画的范畴。但别样的画面语汇，又使林风眠的作品很有现代感。

无论现代中国画创作还是美术教育，刘海粟也是一位具有深远影响的人物。他以耄耋之年十上黄山，挥毫泼墨。他受西方后印象主义画家的影响，在画面中表现画家勃发的激情。他的国画，将石涛酣畅淋漓的笔墨和后印象主义画家热烈响亮的色彩融为一体。

总结现代中国画的成就，我们还可以列举一长串耳熟能详的名单，齐白石、黄宾虹、张大千、潘天寿、李可染，等等，他们都是立足传统而有所发展的画家。如黄宾虹画纷披老辣的笔墨，是从传统文人画中吸取的营养；齐白石画天真稚拙的趣味，则具有民间艺术清新昂然的生命力。

当代中国画尽管仍然以水墨宣纸为媒材，但为了适应现代展厅效应，巨大的画幅、抽象的画面构成，甚至掺杂进了装置和行为的成分。当代中国画的发展，受到了西方现代艺术的强刺激。从来就没有一成不变的艺术，只有不断创新的艺术家。过去时代积累的形式语汇，已不足以反映这个飞速发展的信息时代的社会生活。中国画的生命力，应该体现在它不断发展的可能性中，体现在艺术家的不断创新之中。

三、西方绘画艺术

（一）西方绘画艺术的特点

东西方绘画艺术中虽然有相通之处，但因东西方各自的文化历史传统和民族精神的差异，所以在长期的社会和艺术实践中形成了不同的审美心理结构，而绘画艺术也形成了各自鲜明的特色。西方绘画艺术的特点与民族的文化传统和精神理念是分不开的。

（1）西方绘画偏重写实、求真，偏重表现主体以客观的态度感受社会生活所形成的审美意象。与此相联系，重视对客观事物形体状貌的描绘，偏重客观的精神——心理建构和艺术传达中物质媒介的建构，也就成了西方艺术家们比较一致的审美理想。西方传统绘画以"再现性"为其主要特征，但是这种再现绝非对自然一成不变的描摹，这种写实带有浓厚的时代的、民族的风格特色，以及艺术家个人的风格特色。绘画艺术中这种写实、求真、讲究形似的艺术特色，这种内在主体性表现的方式，早在希腊的壁画中已见端倪。庞贝古城遗址挖掘出来的壁画，就仿佛移三维空间中实体建构的雕像于画面之上。据说宙可西斯画海伦的形象时集中了意大利半岛克伦敦地方所有美女之长，融众美为一美，可见其精神——心理中内在审美意象的建构，既渗透了主体的审美理想，又偏于客观。这种文化与艺术传统一直影响到西方近代。

(2) 西方绘画艺术以形似作为基本原则。达·芬奇认为，圆描即立体雕塑式的描绘法是绘画的主体与灵魂。他们认识和把握自然的方式是纯客观的，始终以科学精神为基础，画家观察研究自然的方法主要是对景写生，要求对象、光源、环境、视点四固定，即创作时对客观景物的位置、视点只能选择固定，而绝不能在画面上随便移动，以求严格按照物理、光学原理，科学、准确地再现三维空间的客观世界，并把运用和体现透视、解剖、光彩原理的准确程度当作衡量艺术质量的重要尺度。所以，画家的功夫都用在眼睛所能看到的物体和光影上，不允许增加任何个人的意念和想象。西方绘画中准确、协调而科学的比例关系和透视关系，是实证主义与科学精神的传统在绘画上的体现。当然，西方绘画的审美理想，也并非只强调外形的逼真而否定对客体精神风貌的描绘和对画家审美情感的表现，而是强调以形似的刻画作为前提，在偏于客观的基础上，把客体对象的形似神似与画家的情感表现有机地统一起来。

西方近代某些绘画作品几乎把这种写实求真的传统推向了极端。恐怕也正是由于此种原因，才顺势出现了作为它的对立物的另一极端——各种现代派的表现方法，运用色彩与线条对艺术家主体的某种审美情感进行抽象的、象征的表现。

(3) 西方传统绘画的另一个显著特点是擅长描述。长期以来画家们一直热衷于有效地表现故事和传说，注重在绘画中描绘具体的情节以表达某种寓意或象征，所以很多作品都有生动细腻的人物描写和经典的情节叙述。如达·芬奇的《最后的晚餐》取材于基督教圣经中耶稣被他的十二门徒之一犹大出卖而牺牲的传说。画家选择了耶稣告诉弟子有人出卖他的这一充满戏剧性的瞬间，着重刻画包括犹大在内的十二个门徒听到耶稣突然宣布这一惊人的消息而表现出的各自的内心世界，对人物的微妙而深刻的心理描写和情节的表现，达到了空前的高度。

所以西方绘画的审美本质是尚行的，他们认为绘画艺术的认识必须是由感性到理性的认识，而理性认识必须有明确的定义，审美必须有客观依据，有准确的概念，注重自然的美感及生活体验的功用。

(二) 西方绘画艺术赏析

1. 古希腊罗马绘画

人类早期阶段的绘画，有着儿童画般的天真面貌。人们根据经验作画，所有的作品都像示意图，并不考虑是否再现空间的真实感。古希腊陶瓶上的绘画，最初也延续了这样的表现方法。

黑绘式陶瓶《阿喀琉斯和埃阿斯对弈》，描绘了《荷马史诗》中两个英雄在战争间歇中对弈的场面。两个人物以侧面形象对称安排于画面左右。戴头盔的阿喀琉斯左臂被他自己的身体挡住了，画家没有把那只被挡住的手臂画出来。这个微小的细节，透露出古希腊绘画开始关注透视的重大变化。公元前五世纪名为《出征的战士》的陶瓶画中，引人注目的是战士那只被正面描绘了的左脚，画家竭力把透视成像的左脚忠实地展现在画面上。这两件作品，意味着希腊画家已经不满足于古埃及既定的表现程式，在重视视觉真实的基础上，根据透视，对形象作了改变。

公元一世纪火山爆发，使古罗马庞贝城的辉煌在瞬间成为永恒。它重见天日后，保存完好的庞贝壁画突然出现在人们眼前，使古罗马绘画的面貌不再是人们的推测和想象。神话是庞贝壁画的主要题材，洋溢着的却是浓郁的人间气息。壁画《采花的少女》中，时序女神悠闲袅娜的姿态，让人联想起美丽的地中海女郎。

2．中世纪绘画

所谓"中世纪"是指古希腊罗马和文艺复兴两个"高峰"之间的时代。这个时代，基督教在社会生活的各个领域起着重要作用。东方文化、古希腊罗马文化传统和蛮族文化共同培育了中世纪基督教艺术。

墓室壁画是早期基督教绘画的主要形式。《三个在火窖中的人》是公元三世纪前后的作品，那是基督教徒遭受迫害的年代。画面中三个受火刑的基督教徒仿佛借助神力而逃离肉体的痛苦。同样表现受难场面，这幅画完全没有雕塑《拉奥孔》的戏剧性，作者无意制造画面本身的视觉冲击力，他只意在图解圣经故事，将这个显示上帝慈悲和威力的故事，通过象征性的形象传达出来。

公元六世纪意大利拉文纳教堂的镶嵌画，图解了福音书中的一个故事：用五个饼和两条鱼，基督让五千人吃了一顿饱饭。庄严站立的基督左右各站了两个使徒，基督摊开双手，一边是饼，一边是鱼，没有多余的细节，没有古希腊人那样戏剧性的描绘，画面构图单纯，一切都是象征性的符号。这幅拜占庭镶嵌画，与其说是在向教徒讲述圣经故事，不如说为了体现和张扬基督的永恒力量。基督威严的目光直透画外，观画者在单纯肃穆的图像中感受到无边的威力。中世纪绘画的微言大义，正体现于此。

意大利拉文纳圣维他尔教堂的镶嵌画《查士丁尼皇帝和廷臣》和《皇后提奥多拉和女官》，也是拜占庭镶嵌画的代表作。画面上，没有动作和变化的人物，比例被故意拉长。庄严肃穆的气氛在这两列人群的静立中传达出来。至于哥特式教堂内部的彩色玻璃镶嵌，以铅条分割构图，以小块彩色玻璃镶嵌其中，将抽象的图案和人物形象结合在一起，产生了奇异的光色效果。哥特式教堂空间高而深，光线幽暗，透光的彩色玻璃镶嵌不但有效地解决了光线问题，其斑驳迷离的光色效果，更增强了信徒们对神光芒的体验。

除了早期基督教绘画以及镶嵌画，来自蛮族艺术传统的精致的手抄本插图，也是中世纪绘画的重要形式。公元八世纪，当年的蛮族已成为横扫欧洲大陆的封建领主，加洛林王朝的建立者、法兰克国王查理曼大帝企图恢复罗马的文化传统，领导了"加洛林文艺复兴"，即整理古籍，著书立说，促进了书籍插图艺术的发展。两幅名为《圣马太》的插图都出自此期。《查理曼福音书》插图的《圣马太》，表现手法严谨而写实，风格接近古罗马庞贝壁画；《艾伯大主教圣经》插图《圣马太》则在前者的基础上，拓展了构图的表现力和线条的流动感。圣马太的形象被裹挟在如风的线条中，让人在瞬间体悟了圣灵的引导，虽没有《查理曼福音书》的写实，画面的感染力却胜于前者。加洛林文艺复兴将北欧的日耳曼精神和地中海的古罗马文明成功地融为一体，蛮族的装饰图案给西方中世纪艺术以新的启迪。在诺森伯里亚著名的《林迪斯法恩福音书》中，精妙的插页让人叹为观止。十字架缠绕着龙蛇，构成繁复的花边，盘绕纠结的形状让人眼花缭乱。

3．文艺复兴绘画

古罗马的辉煌留给后代的是不尽的缅怀。十四世纪的意大利人认为，艺术和科学在古典时期曾经兴盛，是北方蛮族的入侵打破了这一切。他们渴望文化的再次复兴。正是在这种自觉的追求中，意大利人首先缔造了"文艺复兴"。"文艺复兴"不是古典文化的简单再生，而是以崭新的观念开启了一个新时代。

文艺复兴盛期的大师，善于在平面的绘画中制造三度空间的视错觉。这一切，是从透视法的发现开始的。十五世纪初，意大利建筑家布鲁内莱斯基运用数学法则，精确地总结出透视原则。画家们得以利用这一科学法则，在画面上准确地再现视觉效果。中世纪绘画的种种象征意义被人们弃诸脑后，人们重新热衷于追求惊人的视觉效果。

达·芬奇是意大利文艺复兴三杰之一，同时又是数学家、力学家和工程师。他亲自解剖尸体，深入研究人体结构及透视、明暗、构图等科学法则。达·芬奇之前，绘画被视为地位低下的手艺劳动，而达·芬奇将它与音乐、诗歌、几何、天文学这些"自由艺术"等量齐观。他和他同时代的画家赋予绘画以科学理性的精神，绘画甚至被作为一门独立的科学。他为一个修道院长方形餐厅画的巨型壁画《最后的晚餐》，是中世纪以来最流行的宗教绘画题材之一，画家从视觉的角度出发，着重刻画了各个人物不同的动作、表情，借以表现人物各自不同的内心世界，也表达了作者对善与恶、美与丑、崇高与卑鄙的鲜明爱憎。全画构图完美，横幅的画面以耶稣为中心，门徒分布左右组成均衡的四组，人物之间姿态各异却又相互呼应，显得错落有致、丰富而统一。此外，画家还很好地运用了他所熟稔的透视与解剖的能力，表现了深远的空间和逼真的人物形象。此画对人物精彩的戏剧性描绘，更超越了古希腊罗马的传统。

被誉为"文艺复兴三杰"的另两位大师，是米开朗基罗和拉斐尔。米开朗基罗的成就首先体现在雕塑上，同时其绘画成就非凡。他受命创作西斯廷礼拜堂天顶壁画时，将人体以震撼人心的视觉冲击力展现在平面的画幅上。在这幅名为《创世纪》的巨作中，创造亚当是全画的中心。亚当躺在地面，具有青年男子健美强壮的体魄，肉体中的活力仿佛仍在沉睡之中。圣父冉冉而来，宽大的斗篷像鼓满了风的船帆。他伸出手指轻触亚当的瞬间，成为全画的高潮点。我们仿佛看到在两个手指交汇之后，从沉睡中醒来的亚当生机勃发。尽管米开朗基罗也曾强调自己只是雕刻家而不是画家，但在这两个领域中，对不同角度各种动态人体的精确表现，米开朗基罗是前无古人的。

拉斐尔潜心研究各画派大师的艺术特点，并认真领悟，博采众长，尤其是达·芬奇的构图技法和米开朗基罗的人体表现及雄强风格，最后形成了其独具古典精神的秀美、圆润、柔和的风格，他的艺术成就主要在绘画方面，笔下的圣母恬美安详，给后人留下了一大批艺术瑰宝。他描绘天国，展现他理想中的古代，画风唯美、细致。拉斐尔说，他的画并不描绘任何一个具体的模特，画中的女子只是遵循一种美的理念创造出来的，以单纯静穆之美与古典理想相吻合。米开朗基罗创作的模本是活生生的人体，而拉斐尔创作的模本是古典雕刻，他遵循的是古典的审美理想。无论是《西斯廷圣母》还是《草地上的圣母》，展现的都是净化了的真实和理想的美。

佛罗伦萨是十六世纪意大利富有的商业城市，因为有达·芬奇、米开朗基罗、拉斐尔这样的巨匠而成为意大利重要的艺术中心。自由繁荣的威尼斯则成就了威尼斯画派中心。

佛罗伦萨的画家们用构图和透视法则组成画面，而威尼斯的画家们则是用色彩。乔尔乔内、提香都是威尼斯画派的大师。前者风格抒情而宁静，后者则把油画的色彩、造型和笔触的运用推进到新的阶段，画中所含的情感饱满而深刻，《圣母升天》无论场面的戏剧性，还是辉煌富丽的光色效果，都代表了提香成熟期的风格。在《乌尔比诺的维纳斯》中，古代神话中爱与美的女神以放荡少妇的形象出现，从中可以感受到威尼斯人对世俗生活欢乐的认同。威尼斯画家的画面，洋溢着欢欣的情调和旺盛的生命力，是享乐主义的视觉欢宴。

文艺复兴运动中的欧洲各国，缔造了风格不同的艺术。文艺复兴早期，尼德兰绘画保留有浓厚的宗教气息，油画的发明者扬·凡·艾克的作品就是其中的典型。十六世纪尼德兰画家伯鲁盖尔，以其充满乡土气息的风景画和乡村风俗画，成为尼德兰文艺复兴的代表，他被后人称为"农民画家"。德意志民族精神中的严谨与理性，在文艺复兴画家丢勒的艺术中有最充分的体现。作为十六世纪德国著名的水彩画家和铜版画家，丢勒是德国文艺复兴绘画的代表，《有风景的自画像》中，肖像的姿势不偏不倚地呈三角形正面展现，构图为半身像形式，每一部分都细致地描绘，以钻研物体在一定空间的光感现象，力求形象具概括性、条理性，连被画者的内心世界也都是平衡的，是画家严谨和理性精神的写照。

4. 十七、十八世纪绘画

巴洛克艺术风格在十七世纪至十八世纪席卷欧洲，它深入到从文学到造型艺术的各个领域，影响深刻。画家们大胆舍弃了自然的形状和色彩，抛弃了古典艺术单纯和谐的法则，导致了巴洛克艺术的产生。"巴洛克"一词源于葡萄牙语，本指形状不规则的东方珍珠，后词义变宽，意为不规则、扭曲、任意、独特。巴洛克风格在艺术精神和手法上，与盛期文艺复兴有着明显的区别，"人间戏剧"是巴洛克绘画的重要因素。巴洛克风格的绘画真情实感和观赏性并重，通常是以极具表现力的夸张动态、具有强烈明暗对比的绚丽色彩达到这种效果。它突出了喜悦，促进了激情，以壮观的游戏加强了对感官的刺激和诱惑。巴洛克绘画的构图不同于均衡稳定的古典式，而喜欢用剧烈的扭转、动感较强的 S 形、波浪形或放射形，常使人眼花缭乱。

被誉为"十七世纪欧洲绘画三杰"之一的鲁本斯，是佛兰德斯巴洛克风格的代表画家。在他以希腊神话为题材的巨作《劫夺吕西普的女儿》中，复杂的画面构图、人物跌宕起伏的动势以及华丽丰盈的色彩，画面气氛紧张，很有人仰马翻、天翻地覆之势，又好像处在一个顺时针旋转的台风中心，混乱而有动感，劫掳场面充满了欢快和浮华。巴洛克画家浪漫的激情和想象贯穿了鲁本斯的艺术，即使描绘基督受难的场面，也不忘在强烈的戏剧性中刺激人们的视觉，给人们带来感官愉悦。

与鲁本斯同时代的荷兰画家哈尔斯，以速写般的技巧生动地捕捉了不同的人物形象。比他晚一辈的画家伦勃朗，以系列自画像生动地记载了他大起大落的一生。其油画采用"光暗"处理手法，即采用黑褐色或浅橄榄棕色为背景，将光线概括为一束束电筒光似的集中线，着重在画的主要部分。这种视觉效果，就好像画中人物是站在黑色舞台上，一束强光

打在他的脸上。《戴金盔的人》中，金盔的光泽与隐没在暗部的沧桑面容的对比，强化了人物形象的戏剧性。这种魔术般的明暗处理方法构成了他的画风中强烈的戏剧性色彩，也形成了伦勃朗绘画的重要特色。

西班牙画家委拉斯贵支也是这样苛求真实的肖像画家。他的宫廷肖像画严谨而精彩，善用画笔捕捉人物的表情，充满感情，甚至透射人物的内心。《教皇英诺森十世》的入木刻画，连教皇本人也十分惊叹。作为西班牙宫廷画家，委拉斯贵支画了很多王室成员的肖像，如《宫娥》和《西班牙王子菲利普·普罗斯佩尔》等。

法国古典主义绘画的奠基人普桑，在法国十七世纪的画坛具有至高无上的地位，重要代表作《阿卡迪亚的牧人》体现了古典艺术的经典特征：伟大的静穆，高贵的单纯。普桑被同时代人称为"法国的拉斐尔"，他以希腊罗马的雕刻和文艺复兴大师的作品作为艺术的典范，构思严肃而富于哲理性，构图均衡，具有稳定静穆和崇高的艺术特色。

普桑后辈的法国画家华托是洛可可艺术的前期代表人物，《发舟西苔岛》以丰富的想象、轻盈柔美的色彩，代表了十八世纪初法国贵族的趣味。

洛可可风格出现在十八世纪初的巴黎，很快便传播到欧洲其他地区。它迥异于古典主义艺术的严肃，强调轻快、装饰性和风格化的典雅，体现了宫廷纤巧华丽的趣味。法王路易十五的情妇、博学的蓬巴杜夫人，是洛可可艺术的赞助者。她的绘画教师布歇是洛可可风格的又一位大师。布歇的《狄安娜出浴》是洛可可绘画的经典之作。沐浴完毕的狄安娜坐在山石上擦拭身体，她身下铺着质地华丽的衣裙，富丽的色彩和细腻光滑的笔触加强了画面的享乐成分。布歇擅长用明亮的色彩削弱素描的明暗对比，加强色彩的透明感，将古典神话中的女神描绘得极尽妍丽。

5．十九世纪绘画

在十八世纪的最后十年里，法国大革命的风暴催生了绘画的新古典主义。大卫的《马拉之死》因马拉的特殊身份和简洁有力的形式而为人们所熟知：马拉是雅各宾派的核心领导人之一，雅各宾派当政以后，他因为卓越的号召能力而成为该派的主席，但同时性格残忍嗜血，往往不经审判便将政敌送上断头台。他患有严重的皮肤病，每天只有泡在浴缸的药水中才能缓解痛苦，于是，浴室就成了他最经常待着的办公场所。1793 年 7 月 11 日，一位反对暴政的女士借口商谈事宜，进入马拉的浴室，并在他毫无防备的情况下行刺，结束了这位暴戾政客的生命。古希腊罗马雕刻的熏陶，使大卫笔下的躯体有一种肃穆高贵之美，画面力求单纯，没有多余的枝节和复杂的色彩，只强调素描关系。作为法国大革命时期的画家，大卫的画充满了英雄主义精神，表现在《荷拉斯三兄弟之誓》这样以古罗马英雄事迹为题材的作品中。事实上，十八世纪末以来很多画家都把绘画的笔触伸向了当代，绘画的题材空前拓宽，重大的历史事件以具体的形象被记录下来。

西班牙画家戈雅的《1808 年 5 月 3 日夜枪杀起义者》，记录了西班牙人民反抗法国侵略军的历史事件。强烈的光影对比，不仅突出了起义者的英勇不屈，也使观者的情绪激荡不已。对比《马拉之死》的单纯肃穆，戈雅的作品具有超乎画面之外的情绪感染力，因此，戈雅被称为欧洲十九世纪浪漫主义绘画的先驱。

在大卫的后辈画家中，新古典主义和浪漫主义有了激烈的纷争。大卫的学生安格尔恪守师尊教诲，他作品中的素描关系和构图都完美得无可挑剔，在《泉》、《土耳其大宫女》

中，古典艺术推崇的圆形曲线将具有柔和弹性的少女肌体塑造得熠熠生辉。与安格尔同时代的德拉克洛瓦则认为，在绘画中，色彩比素描重要得多。他的绘画以强烈的色彩唤起观者的情感和想象。《希柯岛的屠杀》是德拉克洛瓦描绘希腊人民惨遭土耳其侵略军屠杀的历史画作，没有讲究的构图和清晰的轮廓，没有理性克制的画面情绪，也没有层次分明的人体造型，刻意显示的是惊心动魄的血腥场面。德拉克洛瓦的朋友、法国浪漫主义画家席里柯的《梅杜萨之筏》同样取材于当时的真实事件，让我们感受到生死抗争的强烈震撼。

巴黎是十九世纪欧洲艺术的首府，新的艺术追求推动着艺术向更加多元的方向发展。浪漫主义画派在十九世纪起不只风靡于法国，也风靡全欧洲。它是十九世纪初叶资产阶级民主革命时期兴起于法国画坛的一个艺术流派。这一画派摆脱了当时学院派和古典主义的羁绊，偏重于发挥艺术家自己的想象和创造，创作题材取自现实生活，有一定的社会进步性。画面色彩热烈，笔触奔放，富有运动感。

居住在巴黎郊外巴比松村的画家米勒在他的《拾穗者》和《晚钟》中，描绘了真实自然的农民形象。与米勒同时代的库尔贝将他自己的绘画命名为"现实主义"，他的《画室》集中反映了库尔贝的生活环境，正如其纪实性的副标题——《我的十年生活》、《打石工》和《筛麦的妇女》等，将社会底层的艰辛生活搬上了画布。

十九世纪的绘画是由蔑视既定程式、挑战僵化、维护艺术天才创造推动向前的。摄影技术的发明无疑对传统绘画形成了最有力的冲击，绘画需要建立一套摄影术无法取代的特殊体系。日本浮世绘版画启发了新的绘画体系的建立。印象派对光线和色彩的全新表现，开辟了绘画的新局面。

在印象主义画家中，马奈最早打破了绘画的棕色基调，使画面具有外光的新鲜感。尽管他一生没有参加过任何一届印象主义画展，但他晚期的杰作《女神游乐场酒吧》证明了他对印象主义绘画的贡献。莫奈的《印象·日出》，记录了晨雾中看到的港湾景色。即兴式草成的画面引来了批评家的嘲弄，"印象主义"由此得名，但印象主义画家坚定地将他们的视觉感受忠实地记录在画面上。莫奈坚持亲临自然，描绘风景，除《日出》外，为了再现户外光色变幻，他痴迷地描绘不同光线下的同一母题，比如《卢昂教堂》系列、《草垛》系列、《睡莲》系列。在印象主义画家那里，题材仅仅是探索光线和色彩的媒介，莫奈画面中跃动的笔触、绚烂的色彩，让人感觉到绘画语言自身的魅力。

印象主义画家德加非常崇拜古典主义的素描，以画芭蕾舞女著称，创作手法就是运用干净的线条和明暗的技巧。他总是站在一定的距离外，采用俯瞰式构图，对画面进行大胆切割，淡漠地、不带任何情感色彩地描绘对象。德加是个狂热的摄影迷，摄影的取景方式被他用在了画面上，意在通过人体明暗的相互作用，来表现空间和运动。比德加年轻的印象主义画家雷诺阿，喜欢画户外光线下的女子，他笔下的浴女都沉浸在迷离不定的太阳光影之中。其中《红磨坊的舞会》堪称印象主义的杰作，画面笔触迅疾而大胆，跳舞的人群是躁动的，闪烁的阳光使形象更加跳动不定，远处的形象已经完全隐没在阳光和空气之中，充满了夺目的光彩。雷诺阿既是画家又是雕刻家，最初与印象画派运动联系密切。他的早期作品是典型的记录真实生活的印象派作品，然而到了十九世纪八十年代中期，他从印象派运动中分裂出来，转向在人像画及肖像画，特别是妇女肖像画中去发挥自己更加严谨和正规的绘画技法。

对于阳光、大气以及笼罩在其中的色彩的卓越表现，使印象主义绘画达到了前所未有的高度。西方艺术传统中坚实的物体造型却在画面上减弱了。法国后期印象派画家主将塞尚苦苦探索，他要"使印象主义成为某种更坚实、更持久的东西，像博物馆里的艺术"，他要画出"自然中普桑式的画面"。塞尚重视色彩视觉的真实性，追求和表现物体体积感，他的光色分析为捕捉转瞬即逝的自然现象提供了可能。在塞尚的一生中，常常就一个题材创作系列画作。如果拿塞尚的静物和十七世纪荷兰画家笔下的静物相比，甚至会让人有拙劣之感，透视原则被忽略了，桌面变得倾斜，桌布僵硬板结，水果硬梆梆地散落在桌上。塞尚的目的并不在于按照他眼睛所见的形象去描画这一切，而是把物体还原为方、圆、三角的组合，探索各物体色彩与造型之间的关系。塞尚被称为"现代艺术之父"、"造型之父"或"现代绘画之父"，其原因在于他大胆地舍弃了文艺复兴以来的透视法规则，甚至为达到理想的画面效果不惜舍弃物象反映在人眼中的真实。塞尚的弃取，引发了绘画的空前革命。

塞尚被归为后印象主义，后印象主义是对印象主义的反叛。被列为后印象主义画家三大巨匠的，还有梵高和高更。

后印象主义的先驱梵高深深地影响了二十世纪艺术，尤其是野兽派与表现主义。他摒弃了一切后天习得的知识，漠视学院派珍视的教条，甚至忘记自己的理性，强烈的个性和形式上的独特追求，一切都在激烈的精神支配下跳跃和扭动。梵高力图使"色彩包办一切"，"通过色彩的单纯化给予事物更为宏伟的风格，这里色彩要给人休息或睡眠的总体感觉"。在表现手法上，梵高"不用明暗和投影，用自由的平涂淡彩来画，像日本版画一样"。梵高的画面有着强烈的情绪感染，澎湃的激情通过画面上明亮的色彩、颤动的笔触表达出来，作品中包含着深刻的悲剧意识。梵高的做法与他同时代的塞尚殊途同归，塞尚为了研究色彩和形状的关系，不惜放弃人们认为天经地义的正确描绘事物的手法；梵高主观地描绘色彩和形状，是为了表达他内心的感受。梵高生前落魄，但去世之后，作品《星夜》、《向日葵》与《有乌鸦的麦田》等已跻身于全球最著名与最珍贵的艺术作品的行列。

法国画家高更对现当代绘画的发展有着非常深远的影响，他把绘画的本质看做是某种独立于自然之外的东西，当成记忆中经验的一种创造。他的探索在更大程度上受到原始艺术的影响，特别是他对南太平洋热带岛屿的风土人情极为痴迷。他认为，欧洲的高度文明剥夺了人类原初的感情力量以及表现感情的方式，他在塔希提岛的土著艺术中感受到了那种高度的纯真和直率。他画的大量土著人的肖像，大片强烈的色彩，简化的对象外廓，带有"原始"的情趣，浮世绘式的单色平涂，呈现出原始的神秘意象，使色彩不再是状物写形的工具。高更赋予色彩以象征意味，他的作品至今看来还那么神秘。

不同于以往的绘画方向，使得后印象主义成为世纪之交的转折点。塞尚导向了法国的立体主义，梵高导向了德国的表现主义，而高更导向了各种形式的原始主义，二十世纪的现代艺术在这里拉开了序幕。

6. 西方近现代绘画

当固有的艺术规则在十九世纪末被一一突破以后，艺术家们的探索便自由而多元。不为既定的审美习惯所左右，放弃固有成见，去了解一个个新的艺术流派，这是从认知上接近现代艺术的途径。

野兽主义是二十世纪掀起的第一场艺术运动，其重要特点是色彩成为画面的绝对主导。

有意减弱画面的深度感和物象的体积感，将高纯度的平面色块在画中组合，东方艺术的装饰性和原始艺术的单纯强烈，构成了野兽主义的特色。和历史上很多艺术流派一样，野兽派的名字也来自于批评家的嘲讽。创始人马蒂斯画的《带绿色条纹的马蒂斯夫人像》，足以让习惯温文尔雅的人瞠目。《带绿色条纹的马蒂斯夫人像》由一片笔触粗重、未经调和的强烈色彩构成，马蒂斯在人物面部的正中央画了一道绿色粗线，将脸部分成冷色和暖色两块。这条线成了全画的核心，不仅整个脸部的造型结构紧紧依附着这道绿线，而且画中诸多要素都是靠这道线而得到统一和平衡。画中红绿两色的强烈对比，产生耀眼的闪烁效果，使画面充满了纯绘画性的魅力，不得不让人惊叹马蒂斯驾驭色彩与笔触的超凡本领。

立体主义是始自二十世纪的另一场声势浩大的艺术运动。名闻遐迩的画家、雕塑家毕加索是现代艺术的创始人，他于1907年创作的《亚威农少女》是第一副被认为有立体主义倾向的作品，是一幅具有里程碑意义的著名杰作。它不仅标志着毕加索个人艺术历程中的重大转折，而且也是西方现代艺术史上的一次革命性突破，引发了立体主义运动的诞生。这幅画在以后的十几年中使法国的立体主义绘画得到空前的发展，甚至还波及芭蕾舞、舞台设计、文学、音乐等其他艺术领域。《亚威农少女》开创了法国立体主义的新局面，毕加索与勃拉克也成了这一画派的风云人物。他在画面中"割裂"了我们眼中的物象。塞尚强调描绘球形、圆锥、圆柱这些组成物体的基本形状，毕加索沿着塞尚的方向走得更远。《亚威农少女》企图在同一个平面表现女人身体的不同侧面，这样的探索，在《弹曼陀铃的少女》中变得更加成熟。毕加索说，这样表现是为了体现绘画的时间性，在时间的流程中，人们从各个角度观察到的形象被统一在一幅画面之中。在塞尚的静物或风景中，已蕴含着色彩和形状的抽象，立体主义绘画则更像是平面构成的游戏。

沿着梵高的方向继续走下去的，是德国的表现主义画派。二十世纪表现主义艺术的先驱挪威画家蒙克作于1896年的石版画《呐喊》中，凄惨的尖叫变成可见的振动，像声波一样扩散，画面上，所有的线条似乎都趋向版画上唯一的中心，即那个高声呼喊的女人头部。人物的面庞已经变形，凝视的眼睛和凸现的面颊使人想起象征死亡的骷髅。没有任何具体物象暗示出引发这一尖叫的恐怖，但画面中央的形象使人毛骨悚然。蒙克曾经这样描述作品创作的灵感来源："我和朋友一起去散步，太阳快要落山时，突然间，天空变得血一样的红，一阵忧伤涌上心头，深蓝色的海湾和城市，是血与火的空间。朋友相继前行，我独自站在那里，突然感到不可名状的恐怖和战栗，大自然中仿佛传来一声震撼宇宙的呐喊。"蒙克认为，艺术理所应当表现人类的苦难、贫困、暴力和激情，痛苦的呐喊尽管不美，但那是真实的。在表现主义的画面中，绘画的美感丧失了，代之而来的是以象征意味的色彩和夸张的形象表现人类的痛苦、阴郁和邪恶。

尝试创作像音乐和建筑那样的绘画，这是抽象绘画最初的创作动机，而另一个哲理性的思考，是要表现表象世界背后隐藏的真实。艺术家们在客观物象中抽取最基本的形式要素，在画面中进行最基本的构成组合。俄国康定斯基创作了被认为是抽象绘画的开山之作的作品。抽象绘画的创始者之一荷兰画家蒙德里安一组从具象到抽象的苹果树，展现出从表象中提炼真实的过程；而他于二十世纪四十年代创作的《百老汇的热门音乐》，让人在色块表现出的长短节奏中体验音乐的律动，对后代的建筑、设计等影响很大。其自称"新造型主义"，又称"几何形体派"。

当今时代，绘画面貌多样，形态芜杂，前景是如此未知而无常。据说，今天的艺术家

比文艺复兴时期三个世纪艺术家的总数还要多。历史像大浪淘沙，时间会沉淀一切，真正的艺术巨匠将在艺术史的璀璨长河中留下永恒的光辉。

第三节　雕塑艺术鉴赏

一、雕塑艺术鉴赏概要

(一) 雕塑艺术的概念和特征

雕塑是雕、刻、塑的总称，一般是以硬质材料雕刻或以软质材料捏塑两种手法为主，还有用金属材料熔汁后浇铸或用金属材料焊接等手法制作，能反映社会生活、表达审美理想的具有三维实体的造型艺术。雕塑重视体块的力度感和影像美，重视材料的触感和质感美，它在静中蕴藏着动，往往把最美的"动"凝固在瞬间。

雕塑的种类很多，根据不同的标准有不同的分类方法。

按制作材料划分主要有石雕、木雕、泥塑、陶塑、金属雕塑等。

按其制作手法可分为圆雕、浮雕和透雕三大类。圆雕完全立体，可从四面观赏；浮雕只能观赏到其一面，是在平面上制作出高低起伏的形象，浮雕以平面凸起的高度等又可分为高浮雕和低浮雕；透雕也称镂空雕，是在浮雕基础上镂空背景部分而成，多用于室内隔挡、墙饰、园林式建筑装饰等。

根据环境安置需要，雕塑可分为城市雕塑、园林雕塑、室内架上陈列雕塑、纪念性雕塑等。

根据雕塑功能又可分为室内、室外两大类。室内雕塑一般形体较小，自身不受环境制约，使用的材料较广泛，如木雕、石雕、铸铜、烧瓷、彩塑等。室外雕塑多与建筑、风景、景观相联系，空间广泛、光源变化、造型单纯、轮廓清晰、体块分明。

以内容区分雕塑又可分为纪念性雕塑、装饰性雕塑、世俗性雕塑等。

作为一种三维造型艺术，雕塑有其自身独特的审美特征。

1. 雕塑的形体性

雕塑作为三维空间的实体，给予人的感受首先来自它的形体，形体美是雕塑形式美的灵魂。雕塑的形体，不仅要比例匀称，结构严谨，更要通过形体展示形象的动势、情绪与生命力。例如，罗丹的《思想者》以回拢的手臂支撑头部，带动全身形体以弓曲团缩、咬手皱眉的动态表情及紧张的肌肉，表现他思绪的涌动和精神的痛苦。这便是具有感染力的动态语言，是具有强劲生命力和丰富精神内涵的形体。

我们从远处看一广场或街头雕塑时，首先触目的并不是它清晰的"影像"效果。"影像"就是作品形体大的起伏呈现的总体轮廓。这个"影像"，可能给人以或是宏伟崇高、或是宁静沉重、或是升腾飞跃、或是一种形体结构的美，这是形体"影像"传达出的作品内容信息之一。作为欣赏者要留意"影像"给予自己的是一种什么样的感受。

表现性雕塑，由于强调主观精神、审美理想等某方面的表现意向，其形体更具表现力。

例如，摩尔的《斜卧像》，给人以如山之厚重和如自然之奇妙的感觉，使人感到蕴含着神秘的精神力量。

雕塑的体积有体量感。它直接影响着观赏效果与主题的表达。例如，四川乐山大佛的体积之大和秦始皇陵兵马俑的数量之多，都是构成迫人气势和宏大气魄的重要因素，也是作品内容的重要方面和表达主题的重要因素；而面人的小巧，则给人以玲珑可爱的审美感受。

2．雕塑作品的象征性和寓意性

雕塑作品不可能像绘画那样进行复杂的精细描绘和环境空间的表现，因而形象单纯，所以通常赋予形体和体积以象征性和寓意性来表达主题。西方雕塑多借助于人体来象征某种思想，表达某种思想感情和审美观念，例如罗丹的《思想者》、马约尔的《地中海》等。而中国多用装饰性较强的人物、动物形象，赋予象征性和寓意性，例如常见的龟、狮、龙、马等形象。

3．注重作品的材质与内容的关系

雕塑材料的不同和对材料运用得如何，涉及作品内容的体现。例如，宋庆龄雕像利用洁白的大理石表现伟大女性的纯洁与高雅；而《思想者》则用青铜铸造与深沉的内容相吻合；《欢乐柱》用侗族地区的木材雕成，使人感到亲切和具有乡土气息。

雕塑家还注意作品显示材质的美感，使材质自身的审美价值得以体现。例如，汉代霍去病墓石雕中的《伏虎》，利用石料自然形态稍事加工，使其神形得以体现，气势雄浑，充分显示石质材料本身的属性特征。印钮《鳌》，巧用石材中的色斑雕琢成鳌，其余部分保持质材原貌特征使之富有情趣。

4．雕塑作品与环境的协调统一性

雕塑作品大多是为某一特定环境制作的，置于室外就要与日影、天光、地景、建筑等发生关系，并受其制约。因此，雕塑作品与环境的协调，使作品作用于环境，并使环境成为作品的组成部分共生出新的景观，是雕塑艺术的特点之一。欣赏雕塑作品也应从这一角度的以下几个方面去分析研究：

(1) 注意作品与场景的适应性。不同的公共场所的场景，有不同的文化心理与文化背景。纪念雕塑庄严、肃穆，具有建筑性与宏伟性；园林雕塑适应园林的优美恬静特点，给人以亲切感、轻松感和富有装饰性。

(2) 注意与建筑形式的关联性。雕塑风格应与建筑风格相协调适应，一般来说，现代建筑前的雕塑就应具有现代风格，古建筑前的雕塑应与古建筑相适应。

(3) 注意借景构成关系。借用环境和景物来丰富作品的表现力，如丹麦哥本哈根海滨公园的《美人鱼》倚坐在水边礁石上，使礁石、海水、天光、倒影都成为作品内涵不可缺少的部分。

(4) 注意心理诱导的作用。雕塑的大小、形体、置放的位置与底座的高低等均具有不同的心理诱导作用。例如，高底座和高大须仰视的作品使人产生崇高感，低底座的平视的作品令人感到亲切。所以罗丹坚持《加莱义民》不用高底座，平放于地面上，令加莱市民们感到英雄就在他们中间。《红色立方体》是美国海上保险公司门前的抽象雕塑，一角着地的立方体给人以不安全的危险感，其形式的心理诱导作用就是其表现的内容。

(二) 中西方雕塑艺术比较

雕塑艺术是中西方文化的重要组成部分。从整体来说，中西方雕塑在雕塑手法、雕塑材料、雕塑题材上有相似点，而在艺术表现形式及作用方面则有所不同。

中国的雕塑手法注重"形神兼备"，注重形象的传神性；西方的雕塑更注重形态的完美与真实，注重形象的逼真性。人始终是西方雕塑和西方文化的主题，而中国雕塑较多的是动物像、佛像，却鲜见纪念性人物雕像。

不论古代还是近代，雕塑的创造都体现着时代的文化精神，是人类主动的创造行为。中西方由于各自的地理条件、思维模式、社会组织结构、文化背景的不同，使各自的雕塑艺术表现出极大的差异。

1. 题材与功能上的差异

地理环境和地理条件对文化的产生及形成有直接的影响。中西方的不同的地理环境决定了各自不同的生活方式，从而又决定了不同的社会组织结构。

由于社会历史条件的不同和影响，中国早期雕塑题材以动物为主，宗教佛像也成为中国传统雕塑的表现对象之一，同时在中国厚葬习俗的影响下，陵墓雕塑成为中国雕塑艺术上的又一珍宝，最具代表性的就属秦始皇陵的兵马俑。西方的社会基本上是一个宗教性的商业社会，古希腊的神祇与人同形同性，自上而下为"神系"，因此其雕塑以人体、人像为主题，从古希腊创立并奠定了以人为主题的雕塑形式后，一直到现代雕塑兴起的两千五百多年中，人像始终占据着雕塑题材的主导地位，涌现出众多优秀的人像雕塑作品。这种封闭性与公共性不仅是中西雕塑两千多年在题材和文化上最大的不同，也揭示了中国古代陵墓雕塑是为死人服务的艺术，而西方大多的人像雕塑是为活人欣赏的艺术，显示了二者在目的和功能上的不同。

2. 精神追求上的差异

在中国人看来，主体与客体相通，感性与理性共融，视"天人合一"为宇宙观核心，确信人们心中所要抒发的东西，都能在宇宙世界找到相应的事物，并以其恰当的方式表达出来——以物喻人，"天人合一"。中国古代雕塑强调神、气，所谓"传神写照，正在阿堵中"。中国古代的雕塑在塑造人物或动物形象时，并不刻意地去追求严格的比例和解剖，不去追求外在形象的精确与酷似，而是重视情感与体验，这种着眼点，不在对象与实体，而在功能、关系和韵律的审美意识，更关注人物和动物的神采与意蕴，并加以有意的突出、夸张或变形，使形象更为鲜明，如汉代霍去病陵墓的伏虎等。

西方雕塑的表现题材基本上以人体为主，就算是神话人物也是以人为衣钵。西方的人像雕塑艺术自古希腊以来就以人体为主，西方的雕塑注重形体的比例、结构、神态、转折，体现人体的美。西方艺术把形的概念融入到几何形的类型化之中，在哲学和科学双重精神支持下，从对物象模仿，而达到了在比例解剖等方面近乎完美的状态。而中国以把"形"的概念转向对"神"的揭示，提倡"传神写照"、"以形写神"，重神轻形，重视人物的精神面貌和性格特征的塑造。因此，中国古代雕塑注重表现对象内在气质的特征，而西方传统雕塑注重对外在形体的精细研究，形成了中西雕塑意向造型与模拟造型两种不同的方式。

3. 表现手法上的差异

西方人体雕塑凭借光线与阴影的变幻以展现形体的空间实在性，是严格意义上的空间艺术。中国的雕塑往往不是以孤立的实体出现的，而是尽可能采用"借景"、"虚实"等种种方式，以求与自然景象合为一体。唐代的帝王陵墓所确立的"以山为陵"的体制，使陵墓、陵前雕刻与自然起伏的山势巧妙结合，令观者"身所盘桓，目所绸缪"。

中国雕塑的表现手法以写意为主，西方雕塑以写实性表现手法为主。

4. 造型手法的差异

中国雕塑吸收了绘画的线条色彩的特点，习惯在雕塑上绘色描线。这种绘画性导致中国雕塑区别于西方雕塑追求团块和体积；中国古代雕塑还喜好在雕塑上绘色，这与西方雕塑很少设色区别也很大。西方雕塑家大多尽力排除从色彩的优越性中择取绘画的辅助方法。

5. 材料的差异

中国雕塑较之西方尤为丰富，如土、木、石、玉、铜等，其中以与自然密不可分的土木居多；西方在雕刻材料的选择上以石雕为主流。

总之，中西方历史与文化背景的不同特征，决定了西方艺术的注重写实性与而中国艺术崇尚写意性的两种不同审美取向；同时在造型手法和材料等运用上也造就了不同程度的差别。

二、中国雕塑艺术

早在新石器时代，我国先民的雕塑活动就已开始。辽宁出土的泥塑《红山女神》接近真人大小，肢体虽已残碎，头部基本完好，是我国最早的雕塑。

我国传统雕塑最初多见于实用器皿，如陶器、青铜器等，这些器皿以人或动植物形象为范本，用象形取意的方法造型。后逐步从实用艺术脱胎为纯艺术，多依附于宗教活动或建筑。

中国传统雕塑艺术的代表为宗教雕塑和陵墓雕塑两大类。

（一）宗教雕塑

宗教雕塑是指为展示宗教神灵威仪、阐释宗教教义，以宗教传说故事及人物为蓝本而塑造的雕像，在我国以佛教雕塑为多并且艺术造诣及成就最高。如我国的"四大石窟"即敦煌、麦积山、云冈和龙门石窟造像都属于宗教雕塑中的佛教雕塑。

宗教雕塑本来是特定历史时期的宗教宣传品，现在它作为我国古代艺术遗产的一部分供我们欣赏，我们的着眼点主要在于它所具有的艺术价值。同时，由于宗教也是反映社会现实的一种意识形态，只是它采取了幻想和曲折的形式。所以，透过一些优秀的宗教艺术品，也可以间接地了解它所处的那个历史时期。

1. 石窟雕塑

公元 138 年，汉武帝派张骞出使西域，从此开通了中外经济文化交流的丝绸之路。魏晋以后，丝绸之路沿线开凿了星罗棋布的宗教石窟。

甘肃敦煌位于丝绸之路的咽喉，汉唐时是我国西北政治、经济、军事、宗教、文化的

中心和商业都会。敦煌石窟由莫高窟、榆林窟、千佛洞等组成，敦煌彩塑是敦煌石窟的主体。因敦煌石窟是开凿在砾岩上，因此多为木架结构。在人工制作成的木架上束以苇草，草外敷粗泥，再敷细泥，压紧抹光，再施白粉，最后彩绘，由此完成彩塑。始自十六国，历经北魏、西魏、北周、隋、唐、五代、宋、回鹘、西夏、元直到清代，目前尚存彩塑三千多身，其中圆雕两千多身，浮塑一千余身。其保存古代彩塑之多、历时之长、技艺之精，为世界所罕见。其中规模最大、延续时间最长、艺术水平最高的是莫高窟。

莫高窟位于敦煌县城东南鸣沙山的崖壁上，洞窟绵延一千六百多米，以北魏、唐代洞窟著名，特别是唐代壁画和彩塑，成就举世瞩目。莫高窟现存最早的洞窟是北凉洞窟。北凉 275 窟有高三四米的彩塑《交脚弥勒》，面型较魏塑宽短，细泥条贴出衣纹，这是北凉造像的典型样式。比较麦积山魏塑的名士之风，敦煌魏塑见女性化。259 窟北魏彩塑佛，笑容恬静，被称为"蒙娜丽莎的微笑"。从北周的质朴到隋塑的拙重，雕塑风格明显变化。敦煌隋塑浑穆、壮硕，显示出隋代生机勃勃的面貌。 412 窟西龛内北侧隋代彩塑《菩萨》，含睇若笑的双眸，微微翕动的鼻翼，浅笑又略下撇的嘴角，表现出几分骄矜、自信、挑逗、得意的微妙神情，宛如有活体生命的青春少女形象，令人拍案叫绝。

莫高窟唐代彩塑，一尊尊体态丰腴健美，衣袂遒劲飘逸，装銮富丽典雅，一派雍容的大唐气度。释迦、阿难、迦叶、菩萨、天王、力士，各守其位，表现出衣食丰足的新兴贵族形象，是君君臣臣各司职守的社会秩序的再现。唐佛既非俯视人间的魏佛，也非立足人间的宋佛，它关怀现世，高出人间又接近人间。相比较而言，初唐彩塑清秀，盛唐彩塑丰肥，晚唐则趋纤丽。初唐 205 窟彩塑《菩萨》，一腿盘于莲座之上，一腿垂于莲座之下，神闲意适。虽然双臂残缺，但起伏的躯体、细腻似有弹性的肌肤，处处洋溢着青春活力。下裙自然地铺覆在莲台上，轻薄柔婉，生动昳丽。她身旁立着迦叶。区别于女菩萨的曲线造型，迦叶大体大块，衣袂随体态生发，图案随体态隐露，寓微妙的变化于坚实的体块之中。盛唐 328 窟(阿难塑像)，满脸不涉世事的虔诚和顺。他髋骨左倾，一肩松沓，形成躯干微妙的曲线。130 窟盛唐彩塑(大佛)高二十六米，如此高大的塑像为窟内局迫的视野所限制，如果按正常比例塑造近距离仰视，便会觉得大佛头轻脚重。塑工巧用意匠调整比例，将佛头塑作七米之高，占身长四分之一以上，强化了眉、眼、嘴的线形外廓。人们从下仰视，大佛五官清晰，比例合理，气宇不凡，庄严大度。

敦煌石窟是一个波澜壮阔的艺术长廊，它使我们清晰地看到从十六国至宋元年间艺术思想、艺术风格和艺术手法发展的脉络。艺术思想方面，从幻想的、神的世界逐渐回到人间，表现人间生活的各个层面，宗教意味减弱而生活气息愈来愈浓郁；艺术风格方面，不断吸收外来精华，多民族艺术在这里交汇，汉人、藏人、羌人、党项人的艺术在这里碰撞，形成博大精深、有中国气派、兼容各民族风格和本土色彩的敦煌艺术，佛教艺术一步一步地中国化了；艺术手法上，彩塑从早期的刚健质朴、大体大面、以格韵胜，一步步走向圆熟细腻、以写实胜。艺术家们南来北往，造成敦煌石窟一个时代水平高下不一、一个洞窟艺术风格不同的现象，但朝代更替，艺术风格变化的脉络却是十分清楚的。

云冈石窟位于山西大同市西郊武周山南麓，始凿于公元 460—466 年，东西绵延一公里。有洞窟五十三个、大小造像五万一千多尊，为中国规模最大的古代石窟群之一，以早期石窟成就最高。16 窟至 20 窟是云冈开凿最早的五个洞窟，为文成帝命昙曜和尚主持完成，统称"昙曜五窟"，据说是要显示北魏皇帝权力的无限。而五个石窟的中央都雕刻了巨大的如来佛像，象征了北魏五朝的五代皇帝，他们双肩宽厚，伟岸粗犷，人称"雕饰奇伟，冠于一世"，呈现出崇高的形式美。其中 20 窟大佛高十三点七米，大耳垂肩，前庭饱满，鼻高而直，明显受印度犍陀罗艺术样式的影响。一、二、五、六、七、八、九、十等几组双窟，开凿于文成帝死后至孝文帝迁都洛阳以前，造像密集，雕饰繁富，佛像渐趋清瘦。孝文帝迁都洛阳以后，云冈凿造了一批中小形石窟，人物转为秀骨清俊，规模气势都不能与早期石窟相比。

麦积山位于甘肃天水东南，石窟始凿于十六国之后秦。现存洞窟一百九十四个、塑像七千余尊，其中北魏洞窟占百分之四十，完整地保存了魏窟原貌，其塑像代表了北魏后期造像的最高成就。23 窟正壁《主佛》体态修长扁平，双肩瘦削，眉清目秀，鼻梁挺直，薄唇含笑，洒脱中有几分矜持，斯文中又有几分神秘。他身着褒衣博带的汉式服装，阴刻衣纹，简朴概括。脸上的笑容悠然安详，透露出不可言说的智慧和超脱。87 窟《迦叶塑像》，块面分明，圆中见方，也是难得的佳作。麦积山西魏造像也自成面貌，既有后期魏塑的清纯亲切，又淡化了后期魏塑的神秘。123 窟左壁前部《男侍童塑像》，眉舒目展，心境恬淡，一片未涉世事的天真和顺，"不取诸邻"，质胜于文；而敦煌阿难的不涉世事，却渗透着富家子弟的礼教，文质彬彬，气宇不凡。

龙门石窟位于河南洛阳伊川岸边，公元 494 年前后开窟。现存大小佛龛二千一百余座、大小造像一万余尊，绵延两华里。以北魏宾阳三洞和唐代奉先寺大佛为龙门代表作品，呈现出北魏至唐风格的演变。龙门魏窟以古阳洞、宾阳洞、莲花洞为精美。古阳洞为龙门开凿最早的洞窟，魏碑《龙门二十品》中十九品在古阳洞。宾阳三洞虽然开凿于北魏，仅宾阳中洞石刻于北魏中期完成，是北魏褒衣博带的风格，其余二窟造像于隋末唐初方才完工。奉先寺大佛一铺九尊，主佛高十七米，丰颐秀目，端庄宁静，气度宏伟又富人情味。它不仅居龙门石刻之首，也是唐代石刻造像的经典之作。

《乐山大佛》开凿在四川省岷江、青衣江、大渡河三江交汇的凌云山西壁，公元 713年动工，803 年完成，历时九十年。其雕刻粗放洗练，整体把握十分成功。佛高五十八点七米，连座高七十一米。大佛依山而坐，脚踏三江，背负九顶，身躯伟岸，庄严肃穆，山岚水色，极为壮观。太原天龙山唐刻颇佳，可惜残损严重。

敦煌莫高窟、大同云冈石窟、天水麦积山石窟、洛阳龙门石窟被称为中国四大石窟，其成就各异。云冈早期石刻伟岸粗犷，龙门唐刻圆润健劲，敦煌唐塑圆熟精丽，麦积山魏塑则得传神清秀之妙。中国的传统雕塑与西方的古典雕塑有着截然不同的审美风范。在西方，人体美被奉为圭臬，而在"礼仪之邦"、"冠带之国"的中国，更看重人的内在美，即气质气度、风韵风骨。唐塑雅俗共赏，魏塑曲高和寡，就表现内美的深度而言，魏塑胜于唐塑。

唐代以后，中原石窟衰落，而南方石窟兴起。大足宝顶山石刻为南宋名僧、密宗第六代祖师赵智凤主建，集中在南宋一个朝代，连续七十余年一气呵成。它以大佛湾为中心，分布为十三段，存石造像一万多躯，庞大的规模、独特的成就，使世人格外瞩目。其内容以佛教密宗造像为主，混有儒、道人物，塑造了养鸡、吹笛、放牧、酗酒等众多真切感人的写实形象，反映了广阔的社会生活，极富生活气息和世俗的人情味。其雕刻手法丰富，既有大型的圆雕群，又有连环画式的浮雕，有敷泥的，有加彩的；又根据山形，巧用水源，灵活设计。它是我国北方石窟艺术衰落以后南方最为杰出的造像群。

北山存唐末至明 290 窟四千余尊石造像，其中宋刻是精华，精细圆熟，秀丽老到，只是缺少个性，不再有人间鲜活气息。其内容全为仙佛人物，不涉世俗人情；全为石刻，不加泥敷彩绘。125 窟《数珠手观音》，"袅袅婷婷十三余"，朦胧飘忽，被称为"北山石刻之冠"。136 窟名"心神车窟"，规模既大，雕刻又美，为北山最杰出的洞窟。八尊菩萨无不端庄秀丽，标志着中国石造像已经形成完美的程式。

2. 寺庙雕塑

晚唐会昌毁佛前的寺庙，仅存五台山南禅寺一座，其唐塑未经后代妆銮，身姿娴雅，体态丰腴。五台山佛光寺唐塑经过后代重修，现存寺庙雕塑多为唐以后作品。甪直保圣寺宋塑九罗汉，或坐或立，自然散布于山岩之中。各罗汉神态各异，状极传神，衣纹极富装饰感，传为唐代"塑圣"杨惠之作品。太原晋祠北宋彩塑侍女四十二尊，或长或幼，或哀怨或天真，莫不顾盼传神，楚楚动人。秀丽的面庞、修长的体态、舒展的衣纹，表现出宋塑刻画人物性格、传达人物情绪的杰出成就。长清灵岩寺存半铺南宋罗汉，神思清越，气宇不凡。山西大同下华严寺存二十九尊辽代彩塑，表情端庄娴静，体态修长婀娜，比较汉民族的宗教雕塑，似多严格的宗教规范而少鲜活的人间气息。平遥双林寺存宋元至明清彩塑两千多尊，有圆雕、浮雕、镂雕、影塑，突破了佛教塑像或站立或端坐的静态程式。人物有行有止，坐姿灵活，或单个造型，或布置作连环场景，起伏组合，场面阔大。十八尊宋塑罗汉，简练质朴，神情如生；明塑《四大金刚》、《韦驮》，海内同类雕塑无出其右者。它们是我国封建社会后期彩塑艺术的宝库。苏州紫金庵明代彩塑十六罗汉，已是世俗作风，衣纹如行云流水，流转自如。昆明筇竹寺五百罗汉，神态各异，全是些三教九流、市井无赖。它既缺乏含蓄，更远离崇高，发扬的是明清以来世俗化的人文精神和写实技巧，对应的是白话文学的发达、平民文化的兴起，正如于坚所言："如果元以前的雕塑更近于诗歌的气质的话，我把筇竹寺的群雕视为雕塑的小说或戏剧。"

中国古代雕塑特别是宗教雕塑，是作为建筑的组成部分而存在的，因此具备整体的服从性和明显的程式性。佛、菩萨各穿怎样的衣着，手呈什么印相，持何种法器，立姿、坐姿如何，都有一定程式，程式性甚至压倒了雕塑的自身特质。

（二）陵墓雕塑

陵墓雕塑即帝王陵墓前的雕塑，以石刻居多。

1. 石刻

陵墓石刻始于汉代，西安霍去病墓石刻创造出后世不可企及的审美风范。汉武帝时，霍去病六次出征塞外，战亡后，汉武帝为表彰其战功，将他的墓修筑在自己的陵墓——茂陵附近，因此，霍去病墓石刻有纪念碑性质。墓形仿祁连山，"山"上散布石人、石兽共十六件。它没有帝王陵墓严格对称带来的肃穆威严之感，而是充分驰骋想象的翅膀，因石造型，略施雕镂，保留石块的冲击力量，强化体块感和力度感。霍去病墓石刻圆雕、浮雕、线刻自由转换，造型随意无章，线条稚拙方钝，块面坚硬突出，形象或隐或显，充满着野性的抒发和初生牛犊不畏虎的勃勃生机，令人感觉一种拙重、豪放、雄强的美。这样的艺术表现，正符合"匈奴不灭，何以家为"的武将性格，焕发着封建社会鼎盛期一往无前、无坚不摧的时代精神。

中国传统美学中，虽没有明确提出"崇高"的范畴，但在汉唐艺术特别是汉代艺术中，却处处可见崇高色彩。霍去病墓石刻赋予我们的正是崇高的审美感受。

渭北以旧长安为中心，呈扇形排列了唐代帝陵十八座。唐陵石刻无不浑厚敦实，气势雄伟，其中昭陵、顺陵、乾陵石雕最为杰出。青石浮雕《昭陵六骏》造型健美，神态逼真。《顺陵石狮》威而不猛，从容大度，它雄视前方，一派凛然不可侵犯的帝王气度，生动体现了大唐气象。《乾陵石狮》整体呈稳定的三角形，刀法圆熟，刻镂分明，比较汉魏石刻，保留了其雄强博大的精神，而运动感则不再见。巩县保存有宋陵石刻，南京和北京保存有明陵石刻，北京保存有清陵石刻。后期陵墓石刻徒有体量，却不再有跃动其中的活体生命了。

2. 陶俑

"俑"是中国古代陵墓中陪葬用的偶人，是象征殉葬奴隶的模拟品，始于东周，盛行于秦、汉、隋、唐。我国古代基于生死一体化的观念，事死如事生，实行厚葬。随着巫教向礼教发展，活人殉葬被认为不仁，汉唐改以陶俑陪葬，北宋以后逐渐衰落。俑的质料以木、陶质最为流行，起代替真人真物殉葬的作用。由于俑的表现对象都是现实生活中的下层人物，他们的形象不像宗教雕像那样要受一定规范的限制，所以形象大多生动活泼，艺术性很强。

秦王陵兵马俑作为世界上最大型的雕塑群，最能代表秦代威武雄壮的时代特征。1974年，陕西临潼附近发掘一、二、三号秦兵马俑坑。一号坑面积一万四千多平方米，出土武士俑七千余件、战车一百三十余辆、陶马六百余匹，蔚为壮观。战马造型洗练概括。武士俑在平静中或蹲或立。他们都是八百里秦川养育的汉子，憨厚中或鲁莽或天真，共性中见个性，又都严肃威猛，内藏力量、外见阳刚之美。雕塑方法是分模按制，然后粘接。头、躯干、手臂以圈泥法做成中空的雏形，再用细泥贴塑耳朵、胡须，刻划发丝，腿实心，适当加以手捏。重视以线条塑造形象，敷以彩色，画意突出。

比较霍去病墓石刻，秦王陵兵马俑写实重于想象，写形重于传神，技艺性多于审美性，客观描写的准确性多于主观抒发的自由性，体现出秦代艺术的写实作风和写实能力。其卓越的时代特性，是通过群体的气势表现的。兵强马壮、意气昂扬、威武雄壮、严整统一的军阵场面，再现了"秦王扫六合，虎视何雄哉"的磅礴气势。

汉墓陶俑以陕西、四川所出最为有名。陕西为汉唐都城所在地，皇亲国戚、豪门贵胄崇尚厚葬，所以多有陶俑出土。

偏于西南的四川，物产丰足，自然环境封闭，自古较少战事，人民安定富足。与这里出土的汉画像砖类似，这里的汉俑以反映社会生活见长，庖厨、提壶、舂米、歌舞……林林总总，富有浓郁的生活气息。俑人们的笑容舒心、开怀、无忧无虑，曲折地反映出汉代四川社会一片人人欢娱的时代气息。其中成都天回山出土的《打鼓说唱俑》最脍炙人口，说书人伸舌耸肩，眉飞色舞，体型粗拙，身材不合比例，恰似他正说到兴会之处，手舞足蹈，右足情不自禁地高跷起来。汉人夸张了对象的表情神态，塑造出一个性格憨厚、情真意切、活泼诙谐的说书人。欣赏者每见此俑，莫不忍俊不禁，仿佛也置身其观众氛围，被说书人的情绪强烈感染。

由此可见汉俑的艺术特点，看上去往往简单、笨拙，技法幼稚、粗糙，轮廓尽量简化，

不拘解剖比例，忽略表面细节的忠实描绘。其夸张的姿态、大幅度的动作、粗轮廓的写实，不事细节修饰，却更见古拙天真。比较而言，陕西汉俑体量较大，四川汉俑往往粗短；陕西汉俑多施彩绘，四川汉俑陶质粗松，不施彩绘，五官线廓模糊，更有朦胧飘忽的韵味。陕西汉俑以礼节情，见含蓄、质朴、恬静；四川汉俑一任感情倾泻，见活泼灵动，古拙天真。

两汉陶俑在我国各地多有出土。河南辉县东汉墓动物俑、河南洛阳汉墓杂技俑、济南北郊西汉墓戏弄诵、西安任家坡汉墓和咸阳杨家湾汉墓彩绘女立俑及骑马俑、徐州狮子山汉墓兵马俑，都是我国陶俑艺术的传神之作。汉人凭借敏锐的艺术感觉，捕捉到了对象内在的神采气韵，纵不事细节修饰，却抓住了对象整体的精神，于是外朴内美，神采勃发。汉俑的美，体现在简约概括、天真烂漫。汉俑粗轮廓的写实，毋宁说是写意，表现出中国艺术"离形得似"、"遗貌取神"的特点。汉艺术以个体的写实造成整体的气势，已经注入每一件作品之中，它充溢着汉人对生活的热情，充溢着汉人蓬勃旺盛的生命感、乐观开朗的情怀和丰富的艺术想象力，是后代艺术所难以企及的。

汉唐两代是我国封建社会的盛期，政治、经济都呈现蓬勃向上的态势。国势的强盛形成汉唐艺术的共同基调：意气风发，神采飞扬，充满着生命活力。隋至初唐雕塑延续北朝风格，男俑方面大耳，缩颈短腿；女俑秀骨清相，亭亭玉立。唐高宗以后，国势日益强盛，雕塑造型渐趋丰肥。天宝年间，宫廷贵族中弥漫着享乐倾向，体现在艺术作品中，是对丰肥形体的追求和对浓艳色彩的偏爱。"上有好者，下必甚焉。""环肥"成为盛唐艺术作品普遍的审美追逐。陕西出土的唐三彩女俑，个个都是体态丰腴、衣着典雅的贵妇形象。中堡村唐墓出土的《唐三彩女立俑》，面施粉黛，细扫蛾眉，一副娇贵慵懒模样，周身浸透了怡然、优雅和自得。此俑造型呈纺锤形，两头小中间大，舍弃块面的表现，而将衣纹归纳为浅浅的线刻，于是形成外扩而又内敛的张力，给人一种装饰的美感。西安永泰公主李仙蕙墓出土的《胡人俑》，脸部肌肉归纳作块块坚实的突起；胡髭或整齐蜷曲，或如猪鬃，根根直立；眼似铜铃，突出于眼眶之外。夸张的形象没有服从于解剖形体，而是服从于美感和力度，以突出胡人勇武强悍的气质。唐俑注重写实和法度，丰腴饱满，圆熟老到，精美而有气度，映照出大唐欣欣向荣的气象。

汉俑和唐俑，前者稚拙美，后者成熟美；前者的创造者长于捕捉神采和动态，产生出人意表的效果；后者的创造者在从容徐缓的心境下创作，得心应手，见出匠心。汉俑唐俑，迥异其趣，又各擅其美。汉唐陶俑艺术给我们共同的启示是：把感情融入作品，把生气赋予作品，作品也便获得了生命。

3. 汉画像砖石

汉画像砖石也是一种建筑装饰雕塑，指西汉中期至东汉后期墓室、享堂、石阙的砖石构件，其上雕刻或者模印了浮雕画面，它是汉代举孝廉、崇厚葬之风的产物。汉画未发现以前，论者多称汉画像砖石作"汉画"，其实，它是绘画性强的浮雕。山东、河南、四川、徐州画像砖石成就最高，个性也最为鲜明。

山东为孔孟故里，两汉崇儒之风最盛。汉画像石在山东各地多有出土，以嘉祥东汉中期家族祠堂武氏祠画像石为山东画像石之最。其中最负盛名为武梁祠，其东、西、南三面墙壁上的图像是对历史的宏大表现，从创世神话中的伏羲和女娲开始，在他们中间出现一个小孩，象征最早的人类，其后呈现的"三皇五帝"到朝代史，标志着人类历史从乌托邦时代到文明阶段。每一面石壁雕刻孝子故事十余个、历史人物近百计，可以说，读通了武氏祠孝子、义士、圣君、贤相画像，便读通了统辖汉代并流传至远的儒家纲常名教、伦理道德规范，读通了汉以前从神话传说到三皇五帝到春秋战国的半部历史。

武氏祠石刻在有限的壁面追求最大限度的充实，表现出儒家"充实之为美"的审美观。满壁横向分段布局，每段又纵向分段布局，安排场景，所刻画的诸多形象不是以虚代实，而是平面铺陈，大小参差，浩浩荡荡，产生出空灵艺术所不具备的宏大壮阔。

武氏祠画像尤擅安排，它长于用打破时空的散点透视方法，组织复杂场面的全景构图。如"泗水捞鼎"画像石，用对称的矩形，把画面分割为河、堤、岸三部分，表现三个空间发生的事件，而把龙咬绳索、巨鼎又将沉入水中这一情节关键安排在画面的视觉中心，船上惊呼的、堤口指挥的、观望的、岸上因用力而倾倒的……全都围绕这个中心，对称构图显得庄重，明明是扣人心弦的喧沸场面，在武氏祠画像中安排得不慌不忙，有条有理，现出儒家的秩序和规范。

武氏祠画像轮廓取方取直，高度概括，大体大块，忽略五官，借影像传达的情绪感人，靠体块传达的力量给人强烈震撼。宽衣长袍遮盖了一切细节，"形"更显得庄重、含蓄、大气，内藏张力。

战国时河南南阳属楚国版图，东汉为光武帝刘秀家乡，有"南都"、"帝乡"之称。南阳画像石表现出浓郁的楚风楚韵，其雕刻手法为浅浮雕，以粗犷的凿纹为地，石面粗糙，凿纹亦粗糙。这里没有诗教之乡过多的伦理约束和道德规范，只是更见炽热的情感；表达的形象以傩舞、奇禽异兽取胜，以乐舞为主题，乐舞多独立成幅。汉家女儿轻姿曼妙、长袖翻飞，身段腰肢和翻飞长袖构成的旋律美，如丝弦在耳。同样是争功夺桃的历史故事"二桃杀三士"，嘉祥石上的争夺场面从容庄重，不失礼教；南阳石上的争夺场面杀气腾腾，赤膊上阵。嘉祥汉画的星象图，是具体的人、兽形象；南阳画像石墓顶的星象图，则是诡异的想象。南阳汉画像一石一画，无边无际，无框无饰，画面单纯空灵，见出楚文化的洒脱奔放。山东汉画像和南阳汉画像，一见儒文化的写实和儒文化的伦常秩序和礼教规范，一见楚文化的浪漫和奇诡想象、澎湃情感。

成都及其周围出土的东汉实心方砖，其制作是用阴模套扣在泥坯上，一面研压出浮雕效果，再入窑烧制。砖上画面，以车马出行和生产劳动最见特色。车上坐的、地上走的、空中飘的，全都神采奕奕、飞扬流动，沉浸在音乐的旋律之中。四川砖上有纷繁多彩的现实生活画面：煮盐、采桑、收割、弋射、织布、酿酒、舂米、交租、对弈、乐舞等。庭院画像砖以阳线造型而非嘉祥石之以面造型，俯视、侧视并用的满构图见出虚灵流贯。四川画像砖是轻松灵动的农耕社会的牧歌，满幅流淌着诗意般的抒情美和音乐般的旋律。

江苏徐州(彭城)曾为楚地，又离孔孟故里最近，画像石表现出楚、儒文化结合的风貌。琳琅满目的大型现实生活场面，减弱了嘉祥石上的教化意义，转向对现实生活的讴歌，有楚文化的浪漫，却无楚文化的空灵，比较四川砖上的小品描绘，更具写实精神。汉文化正是楚文化与儒文化交融的产物，作为汉王朝发源地的徐州，其文化体现的正是汉文化的典型精神。

汉画像在山东、陕西、河南、四川、江苏等省屡有出土。陕西画像石剔地平起，地文分明，剪影清晰，题材贴近生活，构图、造型均见平易朴素。河南数地出土画像砖石，密

县打虎亭汉墓画像石剔地平起，整体疏阔端庄，局部又匀细工整，曲线变化生发，不敷彩而见华丽；郑州、新郑出土空心砖，图案性大于绘画性，见朴素冷静。

各地画像砖石，都能抓住对象整体内在的精神，忽略表面细节的刻画，生动单纯洗练浑厚，集中体现了汉艺术深沉雄大、古拙天真的时代风貌。画像砖石产生在民族气质和生命本体强悍的时代，一旦以精致生活的矫饰代替生命力量的释放，汉艺术中可贵的精神便也消失。

进入二十世纪，中国传统的宗教雕塑已处于衰落时期，民间小型雕塑虽很繁荣，但未能成为主流。辛亥革命时期起，受近代教育和西方美术的影响，即有青年赴海外学习西方雕塑艺术。归国后，开始举行雕塑作品展览，促进了中国架上雕塑的发展，成为中国近现代雕塑艺术的开拓者。

当代中国虽然涌现出了不少雕塑作品，但其观念和形式的来源主要在西方。

三、西方雕塑艺术

西方雕塑艺术历史悠久，历代雕塑家留下了无数的雕塑艺术珍品，是世界文化艺术遗产的瑰宝，在世界艺术长河中熠熠生辉。在古代，各个地区、各个民族、各个时代的雕塑作品，无论从内容、形式还是风格，都呈现出强烈的民族特点和时代特色。进入近现代以后，趋同的现象比较明显。

最早的雕塑起源于石器工具时代，迄今为止最早的雕塑艺术的代表作是发现于奥地利摩拉维亚的维林多夫山洞中的小圆雕"维林多夫的维纳斯"，距今已有约三万年的历史，被公认为是人类雕塑艺术的开端。这尊雕像头部和四肢雕凿的十分笼统，脸部特征基本忽略，头发均匀地卷曲排列在整个头部上，但胸部突出，腹部宽大，女性特征被强调得极其夸张。人们推测它很可能是当时母系氏族社会崇拜的偶像，表达了早期人类渴望种族繁衍的愿望。同时，它也是旧石器时代母权制社会观念的反映。

新石器时代开始后，人类被迫放弃狩猎成为牧人、农民，各种手工艺术得到了充分发展，雕塑自然也必不可少。作为人类文明重要发祥地之一的古埃及，雕刻家们在这一时期作出了巨大的贡献。

(一) 古代埃及、两河流域的雕塑艺术

迄今发现的考古资料表明，古代埃及、两河流域(旧称"美索不达米亚"，今伊拉克地区)是人类文明最早的发祥地。

埃及是奴隶社会，宗教思想严重，在圆雕中严格地遵守"正面律"，具有明显的程式化造型：姿势必须保持直立，装束和色彩，类似立体绘画的浮雕，头部呈侧面像，眼睛为正面形，肩胸上半身为正面，两腿双足同样呈侧面。古埃及雕塑程式在古王国时期就已形成，以后被当作典范沿袭下来。代表作品是胡夫金字塔前的狮身人面像。

约公元前 2686 年，埃及进入古王国时期，从此开始了金字塔的营造。著名的哈夫拉法老金字塔前的雕塑狮身人面像坐落在开罗西南的吉萨大金字塔近旁，是埃及著名古迹，与金字塔同为古埃及文明最有代表性的遗迹。像高二十一米，长五十七米，耳朵就有两米长。除了前伸达十五米的狮爪是用大石块镶砌外，整座像是在一块含有贝壳之类杂质的巨石上

艺术鉴赏

雕成。面部是古埃及第四王朝法老(即国王)哈夫拉的脸型。相传公元前2611年，哈夫拉到此巡视自己的陵墓——哈夫拉金字塔工程时，吩咐为自己雕凿石像。工匠别出心裁地雕凿了一头狮身，而以这位法老的面像作为狮子的头。在古埃及，狮子是力量的象征，狮身人面像实际上是古埃及法老的写照。雕像坐西向东，蹲伏在哈夫拉的陵墓旁。由于它状如希腊神话中的人面怪物斯芬克斯，因此西方人以"斯芬克斯"称呼它。狮身人面像体现了埃及法老所向往的至高无上的神力，后因战火中局部被损坏，残块存于英国大不列颠博物馆。狮身人面像大小不一，法国卢浮宫收藏的一件最为完整。

金字塔墓室内壁，用凿刀刻画出众多的浮雕。这些墙面石质浮雕和木板浮雕，头部多作侧面表现，胸膛和肩膀呈正面，两腿至脚又呈侧面，各部分巧妙安装作整体，形成埃及浮雕特有的程式。这样的程式不合解剖，却线条优美、影像简练，说明古埃及人掌握了平面造型的特殊语言和规律。

(二) 古希腊罗马雕塑

1. 古希腊雕塑

古希腊是欧洲文明的发源地，古希腊的雕塑艺术则是欧洲以至整个西方古典雕塑学习的典范。在整个西方美术传统中，古希腊雕塑占有十分重要的地位。西方美术崇尚的典范模式、庄重的艺术品格和严谨的写实精神，可以说都是从古希腊开始的。两千多年来，这种艺术精髓曾滋润着西方美术生生不息。

希腊位于爱琴海的西岸，以神话和体育竞技蜚声世界，雕刻艺术无疑也深受影响，大部分题材取自此。古希腊悠久的神话传说是古希腊雕塑艺术的源泉，反映出古希腊人对自然与社会的美丽幻想，他们相信神与人具有同样的形体与性格，因此，古希腊雕塑参照人的形象来塑造神的形象，并赋予其更为理想、更为完美的艺术形式；古希腊人爱好体育，在明朗的阳光照耀下，运动家健美的身体得到观众的赞美，因此对男女人体美的欣赏爱好便自然地在古希腊人心目中培养起来，而雕塑家也很喜欢表现男性或女性健美活泼的各种姿态；希腊巴罗斯岛还盛产大理石，又为雕刻提供了最好的材料。

希腊雕刻就艺术风格的变化发展而言，可分为古风时期、古典时期和希腊化时期。

(1) 古风时期(公元前六世纪)是希腊造型艺术的形成和发展时期。在古风时期的希腊雕刻处于摸索阶段，它和埃及原型惊人地相似，借用埃及雕塑的"正面律"法则来制作人像，形成了"古风"程式，立像双脚一前一后，都是支脚，两臂下垂，脸上带着古风式的微笑，身躯仍然僵直平板，局部却有了生动表现。

(2) 古典时期(公元前五世纪至公元前四世纪)是希腊雕刻艺术最为繁荣的时期，它以雅典为中心取得了辉煌灿烂的成就，建筑和雕刻艺术对后世的影响最为深远。古典时期的雕塑家，努力改进古埃及雕刻中呆板的程式，创造了比例匀称、结构准确、和谐优雅的理想形象。

菲狄亚斯就是这个时期的伟大雕刻家和建筑家，他承担巴台农神庙的设计，其雕塑端庄、静穆、单纯、壮观，成为古典艺术的样板。古典初期著名雕刻家米隆，擅长表现运动状态中的人体，作品线条流畅，显示出韵律与节奏。《掷铁饼者》是米隆的代表作，现存罗马时代的复制品。它把埃及面与面切换的平面造型转换为立体造型，选择了铁饼将要出手又未出手的顷刻，也就是意义最为丰满的一刹那，有着强烈的"引而不发"的吸引力，达

到了使观众心理上获得"运动感"的效果，成为后世艺术创作的典范。普留克莱特斯提出雕像头长应为身长的七分之一，并以作品《持矛者》映证自己的理论，被视为人体雕塑的准则。留西帕斯创造了八比一的修长体型，为后世许多艺术家师范。

古典时期的希腊雕刻已完全摆脱了古风时期的拘束和装饰性，产生了写实而又理想化的人体雕像，一批优秀的雕刻家使得古希腊雕刻艺术达到了鼎盛，成为后世难以超越的高峰。

(3) 希腊化时期(公元前三世纪至公元前一世纪)指马其顿王亚历山大征服古希腊以后，又于公元前334年挥戈东征，把希腊艺术传播到东方，影响了东方的艺术，直到公元前146年希腊被罗马所征服。这一时期，希腊与东方国家文化广泛交流，雕刻艺术的中心逐渐从希腊本土移到小亚细亚沿岸和邻近城市。雕塑风格也发生变化，出现了唯美主义的倾向，雕刻家继承了传统的技法，赋予作品以新的生命力和新的特色。希腊时期保存下来的雕塑作品不论圆雕或浮雕都成为后世学习的典范。《萨莫德拉克的胜利女神》、《米洛斯的阿芙罗狄特》和《拉奥孔》便是这一时期的代表作。

《萨莫德拉克的胜利女神》因公元1863年在爱琴海北部的萨莫德拉克小岛上被发现而得名。雕像出土时已成碎块，经过四年的精心修复才重新站立起来，但仍然缺头无臂。它是小亚细亚的统治者德梅特里奥斯一世为纪念他在一次海战中大败托勒密王国的舰队而创作的，原安放在萨莫德拉克岛海边的悬崖上，面对着茫茫大海。胜利女神虽是古希腊雕塑常用的题材，但与其他胜利女神雕像有重要的区别。首先，这尊雕像的构思非常新颖，作者将底座制成一艘战舰的船头，胜利女神从天而降，飞立船头，引导着舰队乘风破浪勇往直前。它既符合纪念一场海战胜利的需要，又形象地表达了战斗胜利的主题。其次，作品充分发挥了雕塑立体造型的特点。尽管雕像已失去头与双臂，但不论从哪个角度都能感受到胜利女神展翅欲飞的雄姿。雕像上身呈前倾姿势，静中见动；从侧面看，女神的乳峰为最高点，脸和双翼的波状线构成一钝三角形，从而加强了前进的态势。

《米洛斯的阿芙罗狄特》因公元1820年发现于爱琴海中的米洛斯岛而得名。它是用两块大理石合雕而成的，接缝处在裸露的躯干与衣服的交界处。端庄的身材，丰腴的肌肤，典雅的脸庞，娟美的笑容，微微扭转的站势，这一切构成一个十分和谐而优美的姿态。尽管雕像的双臂残缺，但由于年代久远，人们鉴赏的心理已产生积淀，断臂反而诱发出人们美好的想象，从而增强了人们的鉴赏趣味，愈发觉得它非同凡响。

2. 古罗马雕塑

如果说希腊雕塑是一个美妙的神话世界，罗马则是人的罗马，农耕生活的罗马人务实，以现实主义雕塑区别于希腊的理想主义雕塑。

罗马帝国是世界古代史上最大的帝国，全盛时期曾经覆盖了地中海沿岸的主要地区。罗马雕刻在继承希腊雕刻的基础上，又在肖像雕刻方面作出了独特的贡献。罗马的统治者和贵族认识到通过肖像的传播可以炫耀个人的权威，制造个人崇拜，这是罗马肖像雕塑发达的不可忽视的因素。罗马雕塑艺术进入帝国时期以后，鲜明地成为歌颂君权、颂扬帝国武功的重要手段，从而使帝王贵族的肖像雕刻极为发达。当时的雕刻家们雕刻的不少罗马皇帝的形象，是把罗马皇帝当做英雄的统帅来表现的。如梵蒂冈博物馆收藏的一尊《奥古斯都》，表现罗马皇帝手执权杖，正在向部下训话传令的瞬间动作。

"情绪肖像"的盛行是在公元二世纪下半叶，这类肖像较充分地表现了人物的内在感情和心理状态，表现手法也比过去更为丰富。如为了表现眼球受光明暗的变化，雕刻家在眼球上刻上深浅不等的圈。罗马皇帝卡拉的雕像就是当时的代表作品。《卡拉卡拉像》是罗马帝国塞维鲁王朝第二代皇帝的肖像。卡拉卡拉本名安东尼努，卡拉卡拉是他的绰号，他为人凶残，是罗马历史上著名的嗜血成性的暴君之一。罗马帝国前期的肖像雕塑作品在刻画人物的性格特点方面曾经达到了近乎完美的境界，雕塑家们采用丰富的构图来加强形象的个性特征，不仅眼球被栩栩如生地刻画出来，而且在脸部肌肉处理上也赋予某种情绪，使人物的凶残性格通过脸部的各个细节展现得惟妙惟肖。这一雕像在表现人物性格特点的艺术技巧上，达到了罗马雕塑的最高成就，在整个世界美术史上也是十分少见的。

罗马人还有在公共广场矗立纪念像的习惯，在罗马的建筑、广场、纪念柱等上面装饰了许多圆雕和浮雕。保留至今的有《奥古斯都纪念像》，写实到了近乎琐碎。比较希腊雕塑，其表现力大为减弱。公元三世纪较有名的建筑为塞普提米乌斯、谢维路斯凯旋门和卡拉卡拉的公共浴室。罗马不仅有雕刻高度的写实技巧，形象酷似，而且在进一步刻画人物的性格特征和精神面貌方面都达到了很高的水平，给人留下深刻的印象。

古罗马雕塑是西方古代文明的重要组成部分，它对西方现实主义雕刻的发展作出了杰出的贡献。

（三）意大利雕塑

中世纪艺术的成就主要在建筑，也包括与建筑关联的雕塑。在中世纪的欧洲，由于基督教盛行，雕塑主要是为基督教服务的工具。

历史上所谓的"中世纪"一般是指欧洲的封建社会，艺术史上把古罗马以后到文艺复兴前这段时间的西方艺术称为"中古世纪的艺术"，共延续了一千二百年左右，中世纪被描述成一个黑暗的时代，然而它依然有着辉煌的艺术成就。

"文艺复兴"运动产生于欧洲的十五世纪后半叶，一直持续到十六世纪，以意大利佛罗伦萨为中心，掀起了欧洲文化艺术发展的一个高峰。艺术家们崇尚科学，尊重自然，发掘古希腊、罗马艺术的精华，强调艺术理想化。文艺复兴的主旋律是尊重人的价值，把神还原成人。此时期的雕刻，继承并发展了希腊、罗马雕刻艺术的传统，使雕刻艺术达到了高度繁荣。最先出现的雕刻大师是季培尔蒂，佛罗伦萨洗礼堂的两扇青铜大门上的装饰浮雕是他的代表作。大门共有两扇，每扇门上的浮雕作品都分为五块，采用圣经旧约传说中的十组故事为题材。虽然表现的内容仍然是宗教故事，但却具有完全不同于过去的新的艺术语言。在浮雕作品中，吉贝尔蒂成功地借鉴了绘画的艺术手法，利用高低不同的凸起，细腻地塑造了一个个人物形象，利用透视的手段来再现人物的位置、空间的环境和深度，近处的人物最大，远处的较小，直到最远方融入背景，造成了很强的景深感。镀金的表面则使整个浮雕洋溢着一种黄金色的空气和轻雾的感觉。文艺复兴时期最伟大的雕塑家米开朗基罗对这组浮雕作品赞赏不已，也是他给予了作品以《天堂之门》的称号。

米开朗基罗的出现，标志着文艺复兴时期的雕刻艺术发展到了最高峰。米开朗基罗不仅是伟大的雕塑家、画家，还是一位了不起的建筑家、军事工程师和诗人。他一生极富悲

剧性，这使他的作品充满英雄气概。米开朗基罗为朱利二世教皇设计陵墓，塑造了《垂死的奴隶》、《被缚的奴隶》等墓前侍像，奴隶处于极度痛苦、难以挣脱的状态，拧转的身躯痉挛着，迸发出巨大的反抗力。米开朗基罗重视作品整体的严整性，保留石材的体块感。希腊人以两个面的雕塑表现宁静，米开朗基罗以四个面的雕塑表现挣扎。《奴隶》雕像虽然没有米开朗基罗另两件代表作《大卫》、《摩西》那么精美，却表现出雄浑沉厚的力量。

（四）西方近代雕塑

按照通常美术史的分期方法，西方近代雕塑是指从十七世纪开始至十九世纪末法国最杰出的雕塑家罗丹为止的一段时期。

在文艺复兴之后的两三个世纪里，西方雕塑继续朝着写实的道路前进，只不过在人物动作和创作题材上有了新的发展。这个阶段的雕塑家很多，比较有代表性的有意大利的贝尔尼尼、法国的乌东和法尔科涅等。

"巴洛克"艺术的大师贝尼尼把建筑与雕刻结合起来，又在雕刻中运用绘画手法，作品曲线感强，趋向细腻和装饰。雕塑《阿波罗和达芙妮》、《圣苔列莎的幻觉》影像复杂，有强烈的动感，不复有古典艺术的和平静穆。法尔科涅的青铜雕塑《彼得大帝纪念碑》，是为十八世纪俄国创作的纪念俄国伟大的政治家和改革家彼得大帝的具有世界声誉的纪念碑雕刻，现仍安放在圣彼得堡涅瓦河边的参政院广场，是圣彼得堡的象征。乌东是十八世纪下半叶至十九世纪初法国最杰出的雕刻家。他受当时启蒙运动的影响，成功地雕塑了一系列思想家、政治家的肖像，《伏尔泰坐像》最为著名。伏尔泰是十八世纪法国著名的哲学家、启蒙思想家和作家，长期遭受法国封建统治的迫害，被迫流亡国外。《伏尔泰坐像》雕刻于伏尔泰逝世的公元 1778 年，这时的伏尔泰已风烛残年，但在他身上仍然体现出锋芒毕露的才智、敏锐的洞察力和战斗的热情。高明的雕塑家用宽大的长袍，一方面掩盖了老人瘦弱的身躯，使其不失年迈体弱的真实性；另一方面，又使雕像具有雄浑、庄严的美感，加强了这位思想家巨大的内在精神力量。雕像成功地塑造了思想家的光辉形象，是法国最著名的新古典主义雕塑家的重要代表作。

十九世纪，为歌颂拿破仑的战功，巴黎建造了凯旋门。雕刻家吕德在正门迎面右侧雕刻了浮雕《马赛曲》。《马赛曲》是 1792 年马赛人民奋起抗击外来侵略时创作的歌曲，后来成为法国国歌。吕德雕刻的《马赛曲》根据歌曲创作，表现公元 1792 年法国人民在反抗普鲁士和奥地利等封建帝国的战争中，马赛的一支义勇军开赴巴黎参加战斗的历史事件。作品整体呈前进的势态，结构严谨，情绪激昂奔放，极富艺术感染力，成为十九世纪法国浪漫主义雕塑家最重要的代表作。这一形象与德拉克洛瓦《自由引导人民》中的自由女神，成为法国人民爱国精神的象征。

吕德之后，法国罗丹、马约尔和布德尔成为近代雕塑三大支柱。罗丹被人们誉为"近代雕塑之父"，他偏爱悲壮的主题，善于塑造人体不安的动态，表现人物悲剧性的心理冲突。他的雕塑绘画性很强，注重现实意义及性格描述，精神上属于十九世纪的浪漫主义。他创造的光影效果，用黏土制成的起伏如流波交响，使得一些人把他归入"印象主义"行列。这位天才艺术家创作了一大批优秀作品，代表作有《青铜时代》、《思想者》、《巴尔扎克像》等，对后世影响深远。罗丹的学生布德尔在雕塑方面也有所贡献。法国的巴托尔迪创作了为法国人民纪念美国独立一百周年时远赠给美国人民的大型纪念碑雕刻《自由女神像》而闻名遐迩，这个矗立在纽约港的昂首振臂、迎风而立的庞大身姿已成为了美利坚合众国的象征，也成为了世界民主自由的象征。

（五）西方现代雕塑

西方现代雕塑艺术始于十九世纪末二十世纪初，在西方现代主义思潮的影响下，雕塑艺术与绘画艺术一样发生了根本性的变化，不再满足于对客观世界的模仿，无意表现具体的内容和情节，而用生活中无法直接捕捉到的抽象形态表现事物的本质，表现人类的共同情感，使之具备某种象征意味。

对内容的淡化和对形式的注重，是西方现代雕塑的特点；对色彩的运用，强化了现代雕塑的装饰风和形式感。现代艺术家们开始突破"雕"和"塑"的创作手法和观念，把现代绘画的新发现引入雕塑创作，进行了形形色色的尝试。

布朗库西的肖像雕塑《波嘉尼小姐》是西方现代主义雕塑最早的优秀作品之一，它的最大特点是形体的高度单纯化，即形体的塑造只要能表现出对象最基本的特征即可，不必再考虑其他的细节，它从根本上改变了人们对雕塑艺术的传统观念，所以，西方美术家称布朗库西为"西方现代雕塑之父"。

英国后现代主义雕塑家亨利·摩尔的作品，实体与虚体交融渗透，形式极为单纯，却渗透着生命意象。美国纽约华盛顿公园雕塑，地面只见一颗人头、两只手、两只脚，原来是巨人被不毛之地掩埋，在奋力挣扎，形象地道出了生态环境为人类文明所破坏、人类必须挽救自己的主题。

立体主义雕塑家把形象打散，然后进行重新组合，或者使用连接手段把不同的物象结合到一起，产生新的形象。法国雕塑家扎特金创作的《被破坏的鹿特丹市纪念碑》是一件具有立体派和表现派风格的纪念碑雕塑。荷兰的鹿特丹是世界著名的海港，在第二次世界大战中，它遭到了德国法西斯的严重破坏，二战结束后，荷兰人民为重建被德国法西斯毁坏的鹿特丹市而兴建了这座大型纪念碑。这件作品从构思到完成共用了三年时间，作者运用了夸张而概括的艺术手法，加大加长了人物的双臂，许多地方摆脱了人体解剖与细节的真实，在保持人体的基本形态和结构的前提下，使人体大幅度地变形，运用立体主义的创作方法，对形体做了重新组合。作品表现出对德国法西斯的强烈控诉，意在提醒人们永远不要忘记这场曾经发生过的战争灾难。

构成主义雕塑家则把绘画的点、线、面等纯粹形式元素扩展到三维空间中，创造了新的雕塑形式语言和空间表达方法，雕塑的造型不再是实体的团块，而是点、线、面架构的框架，这种框架是开放的、可以展开的。 1917 年，法国艺术家杜尚将一个男用小便池送到展览馆作为艺术品展出，打破了雕塑和"现成品"之间的区别，颠覆了传统美学的价值，成为现代艺术史上的里程碑。

现代雕塑注重和城市环境、建筑空间的共振，从传统雕塑封闭、静止、孤立的形态走向了空间、环境的开放。英国雕塑家亨利·摩尔非常崇拜自然力，常常让自己的作品栖息在森林、山谷和旷野，以大自然的力量强化作品的力量，作品与大自然融为一体。"空洞"是他作品的标志性特点，《国王与王后》被安放在英国的一处荒原中，扁扁的身体、庄重的姿势，再加上面部镂空的空洞，近乎半抽象的造型所透露出来的原始神秘而自然的气息与整个环境十分协调。

新材料如玻璃、塑料、金属、纤维等的被开发，催生了现代软雕塑、纤维艺术等新兴雕塑艺术。美国雕塑家考尔德的《稳定的运动》，是西方现代"活动雕塑"的代表作。它实际上是用涂彩金属板和金属棒制作的一种简单的机械装置，靠着这种装置的灵活性和一定的力学原理，遇到风时就会发生某种转动，产生出一种意想不到的艺术效果。

西方雕塑从古希腊时期的辉煌到现代派雕塑的繁荣，其发展有着历史的必然性，并且有着其文化的内在特征，是其文化特性的逻辑发展。

一、建筑艺术鉴赏概要

（一）建筑艺术的概念和特征

1. 建筑艺术的概念

建筑是建筑物与构筑物的总称，是人们为了满足社会生活需要，利用所掌握的物质技术手段，并运用一定的科学规律、风水理念和美学法则创造的人工环境。建筑物有广义和狭义两种。广义的建筑物是指人工建筑而成的所有东西，既包括房屋，又包括构筑物。狭义的建筑物是指房屋，不包括构筑物。房屋是指有基础、墙、顶、门、窗，能够遮风避雨，供人在内居住、工作、学习、娱乐、储藏物品或进行其他活动的空间场所。构筑物是指房屋以外的建筑，人们一般不直接在内进行生产和生活活动，如烟囱、水塔、桥梁、水坝等。

建筑不仅仅是一门技术的产物，更是艺术的综合体，它存在于三维空间之中，是具有体积、线、面、色彩等因素的立体作品。和其他的艺术形式一样，建筑艺术是现实生活的反映，它通过建筑本身的形体所体现的造型美来概括一定时代和社会的精神面貌、情趣和理想。

建筑艺术从使用的角度来分类，有住宅建筑、城市公共建筑、园林建筑、纪念性建筑、陵墓建筑、宗教建筑等。

从文化的角度来分类，一部分称为西方建筑，以欧洲建筑为中心，将埃及和西亚古代建筑作为其历史的前期；另一部分称为东方建筑，其中又分为三大系，即中国建筑、印度建筑和回教建筑。

从时代风格上来分类，有古希腊式、古罗马式、哥特式、文艺复兴式、古典主义式等。

如果从建筑的结构形式和材料来看，十八世纪以前只有两种基本方式：一是用堆积砌块的方式进行建筑，砌块的材料有土坯、黏土砖或石块，并用各种拱券或穹窿的技术来解决屋顶的覆盖和跨度问题。西方建筑以及东方建筑中的印度建筑、回教建筑都主要采用这种技术。唯有中国建筑采用了另一种方式，即以木材为主要支撑构件的框架建筑体系，砖石或版筑的墙体仅仅起到围闭空间的作用，并不承受屋顶的负荷，俗谓"墙倒屋不塌"，便是对这种结构特征的形象概括。

2．建筑艺术的审美特征

建筑作为一种实用和审美相结合的艺术，其艺术形象具有特殊的反映社会生活、精神面貌和经济基础的功能，历代建筑艺术与它所处的历史时代、地理气候、民族文化和生活习俗密切相关，同时受到材料、结构、施工技术的制约。它的艺术性主要体现在由建筑的物质材料和建筑技术的基础上建立起来的形体所呈现的造型美，而这种建筑形体所表现出来的造型美，又体现在建筑的总体轮廓、建筑物各个部分之间的比例关系以及建筑的体量、色彩、装饰等方面，同时也体现建筑与环境包括自然景物之间的关系。

1) 面

建筑立面是指建筑和建筑的外部空间直接接触的界面，以及其展现出来的形象和构成的方式，分为建筑外立面和建筑内立面，包括四立面(指正、背、两侧立面)、被称为"第五立面"的屋顶、地面(室外广场的地面、室内地板)和天花板，所有面都有构图。

面的处理要注意运用造型艺术的图案美法则，主要包括均衡、对称、比例、对位、节奏、韵律、比例尺、虚实、明暗、色彩、材料质感。综合运用它们，结合建筑物的具体条件和性质，就可以得到既有丰富变化又高度和谐完美的造型。

2) 体形

建筑所呈现出的整体轮廓就是建筑的体形，它与建筑的比例、空间以及建筑模式、结构、外观都有着密切的关系。如埃及金字塔和中国的佛塔，它们体形高耸，层层屋檐形成许多水平线，轮廓饱满而富有张力。

体形与体量是建筑给人的第一印象，体形比面的处理更重要，这也需要遵循形式美法则。有些建筑完全依靠体形来显示性格，很多建筑体形组合丰富、多样，组成了多种多样的体形，使内外空间得到有效的调控，突出建筑独特的个性和特有的艺术感染力，达到物质需要与精神自由的和谐统一。

3) 体量

与绘画、雕塑相比，客观存在的体量大得多，体量的巨大是与其他造型艺术的显著区别。有些建筑的面、体形处理都很简单，主要靠体量的处理，体量巨大显示艺术性格。如埃及金字塔，上小下大体形简单，四棱锥体面，无太多色彩、虚实变化，但体量很大，人在它的面前显得十分渺小，感觉它的永恒和自己生命的短暂，给人以强烈的艺术感染。有些西方教堂为了体现上帝的崇高伟大、神性的巨大力量，往往也用很大体量，几十米甚至上百米高，来体现其艺术性格。体量的巨大不是绝对的，适宜才是重要的。中国文化更重视现实人生，而非神性伟大，建筑体量一般不太大，尺度接近人自身实际尺寸需要。园林建筑中小别墅、小住宅更注重较小体量，体现亲切感。

4) 空间

建筑与绘画、雕塑同属造型艺术，不同的是绘画、雕塑无中空空间，建筑有中空空间，四面墙壁、地面、天花板围成空间，或许多建筑组成庭院、广场。空间是建筑独有的艺术语言。

在建筑设计中，都很强调空间构图，这是因为空间有巨大的情绪感染力，不同的空间特点会产生不同的情绪效果。巧妙地处理空间的大小、方向、开敞、封闭、明亮、幽暗，会使建筑艺术显示连续性的空间感受，室外建筑、空间亦如此。

5) 色彩

建筑物的建材颜色和覆盖建材的装饰性颜色共同构成了建筑的色彩。中国传统建筑通过对比强烈的色彩运用，体现了中华民族独特的审美观。建筑色彩的运用首先是基调的选择，如中国宫殿以红、黄等暖色为基调，天坛以蓝、白等冷色为基调，园林则以灰色、绿色为基调。在色彩基调的基础上，互补色和对比色的运用可以使建筑色彩变得更加丰富而和谐。另外，建筑色彩的运用与建造功能也有密切关系，宫殿、坛庙、陵墓、民居色彩使用的强烈程度，会依据地位的高低变化而依次递减。

6) 装饰

装饰是建筑艺术的有机组成部分。建筑物不单纯是建筑力学结构，它必然需要特定的艺术文化产品来装点和改变建筑面貌。建筑中的各种雕刻、绘画、题匾、柱式等装饰，参与了建筑美的创造，也丰富着建筑的文化内涵。

7) 群体组合

建筑中不乏单个建筑，一个建筑表现一个主题，如纪念碑、纪念堂、佛塔、凯旋门等，但建筑中更多的是采用群体组合的方式表达更复杂精微的主题，如中国的园林、庙宇、陵墓等。

建筑群常常不是单独出现的，而是由很多单栋、单幢建筑或它们共同围成的广场组合成群，即便是单幢建筑，也是由许多不同性格的房间组成的。中国的建筑尤其重视群体组合，如传统的四合院。北京紫禁城、天安门、端门、午门、太和门、太和殿、御花园、假山，一系列不同的建筑和不同的空间顺序的出现，像交响乐般，有序曲、高潮和尾声，呈现出强烈的音乐韵律美，这种群体的艺术感染力，比起某一个单独的建筑单体来得更加强烈、更加深刻。

8) 环境艺术

建筑总是建立在一定空间的基础上，具有空间延续性，因此它的艺术形象永远和周围的环境融为一体，有的甚至还主要靠环境才能构成完美的形象。把自然环境视为艺术，把自然环境加入设计，追求个体与整体的协调、自然与人工的结合，追求审美主体与客体的融合，古今中西皆有，甚至形成"风景建筑史"。

3. 建筑艺术鉴赏的方法

在欣赏建筑艺术的过程中，应该根据建筑艺术自身的特点，通过感受建筑艺术的形式美，既把握建筑艺术的形象，又感悟出它的内在意蕴，从中获得审美愉悦。

1) 局部的审美观照与整体的审美知觉相结合

建筑艺术的形象一般由建筑物的体积布局、比例关系、结构形式、空间安排等构成。建筑的外在装饰常有圆柱、柱头、飞檐、贴脸、雕塑、图案和壁画等，这些装饰因素是建筑形象的有机组成部分。它们应该与建筑形象保持内在一致，从造型和色彩上丰富和发展建筑的艺术构思，使建筑形象锦上添花，增加艺术感染力。因此，欣赏建筑艺术不仅可以对建筑艺术的局部构成进行审美观照，而且还应该把局部的艺术构成纳入整个建筑艺术以及从环境中把握，使欣赏者从整体的审美知觉中感悟建筑艺术的美。美国在二十世纪三十年代建立的"瀑布别墅"就非常注重局部与整体的和谐美，莱特的设计新颖奇特，将别墅直接建造于瀑布之上。凌空而出的巨大阳台与瀑布两侧的巨石相映生辉，而瀑布则在阳台底下自由洒脱地倾泻，使建筑与山石、树木、瀑布有机融合，瀑布别墅在空间处理、体量组合及与环境的结合上均取得了极大的成功，成为现代建筑的杰作之一。

在欣赏建筑艺术时，既要欣赏建筑色调、尺度、比例、景观及空间变化，看其是否符合美的规律，又要注意具体的建筑构成要素是否实现优化组合、建筑的整体是否和谐统一，进而可以把该建筑纳入建筑群的总体风貌中加以欣赏。

2) 感悟建筑形象的象征意义

建筑艺术通常借助象征意义来蕴含其审美意蕴，这也是建筑美学的一个重要命题。象征意义首先是最初的象征性，即建筑艺术在物化成特定的建筑物时就已经具有的象征意义。如北京故宫的对称和谐、层次分明、主要建筑位居中央，显现出封建时代帝王对国家的主宰以及封建制度的"宝塔"结构。我国秦朝建立的万里长城，当时象征着秦帝国的"大一统"。但随着社会历史实践的发展变化，新时代下这些建筑艺术又会产生新的象征意义。

要感悟建筑形象的象征性，还必须了解建筑艺术创造的时代背景及其民族特点。北京故宫作为封建社会的产物，其结构上，从正阳门到景山，通过一系列错落有致、高低不同的空间处理，象征着皇权形象。北京天坛的设计具有明显的汉民族特点，象征着天帝的崇高神圣，表达出汉民族"天人感应"的思想意识。

在欣赏建筑艺术的象征性时，还可以结合心理美学的"移情说"，充分展开自己的审美想象，在感知建筑形象的同时，把建筑形象拟人化，赋予建筑艺术以新的生命，使本无生命的建筑有了各自不同的性格。当然，欣赏建筑艺术时的移情，只能根据建筑艺术质的规定性加以自然而又合情合理的想象，而不能胡思乱想，违背艺术欣赏规律。

3) 善于欣赏建筑艺术的音乐美

建筑艺术通常以错落有致的空间造型显现出类似音乐的节奏感。歌德和谢林都把建筑看成是"凝固的音乐"。建筑艺术的外在造型都是按照形式大的规律创造的，它无论向空间什么方向延伸，都是有比例、有规划、有变化地排列的，从而形成一定的节奏。优秀的建筑物，它各方面的节奏，总能归于统一，这便形成一种统一的基调和旋律，产生音乐般的旋律感。

感受建筑艺术的音乐美，要善于调动自己的通感，以动态的视觉对建筑造型显现的空间序列进行审美观照。欣赏建筑艺术与欣赏绘画不同，欣赏绘画主要靠静态的直观把握，而欣赏建筑却不能只靠静态观照，还应运用动态，从视点的高低、视角的俯仰、视野的远近大小、空间的开合、视觉的分隔联系中去观照建筑的空间序列，才能感受到空间序列的节奏感和音乐感。也只有从这个意义上才可以说，建筑是凝固的音乐，音乐是流动的建筑。

4) 建筑艺术的欣赏过程

建筑艺术的欣赏过程通常包括欣赏角度、欣赏距离和欣赏方法这三个组成部分。

欣赏角度可以分为水平方向上的正视与侧视，在垂直方向上的平视、仰视与俯视。欣赏角度也就是审美角度或审美视角。在审美活动中，审美角度是非常重要的，客体审美价值的实现，不仅需要客体自身的审美同伴，而且还需要审美主体的密切配合，需要审美主

第五章 美术鉴赏

体选择合适的审美角度，尽可能多角度、全方位地把握审美客体。建筑艺术是立体的空间艺术，欣赏者更应从不同的角度、全方位地欣赏建筑艺术的整体美。

建筑艺术又是视觉艺术，欣赏者与建筑物距离的远近直接影响制约着审美效果。一般来说，近距离可欣赏建筑的细节或局部，中距离可直观全貌，远距离能概观大致轮廓。欣赏者时间充足，可近、中、远三者兼而有之，时间仓促，则只能或中或远地览其概貌。一般欣赏古典建筑可多作近、中距离的观照；欣赏现代的宏伟建筑可多作中、远距离的概览。当然，欣赏距离的远近不是绝对的，应因人而异、因建筑艺术不同而不同。

欣赏方法对于欣赏建筑艺术有着重要意义，它一般分为静态欣赏和动态欣赏。静态欣赏是指欣赏者在特定的欣赏点上对建筑物的静态观赏，动态欣赏是指欣赏者按照欣赏需要，在一定的观赏路线上对建筑物的观赏。在欣赏中，应该把静态欣赏与动态欣赏有机结合起来，随着欣赏路线的流动，欣赏者的大脑中就会出现一幅幅具体可感而又各不相同的建筑形象画面，即不同的建筑形象，从而感受到建筑形象的空间序列。同时，由于欣赏者视点的高低、视角的仰俯、视野的大小、视觉的转换等是不断流动变化的，因此当欣赏者去感受建筑形象的空间序列时，会产生一种节奏感，这也正是人们把建筑比喻成是凝固的音乐的内在依据。

总之，在欣赏建筑艺术的过程中，欣赏者应了解建筑艺术的一般特点和具有较高的审美修养，充分调动自己的想象、情感等因素，积极能动地进行审美观照，只有这样，才能更好地欣赏建筑艺术之美。

（二）中西方建筑艺术比较

从最初栖息在树木上和洞穴中，到后来建造房屋，人类逐步远离风雨蛇兽的侵袭，极大地改善了繁衍生息的条件，跨出了人类文明史的重要一步。

相当长的时期内，因建筑材料和社会功能的不同，中西建筑在相对封闭的系统内各自独立发展，很少有交流的机会，这形成了形态迥异、个性差别极大的东西方建筑艺术语言。西方的建筑材料多采用石质，向纵向发展，接近天堂，表现出对神的虔诚崇拜；中国传统建筑植根于辉煌而深厚的中国传统文化中而发展成熟，历来以木结构建筑为主，表现为"天人合一"的建筑观。只有到了近现代，随着中西方思想文化、科学技术的交流融合，中西建筑不仅与各自传统意义上的建筑大相径庭，而且也更多地趋向于一致性。

中西建筑艺术差异的实质是文化差异，中国建筑法则来源于传统的儒家文化，而西方建筑法则主要源于西方宗教文化。无论中国还是西方，建筑艺术都反映了物质和自然环境、社会结构形态、人的思维方法以及审美境界的差别。

1. 建筑艺术的材质不同

西方建筑艺术大多以石质的材料为主，属于砖石结构系统，把建筑看做是上帝休息的场所，希望能与上帝共存。例如，古希腊神庙、埃及金字塔、古罗马斗兽场等，全用石材筑成，从这个角度可见，西方建筑构成以石材为特征。自原始社会起，西方主要是以狩猎方式为主的原始经济，对物体实用性比较看重。另外，西方人最后选择了石材作为建筑的首要材料，可以看出他们务实求真的理性精神，在人与自然的关系中，强调人的力量和智慧能够战胜一切，"人定能胜天"。

中国传统建筑艺术以木结构建筑为主，木结构建筑艺术气质平易近人，平缓舒展，构图上削弱体型上的竖高、冷峻之感，节奏平缓而流畅，体现了东方人对自然的向往和崇敬。一座古建筑，除屋顶和台基使用瓦和砖石外，其柱、梁、枋等主要骨干部分均采用木材作为建筑材料。木制的梁柱和门窗在使用寿命上并不具优势，但木材的天然之美，其古朴、含蓄的自然风格，与中国人内敛深沉的文化性格相契合。将木材作为建筑的首选材料，充分体现了中国人对大自然的热爱和亲和之情。同时，木材轻巧坚韧、易于加工的特性，造就了中国古建筑独特的造型和丰富的形式。屋顶向上仰翻，屋角翘角飞檐，曲线的造型飞动轻快，建筑物和谐优美地镶嵌在大自然之中，成为天地自然的有机组成部分。

总之，中西建筑艺术对材料选择的差别之大，除自然因素差异以外，更重要则是文化理念不同。

2. 建筑艺术空间布局不同

从建筑艺术的空间布局来看，西方建筑大多是开放单体的空间格局并向纵向发展，建筑所使用的柱廊、门窗无一雷同，形态各异，突出建筑的实体形象。每间屋子都要开窗，以增加彼此交流，并用外部广阔的园林来包围建筑，西方建筑艺术在奴隶社会时期就已经实现这样的格局。随着建筑艺术的发展，所形成的西方建筑艺术布局最大的特点就是占据纵向延展的广阔空间，所以欧洲建筑艺术多以耸高尖顶而见长，如中世纪的圣索菲亚大教堂的中央大厅穹窿顶离地达六十米，罗马可里西姆大斗兽场高为四十八米。西方人把建筑与科学结合在一起，利用先进的科学技术成就给建筑艺术赋予奋发向上的精神力量。与西方建筑艺术截然相反，中国传统建筑艺术强调封闭、群体的空间格局，多在地面平面铺开，展现出一种"整体"美。中国建筑的规模和体制体现着建筑物主人的社会地位。中国古代社会的建筑等级规定明确而严格。体现这一特点的典型代表是北方的四合院，其布局对称，中高侧低，外墙封闭，门窗向内，封建社会的长幼有序、尊卑有定的礼乐秩序，以及尊长爱幼、内外有别的伦理观念，都暗含于深深庭院的浓重氛围之中。

3. 建筑艺术价值迥异，审美观念不同

从建筑艺术的价值来看，中国建筑艺术重在体现内在精神，西方的建筑更重视其社会功能的实用性。中国建筑艺术的审美价值为"天人合一"的宇宙观，就是有限个体与无限宇宙的自觉合一。在处理人与自然的问题上，中国人始终认为人与自然是相互依存、彼此照应、共同体会的关系。人的精神与宇宙自然和谐共处、亲和统一，这种"天人合一"的建筑观，体现在对建筑材料的选择上，以及建筑的选址布局上。无论是帝王宫殿还是平民居所，都讲究风水之说和五行相生相克的原理，旨在天地与自然万物和谐统一，达到"天人合一"的境界，以趋吉避凶，招财纳福。

纵观西方建筑艺术，强调人工美，注重建筑的规则美，把建筑艺术概括为几何形体。如巴黎凯旋门立面呈现出正方形；米兰大教堂"控制线"呈现出正三角形，其中央拱门和"控制线"则是两个整圆。园林绿化、花草树木之类的自然物方面，也与中国的园林建造思想不同，中国园林讲究借景，景景相错，实中带虚；而西方园林则须经过人工剪修，刻意雕饰，呈现出整齐井然的几何图案，同中国园林的"虽由人作，宛自天开"的自然情调形成鲜明的对照，这正是中西方在建筑艺术价值上的差异。

二十一世纪，人类迈入信息资讯的网络全系时代，科技创新的神奇化，以前所未有的

方式改变着人类的生活环境、生活方式与思维方式。中西建筑风格的差异经现代工匠们站在新时代的制高点上交融互补，博采众长，使传统建筑艺术现代化。建筑艺术中西合璧，交融互补，将是现代建筑的艺术目标。

二、中国建筑艺术鉴赏

我国古代建筑有悠久的历史。在世界上曾经有过许多优秀建筑体系，但其中有的早已中断，或流传不广，像古埃及、古印度的建筑，只有中国古代建筑同欧洲建筑和伊斯兰建筑一直延续至今，被称为世界三大建筑体系，尤其是中国古代建筑和欧洲古代建筑延续的时间最长，流传最广，成就最为辉煌。

（一）中国古代建筑发展概况

1. 原始社会至汉代是中国古建筑体系的形成时期

在原始社会早期，原始人群曾利用天然崖洞作为居住处所，或构木为巢。到了原始社会晚期，在北方，我们的祖先在利用黄土层为壁体的土穴上，用木架和草泥建造简单的穴居或浅穴居，以后逐步发展到地面上。南方出现了干栏式木构建筑。进入阶级社会以后，在商代，已经有了较成熟的夯土技术，建造了规模相当大的宫室和陵墓。西周及春秋时期，统治阶级营造很多以宫室为中心的城市。原来简单的木构架，经商周以来的不断改进，已成为中国建筑的主要结构方式。瓦的出现与使用，解决了屋顶防水问题，是中国古建筑的一个重要进步。

战国时期，城市规模比以前扩大，高台建筑更为发达，并出现了砖和彩画。秦汉时期，木构架结构技术已日渐完善，其主要结构方法，如抬梁式和穿斗式已发展成熟，高台建筑仍然盛行，多层建筑逐步增加。石料的使用逐步增多，东汉时出现了全部石造的建筑物，如石祠、石阙和石墓。秦汉时期还修建了空前规模的宫殿、陵墓、万里长城、驰道和水利工程。中国古建筑在自己的历史上出现了第一次发展高潮。

2. 魏晋南北朝时期是中国古建筑体系的持续发展时期

在建筑材料方面，砖瓦的产量和质量有所提高，金属材料被用作装饰。在技术方面，大量木塔的建造，显示了木结构技术的提高；砖结构被大规模地应用到地面建筑。河南登封嵩岳寺塔的建造标志着石结构技术的巨大进步；石工的雕凿技术也达到了很高的水平。

东汉时传入中国的佛教此时发展起来，南北政权广建佛寺，一时间佛教寺塔盛行，大量兴建佛教建筑，出现了许多寺、塔、石窟和精美的雕塑与壁画。

3. 隋唐时期是中国古代建筑发展史上的第二个高潮

隋唐时期的建筑，既继承了前代成就，又融合了外来影响，形成为一个独立而完整的建筑体系，把中国古代建筑推到了成熟阶段，并远播影响于朝鲜、日本。

隋朝虽是一个不足四十年的短命王朝，但在建筑上却颇有作为。建造了规划严整的大兴城，开凿了南北大运河，修建了世界上最早的敞肩券大石桥——安济桥。

唐朝的城市布局和建筑风格规模宏大，气魄雄浑。其长安城在隋大兴城的基础上继续经营，成为当时世界上最大的城市。在建筑材料方面，砖的应用逐步增多，砖墓、砖塔的数量增加，琉璃的烧制比南北朝进步，使用范围也更为广泛；在建筑技术方面，也取得了很大进展，木构架的做法已经相当正确地运用了材料性能，出现了以"材"为木构架设计的标准，从而使构件的比例形式逐步趋向定型化，并出现了专门掌握绳墨绘制图样和施工的都料匠。建筑与雕刻装饰进一步融化、提高，创造出了统一和谐的风格。唐朝的住宅，根据主人不同的等级，其门厅的大小、间数、架数以及装饰、色彩等都有严格的规定，体现了中国封建社会严格的等级制度。这一时期遗存下来的殿堂、陵墓、石窟、塔、桥及城市宫殿的遗址，无论布局或造型都具有较高的艺术和技术水平，雕塑和壁画尤为精美，是中国封建社会前期建筑的高峰。

我国现存最早的木结构建筑的实物仅有唐代的五台山南禅寺和佛光寺部分建筑。其建筑特点是，单体建筑的屋顶坡度平缓，出檐深远，斗拱比例较大，柱子较粗壮，多用板门和直棂窗，风格庄重朴实。

4. 宋朝是中国古建筑体系的大转变时期

宋朝建筑的规模一般比唐朝小，但比唐朝建筑更为秀丽、绚烂而富于变化，出现了各种复杂形式的殿阁楼台。建筑装饰绚丽而多彩。流行仿木构建筑形式的砖石塔和墓葬，创造了很多华丽精美的作品。建筑构件的标准化在唐代的基础上不断发展，各工种的操作方法和工料的估算都有了较严格的规定，并且出现了总结这些经验的建筑文献《营造法式》。《营造法式》是北宋政府为了管理宫室、坛庙、官署、府第等建筑工程，于北宋崇宁二年(1103 年)颁行的，是各种建筑的设计、结构、用料和施工的"规范"。

现存宋代的建筑有山西太原晋调圣母殿、福建泉州清净寺、河北正定隆兴寺和浙江宁波保国寺等。其建筑特征是，屋顶的坡度增大，出檐不如前代深远，重要建筑门窗多采用菱花隔扇，建筑风格渐趋柔和。

5. 元朝是中国古建筑体系的又一发展时期

元大都按汉族传统都城的布局建造，是自唐长安城以来又一个规模巨大、规划完整的都城。元代城市进一步发展了各行各业的作坊、店铺和戏台、酒楼等娱乐性建筑。从西藏到大都建造了很多藏传佛教寺院和塔，大都、新疆、云南及东南地区的一些城市陆续兴建伊斯兰教礼拜寺。藏传佛教和伊斯兰教的建筑艺术逐步影响到全国各地。中亚各族的工匠也为工艺美术带来了许多外来因素，使汉族工匠在宋、金传统上创造的宫殿、寺、塔和雕塑等表现出若干新的趋势。

现存元代的建筑有山西芮城永乐宫、洪洞广胜寺等。使用辽代所创的"减柱法"已成为大小建筑的共同特点，梁架结构又有了新的创造，许多大构件多用自然弯材稍加砍削而成，形成当时建筑结构的主要特征。

6. 明清时期是中国古建筑体系的最后一个高峰时期

明朝由于制砖手工业的发展，砖的生产大量增长，明代大部分城墙和一部分规模巨大的长城都用砖包砌，地方建筑也大量使用砖瓦。琉璃瓦的生产，无论数量或质量都超过过去任何朝代。官式建筑已经高度标准化、定型化。清朝于 1723 年颁布了《工部工程做法则例》，统一了官式建筑的模数和用料标准，简化了构造方法。民间建筑的类型与数量增多，质量也有所提高，各民族的建筑也有了发展，地方特色更加显著。

明清时期大事兴建帝王苑囿与私家园林，成为中国历史上一个造园高潮。皇家和私人

的园林在传统基础上有了很大的发展，在明末出现了一部总结造园经验的著作——《园冶》，并留下了许多优秀作品。

北京明清故宫和沈阳故宫是明清宫殿建筑群的实例，与前代相比变化较大：明清建筑出檐较浅，斗拱比例缩小，"减柱法"除小型建筑外在重要建筑中已不采用。

（二）中国古代建筑赏析

中国古代建筑类型很多，主要包括宫殿、陵墓、坛庙、宗教、民居和园林等六大类建筑。其主要特点是具有独树一帜的木结构体系，庭院式的组群布局，屋顶样式繁多并且注重色彩的运用。

1. 宫殿建筑

宫，本是古代穴居小屋的形象，泛指所有房屋，秦汉以后专属于帝王。殿，本义指高大的建筑。宫殿二字连用，最初具有多种功能：首领居住、聚会、祭祀等，后来发展为一般理解的帝王宫室。宫殿主要有两个作用，一是帝王朝会，一是君王后妃居住。这样，宫殿就发展为"前朝后寝"或"外朝内廷"的规划格局。我国由于经历了漫长的封建社会，历代帝王为了满足其骄奢淫逸的生活和维护其统治的威严，往往大兴土木，营建各种宫室殿堂。宫殿代表中国建筑艺术的最高成就。

中国最早的宫殿建于夏朝，初具前堂后室的规模。我国现知最早最古老的宫殿遗址，是河南偃师二里头商代宫殿遗址。据史书记载，此处当是商汤建都的西亳所在。从东周都城洛邑开始，中国宫殿的总体格局便大致确定，众多的门、殿和广场，依中轴线作纵深构图，在不同区段创出不同的氛围，总体又形成有机组合，达到预定的环境艺术效果。以后各个朝代的宫殿都有所发展。

秦朝的咸阳宫和阿房宫，汉代的未央宫和建章宫，形成了中国宫殿建筑的第一次高潮。秦始皇统一中国后兴建的阿房宫，就已达到惊人规模。西汉初年修建的未央宫，宫城周围达八千九百米。汉高祖刘邦曾因见到这座宫殿建筑的奢华而动怒，主持这一工程规划的萧何说："天子以四海为家，非壮无以重威。"司马迁在《史记·高祖本纪》中也提到"非壮丽亡以重威"。这说明统治者已经认识到，规模宏大的宫殿建筑也可以作为巩固其政权的一种工具，以后的历代帝王更加重视都城和宫殿建筑。因此秦汉以后，宫殿建筑始终在中国古代建筑中占有重要的位置，可惜许多宫殿建筑都已成为遗迹。

隋唐时的长安大明宫代表盛唐建筑艺术的最高成就。唐大明宫基址尚存，位于长安城东北龙首原高地，俯临全城；规模宏大，规划严整。木建筑解决了大面积、大体量的技术问题；门窗朴实无华，给人以庄重、大方的印象。

明清两朝的北京紫禁城则是中国古代建筑艺术全体构图的最高典范，显示了古代建筑艺术家精微的审查能力和驾驭全局的魄力，在世界上拥有崇高的声誉。

整个故宫规模宏大，极为壮观。仅以宫殿的核心部分紫禁城为例，它东西长七百六十米，南北长九百六十米，占地七十二万多平方米。根据宫廷建筑的一般习惯，故宫也可以分作皇帝处理政务的外朝和皇帝起居的内廷两大部分。故宫中的乾清门，就是外朝和内廷之间的分界线。

外朝以"三大殿"——太和殿、中和殿、保和殿为主，前有太和门，两侧有文华殿和

艺术鉴赏

武英殿两组宫殿。

内廷以"后三宫"——乾清宫、交泰殿、坤宁宫为主，它的两侧是供嫔妃居住的东六宫和西六宫，也就是人们常说的"三宫六院"。

故宫的这种总体布局，突出体现了传统的封建礼制"前朝后寝"的制度，而整个故宫的设计思想更是突出地体现了封建帝王的权力和森严的封建等级制度。例如，主要建筑除严格对称地布置在中轴线上外，特别强调其中的"三大殿"，"三大殿"中又重点突出举行朝会大典的太和殿(俗称金銮殿)。为此，在总体布局上，"三大殿"不仅占据了故宫中最主要的空间，而且它前面的广场面积达二点五公顷，有力地衬托出太和殿是整个宫城的主脑。再加上太和殿又位于高八米分作三层的汉白玉石殿基上，每层都有汉白玉石刻的栏杆围绕，并有三层石雕"御路"，使太和殿显得更加威严无比，远望犹如神话中的琼宫仙阙，气象非凡。

至于内廷及其他部分，由于它们从属于外朝，故布局比较紧凑。

2．坛庙建筑

坛庙是祭祀神和祖先的地方。一般来说，祭祀祖先多在室内，称为"庙"，如太庙、孔庙；也常称为"祠"，如武侯祠、家族祠堂等。自然神的祭典多在露天的一座高台上举行，称为"坛"，如天坛、地坛、社稷坛；还有一些自然神被赋予人的意志和品格，也在室内祭祀，称为"庙"，如泰山岱庙、嵩山中岳庙。这些合称为坛庙。

民间祭祀建筑主要分为两类，一是祭祀民间信仰诸神的神祠，如关帝庙、关公祠；二是家族祠堂或先贤祠，如广东佛山祖庙、广州陈家祠堂等。

坛庙建筑属于礼制建筑，在中国建筑史上主要遵循周制，并愈益完备，统观之大致可以分为四类：第一类，遵从周礼考工记"左祖右社"之制，建于皇城之前，作为帝王主持祭祀的"太庙"和"社稷坛"；第二类，遵从"郊祭"的古制，建在都城近郊多有帝王主持祭祀的天地坛等，以及分布在全国各地由帝王派出管理主持祭祀的岳庙、镇庙和渎庙等；第三类，如《国语·鲁语》所述"法施与民、以死勤事、以劳定国、能御大灾、能捍大患者，建祠祀之"，如孔庙、关帝庙、武侯祠、司马迁祠等；第四类，按社会地位与等级，在民间为祭祀宗祖而建的家庙，或称祠堂。

中国早期的坛庙是西汉长安的"明堂辟雍"，是一座祭祀天地的场所。

古代帝王亲自参加的最重要的祭祀有三项：天地、社稷、宗庙。最隆重的祭祀是祭天。现在最著名的坛庙是北京的天坛，始建于明永乐十八年(1420 年)，祭天的圆坛称为寰丘，改建于清乾隆十七年(1752 年)；祈祷丰收的祈年殿重建于清光绪十六年(1890 年)。

坛庙建筑多为三层，广泛使用象征和隐喻手法，突出自然神力量的伟大。如"明堂辟雍"中央建筑下层四面走廊各有一厅，每厅有左右夹室，称为"十二堂"，象征一年的十二个月；中层每面各有一堂，上面台顶中央和四角各有一亭，象征金、木、水、火、土五行，祭祀五位天帝；而南面方角，北面圆角，象征天圆地方。整个建筑多用圆形平面，寰丘各部尺寸和数量使用象征"天"的数字"九"或九的倍数，祈年殿柱子的数目与农业节气相关。整个建筑极力渲染了"天"的肃穆和崇高。

3．陵墓建筑

陵墓是古代帝王的坟墓。陵，本义是高大的山。因古代帝王的坟堆得特别高大，故而

称为陵墓。古代统治阶级厚葬成风，在坟墓上靡费大量人力和物资。一般来说，陵墓分为地下和地上两部分。地下主要是安置棺椁的墓室，开始(约从商代到汉)用木椁室，随后出现砖石结构的墓室。这种地下砖石构筑物发展到后来，规模宏大，结构严密，真正成为"地下宫殿"。

在春秋战国以前，坟与墓存在一些细微的差别，墓上没有土堆，坟上则有封土。战国以后二者没有什么区别，"陵墓"一词开始流行。

陵墓是古代帝王在阴间的住宅，是阳间生活的继续，因而其选址、建筑规模都非常重要。大多依山为陵，选择风景优美的景地，建筑物规模宏大，体现王权至尊的思想。从古至今每个朝代都有著名的陵墓。如战国陵墓以河北平山中山王陵为代表。

陵墓中空前绝后的宏伟作品，当属秦始皇骊山陵。秦始皇陵史称"骊山陵"，是中国历史上最大的陵墓。现存陵体为方锥形夯土台，该陵已经过两千多年的风雨剥蚀，原来的体形应该更为巨大。兵马俑显示了秦始皇的赫赫战功和崇高皇权。

唐陵的特点是利用地形，以山为坟，不采用秦汉人工夯筑的封土方法。唐高宗与皇后武则天合葬的乾陵，是唐陵的代表。乾陵位于乾县北梁山上，隧道墓门用石条层层填塞，缝隙以溶铁汁浇铸锢闭，因此迄今无损。

明代迁都北京后，在昌平天寿山形成集中的陵区，称"十三陵"，将单独的陵墓组合成群，建成群体性建筑。它距北京市区约四十五公里，陵区的北、东、西三面山峦环抱，十三陵沿山麓散布，各据岗峦，面向中心——长陵。整个陵区结合自然地形，各陵彼此呼应，成为气象宏伟而肃穆的整体。

清代的东、西陵与明陵既相似又有所发展。

4. 宗教建筑

宗教建筑主要有佛寺和佛塔，是中国建筑中仅次于宫殿的另一重要建筑类型。

1) 佛寺

中国佛寺始于东汉永乐十年(公元 67 年)在洛阳城西创立的白马寺，至今已有两千多年的历史。佛寺只有两种方式：一种是中心塔型佛寺，以廊庑围成院落，高塔置放正中，其布局来源于印度的佛教观念，即佛塔是最重要的佛教纪念建筑，是佛的遗物和遗迹，信徒们围绕着它行礼拜；另一种是宅院式佛寺，是由宅院改造而成的，多为小寺，不建塔。两种佛寺反映了两种不同的佛教修行方式，一者重戒行实践，故绕塔礼拜更受重视；一者重义理探求，宣讲义理所需的佛殿和讲堂更加重要。

汉至南北朝时，北方重戒行，南方重义理。

隋唐以后，佛教趋于南北合流，佛寺建筑由以塔为中心逐渐蜕变为以高大的佛阁为中心，这种阁堂内藏通贯各层的巨像，信徒可逐层巡礼，实际上是塔与殿的化合结晶。

中国佛寺的基本部分有两组建筑：山门和天王殿为一组，是门脸。因寺院多居山林之中，佛寺大门称为山门。天王殿供奉的是弥勒和四大天王。另一组是大雄宝殿，是寺院的主体建筑，是供奉佛教缔造者和教团最高领导者——"佛"的大殿。大雄是对佛的道德法力的尊称，指佛有非凡之力，能伏四魔。供奉的主要佛像称为主尊、木尊，一般为释迦牟尼佛(佛教的缔造者)、阿弥陀佛(西方极乐世界的教主，亦称无量寿佛)。此外还有讲堂(演说佛法叛戒集会之处，规模仅次于大雄宝殿)、药师殿(供药师佛)、菩萨殿、罗汉堂、戒谈

殿等。

在拉萨市西约二点五公里的布达拉山上，是达赖喇嘛行政和居住的宫殿，也是一组最大的藏式喇嘛教寺院建筑群，可容僧众两万余人。此宫依山而建，经过漫长的石磴道行至山腰，才到达宫的入口。上部中央的红宫是整个建筑群的主体，也是达赖喇嘛接受参拜及其行政机构所在，最大的经堂可容纳五百喇嘛诵经。红宫以东是达赖喇嘛的住所。此外，宫内尚有许多壁画，对研究当地的历史和艺术都很有价值。这座既凝结了藏族劳动人民的智慧又融合了汉藏文化精髓的古代宫殿群，不仅是西藏的标志，也成为世界建筑史和宗教史上的一朵奇葩。

2）佛塔

原来塔这种建筑并不是我国的固有类型，在传入我国以后，塔又和我国原有的建筑形式相结合，形成了一种具有中国民族传统特色的新的建筑类型。

塔原是南亚次大陆的一种坟，佛教徒沿袭为藏舍利、骨灰之用。塔院是僧人公墓，因院内塔多，又称塔林。

佛塔的主要类型有楼阁式、密檐式、金刚宝座式、花塔式。从形式上可分为方形、圆形、六角形、八角形等不同形式；从结构上可分为木造、砖造、石造、金属造等。

山西应县佛宫寺木塔是我国现存最早、最大和最高的木塔，也是世界上最高的木构建筑，始建于辽代，木塔结构精巧，至今完好。

由于木构的建筑不易保存，后来的佛塔多用砖石仿造并加以适当改革，其中的代表有西安大雁塔、杭州六和塔、云南大理崇圣寺千寻塔、北京大正觉寺金刚宝座塔等。

嵩岳寺塔是中国现存最早的砖塔，该塔位于登封县城西北约六公里、太室山南麓的嵩岳寺内，建于北魏孝明帝正光元年(公元 520 年)。该塔不仅以其独特的平面型制而闻名，还以其优美的体形轮廓而著称于世。

5. 民居

民居是家的所在，中国人自古重视血缘亲情，常常赋予家以强烈的感情色彩，因而在民居选择上，一方面考虑其实用性，另一方面更注重其审美性和情感性，甚至将尊卑之礼、长幼之序等宗法伦理融入民居建筑中。所以说民居是中国传统文化的重要组成部分。

民居极具地域性。中国幅员广阔，民族众多，相对于其他国家，民居的形式更显繁复多样。由于受到不同民族和地区的自然条件、发展水平等因素的影响，形成了各具特色的民居类型，这些土的、木的、草的民居散发着浓郁的地方特色，具有极高的审美价值。

1）北方院落民居

在北方，四合院被视为中国民间建筑文化的象征。它表现为规整、方正、对称的布局，开敞的分进式空间组织，色彩绚丽的檐雕和门饰，简洁而颇具匠心的铺地。四合院坐北朝南，大门开在东南角，称"坎宅门"，既吉利又有利于保持私密性和增加空间的变化。进入大门西转为外院，安排客房、仆房和厨、厕。从外院向北，通过一个重门进入内院，北面正房称堂，供奉"天地君亲师"牌位，举行家庭仪礼，接待尊贵宾客，其左右耳房居住长辈和用做书房。院两侧的厢房是后辈居室，各房以游廊相连。

四合院不仅适合北方的季节特点，更蕴含着宗法伦理思想。如长辈住上房，哥东弟西，女眷居后院不迈二门等。

2）窑洞

窑洞式民居是一种古老的居住方式，由穴居演变而来，在黄土高原地区应用最广。它利用了黄土高原土质坚实不易倒塌的特性，挖成顶部为拱形的洞穴。平顶式、靠崖式和下沉式是最普遍的窑洞类型。平顶式窑洞是在平地上用土坯、砖、石等垒砌而成；靠崖式窑洞是在坡壁上掏挖而成；下沉式窑洞是在平地上挖坑，然后在坑的四壁上凿挖窑洞，形成宅院。

3）江南水乡民居

江南水乡民居一般指江苏、浙江一带的水乡民宅，如江苏的周庄、同里、木渎，浙江的西塘、南浔、乌镇等。江南民居的平面布局方式和北方的四合院大致相同，由四合院围成的小院子通称天井，仅作采光和排水用，这种布局俗称"四水归堂"。江南水乡民居一般沿河而建，沿河一面设有码头供出行和洗刷之用，色彩以白、灰、黑为主，素雅明净。

4）吊脚楼

吊脚楼是长江沿岸以及渝东南、湘西、鄂西的土家族在坡度较陡的山地上或濒临河道地段建设的房屋。它基本的特点是随着坡度的变化，以高低不同的脚柱架空而立，正屋建在实地上，厢房除一边靠在实地和正房相连，其余三边皆悬空，靠柱子支撑，有如吊脚，所以称为"吊脚楼"。吊脚楼一般分为上下两级，前面为楼房，后面为平房。

吊脚楼属于干栏式建筑，但与一般所指干栏有所不同，干栏应该全部都悬空的，所以称吊脚楼为半干栏式建筑。吊脚楼有很多好处，高悬地面既通风干燥，又能防毒蛇、野兽，楼板下还可放杂物。吊脚楼还有鲜明的民族特色，优雅的"丝檐"和宽绰的"走栏"使吊脚楼自成一格。这类吊脚楼比干栏较成功地摆脱了原始性，具有较高的文化层次，被称为巴楚文化的"活化石"。

5）岭南客家集团民居

客家民居属于集体性建筑，土楼就是其标志性建筑之一。总的特点是规模很大，作向心对称布局，围合严密，居住同一家族的十几、二十几个家庭。客家人来自中原，因为战乱等原因迁徙南方，恪守传统，特别尊行儒礼、珍视家族团结，到达当地后聚族而居，连建筑形式也坚固保守，所以这种既有利于家族团聚又能防御战争野兽的建筑方式便被保持下来，同一个祖先的子孙们在一幢土楼里形成一个独立的社会，共存共荣，共亡共辱。集团式民居是客家文化的鲜明表现。

客家土楼主要有圆楼、方楼、五凤楼等三种典型结构。圆楼是当地土楼群中最具特色的建筑，一般以一个圆心出发，依不同的半径，一层层向外展开，如同湖中的水波，环环相套，非常壮观。其最中心处为家族祠院，向外依次为祖堂，围廊，最外一环住人。整个土楼房间大小一致，面积约十平方米左右，使用共同的楼梯，各家几乎无秘密可言。土楼采用当地生土夯筑，柱梁为木质，顶覆灰瓦，远远望去，朴实中透着秀气，雄伟壮丽也温婉可人。

客家人南迁的历史是漫长的，从战国、六朝、唐末到明清时期一直持续不断，福建土楼的历史最长的也有将近两千年，所以福建土楼闪烁着古老中原建筑文化的光芒，也融合着南方本土的地域特征，是我国古代民居的活化石。

6．园林建筑

中国古代园林是把自然和人造的山水、花木以及建筑等融为一体的游赏环境。它不仅具有悠久的历史和高度的成就，而且独树一帜，自成体系，与欧洲、阿拉伯园林并称世界三大园林体系。

中国园林历史悠久，早在先秦就已发轫，最早见于史籍记载的是公元前十一世纪西周的灵囿，至今已有三千年的历史。秦汉和隋唐曾掀起两次皇家园林建设的高潮，唐宋私家园林得到很大发展，明清则是园林艺术发展的第三次高潮。随着社会的进步，中国园林逐渐形成独特的民族形式，自成体系。它的主要特点是崇尚自然而又妙造自然，把人工美与自然美巧妙结合起来，创造了独树一帜的自然山水式园林。

中国古代园林与欧洲几何形图案布局的园林相比，可称之为"自然式"，即园景主要是模仿自然，以人工的力量创造自然的景色，达到"虽由人作，宛自天开"的效果，体现了中国古人尊重自然并与自然相亲近的观念。所以，在园林的布局上强调自由曲折，这在面积较小的江南私家园林中表现得尤其突出。

中国园林布局的另一特点是划分景区和空间，以及善于"借景"。划分景区和空间的手法，主要是巧妙地利用山水、树木、花卉、建筑等，把全园划分为若干个各具特色的景区。如北京颐和园分成宫殿区、前山前湖区、后山后湖区和西湖区四大景区。这四个景区特点各异，组成相得益彰的整体。其中前山前湖区是它的重点景区和精华所在，正是这种重点景区构成了每个园林的主要特色。

至于所谓"借景"，则更是中国古代园林突破空间局限、丰富园景的一种传统手法。它把园林以外或近或远的风景巧妙地引"借"到园林中来，成为园景的一部分。例如，江苏无锡寄畅园"借"附近锡山的景；北京颐和园"借"附近玉泉山和西山的景，极大地扩大和丰富了园景，使颐和园更显示出皇家园林的宏大气魄。

此外，中国古代园林特别善于利用具有浓厚的民族风格的各种建筑物。它除了满足游人遮阴避雨、驻足休息等方面的要求外，总是与山、水、花木密切结合，组成风景的观赏点，而且追求寓情于景、触景生情的艺术境界。例如，苏州网师园中的"月到风来"亭临水而建，亭中横匾"月到风来"取自唐代韩愈的诗句"晚年秋将至，长月送风来"。游人在这里秋夜赏月，对景品味横匾题词，便可以引发出一种诗情画意的感受。由此可见，中国园林是由建筑、山水、花木、文学等组合而成的一种综合艺术。

中国古代园林主要有两种类型：一种是面积较大，气派宏伟的华北皇家园林；一种是规模较小的江南私家园林。这两种类型集中体现了中国古代园林艺术的特点和精华。

1）华北皇家园林

华北皇家园林以北京颐和园和承德避暑山庄为代表。

颐和园由万寿山和山南的昆明湖组成，全园可分为宫殿区、前山前湖区、西湖区和后山后湖区四大景区。颐和园规模大，以真山真水为造园要素，景点多，功能内容和活动规模大，风格侧重富丽华采。

承德避暑山庄位于承德市区北部，是清王朝康、雍、乾三代帝王历时八十九年修建而成的供皇帝处理政务和与其家人避暑、休闲、渔猎的处所，是清代盛世的象征，也是我国现存最大的古典皇家园林。山庄融合了中国南北园林风格，宫殿区布局严谨，建筑朴素，苑景注重自然野趣，宫殿与天然景观和谐相融，达到了回归自然的境界，使避暑山庄成为中国古典园林艺术的总结。

2) 江南私家园林

江南私家园林以苏州拙政园、网师园、留园、环秀山庄，扬州寄啸山庄和瘦西湖，以及无锡寄畅园为代表。

私家园林规模较小，大多以水面为中心，四周散布建筑，构成一个个景点，几个景点围合成景区。其功能在于修身养性，闲适自娱，园主多为能文会画的文人学士，因而园林风格清高风雅，充满着书卷气。

中国古典园林的精华集中在江南。前人有所谓"江南园林甲天下，苏州园林甲江南"的评语。我国建筑界也认为"中国古典园林精华萃于江南，重点则在苏州，大小园墅数量之多、艺术造诣之精，乃今天世界上任何地区所少见"。

之所以形成这一情况，主要是因为从春秋以来，苏州一直是我国南方的重要城市，它具有物质丰裕、文化发达、山明水秀的优越条件，自晋室南迁以后直至清代，历代贵族官僚不断地在苏州建造供他们享受的园林。因此，现存的苏州古典园林相当可观。

三、西方建筑艺术鉴赏

较之中国古代几千年来一脉相承的建筑传统，发源于地中海沿岸的西方建筑则呈现出斑斓多变的色彩。远在奴隶制时期，埃及、西亚、希腊的建筑成就达到了非常高的水平。由于历史的种种原因，埃及和西亚的建筑传统都相继中断，唯古希腊建筑经古罗马的继承得以流传和延伸。

(一) 西方建筑艺术发展概况

西方建筑流派繁多，都与其特定的社会时代和环境息息相关。

1. 古希腊建筑

古希腊的发展时期大致为公元前八世纪至公元前一世纪。古希腊建筑的结构属梁柱体系，早期主要建筑都用石料，后世许多流派的建筑师都从古希腊建筑中得到借鉴。

2. 古罗马建筑

古罗马帝国各地的大型剧场是古罗马建筑的代表，剧场内观众席平面呈半圆形，逐排升起，以纵过道为主、横过道为辅。观众按票号从不同的入口、楼梯到达各区座位。人流不交叉，聚散方便。舞台高起，前有乐池，后有化妆楼，化妆楼的立面便是舞台的背景，两端向前凸出，形成台口的雏形，与现代大型演出性建筑物的基本形制相似。

古罗马多层公寓常采用标准单元格局。一些公寓底层设商店，楼上住户有阳台。这种形制同现代公寓也大体相似。从剧场、角斗场、浴场和公寓等形制来看，当时建筑设计这门技术科学已经相当发达。

古罗马建筑的书籍和图画在明代末年开始传入中国，但古罗马建筑对中国建筑并没有产生实际影响。

3. 罗曼建筑

罗曼建筑是公元十世纪至公元十二世纪欧洲基督教流行地区的一种建筑风格。罗曼建筑原意为罗马建筑风格的建筑，又译作罗马风建筑、罗马式建筑、似罗马建筑等。罗曼建筑风格多见于修道院和教堂建筑中。

4．哥特式建筑

十一世纪下半叶，哥特式建筑首先在法国兴起，十三世纪至十五世纪流行于欧洲，更多见于天主教堂，也影响到世俗建筑。哥特式建筑以其高超的技术和艺术成就，在建筑史上占有重要的地位。

5．文艺复兴建筑

文艺复兴建筑是欧洲建筑史上继哥特式建筑之后出现的一种建筑风格，十五世纪产生于意大利，后传播到欧洲其他地区，形成带有各自特点的各国文艺复兴建筑。

文艺复兴建筑最明显的特征是扬弃了中世纪时期的哥特式建筑风格，在宗教和世俗建筑上重新采用古希腊、古罗马时期的柱式构图要素。文艺复兴建筑，特别是意大利文艺复兴建筑，呈现空前繁荣的景象，是世界建筑史上一个大发展和大提高时期。

6．巴洛克建筑

巴洛克原意为奇异古怪，巴洛克建筑被认为是离经叛道的建筑风格。巴洛克建筑的主要特征表现为：炫耀财富、追求新奇、趋向自然，城市和建筑常有一种庄严隆重、刚劲有力，然而又充满欢乐、兴致勃勃的气氛。

7．法国古典主义建筑

法国古典主义建筑的代表作是规模巨大、造型雄伟的宫廷建筑和纪念性的广场建筑群。这一时期法国王室和权臣建造的离宫别馆和园林为欧洲其他国家所仿效。随着古典主义建筑风格的流行，巴黎在 1671 年设立了建筑学院，学生多出身于贵族家庭，他们看不上工匠和工匠的技术，形成了崇尚古典形式的学院派，其统治西欧的建筑事业达两百多年。

8．洛可可风格

十八世纪二十年代产生于法国的洛可可风格，是在巴洛克建筑的基础上发展起来的。洛可可本身倒不像是建筑风格，而更像是一种室内装饰艺术。它反映了法国路易十五时代宫廷贵族的生活趣味，曾风靡欧洲。

洛可可风格的特点表现为：外观朴素整洁，室内应用明快的色彩和纤巧的装饰，家具非常精致而偏于繁琐，不像巴洛克风格那样色彩强烈、装饰浓艳。德国南部和奥地利洛可可建筑的内部空间非常复杂。

9．浪漫主义建筑

浪漫主义建筑是指十八世纪下半叶到十九世纪下半叶，欧美一些国家在文学艺术中的浪漫主义思潮影响下流行的一种建筑风格。浪漫主义在艺术上强调个性，提倡自然主义，主张用中世纪的艺术风格与学院派的古典主义艺术相抗衡。这种思潮在建筑上表现为追求超尘脱俗的趣味和异国情调。

英国是浪漫主义的发源地，最著名的建筑作品是英国议会大厦。美国式的浪漫主义建筑也曾一度流行，尤其是在大学和教堂等建筑中。

10．古典复兴建筑

古典复兴建筑是指十八世纪六十年代到十九世纪流行于欧美一些国家，采用严谨的古

希腊、古罗马形式的建筑，又称新古典主义建筑。

英国以复兴希腊建筑形式为主，其典型实例有爱丁堡中学、伦敦的不列颠博物馆等。德国柏林的勃兰登堡门，以雅典卫城的山门为蓝本。美国独立以前，建筑造型多采用欧洲式样，称为"殖民时期风格"。美国国会大厦就是一个典型例子，它仿照巴黎万神庙，极力表现雄伟，强调纪念性。希腊建筑形式在美国的纪念性建筑和公共建筑中也比较流行，华盛顿的林肯纪念堂即为一例。

11. 折衷主义建筑

折衷主义建筑是十九世纪上半叶至二十世纪初，在欧美一些国家流行的一种建筑风格。折衷主义建筑师任意模仿历史上各种建筑风格，或自由组合各种建筑形式。它们不讲求固定的法式，只讲求比例均衡，注重纯形式美。

12. 现代主义建筑

现代主义建筑是指二十世纪中叶，在西方建筑界居主导地位的一种建筑思想。这种建筑的代表人物主张建筑师要摆脱传统建筑形式的束缚，大胆创造适应于工业化社会的条件、要求的崭新建筑，因此具有鲜明的理性主义和激进主义的色彩，又称为现代派建筑。

现代主义建筑思潮产生于十九世纪后期，成熟于二十世纪二十年代，在五六十年代风行全世界。密斯·凡·德·罗是现代主义建筑流派的代表，格罗皮乌斯、勒·柯布西耶等人也是其中的骨干人物。在二十世纪二三十年代，持有现代主义建筑思想的建筑师设计出来的建筑作品，有一些相近的形式特征，如平屋顶、不对称布局、光洁的白墙面、简单的檐部处理、大小不一的玻璃窗，很少用或完全不用装饰线脚等，这样的建筑形象地被称为"国际式"建筑。著名的联合国总部大厦就是现代主义建筑的代表作。

13. 后现代与解构主义建筑

到二十世纪七十年代，建筑界中反对和背离现代主义的倾向愈发明显，这种反对思潮称为后现代主义。后现代主义提出了许多与正统现代主义相反的理论观点，其审美原则就是要创造一种能唤起多种情感的反映历史与时代风貌的复杂的美。美国建筑师斯特恩提出后现代主义建筑具有三个特征：采用装饰；具有象征性或隐喻性；与现有环境融合。

"解构主义"(deconstruction)这个词是从"结构主义"(constructionism)中演化出来的。因此，它的形式实质是对于结构主义的破坏和分解。解构主义建筑则以"散乱"、"残缺"、"突变"、"动态"、"奇绝"为其主要形式，其审美原则已完全走向了理性主义的反面。

1982年由美国建筑师 M·格雷夫斯设计的波特兰市政大楼落成，标志着后现代已进入美国官方大型建筑。

对后现代主义建筑的评价一直是毁誉参半，莫衷一是。

(二) 西方建筑艺术赏析

1. 西方古代建筑

西方建筑史被称为是"一首由石头谱写的艺术史诗"。早在原始时期，人们就发现了用两个垂直放置的石块可以支撑一个水平石块的奥秘，这就是梁柱结构的雏形。英国的索尔兹伯里石阵是早期的实例之一。石阵是一片由五米多巨石环形构成的宏伟建筑，直径约三十二米，当中有五座门状的石塔。据说，石阵的分布与当时节令和天象的记录有关。巨大的尺度、原始拙朴的空间围合，至今还散发出无限神秘的气息。

人类大规模的建筑活动是从奴隶制社会建立之后开始的。

埃及人笃信人能死而复生，金字塔就是保存法老木乃伊、等待法老重生的巨大的纪念性建筑。早期的金字塔并没有后期那么壮观，它由最初的单层发展为多层阶梯形，最后演变成为纯粹的几何体。吉萨金字塔群是其中最著名的代表，三座金字塔都用大量硕重的淡黄色石灰石叠砌而成，石与石之间没有任何胶粘物，外贴磨光的白色石灰石，精确的正方锥体，准确地与东南西北四个方位吻合。直到今天人们还不了解，如此完美的几何体是怎样完成的。最大的胡夫金字塔高一百四十六点四米，底边各长二百三十点六米，墓室经由狭长而曲折的甬道，与外面的入口相通，空间只占整个金字塔体积的百分之十五。如此强烈的反差，正是自誉"太阳王"的法老徘徊于不朽与死亡之间的精神写照。

金字塔的美，是古埃及人鬼斧神工般的建造技巧、建筑造型尺度与悠长的尼罗河、壮阔的大漠共同构成的，只有这两者相结合，才符合古埃及人对于高山、大漠无比神圣的原始崇拜，才能给人以直接的视觉冲击力和精神上的震撼。

除金字塔外，还有著名的卡纳克神庙，这是一座供奉太阳神阿蒙的神庙，其中留存至今的是一个宽一百零三米、进深五十二米、面积达五千平方米的柱厅，整个建筑无比宏伟壮丽，是世界最壮观的古建筑之一。

继埃及之后，古希腊和古罗马的建筑艺术取得了突出的成就，并对世界建筑艺术产生了深远的影响。

相对古埃及沉重的金字塔，古希腊建筑则洋溢着一派平民文化艺术的气氛。在这个泛神论的国家中，自然界的一切事物都被赋予了神化的解释，古希腊最杰出的建筑艺术都与神有关，最重要的类型是神庙。它创造并完善了以石制的梁柱为基本构件的建筑形式，柱子、梁枋和两坡顶的山墙共同构成建筑的主要立面。经过几百年的不断完善，这种建筑形式达到了完美的境界，基座、柱子和屋檐等各部分之间的组合都具有一定的格式，称之为"柱式"。古希腊创造的多立克柱式、爱奥尼亚柱式、科林斯柱式，是西方古典建筑最基本的组成部分，也是了解西方古典建筑艺术特点的重要方面。它经过古罗马的发扬光大，成为世界上影响最大的建筑体系，即西方古典建筑体系。

古希腊建筑最著名的典型实例是举世闻名的雅典卫城。这里原是雅典防御外敌入侵的城堡，后成为供奉雅典保护神雅典娜的圣地。雅典卫城建在一陡峭的山岗上，它包括作为入口的山门和三个神庙，以及由卫城建设总监、古希腊最著名的雕刻家菲地亚斯创作的大型雅典娜青铜像。四座建筑的布局因地制宜，十分自由，高低错落而又主次分明，形成一个既有变化又很统一的建筑群。作为卫城的主体建筑、供奉雅典娜的帕提农神庙是希腊本土上最完美的多立克柱式神庙，位于卫城的最高处，有"希腊国宝"之称。它的平面是希腊神庙中最典型的长方形列柱围廊式，四个立面连续而统一，围廊形成的虚透空间消除了中间神室封闭墙体的沉闷之感，使得神庙与自然相互渗透。帕提农神庙完美的外部形式和比例，一直是建筑史学家倾心琢磨之处。

古罗马建筑继承并发展了古希腊建筑艺术的传统与成就，并把它向前大大推进，达到了世界奴隶制时代建筑的最高峰。由于拱券技术的发明和天然混凝土的应用，古罗马人开辟了空间设计的新天地。万神庙诞生于古罗马帝国盛期(公元 120—124 年)，集罗马穹窿顶

和希腊门廊艺术之大全，完整、单纯、统一、和谐的内部空间设计以及在外部立面上的自然体现，使万神庙成为艺术史上的不朽名作。

古罗马之后，在相当长的历史时期内，是世界三大宗教——佛教、基督教和伊斯兰教在各国盛行的时代。象征着强大的宗教势力的宗教建筑，集中体现了各国古代建筑艺术的最高成就。现存的土耳其的圣索菲亚教堂、法国的夏特尔教堂、印度的泰姬·玛哈尔陵等，都是世界著名的古代建筑。

公元三九五年，罗马帝国分裂为东、西两部分，东罗马帝国以拜占庭为中心，吸收了波斯、两河流域等地的文化成就，在罗马遗产和东方丰厚文化的基础上形成了独特的拜占庭体系。拜占庭建筑有三个特点：一是穹隆顶，几乎所有的公共建筑、宗教建筑都用穹隆顶，这显然是受到古罗马建筑风格影响的结果；二是集中式，使一个大空间位于中心，周围则用小空间围绕起来，高大的圆穹顶就成了建筑的构图中心；三是在色彩的使用上，既注意变化，又注意统一，使建筑内部空间与外部立面显得灿烂夺目。

位于今土耳其伊斯坦布尔的圣索菲亚教堂是拜占庭建筑的代表作，是世界上唯一由神庙改建为教堂，又由教堂改建为清真寺的建筑。于是两种宗教在圣索菲亚教堂奇妙地结合在一起，不能不说是一个奇迹。圣索菲亚教堂因其巨大的圆顶而闻名于世，最突出的成就在于创造了以帆拱上的穹顶为中心的复杂拱券结构平衡体系，它的建筑结构复杂而又条理分明，是一幢"改变了建筑史"的拜占庭式建筑的典范。

公元五世纪西罗马帝国灭亡后，西欧逐渐形成封建制度，基督教会真正控制了整个社会，宗教建筑成为这个时期最主要的建筑物。在混沌与愚昧中建筑技术与艺术发展停滞，甚至不断倒退。公元九世纪，文明才重新走上正轨，大量模仿古罗马建筑风格，公元八世纪以后，随着欧洲社会的渐渐安定，建筑也逐渐增多，人们重新注意到文化，并且重新怀念起古罗马文化，因此这一时期的建筑就称为"罗马风"。

意大利的比萨大教堂是一座典型的罗马风建筑，它由四部分建筑组成：中间是主教堂，其平面是拉丁十字式的，即"十"字的四个翼中有一翼特别长，这一翼就是巴西利卡式的大厅；第二个建筑是圆形平面的洗礼堂，位于大教堂前面；第三个建筑是钟楼，即著名的比萨斜塔，此塔建造不到一半高度时，就倾斜了，于是停下来，但不久又继续往上建造。后来它便成为世界中世纪"七大奇迹"之一；第四个建筑是北墓。

基督教宣扬"天国乐土"，因此罗马风建筑(教堂)建得高峭，让人们联想到"天国"。随着技术的进步，这种修长高耸的建筑形式越来越甚，不久便出现了另一种建筑形式即哥特式。从一定意义上讲，哥特式建筑不仅是中世纪最伟大的艺术，也是中世纪唯一具有永恒生命力的艺术，它以其高超的技术和艺术成就，在建筑史上占有重要地位。

哥特式建筑最显著的特点就是高而直，因此这种建筑形式又叫"高直式"。总体风格是空灵、纤瘦、高耸、尖峭。建筑的立面越往上划分越为细巧，并大量采用高耸的尖塔和彩色玻璃窗，形体和装饰越见玲珑，这一切都使整个建筑充满了一种迷离幽幻、腾跃迁升的动感与气势，使人产生有向天国乐土升腾的感觉。

法国巴黎圣母院因法国文豪雨果的小说《巴黎圣母院》而名扬全球，这座建筑为早期的哥特式建筑。它位于巴黎境内的塞纳河中的城岛上，用石头砌成，所有屋顶、塔楼、飞扶壁等都有饰物。教堂大厅非常宽大，长度近一百三十米，深约四十七米，高三十米。由于空间高耸，所以人在其中感到神奇。又由于周围多是垂直线，所以又会使人产生升腾之感，似乎整个空间都在向上升起。这正是哥特式建筑的主要特点之一。中世纪基督教认为人间凡世充满罪恶和苦难，只有天堂是美好的，所以这种建筑形象也就是它的教义。

亚眠主教堂是法国哥特式建筑盛期的代表作，长一百三十七米，宽四十六米，是哥特式建筑成熟的标志。法国该时期的著名教堂还有兰斯主教堂和夏特尔主教堂，它们与亚眠主教堂和博韦主教堂一起，被称为法国四大哥特式教堂。

此外，意大利的米兰大教堂、德国的科隆大教堂都是哥特式建筑的著名代表。它们的外部造型、细部装饰及内部空间结构既充分地反映出哥特式建筑的一般风格特点，又个性鲜明。米兰大教堂前后共建造了整整一个世纪，这是一座世界上最大空间的哥特式教堂，可容纳四万人。科隆大教堂是德国最大的教堂，它以一百五十七米高的双尖塔荣膺古代世界最高建筑物的美誉，成为建筑史上最杰出的成就之一。

印度的泰姬·玛哈尔陵是著名的伊斯兰教建筑代表作，陵墓全部用洁白如玉的大理石建成，整个建筑色彩沉静而明丽，兼具娇柔与堂皇之美。泰姬陵凭借着自己和谐统一的建筑形体、巧妙对称的空间特点、丰富独特的文化背景和雄厚富丽的建筑材料征服了所有人，是世界建筑史上最美丽的建筑之一。

2．欧洲文艺复兴建筑

十四世纪末，西欧资本主义的萌芽导致了种种社会变革，生产技术和自然科学有了重大进步。在反对封建神权、提倡理性人文主义的"文艺复兴"运动中，古典形式与比例再度成为建筑的主题，古希腊、古罗马的建筑风格取代了被作为神权象征的哥特风格。文艺复兴的许多建筑的一个共同特点是把中世纪建筑以垂直线为主转变为以水平线为主，这一转变不只是形式的更换，更隐含着神与理性、神与人的更迭。

意大利的佛罗伦萨是文艺复兴的发祥地，它不但开始得最早，也最为轰轰烈烈。文艺复兴时期的许多著名建筑大多都集中在这里，佛罗伦萨圣玛利亚主教堂最早始建于公元1296年，后来又经数次修建。十四世纪前，这是一座比较典型的意大利中世纪哥特式教堂，教堂前面大门左侧有一高耸的具有强烈垂直线条的钟楼，教堂主体是一个长方形的大厅，用尖拱结构，后部为祭坛。为使穹顶的视觉效果更明显，建筑师结合古罗马建筑形式与哥特建筑的结构，在其下设计了一个拜占庭式的八角形鼓座，使得教堂的穹顶成为整个城市天际线的中心。

与以往任何时代的建筑师不同的是，文艺复兴时代的建筑师不仅仅是在建造一座座建筑物，同时还在建造着一座理论大厦，建筑不再是现实中传统习惯的延续，也应当折射人的形貌、反映人体比例。这时期产生的建筑理论，一直影响到今天。

展示文艺复兴全部精神风貌和世俗权力的杰出作品，首推文艺复兴盛期意大利首府罗马的圣彼得大教堂。它的建成从1506年奠基到1626年竣工，整整花了一百二十年。米开朗基罗以一个雕塑家对三维空间特有的敏感，向人们展示了尺度与空间的新观念。大教堂的主体平面为拉丁十字式，整体呈现着大型石构建筑所具有的雄浑而又不失精美的特点。立面纵向划分为底座、巨柱式壁柱、腰檐、顶褛和屋檐，屋檐之上再排列雕像，它们相互间通过十分恰当的比例组成了精美的构图，反映了文艺复兴的思想性和艺术性。

意大利文艺复兴运动以佛罗伦萨为中心开展起来，后来影响到了威尼斯。威尼斯是文艺复兴晚期的中心，最主要的成就是圣马可广场及其建筑群。

圣马可广场本来的主体建筑是圣马可教堂，修建于十一世纪，是一座拜占庭风格的教堂，其平面是希腊十字形，上面有五个圆穹顶，西立面为主立面，正对广场，由五个半圆拱门组成，立面装饰十分华美，富有东方特征。在圣马可教堂的南侧为总督府，总督府南面朝向繁华热闹的海湾码头，西面朝向著名的圣马可广场，南立面和西立面均有着最好的观景视域。两个立面构图相同，均分三层，轮廓简洁。在教堂西南角附近有一个大钟楼，高近一百米，始建于公元十世纪，后于 1908 年重建，但形式完全按原样。总督府对面圣马可图书馆，有两层高，是典型的文艺复兴建筑形式。整个圣马可广场的空间环境变化十分丰富，在统一布局中强调了各种对比的效果，给人以既丰富多彩又完整统一的感受，是城市建设和建筑艺术的优秀范例。

3. 巴洛克建筑与洛可可建筑

巴洛克是产生于文艺复兴高潮之后的一种文化艺术风格，"巴洛克"的原意为畸形的珍珠，其艺术特点就是怪诞、扭曲、不规整。巴洛克建筑风格是巴洛克文化艺术风格的一个组成部分，多用强烈的装饰和鲜明的色彩，追求自由、动态、神秘与富丽的效果，具有强烈的世俗享乐的味道。

意大利的罗马耶稣会教堂可以称为第一个巴洛克建筑。后来巴洛克建筑多倾向于大量使用曲面，包括立面、平面以及诸细部构件。在建筑的局部上做得丰富繁缛，大量使用弯曲和变异的形态。如采用椭圆形为基础的 S 形，波浪形的平面和立面，使建筑立面丰富、奇特，产生动态感；把建筑和雕刻二者混合，使圆雕、浮雕充斥着室内外，以追求新奇感；用高低错落及形式构件之间的某种不协调，引起刺激感等以求与众不同。

艺术鉴赏

著名的巴洛克大师波洛米尼设计的圣卡罗教堂是全面体现巴洛克建筑风格特征的代表作。这座教堂彻底摒弃了文艺复兴及其以前建筑惯用的界线严格的几何构图，室内外几乎没有直角，线条全为曲线，线脚繁多，装饰图案复杂，并使用了大量的雕刻和壁画，五彩缤纷，富丽堂皇。与内部空间的诡谲相对应，教堂外立面也极尽曲折变换，宛如起伏的波浪。在仅有上下两层高的立面上装饰了大量的动植物雕刻、栏杆、假窗和奇形怪状的图案。在拐角立面上装饰有水池、凹龛和人物雕像，拐角处的屋顶是一座高高的方形塔楼，塔楼的每个边角也都有凹凸变化，整个造型的确如被扭曲了的珍珠。

由于巴洛克建筑风格具有欢乐的气氛，新奇、堂皇、荣耀，是最适应享乐主义的形式，因此被广泛地运用于那些专供观赏的建筑，如广场、街心花园、喷泉、水池等。

法国最典型的巴洛克建筑要数凡尔赛宫，它位于巴黎西南约二十二公里，是一座南北两翼长达五百七十五米的巨大建筑物。建筑全部用石材砌筑，立面装饰着古典柱式，突出水平线脚，统一匀称，体现了古典风格。内部装修十分富丽，采用了巴洛克手法。中央部分布置了宽阔的连列厅和堂皇的大理石阶梯，"镜廊"的宫殿曲立面对着的是世界上最大的皇家园林——凡尔赛花园。凡尔赛宫及凡尔赛花园可谓法国国家强盛的象征，这一伟大的工程于公元 1756 年完成，历时达百年。

洛可可风格出现于十八世纪法国古典主义后期，流行于法、德、奥地利等国。对于建筑艺术来说，洛可可主要是一种室内装饰风格，它是在反对法国古典主义艺术的逻辑性、易明性、理性的前提下出现的柔媚、细腻和纤巧的建筑风格。其主要特点是一切围绕柔媚顺和来构图，特别喜爱使用曲线和圆形，尽可能避免方角，常常在各种转角处用装饰线脚软化方角，用多变的并常常被装饰雕刻打断的曲线代替僵硬的水平线。在装饰题材上，喜用各种草叶及蚌壳、蔷薇和棕榈，这些题材不但用在墙面和天花板上，也用在撑架、壁炉架、镜框、门窗框、家具腿和其他建筑部件上，并且极尽模仿植物的自然状态。在装饰材料上，洛可可风格的建筑常以质感温软的木材取代过去常常使用的大理石，墙面上不再出现古典程式，而代之以线脚繁复的镶板和数量特多的玻璃镜面。在色彩上，为了构成柔媚顺和，喜用娇嫩的色彩，如白色、金色、粉红色、嫩绿色、淡黄色，尽量避免强烈的对比。线脚多用金色，天花板常涂上天蓝色，还常常画上飘浮的白云。此外还喜欢张挂绸缎的幔帐和晶体玻璃吊灯，陈设瓷器古玩，力图从装饰到小品乃至室内物件的设置，均显出豪华的高雅之趣。然而，它的格调因装饰手法的过于刻意，往往使脂粉之气过浓，高洁之意不足，堆砌、柔媚有余，自然韵雅不足，所以洛可可风格历来被认为是格调不高、奢靡颓废的建筑风格。

但是由于洛可可风格注重功能，注重人的切身需要，比起古典主义建筑，人性以及人情味更浓，所构成的建筑室内空间气氛更亲切宜人，所以洛可可风格一经产生，便很快风靡欧洲。到了德国，更变成了超级洛可可，柏林夏洛登堡的"金廊"和波茨坦新宫的阿波罗大厅可以说是其登峰造极的代表作品。不仅如此，由于洛可可创造了更多新颖别致、精细工巧的片断，创造了许多生动活泼的手法，特别是一些洛可可风格的客厅和卧室，非常亲切温雅，比起古典主义和巴洛克建筑来更宜于日常生活的需要，以至绵延、影响至今。

洛可可与巴洛克的区别在于，除了一为室内一为室外之外，还有一个区别就是，洛可可不仅更加彻底地放弃了古典主义的设计理性，而且也把巴洛克的布局方式置之脑后，它根本没有构图母体，整个设计完全靠设计者根据业主的心情来揣摩和发挥。就总体风格而言，洛可可在艺术上的雕饰和财力上的铺张更加变本加厉。但是，因为洛可可主要倾向室内装饰，因此，在某种意义上说，从巴洛克到洛可可的转变，多少透露出那个时代的注意力从形式到功能的转变。

洛可可装饰的代表作是巴黎苏比兹府邸的公主沙龙和凡尔赛宫的王后居室，还有维也纳眺望宫、奥地利修道院教堂等。

4．西方近现代建筑

按照外国建筑史的历史分期，一般是把十八世纪中期英国工业革命至二十世纪初划分为近代建筑史的范围，二十世纪初以后属于现代建筑史。

工业革命后，城市的迅速发展和资本主义商品竞争的加剧，欧美各国的传统建筑已不能适应新的社会需要，于是开始了对新的建筑形式的探求，从而使这一时期成为向现代建筑过渡的重要历史时期。建筑创作的主要对象由皇室和宗教建筑转移到了生产性建筑、大型公共建筑和大规模建造的城市住宅上。建筑设计理论更多地考虑到功能的实用性，以及解决社会的实际问题，并且建造技术、施工材料和其他学科的发展不断促进影响和改变着建筑理论与实践，呈现出许多新的特点：高层建筑的大量发展，工期缩短的追求，新的建筑设计思潮的层出不穷，审美观念的变化，多元建筑形式的风行一时。

现代建筑与传统建筑的区别在于：传统建筑严谨、精美，繁冗、遵循某种规定的风格样式；现代建筑简洁、明快、自由，遵循功能第一原则的新样式。这时期建筑最突出的成就，体现在英国伦敦的水晶宫和法国巴黎埃非尔铁塔这两座具有划时代意义的建筑上。

英国伦敦水晶宫是 1850 年英国为迎接翌年在伦敦举行的第一届世界工业博览会而兴建的一座展览馆，整个建筑大部分为铁结构，外墙与屋面均为玻璃，通体透明，创造了前所未有的建筑艺术形象，被当时的人们誉为"水晶宫"。

巴黎埃菲尔铁塔是 1889 年为庆祝大革命胜利一百周年举办的世界博览会而建造的，位于法国巴黎战神广场，镂空结构铁塔，高三百二十米，分为三层，从塔座到塔顶共有一千七百一十一级阶梯，中间建有三处平台。据说该塔共用钢铁七千吨、一万两千个金属部件、二百五十万只铆钉连接起来。铁塔设计离奇独特，它第一次向人们展现了钢结构的巨大能力，打破了几千年来西方建筑以砖石结构为主的传统建筑观念的束缚，促进了现代建筑的诞生，是世界建筑史上的技术杰作，如果说古代埃及的金字象征人类古代文明的话，埃菲尔铁塔则以它新奇的设计和新的材料标志着现代文明的到来。

西方现代建筑思潮的总趋势是朝多元论方向发展。所谓多元论，在建筑领域中是指风格与形式的多样化，这种趋向的目的是要求获得建筑与环境的个性及明显的地区特征。地区性的特征不仅表现为地理因素的影响，而且要求反映民族、生活、历史和文化的背景，但区分并不严格，他们常以各种手法使人感到眼花缭乱。

法国建筑师勒·柯布西耶的作品为现代建筑提供了大量富于表现力的建筑语言，成为这一时代建筑界的顶尖人物，影响波及全世界。朗香教堂是其浪漫色彩的极端表现。这是一座令人难忘的奇特建筑。勒·柯布西耶把重点放在建筑造型和建筑形体给人的感受上，他摒弃了传统教堂的模式和现代建筑的一般手法，把它当作一件混凝土雕塑作品加以塑造。教堂造型奇异，平面不规则；墙体几乎全是弯曲的，有的还倾斜；塔楼式的祈祷室的外形像座粮仓；沉重的屋顶向上翻卷着，与墙体之间留有一条四十厘米高的带形空隙；粗糙的白色墙面上开着大大小小的方形或矩形的窗洞，上面嵌着彩色玻璃；入口在卷曲墙面与塔楼的交接的夹缝处；室内主要空间也不规则，墙面呈弧线形，光线透过屋顶与墙面之间的缝隙和镶着彩色玻璃的大大小小的窗洞投射下来，使室内产生了一种特殊的气氛：仿佛是光线造成的沉思静室。那出人意料的体形、动荡不安的弧面、失去尺度感的窗洞和神秘的光影都在破坏人们的理性和自信，展现出宗教精神的力量。朗香教堂的外部形式和内部神秘性已超出了基督教的范围，回复到巨石时代的史前墓穴形式，其设计对现代建筑的发展产生了重要影响，被誉为二十世纪最为震撼、最具表现力的建筑。

澳大利亚的悉尼歌剧院被认为是新古典主义的作品。在二十世纪五十至六十年代，后现代主义建筑兴起之前，有少数建筑师提倡将现代建筑与古典建筑加以融合，这一趋向被称为二十世纪的新古典主义建筑。由于这种风格在一定程度能反映庄重的精神，因此颇受官方赏识。

悉尼歌剧院于 1959 年至 1972 年建成，设计师伍重以他丰富的想象力把选址于贝尼朗岛上的歌剧院设计得像一艘迎风而驶的帆船一样，歌剧院建成后立即受到人们的广泛喜爱，赢得了国际大赛头奖，现在这里已是悉尼市民的文娱中心。悉尼歌剧院名为歌剧院，其实是以两个演出大厅为中心的多功能综合体，最大的演出厅是音乐厅，其次是歌剧院。另外，还有两个大排演厅以及许多小的排演厅、一个多功能接待大厅、一个展览厅、两个餐厅和一个出售小纪念品的小商店。整个歌剧院由钢筋混凝土结构将各个部门组织在一起。它的外形是一个大平台，台上有三组尖拱形屋面系统，一组覆盖着歌剧院，一组覆盖着音乐厅，另一组覆盖着贝尼朗餐厅。整体造型像一艘乘风破浪的大帆船，是现代建筑设计中运用象

征手法使建筑富于个性的典型实例。

蓬皮杜艺术与文化中心是以法国前总统蓬皮杜的名字命名的一座文化艺术综合体，简称蓬皮杜中心。它坐落于法国巴黎市中心区，设计师为英国建筑师罗杰斯与意大利建筑师皮阿诺，建于 1972 至 1977 年。中心总造价约四点八亿法郎，总面积约十万平方米，地上六层，地下四层，主要包括四个部分：公共图书馆、现代艺术博物馆、工业美术设计中心、音乐和声响研究中心。整个建筑物由二十八根圆形钢管柱支撑，这其中除去一道防火墙外，没有其他固定墙面，各种使用空间可以随时改变。设计师当初曾设想连楼板都可以上下移动，以灵活地调整楼层的高度，但这一想法未能实现。

与一般建筑不同的是，蓬皮杜中心的外观很像一座工厂，它的钢柱、钢梁、桁架、拉杆等钢结构的构件全部裸露在建筑物的表面，人们从外面就可看见建筑内部的设备和安排。在建筑一侧的外立面上，有一条从上至下弯曲而下的透明圆管，里面安装有自动扶梯，作为上下楼的主要交通工具。

蓬皮杜中心被认为是后现代主义的代表作，其设计在国际建筑界引起广泛关注，对它的看法分歧也很大。后现代主义的特点是充分坦露结构，暴露多种机电设备的本来形状。这种做法不仅是为了方便检查维修，增添改造变动的灵活性，提高使用效率，更多的还是出于一种美学考虑，它的基础是机器美学或技术美学。

卢浮宫扩建工程是世界著名建筑大师美籍华人贝聿铭的重要作品。总建筑面积七万多平方米。整个建筑是一座只在地面上露出玻璃金字塔形采光井的地下宫，它包括入口大厅、剧场、餐厅、商场、文物仓库、一般仓库和停车场等。金字塔是入口大厅的自然采光的顶棚，它的一边是大门，其余三边是另外安排的三个小金字塔，由三角形水池和喷泉连成整体。玻璃金字塔的设计不仅避开了场地狭窄的困难和新旧建筑矛盾的冲突，也证实了设计与环境的紧密关系，将建筑与景观完整地合成为一体。金字塔与明镜般的池水相互辉映，在云淡天晴的时节，玻璃金字塔映入池中与环境相结合，为拿破仑广场又增加了一道景观。

总的来说，二十世纪初以来的现代建筑具有以下几个主要特点：

(1) 对建筑空间的重视。这是现代建筑艺术的一个重要特点。现代建筑师认为，墙、柱、屋顶等只不过是建筑的外壳，人们建造房屋的根本目的不在于取得这个外壳，而在于取得这个外壳所包容的那个空间。而各种不同形式的空间，可以使人产生不同的感受。著名的美国纽约古根汉姆美术馆，其展厅则被设计成一个连续而有变化的长廊，因而不会使人感到疲劳和厌烦。

(2) 灵活多样的建筑外形。现代建筑与古代建筑相比，在建筑外形上更为多样化，体型组合灵活自由，一些建筑物更常常采用简单的几何形体。例如纽约曼哈顿的高层建筑，其简洁的外形就具有鲜明的时代特征。

(3) 建筑装饰的简化。随着现代科学技术的不断发展，以及新技术新材料在建筑中的运用，那些传统的装饰手法往往成了累赘。从二十世纪初开始，西方许多建筑师反对装饰，提出要对建筑进行"净化"，甚至说"装饰就是罪恶"。

例如，在世界现代建筑史上具有里程碑意义的德国包豪斯校舍，它不仅出色地体现了西方现代建筑大师格罗皮乌斯提倡的重视建筑的功能、技术和经济效益、艺术和技术相结合等建筑设计原则，而且开创了现代建筑艺术处理的新手法。著名的"风格派"建筑——荷兰乌德勒支市的斯劳德住宅，只是利用简单的几何块面，就构成了一个简洁、新颖的建筑风格。

如果说以上两座二十世纪三四十年代的建筑，主要是从建筑的体型组合和形、线、色彩、质感、光影等方面去表现建筑的美的话，那么，罗马小体育宫以及现代玻璃幕墙建筑的代表作。例如，1975 年由著名美籍华裔建筑师贝聿铭设计的美国波士顿汉考克大厦，则主要是通过新技术、新结构和新材料来体现现代建筑的美感。

思考练习题

1. 什么是美术？它有哪些表现形式？
2. 试比较中西方绘画艺术的特点。
3. 花鸟画中的"徐黄异体"各有什么特点？
4. 试分析文艺复兴三杰代表作品和艺术特点。
5. 我国四大石窟艺术的成就有哪些？
6. 举例分析古希腊雕塑体现的审美追求和人文精神。
7. 如何看待残缺美的雕塑作品？
8. 建筑艺术的表现语言有哪些？
9. 中西方建筑审美特征的差异是如何体现的？
10. 北方四合院有什么特色？
11. 试分析中国皇家园林和江南园林的艺术特点。
12. 举例说明中世纪哥特式建筑的基本特征和理念。
13. 传统建筑与现代主义建筑的区别是什么？
14. 列举你最欣赏的美术作品并说明理由(不少于 5 个、不分艺术门类)。

参 考 文 献

[1] 李泽厚. 美的历程. 桂林：广西师范大学出版社，2001

[2] 杨辛，谢孟. 艺术赏析概要. 北京：中央广播电视大学出版社，2004

[3] 彭吉象，郭青春. 美学教程. 北京：中央广播电视大学出版社，2001

[4] 凌继尧，张燕. 美学与艺术鉴赏. 上海：上海人民出版社，2001

[5] 李伟权. 艺术鉴赏. 北京：清华大学出版社，2013

[6] 王秋兰. 艺术鉴赏. 郑州：河南美术出版社，2007

[7] 游国恩，王起. 中国文学史. 北京：人民文学出版社，1985

[8] 钱理群，温儒敏. 中国现代文学三十年. 北京：北京大学出版社，1998

[9] 胡大奎，张秉文 张永照. 语文. 北京：高等教育出版社，1990

[10] 徐中玉. 大学语文. 上海：华东师范大学出版社，1995

[11] 周庆元. 大学语文. 长沙：湖南人民出版社，2001

[12] 汝荣兴. 中国当代微型小说名篇赏析. 北京：光明日报出版社，2011

[13] 李向明. 大学人文基础. 长沙：湖南文艺出版社，2007

[14] 李伟权. 艺术鉴赏. 北京：清华大学出版社，2013

[15] 秦桂敏. 浅谈微型小说的构思艺术. 华章，2011(2)

[16] 彭欣欣. 聆听龙应台的落寞：散文《目送》赏析. 中学语文：下旬，2012(8)

[17] 高厚永. 民族器乐概论. 南京：江苏人民出版社，1981

[18] 袁静芳. 中国传统音乐概论上海：上海音乐出版社，2000

[19] 韩万斋. 中国音乐名作快读. 成都：四川文艺出版社，2003

[20] 钟子林. 西方音乐概述. 北京：人民音乐出版社，1991

[21] 王建欣. 音乐欣赏. 北京：高等教育出版社，2003

[22] 馨予，启新. 音乐的殿堂. 北京：中国青年出版社，1997

[23] 金予湘，等. 音乐教程. 郑州：郑州大学出版社，2005

[24] 刘晓静. 音乐鉴赏. 上海：上海教育出版社，2009

[25] 李伟权. 艺术鉴赏. 北京：清华大学出版社，2013

[26] 隆荫培，许尔充. 舞蹈艺术概论上海：上海音乐出版社，1997

[27] 朱培科，王海英. 舞蹈鉴赏. 广州：暨南大学出版社，2012

[28] 明珠. 中国舞蹈艺术鉴赏指南. 上海：上海音乐出版社，2001

[29] 王宏健，袁宝林. 美术概论. 北京：高等教育出版社，1994

[30] 中央美术学院中国美术史教研室. 中国美术简史. 北京：中国青年出版社，2002

[31] 梁江. 美术概论新编. 桂林：广西师范大学出版社，2005

[32] 高师教材编写组. 中国美术史及作品鉴赏. 北京：高等教育出版社，2003

[33] 田卫平，等. 中国美术史. 长沙：湖南大学出版社，2013

参考文献

[34] 凌继尧，张燕. 美学与艺术鉴赏.上海：上海人民出版社，2001

[35] 李伟权. 艺术鉴赏. 北京：清华大学出版社，2013

[36] 贺瀚. 美术鉴赏. 重庆：西南师范大学出版社，2010

[37] 刘境奇. 美术鉴赏. 北京：高等教育出版社，2007

[38] 李建设. 美术鉴赏. 郑州：郑州大学出版社，2007

艺术鉴赏

霍去病墓之人抱熊

霍去病墓之卧牛

霍去病墓之立马

麦积山石窟之 131 窟佛像

麦积山石窟 1

麦积山石窟 2

敦煌莫高窟 194 窟 1 雕塑

敦煌莫高窟 194 窟 2 雕塑

秦始皇兵马俑 1

秦始皇兵马俑 2

秦始皇兵马俑 3

成都天回山打鼓说唱俑

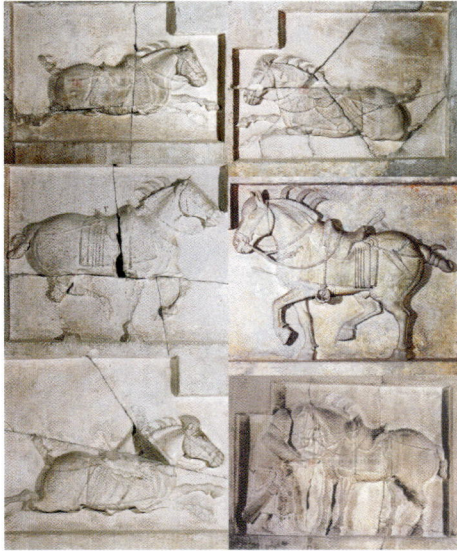

唐代昭陵六骏

唐三彩之三彩骆驼载乐俑

龙门石窟 1

3

龙门石窟 2

龙门石窟 3

云冈石窟 1

云冈石窟 2

云冈石窟 3

马可奥莱略骑马像

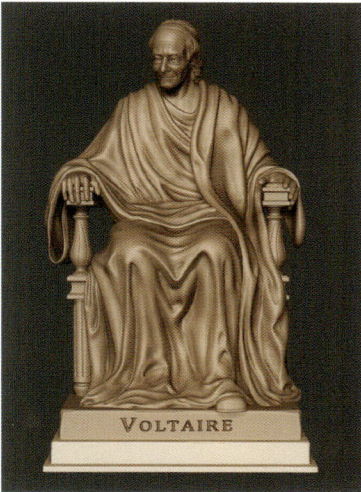

伏尔泰坐像

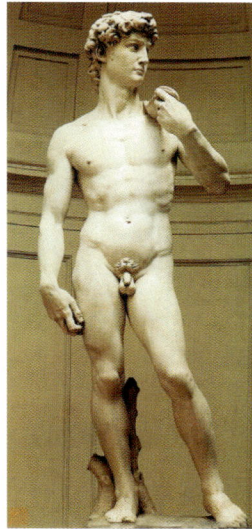

大卫(米开朗基罗)

卡拉卡拉像

波嘉尼小姐

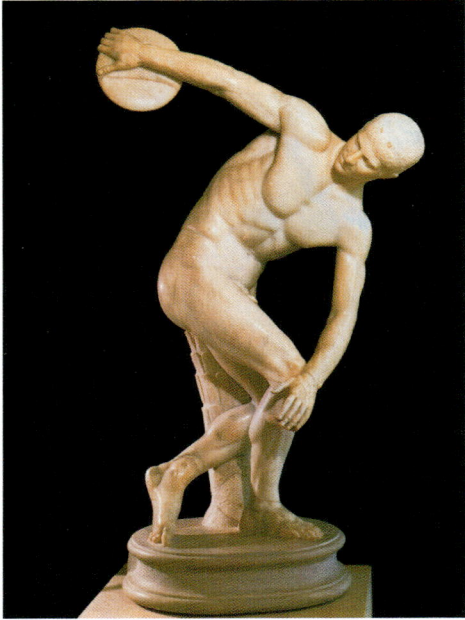
掷铁饼者(米隆)

米洛斯的阿芙罗狄特

萨莫德拉克的胜利女神

被破坏的鹿特丹市纪念碑

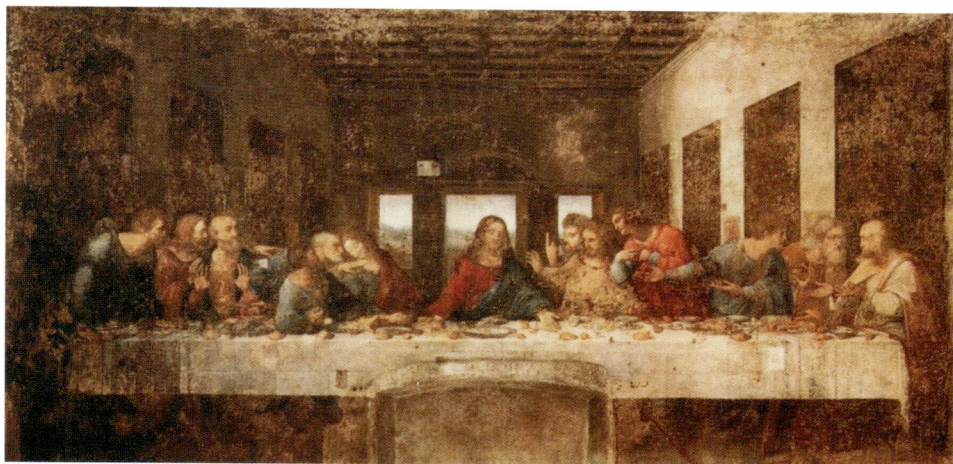

最后的晚餐(达·芬奇)

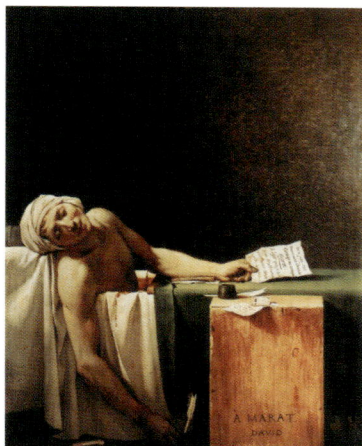

马拉之死(达维特)

舞女(德加)

自由引导人民(德拉克洛瓦)

向日葵(梵高)

椅中圣母(拉斐尔)

劫夺吕西普的女儿(鲁本斯)

贝热尔酒吧间(马奈)

创世纪(米开朗基罗)

创世纪之创造亚当(米开朗基罗)

拾穗者(米勒)

晚钟(米勒)

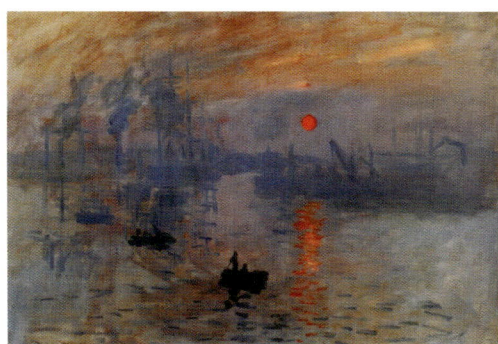
日出印象(莫奈)

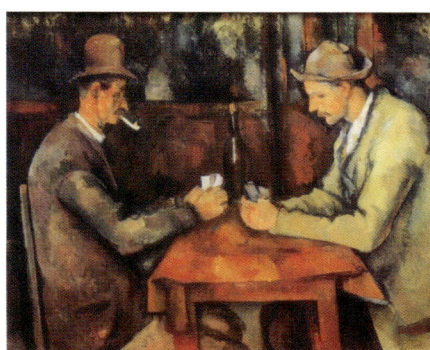
玩纸牌的人(塞尚)

西斯廷教堂天顶画 1

西斯廷教堂天顶画 2

西斯廷教堂天顶画 3

韩熙载夜宴图(顾闳中)

富春山居图(黄公望)

写生珍禽图(黄筌)

11

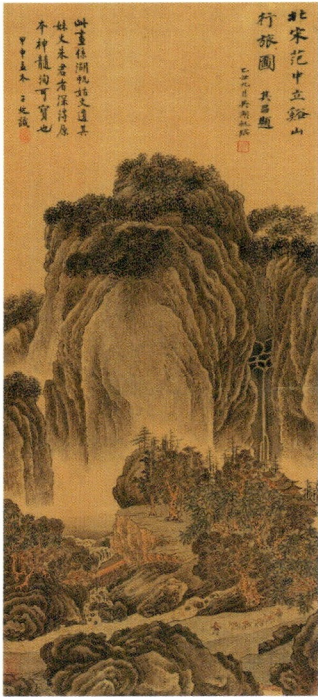

北宋范中立谿山行旅圖
幽室徐洞桃桃是道其姓人宋高有深诗座不神韻胸可實也甲申五木董其昌題

溪山行旅图(范宽)

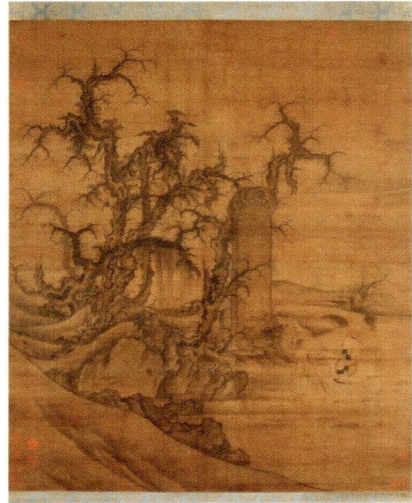

读碑窠石图(李成)

莫高窟壁画之西方净土变局部临摹

墨葡萄图(徐渭)

12

永泰公主墓之宫女图

步辇图（阎立本）

游春图（展子虔）

章怀太子墓之狩猎出行图壁画

兰竹石图(郑燮)

鹊华秋色图(赵孟頫)

花仕女图(周昉)

14

索非亚大教堂

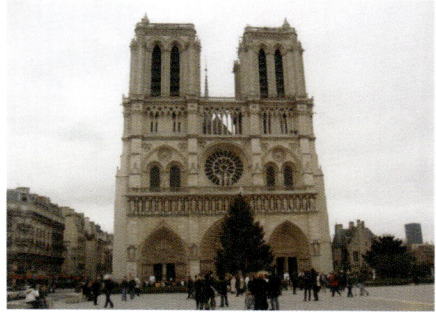

巴黎圣母院

比萨教堂建筑群

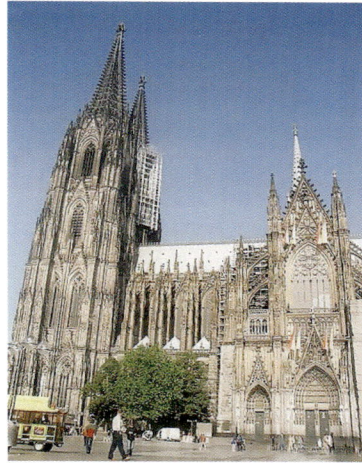

科隆主教堂

兰斯主教堂 1

兰斯主教堂 2

米兰主教堂

夏特尔主教堂

泰姬陵

圣马可大教堂